A FORTALEZA DE INVERNO

Neal Bascomb

A fortaleza de inverno
A missão épica para sabotar a bomba atômica de Hitler

TRADUÇÃO
Cássio de Arantes Leite

OBJETIVA

Copyright © 2016 by Neal Bascomb.
Todos os direitos reservados.

*Grafia atualizada segundo o Acordo Ortográfico da Língua Portuguesa de 1990,
que entrou em vigor no Brasil em 2009.*

Título original
The Winter Fortress: The Epic Mission to Sabotage Hitler's Atomic Bomb

Capa
André Kavakama

Foto de capa
Kaja Pedersen/ Norsk Industriarbeidermuseum

Preparação
Diogo Henriques

Índice remissivo
Probo Poletti

Revisão
Márcia Moura
Clara Diament

Dados Internacionais de Catalogação na Publicação (CIP)
(Câmara Brasileira do Livro, SP, Brasil)

Bascomb, Neal
    A fortaleza de inverno: a missão épica para sabotar
a bomba atômica de Hitler / Neal Bascomb; tradução
Cássio de Arantes Leite. – 1ª ed. – Rio de Janeiro:
Objetiva, 2017.

       Título original: The Winter Fortress: The Epic
Mission to Sabotage Hitler's Atomic Bomb.
       ISBN 978-85-470-0039-4

       1. Bomba atômica – Alemanha – História. 2. Guer-
ra Mundial – 1939-1945 – Alemanha – Tecnologia
3. Guerra Mundial, 1939-1945 – Operações de comando – Noruega 4. Sabotagem – Noruega – História
– Século 20. I. Título.

17-03097	CDD-940.54

Índice para catálogo sistemático:
1. Guerra Mundial: 1939-1945: Operações de
    comando: História   940.54

[2017]
Todos os direitos desta edição reservados à
EDITORA SCHWARCZ S.A.
Praça Floriano, 19 – Sala, 3001
20031-050 – Rio de Janeiro – RJ
Telefone: (21) 3993-7510
www.companhiadasletras.com.br
www.blogdacompanhia.com.br
facebook.com/editoraobjetiva
instagram.com/editora_objetiva
twitter.com/edobjetiva

Àqueles que enfrentam a luta

Você tem de lutar por sua liberdade. E pela paz.
Você tem de lutar por elas todos os dias, para mantê-las.
É como um barco de vidro; é fácil de quebrar. É fácil de perder.
JOACHIM RØNNEBERG, LÍDER DA GUNNERSIDE

Sumário

Mapas	11
Lista de participantes	17
Prólogo	19

PARTE I

1. A água	25
2. O professor	40
3. Bonzo	54
4. O filho do zelador	69
5. Uma estrada aberta	82

PARTE II

6. Ordem de comando	101
7. Façam um bom trabalho	112
8. Loucos para entrar em ação	120
9. Um destino incerto	134
10. Perdas	146

PARTE III

11. O instrutor	161
12. Aqueles boçais não vão pegar a gente	171
13. Regras de um caçador	183

14. A guerra solitária, sombria.. 194

15. A tempestade 205

16. Planejamento.. 218

17. A escalada 228

18. Sabotagem.. 238

PARTE IV

19. O feito mais esplêndido 249

20. A caçada.. 261

21. Os fantasmas do Vidda 271

22. Um passatempo nacional 282

23. Lista de alvos... 292

24. A missão do Caubói... 302

PARTE V

25. Nada vem sem sacrifício... 315

26. Cinco quilos de peixe 324

27. O homem do violino.. 335

28. Despertador para as 10h45 344

29. Vitória 356

Epílogo.. 367

Agradecimentos 371

Notas 375

Referências bibliográficas.. 423

Índice remissivo... 433

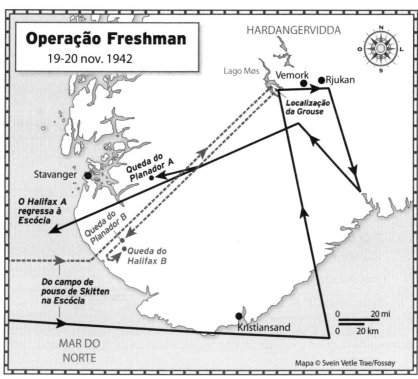

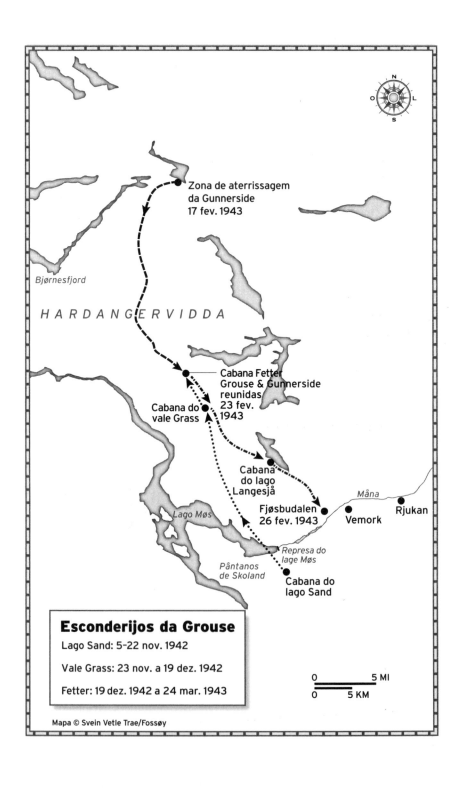

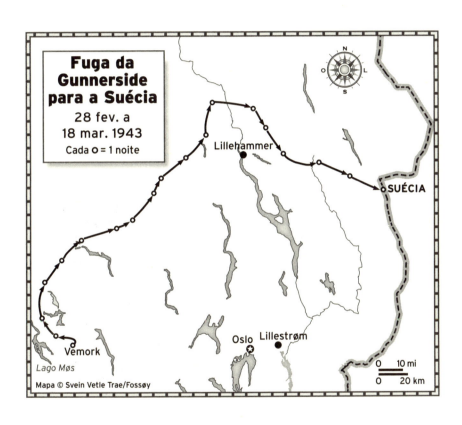

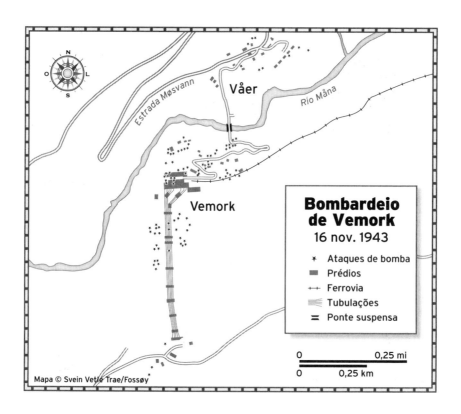

Lista de participantes

Operação Grouse/Swallow
Jens-Anton Poulsson, líder da Grouse
Knut Haugland, operador de rádio
Claus Helberg
Arne Kjelstrup
Einar Skinnarland

Operação Gunnerside
Joachim Rønneberg, líder da Gunnerside
Knut Haukelid, segundo em comando
Birger Strømsheim
Fredrik Kayser
Kasper Idland
Hans Storhaug

Sabotagem da D/F Hydro
Alf Larsen, engenheiro em Vemork
Knut Lier-Hansen, combatente de resistência da Milorg
Gunnar Syverstad, assistente de laboratório em Vemork
Rolf Sørlie, engenheiro civil em Vemork
Kjell Nielsen, gerente de transporte em Vemork
Ditlev Diseth, aposentado da Norsk Hydro

Noruegueses
Leif Tronstad, cientista e líder da Kompani Linge
Jomar Brun, engenheiro-chefe em Vemork
Torstein Skinnarland, irmão de Einar
Olav Skogen, líder da Milorg local de Rjukan
Lillian Syverstad, mensageira para Einar Skinnarland
Famílias Hamaren, Hovden e Skindalen, fazendeiros que ajudaram Skinnarland

Aliados
Winston Churchill, primeiro-ministro da Grã-Bretanha
Franklin D. Roosevelt, presidente dos Estados Unidos
Eric Welsh, diretor da agência norueguesa do Secret Intelligence Service (sis) britânico
John Wilson, chefe da seção norueguesa da Special Operations Executive (soe) britânica
Wallace Akers, chefe do Directorate of Tube Alloys
Mark Henniker, oficial comandante da Operação Freshman
Owen Roane, piloto da Força Aérea Americana

Nazistas e colaboracionistas
Josef Terboven, *Reichskommissar* na Noruega
General Nikolaus von Falkenhorst, chefe das forças militares alemãs na Noruega
Tenente-coronel Heinrich Fehlis, chefe da Gestapo e das forças de segurança na Noruega
Capitão Siegfried Fehmer, investigador da Gestapo em Oslo
Segundo-tenente Muggenthaler, oficial da ss de Fehlis em Rjukan
Vidkun Quisling, líder do Nasjonal Samling, o partido fascista norueguês

Cientistas alemães
Kurt Diebner
Werner Heisenberg
Paul Harteck
Abraham Esau
Walther Gerlach

Prólogo

NORUEGA OCUPADA PELOS NAZISTAS, 27 DE FEVEREIRO DE 1943

Numa fila cambaleante, os nove sabotadores deslizavam pela encosta montanhosa.[1] O instinto, mais do que o fraco luar, os orientava. Cruzavam bosques de pinheiros e atravessavam o terreno íngreme e acidentado, na maior parte composto de pequenos vales estéreis e densos montes de neve. Vestindo trajes camuflados brancos sobre os uniformes do Exército britânico, pareciam fantasmas assombrando a floresta. Moviam-se em silêncio como espectros, a quietude quebrada apenas pelo chiado leve de seus esquis e o ocasional choque de um bastão contra algum galho. O vento quente e regular que soprava pelo vale do Vestfjord amortecia até esses ruídos. O mesmo vento que, assim esperavam, apagaria seus rastros.

Após um quilômetro e meio pelo trajeto desde a cabana-base, a floresta ficou fechada demais para prosseguirem de alguma outra maneira que não a pé. Os jovens noruegueses tiraram os esquis e os puseram sobre os ombros. O avanço continuou sendo árduo. Carregando mochilas com mais de quinze quilos de equipamento e armados de submetralhadoras, granadas, pistolas, explosivos e facas, afundavam, escorregavam e precisavam usar as mãos e os pés para descer pela neve pesada e úmida. Sob o peso do equipamento, por vezes viam-se afundados nela até a cintura. A escuridão ainda mais espessa quando nuvens baixas ocultavam a lua também não ajudava em nada.

Finalmente, o trecho de mata terminou. Os homens chegaram à estrada que percorria o lado norte do vale do Vestfjord, em direção ao lago Møs, a oeste, e à cidade de Rjukan, poucos quilômetros a leste. Diretamente ao sul, um mergulho de águia sobre o escarpado desfiladeiro do rio Måna, ficava Vemork, seu alvo.

A despeito da distância através do desfiladeiro e do vento uivando em seus ouvidos, os comandos podiam escutar o zumbido grave das instalações hidrelétricas.[2] A usina de energia e a fábrica de hidrogênio de oito andares diante dela ficavam empoleiradas numa saliência suspensa acima do desfiladeiro. Dali era uma queda de quase duzentos metros até o rio Måna, que serpenteava no vale abaixo. O vale era tão fundo que o sol raramente tocava o chão.

Se Hitler não tivesse invadido a Noruega, se os alemães não tivessem tomado o controle da usina hidrelétrica, Vemork estaria iluminada como um farol. Mas agora as janelas da cidade estavam escuras para impedir os raides noturnos dos bombardeiros aliados. Três conjuntos de cabos se estendiam através do vale para desencorajar ataques aéreos rasantes também durante o dia.

O vulto recortado das instalações parecia uma fortaleza imponente no topo de um despenhadeiro. Uma ponte suspensa de pista única provia o único ponto de entrada para os trabalhadores e veículos, e era cuidadosamente vigiada. Havia minas espalhadas pelas encostas em torno. Patrulhas frequentes percorriam os arredores. Holofotes, sirenes, ninhos de metralhadoras e uma caserna com soldados também ficavam de prontidão.

E agora os comandos se preparavam para invadi-la.

Chegando à beira da estrada, pararam hipnotizados à primeira visão de Vemork.[3] Não precisavam da luz brilhante do dia para saber de suas incontáveis defesas. Tinham estudado dezenas de fotografias de reconhecimento, lido pilhas de relatórios de inteligência, memorizado plantas e praticado a colocação de cargas explosivas inúmeras vezes em um modelo que simulava seu alvo. Todos aqueles homens eram capazes de se situar por cada caminho, corredor e escada da fábrica, visualizando-os em sua mente.

Não eram os primeiros a tentar explodir Vemork. Muitos já haviam morrido na tentativa. Embora a guerra varresse a Europa, a Rússia, o Norte da África e o Pacífico, embora os batalhões de tanques, esquadrões de bombardeiros, frotas de submarinos e destróieres e milhões de soldados se enfrentassem em um conflito global, era nessa usina, escondida nos recessos profundos da acidentada paisagem selvagem norueguesa, que os Aliados acreditavam residir a tênue linha que separava a vitória da derrota.

Apesar de todo o minucioso conhecimento que possuíam de Vemork, os nove homens ainda não tinham muita certeza sobre como aquele alvo podia ser tão valioso. Haviam sido informados de que a usina produzia algo chamado água pesada e que com essa misteriosa substância os nazistas talvez fossem capazes de "explodir boa parte de Londres".[4] Os sabotadores presumiram que isso fosse um exagero, visando assegurar seu pleno comprometimento com a missão.

E estavam de fato comprometidos, qualquer que fosse o preço, que provavelmente incluiria suas próprias vidas. Desde o início já sabiam que as chances de saírem ilesos eram escassas. Podiam conseguir entrar na usina e completar a missão, mas sair e escapar seriam outros quinhentos. Se necessário, tentariam lutar para deixar o local, mas uma fuga era improvável. Determinados a não serem capturados com vida, cada um deles portava um comprimido de cianeto num invólucro emborrachado, escondido na lapela ou no cós da calça.

Havia bravura envolvida na operação, sem dúvida, mas prevalecia uma sensação de fatalismo. Haviam ficado longe de casa por muitos meses, treinando, planejando e se preparando. Agora, enfim, estavam prestes a agir. Se perecessem, como acontecera com muitos em sua companhia especial, em operações anteriores, paciência.[5] Pelo menos teriam tido uma oportunidade de lutar. Numa guerra como aquela, a maioria esperava morrer, mais cedo ou mais tarde.

Na Inglaterra, o cérebro da missão, Leif Tronstad, aguardava notícias da operação. Antes da partida dos comandos, ele lhes prometera que seus feitos seriam lembrados por uma centena de anos.[6] Mas nenhum daqueles homens estava ali para entrar para a história. Se alguém quisesse mesmo saber, nenhum deles estava ali por causa da água pesada ou de Londres. Tinham visto seu país sendo invadido pelos alemães, seus amigos sendo mortos e humilhados, suas famílias passando fome, seus direitos sendo roubados. Estavam ali pela Noruega, pela liberdade de seu território e de seu povo da dominação nazista.

Agora que o momento se apresentava a eles, os sabotadores voltaram a calçar os esquis e começaram a descer a estrada sob a escuridão.

PARTE I

1. A água

Em 14 de fevereiro de 1940, Jacques Allier, um banqueiro de meia-idade, vestindo roupas elegantes, entrou apressado pelas portas do hotel Majestic, na rue la Pérouse.[1] Situado perto do Arco do Triunfo, o famoso hotel hospedara todo tipo de pessoas, dos diplomatas presentes para a conferência de paz de Versalhes em 1919 ao influxo de artistas que eternizou a Cidade Luz na década seguinte. Agora, com toda a França se preparando para a invasão alemã, que provavelmente começaria com uma investida pela Bélgica, e com Paris na maior parte evacuada, uma mera sombra do que um dia já fora, a conversa no hotel era mais uma vez apenas sobre a guerra. Allier atravessou o saguão. Não estava ali para assuntos financeiros, mas antes como um agente do Deuxième Bureau, a agência de espionagem doméstica francesa. Raoul Dautry, ministro de Armamentos, e o físico Frédéric Joliot-Curie o aguardavam, e a conversa entre eles envolvia travar uma guerra de natureza bem diferente.

Joliot-Curie, que com sua esposa Irène ganhara o prêmio Nobel ao descobrir que elementos estáveis podiam se tornar radioativos por métodos artificiais ou induzidos, explicou para Allier que estava no momento plenamente empenhado na construção de uma máquina destinada a explorar a energia contida dentro dos átomos. Mais provavelmente, ela serviria para alimentar submarinos, mas tinha o potencial para desenvolver um explosivo insuperável. Ele precisava da ajuda de Allier. Era o mesmo discurso que Joliot-Curie apresentara a Dautry meses antes, e tornado ainda mais convincente pela sugestão de que a energia contida numa mesa de cozinha comum, se liberada, podia transformar o mundo numa bola de fogo. Allier se ofereceu para fazer o que estivesse ao seu alcance e ajudar o cientista.

Joliot-Curie explicou que precisava de um ingrediente especial para seus experimentos — água pesada — e que havia uma única empresa no mundo produzindo-a em alguma quantidade: a Norsk Hydro, na Noruega. Como funcionário do Banque de Paris et des Pays-Bas, acionista majoritário na companhia norueguesa, Allier estava em posição ideal para obter quaisquer fornecimentos que a Norsk Hydro tivesse em sua usina de Vemork com a maior rapidez e discrição possíveis. O próprio primeiro-ministro francês, Édouard Daladier, já se comprometera com a missão.

Havia só um problema, disse Allier. Apenas um mês antes, o principal advogado da Norsk Hydro, Bjarne Eriksen, o visitara em seu escritório em Paris. Segundo Eriksen, os alemães também estavam interessados na produção em Vemork. Eles haviam feito uma série de pedidos e sugerido que talvez precisassem de até duas toneladas de água pesada no futuro próximo. Alarmada com a demanda por quantidades tão vastas — e sem dispor de informações sobre como o material poderia ser usado —, a Norsk Hydro ainda tinha de fornecer mais de 25 quilos desses pedidos.[2]

A notícia deixou Dautry e Joliot-Curie profundamente preocupados. Os alemães deviam estar na mesma pista com sua pesquisa. Allier precisava se mexer — e rápido — para se apoderar da mercadoria antes que os alemães o fizessem. Se houvesse dificuldade em tirar a água pesada da Noruega, ele tomaria as providências para contaminá-la e inutilizá-la para experimentos.

Duas semanas mais tarde, Allier atravessava o enorme saguão da Gare du Nord, em Paris, e embarcava em um trem para Amsterdam. Viajava com o nome de solteira de sua mãe, Freiss. Escondidos em sua valise iam dois documentos. Um deles era uma carta de crédito no valor de mais de 1,5 milhão de coroas para a água pesada. O outro lhe dava a autoridade para recrutar quaisquer agentes franceses necessários para contrabandear o fornecimento. À exceção da barba falsa, Allier sentia dispor de todos os acessórios de um herói nos romances de espionagem que tanto apreciava.[3]

De Amsterdam ele tomou um avião para Malmö, na Suécia, depois seguiu de trem até Estocolmo. Ali, se reuniu com três agentes da inteligência francesa, incumbindo-os de se encontrar com ele em Oslo alguns dias depois. No dia 4 de março pela manhã, Allier viajou de trem para a capital norueguesa, chegando à Estação Central do Leste. Na Legação Francesa, descobriu que seu disfarce já fora por água abaixo. Uma mensagem interceptada da agência de espionagem de Berlim, a Abwehr, fora decifrada. "A todo custo", dizia, "detenham um francês suspeito viajando sob o nome de Freiss."[4]

Allier não se intimidou. Deixou a legação e ligou para a Norsk Hydro de uma cabine pública. Uma hora depois, entrava na sede da companhia, na Solligata, 7, a uma curta distância da residência oficial do rei Haakon VII. Em uma reunião com o dr. Axel Aubert, Allier fez sua oferta de comprar os suprimentos de água pesada da empresa. Não disse nada sobre como pretendiam utilizá-la, sem saber se poderia confiar em Aubert. O antigo diretor-geral da companhia, um homem rijo que parecia comer pedra no café da manhã, deixou claro: suas simpatias estavam com a França; ele recusara aos alemães quaisquer quantidades volumosas de água pesada e providenciaria para Allier tudo de que precisasse.

No dia seguinte, Allier viajou de carro para Vemork, a 150 quilômetros da capital norueguesa. Aubert foi junto. A chegada deles foi inesperada.

Por milhares de anos, a água correra abundante pelo elevado planalto desabitado do Hardangervidda, em Telemark, uma região a oeste de Oslo.[5] Grande parte dessa água, um vasto fluxo, descia do Vidda para seu reservatório natural no lago Møs. Então o rio Måna carregava a água por trinta quilômetros através do íngreme vale do Vestfjord até o lago Tinn, ou Tinnsjø.

O curso do rio mudou quando a Norsk Hydro, uma próspera gigante industrial, construiu um dique na saída do lago, em 1906.[6] A companhia redirecionou a água por túneis abertos com explosivos na rocha, que corriam por cinco quilômetros sob o solo antes de chegarem à usina elétrica de Vemork. Dali, a água se precipitava numa queda de 280 metros por onze tubulações de aço para os turbogeradores que produziam 145 mil quilowatts de eletricidade. Era a maior usina hidrelétrica do mundo.

Uma fração da água, cerca de dezesseis toneladas por hora, era então direcionada a uma fábrica de hidrogênio, também a maior do mundo, a dez metros de distância, na beirada do penhasco. Ali ela fluía para dezenas de milhares de células eletrolíticas de aço, que consumiam quase toda a energia gerada na usina. Correntes elétricas percorrendo as células cindiam as moléculas de água, separando os dois átomos de hidrogênio do átomo isolado de oxigênio.

Os diferentes gases eram então bombeados para usinas químicas em Rjukan, na base do vale. Uma cidade operária, Rjukan tinha 7 mil moradores, a maioria trabalhando para a Norsk Hydro. O hidrogênio era usado primordialmente para a fabricação de fertilizante — um mercado imenso.

Uma fração *dessa* água, que nesse ponto correra do Vidda para o lago Møs por túneis, depois tubulações, depois células eletrolíticas, era enviada por uma cascata de células eletrolíticas especializadas que terminavam em um subsolo em Vemork. A água era então reduzida e reduzida novamente até corresponder a um gotejamento regular, parecido com uma torneira pingando. Essa água era agora uma coisa única e valiosa. Era água pesada.

O químico americano Harold Urey ganhou o prêmio Nobel por sua descoberta da água pesada em 1931.[7] Embora a maioria dos átomos de hidrogênio consista em um elétron isolado orbitando um próton isolado no núcleo do átomo, Urey demonstrou que havia uma variante, ou isótopo, de hidrogênio que transportava um nêutron também em seu núcleo. Ele chamou esse isótopo de deutério, ou hidrogênio pesado, porque seu peso atômico (a soma dos prótons e nêutrons de um átomo) era 2 em vez de 1. O isótopo era extremamente raro na natureza (0,015% de todo hidrogênio), e havia uma única molécula de água pesada (D_2O) para cada 41 milhões de moléculas de água comum (H_2O).

Com base no trabalho de Urey, vários cientistas descobriram que o melhor método para produzir água pesada era a eletrólise. A substância não se degradava com tanta facilidade quanto a água comum quando percorrida por uma corrente elétrica, de modo que toda a água remanescente numa célula após o gás de hidrogênio ter sido removido ficava com uma concentração mais elevada de água pesada. Mas produzir a substância em quantidade demandava recursos imensos. Um cientista notou que, a fim de produzir um único quilo de água pesada, "cinquenta toneladas de água comum tinham de ser tratadas durante um ano, consumindo 320 mil quilowatts-hora [de eletricidade], e mesmo assim a pureza do resultado não era melhor do que cerca de 10%".[8] Isso era um bocado de eletricidade para um baixo nível de pureza numa quantidade muito pequena de deutério.

Em 1933, Leif Tronstad, um jovem mas célebre professor norueguês, e seu ex-colega de classe na faculdade, Jomar Brun, que dirigia a usina de hidrogênio em Vemork, propuseram à Norsk Hydro a ideia de uma instalação industrial de água pesada.[9] Eles não tinham muita certeza de como a substância poderia vir a ser utilizada, mas, como Tronstad dizia com frequência para seus alunos, "a tecnologia primeiro, depois a indústria e suas aplicações!".[10] Eles sabiam que Vemork, com seu suprimento inexaurível e barato de energia e água, constituía o arranjo perfeito para uma fábrica dessas.

Tronstad e Brun combinaram as vantagens naturais da usina com um engenhoso novo projeto para o equipamento. Uma primeira instalação de trabalho, projetada por eles, tinha seis estágios.[11] Pense numa série de latas empilhadas em pirâmide. Agora imagine essa pirâmide de cabeça para baixo, com uma única lata na base. No projeto Tronstad/Brun, a água fluía para a fileira superior de latas — na realidade, 1824 células eletrolíticas, que tratavam a água (misturada a potassa cáustica como condutor) com uma corrente. Parte da água era decomposta em bolhas de hidrogênio e oxigênio gasosos que eram eliminados das células, e o restante, agora contendo uma porcentagem mais elevada de água pesada, descia em cascata para a fileira seguinte de latas na pirâmide (570 células). Então o processo era repetido pela terceira (228 células), quarta (20 células) e quinta (3 células) fileiras de células eletrolíticas. Entretanto, ao final do quinto estágio, com uma quantidade imensa de tempo e energia gastos, as células ainda continham apenas 10% de água rica em deutério.

Em seguida a água descia em cascata para a lata no fundo da pirâmide. Essa sexta e última fase era chamada de estágio de alta concentração. Montada no subsolo cavernoso, brilhantemente iluminado, da fábrica de hidrogênio, a sala onde ocorria esse processo na verdade consistia em sete células eletrolíticas de aço, de um tipo único, dispostas em fileira. Essas células especializadas seguiam um modelo em cascata semelhante para concentrar a água pesada em cada célula. Mas podiam também reciclar o estado gasoso do deutério para que voltasse ao processo produtivo, enquanto nos outros estágios ele era essencialmente desperdiçado. Como resultado, a concentração de água pesada aumentava rapidamente de uma célula para a seguinte. Na sétima e última célula desse estágio de alta concentração, o gotejamento lento e regular fora purificado para 99,5% de água pesada.

Quando a usina de Vemork começou a produção para valer usando esse método, cientistas do mundo todo o saudaram como um marco, ainda que a aplicação da água pesada permanecesse incerta. Como ela congelava a quatro graus Celsius, e não a zero, alguns gracejaram, dizendo que só servia para criar rinques de patinação melhores. Tronstad, que atuou como consultor para a Norsk Hydro e deixou a condução da usina para Brun, acreditava no potencial da água pesada. Ele falou apaixonadamente sobre seu uso para o florescente campo da física atômica e seu futuro promissor para a pesquisa química e biomédica. Pesquisadores descobriram que os processos vitais de camundongos eram desacelerados quando recebiam quantidades minúsculas de água pesada.[12] As sementes germinavam mais gradualmente numa solução diluída — e, numa pura, não chegavam a germinar. Alguns acreditavam que a água pesada pudesse levar à cura do câncer.

Vemork enviou seus primeiros recipientes de água pesada em janeiro de 1935 em levas de dez a cem gramas, mas o negócio não decolou.[13] Os laboratórios na França, Noruega, Grã-Bretanha, Alemanha, nos Estados Unidos, Escandinávia e no Japão não pediram mais que algumas centenas de gramas por vez. Em 1936, Vemork produziu apenas quarenta quilos para venda. Dois anos mais tarde, esse número aumentara para oitenta quilos, uma quantidade ínfima avaliada em cerca de 40 mil dólares. Os anúncios publicados pela companhia nas revistas da indústria pouco adiantaram: simplesmente, não havia demanda o bastante.

Em junho de 1939, uma auditoria na Norsk Hydro desse pequeno negócio secundário mostrou que ele não tinha futuro.[14] Ninguém queria água pesada, pelo menos não o suficiente para fazer com que o investimento valesse a pena, e a empresa abandonou a produção.

Mas apenas alguns meses depois de Brun apagar as luzes no subsolo e a poeira começar a se juntar nas sete células especializadas da sala de alta concentração, tudo mudou — e rápido —, assim como acontecera no campo da física atômica.

Por décadas, os cientistas haviam sondado os mistérios "dos átomos e do vácuo", que era como os antigos gregos descreviam a composição do universo.[15] Em salas escuras, os experimentadores bombardeavam elementos com partículas subatômicas. Teóricos extraíam deduções brilhantes no quadro-negro. Pierre e Marie Curie, Max Planck, Albert Einstein, Enrico Fermi, Niels Bohr e outros descobriram um mundo atômico cheio de energia e possibilidades.

O físico inglês Ernest Rutherford observou que elementos pesados, instáveis, como o urânio, decaíam naturalmente em elementos mais leves, como o argônio. Quando calculou a imensa quantidade de energia emitida durante esse processo, percebeu o que estava em jogo. "Caso um detonador apropriado fosse encontrado", sugeriu a um membro de seu laboratório, "uma onda de desintegração atômica poderia ser iniciada por meio da matéria, o que efetivamente faria este velho mundo virar fumaça [...]. Algum tolo num laboratório pode explodir o universo sem se dar conta."[16]

Então, em 1932, outro cientista inglês, James Chadwick, descobriu esse detonador apropriado: o nêutron.[17] O nêutron tinha massa, mas, ao contrário dos prótons e elétrons, que apresentavam cargas positiva e negativa, respectivamente, não possuía carga para estorvar seu movimento. Isso o tornava a partícula perfeita para ser enviada ao núcleo do átomo. Às vezes o nêutron era absorvido; às vezes, expulsava um próton, transformando o elemento químico. Os físicos haviam descoberto um jeito de manipular a trama básica do mundo e, com isso, podiam investigar mais a fundo os inúmeros fios separadamente — e até criar alguns próprios.

Utilizando radônio ou berílio como fontes de nêutron, começaram a arremessar nêutrons em todo tipo de elemento para produzir mudanças em sua natureza. Chefiados pelo italiano Fermi, descobriram que o processo era particularmente eficaz quando os nêutrons tinham de passar por um "moderador" de algum tipo, o que retardava seu progresso. Parafina e água comum, no começo, se revelaram os melhores moderadores. Ambas continham muito hidrogênio, e quando esses átomos de hidrogênio colidiam com os nêutrons (que tinham a mesma massa), roubavam parte de sua velocidade, de um modo muito parecido com duas bolas de bilhar colidindo. Bombardear urânio com nêutrons dessa maneira gerou os resultados mais misteriosos, incluindo a presença inesperada de elementos bem mais leves.

Em dezembro de 1938, dois químicos alemães, o pioneiro Otto Hahn e seu jovem assistente Fritz Strassman, provaram que um nêutron colidindo com um átomo de urânio podia fazer mais do que tirar uma parte de seu núcleo ou ser absorvido por ele.[18] O nêutron podia dividir o átomo em dois — processo chamado fissão. No início de janeiro de 1939, a notícia da descoberta se espalhara, levando grande empolgação ao campo da pesquisa atômica: por que, como e com que efeitos o átomo de urânio se dividira?

Partindo de uma observação feita pelo teórico dinamarquês Niels Bohr, os físicos perceberam que o núcleo do átomo de urânio agira como um balão cheio d'água.[19] Sua "pele" fora afinada pelo grande número de prótons e nêutrons ali dentro e, quando um nêutron era disparado contra ele, formava um haltere: duas esferas conectadas por uma fina cintura. Quando a tensão da pele finalmente se tornava grande demais, ela estourava, e as duas esferas — dois átomos mais leves — eram arremessadas para longe uma da outra com tremenda força, uma quantidade equivalente à energia que antes mantivera o núcleo unido (sua energia de ligação). Os pesquisadores não demoraram a chegar a um valor, também: 200 milhões de elétrons-volts — o suficiente para propelir um simples grão de areia. Uma força minúscula, talvez, mas considerando que um único grama de urânio continha *grosso modo* 2,5 sextilhões de átomos ($2,5 \times 10^{21}$), os números em si obscureciam a potencial liberação de energia. Um físico calculou que um metro cúbico de minério de urânio podia fornecer energia suficiente para lançar um quilômetro cúbico de água 27 quilômetros pelos ares.[20]

A energia potencial do átomo ficou ainda mais clara quando os cientistas descobriram que a divisão do núcleo de urânio liberava dois ou três nêutrons velozes, capazes de agir como detonadores. Os nêutrons de um átomo podiam dividir dois outros. Os nêutrons desses dois dividiam mais quatro. Os quatro podiam causar a detonação de oito. Os oito — dezesseis. Com um número cada vez maior de nêutrons velozes colidindo entre si, e dividindo átomos a uma taxa exponencial, os cientistas podiam criar o que era chamado de reação em cadeia — e gerar enormes quantidades de energia.

O que motivou a pergunta óbvia: com que finalidade? Alguns consideraram o aproveitamento da energia liberada para a alimentação de fábricas e residências. Outros ficaram tentados — ou atemorizados — pelo seu uso como explosivo. Uma semana após a descoberta de Hahn, o físico americano J. Robert Oppenheimer rabiscou um esboço grosseiro de bomba atômica em seu quadro-negro.

Fermi, que imigrara para os Estados Unidos, estremeceu com o pensamento do que poderia acontecer. Olhando pela janela de sua sala na Universidade Columbia, ele observava o vaivém de estudantes pelas calçadas de Nova York, as ruas congestionadas de carros. Então virou para seu colega de trabalho, ergueu as mãos, como que segurando uma bola de futebol, e lembrou as palavras de Rutherford. "Uma pequena bomba deste tamanho", disse solenemente antes de voltar a olhar para fora, "e tudo isso iria desaparecer."[21] Considerando as agressões da Alemanha nazista no fim do verão de 1939, uma bomba como essa, se pudesse ser construída, talvez fosse necessária num mundo à beira da guerra. Planos de obtê-la foram rapidamente feitos de ambos os lados do conflito.

Ao anexar a Áustria e ocupar a Tchecoslováquia, Adolf Hitler conseguira perseguir seus objetivos sem precisar entrar em combate até 1º de setembro de 1939, quando, às 4h45, seu 103º Regimento de Artilharia enviou a primeira "saudação de ferro" à Polônia.[22] Os tanques Panzer varreram a fronteira e os bombardeiros no céu atacaram a leste. A blitzkrieg alemã tivera início, e Hitler prometera que bombas seriam recebidas com bombas.

A Grã-Bretanha e a França responderam com uma declaração de guerra. Em 3 de setembro, Winston Churchill, primeiro lorde do almirantado, ficou de pé na Câmara dos Comuns e disse: "Não se trata de lutar por Danzig ou de lutar pela Polônia. Estamos lutando para salvar o mundo da pestilência da tirania nazista e em defesa de tudo que é mais sagrado para o homem".[23]

Menos de duas semanas depois, em 16 de setembro, o cientista alemão Kurt Diebner estava em sua sala, na sede do Departamento de Pesquisa e Desenvolvimento de Equipamentos Militares do Exército, em Berlim, no número 10 da Hardenbergstrasse, à espera dos oito físicos alemães instruídos por ele a se apresentar para o serviço alguns dias antes. "Tem a ver com bombas", comentou com o recruta que esboçou a lista de convocados.[24]

Aos 34 anos de idade, Diebner era um leal membro do Partido Nazista, com uma presença tão modesta e recolhida quanto seus cabelos escassos.[25] Vestia um terno apertado demais sobre o corpo baixo, franzino, e usava óculos redondos de estudante que viviam ameaçando escorregar do nariz. Nas reuniões, suas palavras saíam hesitantes e inseguras. Mas, a despeito de sua aparência e de seu modo de falar, era um homem ambicioso e impaciente.

Nascido numa família de classe trabalhadora no subúrbio da cidade operária de Naumburg, Diebner conseguiu entrar para a universidade com trabalho duro e inteligência. Primeiro em Innsbruck, depois Halle, estudou física. Enquanto parte dos outros alunos saía para jantar fora e tinha os meios para se preocupar com o corte de seus ternos, ele viveu uma existência frugal. Atraído pelo lado experimental da física, trabalhou diligentemente no laboratório, tendo por objetivo conseguir uma posição de professor universitário — e obter o salário e o prestígio que vinham com o cargo. Quando estudava na Universidade de Halle, Diebner entrou para um respeitado clube de esgrima, considerado um passo importante para a ascensão social, e os duelos lhe renderam diversas cicatrizes no rosto.

Diebner obteve seu doutorado em física atômica em 1931. Em 1934, ano em que Hitler se tornou o Führer da Alemanha, entrou para o Departamento de Equipamentos Militares do Exército, onde foi incumbido de desenvolver cargas ocas. Por anos, insistiu com seu chefe que, em vez disso, lhe permitisse criar uma divisão de pesquisa atômica. Só que a resposta foi que esse tipo de trabalho não passava de "bobagem", sem utilidade prática.[26] Rápidos avanços no campo em 1939, porém, deixaram claro que a física atômica podia ser tudo, menos bobagem, e Diebner finalmente recebeu autorização para formar uma equipe.

Quando a nata da ciência alemã chegou à Hardenbergstrasse naquele dia em meados de setembro, carregava suas malas sem saber com certeza para onde seria mandada.[27] Ao virem Diebner aparecer para recebê-los, os cientistas apertaram sua mão com entusiasmo, percebendo que ao menos não iriam para o front. Na sala de reuniões, foram informados de que espiões alemães haviam descoberto que os Estados Unidos, a França e a Grã-Bretanha estavam encaminhando projetos em fissão nuclear. Mas isso já era bem sabido dos cientistas convocados. Todos haviam lido a enxurrada de artigos na imprensa internacional sobre o assunto, e alguns, até contribuído. Agora que a guerra fora declarada, as cortinas para esse teatro aberto da ciência haviam se fechado. Diebner os informou de que eles haviam sido reunidos para decidir se era possível ou não, na prática, controlar a energia atômica para a produção de armas ou eletricidade.

Um dos presentes já se dedicava ao primeiro desses dois objetivos. Em abril, Paul Harteck, um físico-químico da Universidade de Hamburgo, enviara uma carta ao Ministério da Guerra do Reich explicando os acontecimentos recentes na física nuclear. Por sua estimativa, escreveu, traziam a "possibilidade da criação de explosivos cujo efeito excederia um milhão de vezes os que ora estavam em uso [...]. O país que primeiro fizesse uso [desse explosivo] obteria, em relação aos demais, uma vantagem quase insuperável".[28] Harteck acreditava que o grupo ali reunido devia buscar essa vantagem.

Otto Hahn, por outro lado, ficou transtornado ao ver sua descoberta sendo desenvolvida como uma arma letal.[29] Tentou acabar com todo entusiasmo pela empreitada apontando para os inúmeros desafios técnicos envolvidos em construir um explosivo ou projetar uma máquina para produzir energia.

Observou, com base em estudos recentes, que eram os átomos do raro isótopo de urânio U-235 (peso atômico 235: 92 prótons, 143 nêutrons) que tinham a fissão mais rápida. Enquanto isso, seu primo mais comum, o U-238 (92 prótons, 146 nêutrons), tendia a absorver nêutrons que atingiam seu núcleo, roubando seu potencial de promover uma reação em cadeia. E a menos que os nêutrons velozes sendo liberados de um átomo dividido fossem adequadamente desacelerados, a probabilidade de fissão do U-235 era pequena. O urânio natural era feito de apenas sete partes de U-235 para cada mil partes de U-238, e não existia nenhum método para separar os isótopos. Além do mais, seria necessário encontrar um moderador eficiente para o U-235. Considerando tudo isso, e outros prováveis desafios não previstos, Hahn acreditava que tentar controlar o átomo para uso na atual guerra era um esforço vão.

O debate continuou por horas, até os cientistas finalmente chegarem a um consenso. "Se houver uma chance mínima de que isso pode ser feito, então temos de fazê-lo."[30]

Dez dias mais tarde, em 26 de setembro, Diebner convocou outra reunião de seu "Clube do Urânio".[31] Dessa vez, Werner Heisenberg compareceu. Heisenberg era considerado a grande estrela da física teórica alemã, particularmente depois que a ascensão de Hitler forçara Albert Einstein e outros físicos judeus a fugir do país. Inicialmente, Diebner resistira a sua inclusão no grupo, porque queria pessoas para fazer experimentações, não teóricos, e porque Heisenberg chamara a pesquisa acadêmica de Diebner de "amadora". Mas os que haviam sido recrutados por Diebner insistiram com ele que reconsiderasse: Heisenberg recebera o prêmio Nobel com apenas 31 anos e era brilhante demais para ser deixado de fora.

Heisenberg se revelou uma útil contribuição para o clube. No fim dessa reunião, o grupo tinha suas incumbências. Alguns, como Harteck, investigariam um modo de extrair quantidades suficientes de U-235 do urânio natural. Outros, como Heisenberg, revisariam a teoria da reação em cadeia, tanto para fabricar explosivos como para gerar energia. Outros, ainda, fariam experimentos com os melhores moderadores.

Heisenberg obteve rápidos avanços com a teoria.[32] No fim de outubro, começara um par de artigos inovadores. Se separassem o isótopo U-235 e comprimissem quantidade suficiente numa bola, os nêutrons velozes disparariam uma reação em cadeia imediata, resultando numa explosão "maior do que os mais fortes explosivos disponíveis em diversas potências de dez".[33] A separação do isótopo, declarou Heisenberg, era "o único modo de produzir explosivos", e os desafios de tal separação eram fenomenais. Mas construir uma "máquina" que usasse urânio e um moderador para gerar um nível controlado de energia era uma meta exequível. Quando a máquina atingisse um ponto crítico, o número de reações em cadeia se estabilizaria e se sustentaria. A quantidade de U-235 continuava sendo chave: precisariam de uma enorme disponibilidade de urânio natural em sua forma purificada processada — óxido de urânio — para produzir quantidades adequadas do raro isótopo físsil.

Na questão dos moderadores, Heisenberg descartou água comum como uma opção.[34] Seus átomos de hidrogênio desaceleravam os nêutrons o suficiente para promover a fissão do U-235, mas também os capturavam a uma taxa demasiado elevada. Com isso, restavam dois candidatos conhecidos: o grafite, que era uma forma cristalina de carbono, e a água pesada. No grafite, os átomos de carbono atuavam como moderadores; na água pesada, era o deutério. Ambos deviam se revelar eficazes em desacelerar nêutrons o suficiente e reduzir a um mínimo o número de nêutrons parasiticamente absorvidos.

Uma vez que tivessem urânio suficiente e um moderador eficaz, concluiu Heisenberg, era simplesmente questão de calcular o tamanho mais eficiente da máquina (a quantidade de urânio e de moderador), o arranjo (misturados ou em camadas) e a forma (cilíndrica ou esférica). Seus números iniciais indicavam que uma esfera cheia com ao menos uma tonelada tanto de urânio como do moderador escolhido separado em camadas seria o ideal. Ficaria grande, mas funcionaria.

Heisenberg deu a Diebner a orientação de que ele precisava para seguir em frente — e a reputação do laureado com o Nobel contribuiu para convencer os outros a seguir esse caminho. Experimentos continuariam a separar o U-235, mas a maior parte do esforço se concentrava agora em construir a máquina de urânio. Em caso de sucesso, os cientistas provariam enfim a importância — e a utilidade — da física atômica. A construção de uma bomba seria a etapa seguinte.

Em reconhecimento pelo trabalho no Clube do Urânio, Diebner foi nomeado chefe do Instituto de Física Kaiser Wilhelm, em Berlim, um órgão de reputação proeminente e o laboratório mais avançado do país.[35] Heisenberg foi indicado ao corpo diretivo como consultor científico, para aplacar os que ficaram irritados em ter Diebner, um físico sem renome algum, dirigindo o augusto instituto.

Perto do fim do ano, Diebner contava com dezenas de cientistas sob sua tutela por toda a Alemanha refinando a teoria da máquina de urânio e construindo os primeiros pequenos projetos experimentais.[36] Um progresso fora feito na equipagem de laboratórios e na encomenda de óxido de urânio e outros materiais-chave.

Embora a questão exigisse mais estudos, os cálculos dos cientistas indicavam que a água pesada era o melhor moderador conhecido no momento. O Clube do Urânio exigiria um fornecimento regular e robusto do líquido raro. Infelizmente, o único produtor mundial, a usina da Norsk Hydro em Vemork, ficava longe, num vale inacessível da Noruega, país cujo status neutro na guerra o tornava um parceiro pouco confiável. Em novembro de 1939, a usina também apenas recentemente reiniciara a produção de água pesada, de tal forma que podia fornecer pouco mais do que dez quilos por mês. Diebner considerou construir uma usina de água pesada completa na Alemanha, embora ela fosse custar dezenas de milhões de marcos e consumir 100 mil toneladas de carvão para cada tonelada isolada de água pesada produzida. Antes que tomasse a decisão, porém, ele e Heisenberg concordaram que precisavam se certificar de que a água pesada era um moderador viável. Para esses experimentos, 25 quilos bastariam. Diebner pediu a um representante do conglomerado alemão IG Farben, dono de 25% da Norsk Hydro, que fizesse a encomenda, desse modo ocultando o envolvimento militar.

Em janeiro de 1940, com mais físicos no grupo de Diebner pedindo seu próprio suprimento, os futuros pedidos haviam crescido para cem quilos por mês.[37] A Norsk Hydro queria saber a finalidade de uma demanda tão grande, mas com os experimentos utilizando água pesada agora classificados como SH-200 — segredo militar de alto nível —, o representante da IG Farben respondia apenas com silêncio.

Não muito depois, os noruegueses acabaram descobrindo, por Jacques Allier, qual era o propósito alemão: o potencial desenvolvimento de uma bomba atômica.

* * *

Quando Allier visitou Vemork, em 5 de março de 1940, apresentou-se apenas como um funcionário do Banque de Paris.[38] Axel Aubert conduziu a reunião com o engenheiro-chefe da usina, Jomar Brun. De fornecimentos previamente não vendidos e de após a retomada da produção, a usina tinha um total de 185 quilos disponíveis. Tudo isso, Aubert informou a Brun, precisava ser transportado por caminhão em segredo até Oslo. Brun quis saber o motivo, assim como quisera saber o motivo quando Aubert lhe dissera sigilosamente, mais cedo naquele ano, para considerar quintuplicar a produção de água pesada para cinquenta quilos por mês. Como antes, Aubert se recusou a responder quaisquer perguntas, e deu instruções de que nem uma palavra desse pedido especial fosse mencionada a quem quer que fosse.

Depois de acertar esses arranjos e encontrar um soldador em Rjukan para fabricar 26 recipientes de aço inoxidável que coubessem perfeitamente em malas comuns, Allier voltou a Oslo com Aubert para concluir as negociações e se preparar para sair sigilosamente com os recipientes da Noruega.[39] O diretor-geral da Norsk Hydro se ofereceu para entregar à França a água pesada como um empréstimo, sem preço estipulado, e disse a Allier que a Norsk Hydro daria aos franceses a primazia do que fosse produzido no futuro. Impressionado com sua generosidade — e a rapidez com que Aubert agira —, Allier revelou a destinação pretendida da água pesada por parte de Frédéric Joliot-Curie e sua equipe.

Em 9 de março, dois caminhões deixaram Vemork descendo pela estrada íngreme e escorregadia, devido ao gelo. Brun foi no primeiro deles.[40] Numa casa de aspecto comum em Oslo, descarregaram os 26 recipientes e confiaram-nos aos cuidados de Allier. A casa era de propriedade do governo francês e ficava a curta distância de uma *safe house* em Abwehr, mas às vezes o melhor esconderijo era estar à plena vista.

Para contrabandear o fornecimento, Allier tinha visões grandiosas de um submarino chegando secretamente ao Oslofjord e levando o material, mas em vez disso decidiu usar um chamariz, contando com o apoio dos três espiões franceses que recrutara em Estocolmo.[41] Por intermédio de diversos agentes de viagem e sob vários nomes falsos, reservaram voos em dois aviões partindo do aeroporto Fornebu de Oslo praticamente no mesmo horário na manhã de 12 de março. Um deles estava destinado a Amsterdam, o outro a Perth, na Escócia. Caso algo desse errado, também compraram lugares nos mesmos voos para dois dias consecutivos depois disso.

Ao amanhecer de 12 de março, um dia gelado e sem nuvens, Allier e um colega espião, Fernand Mosse, tomaram um táxi cinco quilômetros ao sul do centro da cidade para o Fornebu. Vestidos como homens de negócios, fizeram grande alarde de sua iminente viagem para Amsterdam diante dos agentes de embarque e operadores de bagagens que se encarregaram de suas diversas malas grandes e pesadas. Não demorou para que estivessem atravessando a pista em direção à aeronave Junkers Ju-52 designada para seu voo. Ao lado dela havia outra idêntica, com destino a Perth.

Assim que se certificaram de que sua bagagem fora carregada no avião para Amsterdam e de que as hélices começaram a girar, prepararam-se para o embarque. Nesse momento, um táxi entrou na pista. Seu passageiro, Jehan Knall-Demars, mais um da equipe de Allier, convencera o agente de embarque a deixá-lo passar com o carro, caso contrário corria o risco de perder o voo para Amsterdam. O espião mandou o táxi estacionar entre os dois Junkers, fora de visão para o terminal de Fornebu. Então, descarregou o porta-malas, contendo a bagagem com treze dos recipientes de água pesada. As malas foram levadas ao compartimento de carga do avião com destino à Escócia, em que Allier e Mosse embarcaram, em vez de entrarem no de Amsterdam. Knall-Demars partiu no táxi, escondendo-se no banco traseiro ao passarem pelo portão de embarque.

Minutos mais tarde, o avião para Amsterdam correu pela pista e ganhou o céu. Quando virou para o sul acima de Skagerrak, o estreito de mar entre a Noruega e a Dinamarca, dois caças da Luftwaffe se aproximaram. Ordenaram aos pilotos que mudassem o curso para Hamburgo. Quando o avião aterrissou na Alemanha, agentes da Abwehr mandaram abrir o compartimento de carga. Vasculhando as malas, encontraram algumas particularmente pesadas. Dentro delas? Pedras de granito.

Entrementes, Allier e Mosse aterrissavam a salvo na Escócia com seu contrabando. No dia seguinte, Knall-Demars chegou com os treze recipientes restantes.

No dia 18 de março, todos os 26 recipientes foram armazenados nos antigos porões de arcos de pedra do Collège de France, em Paris. A primeira batalha da água pesada fora vencida. A próxima, porém, não tardaria a começar.

2. O professor

Eles chegaram a Trondheim, no escuro, nas primeiras horas de 9 de abril de 1940, cruzando o fiorde norueguês a 25 nós.[1] Uma ventania do norte, salpicada de neve, varria os conveses de aço do cruzador alemão *Admiral Hipper* e dos quatro destróieres a sua popa. Aproximaram-se dos três fortes guardando a entrada da antiga capital viking, todas as tripulações a postos para entrar em ação.

Uma patrulha norueguesa sinalizou para as embarcações intrusas se identificarem. Em inglês, o capitão do *Admiral Hipper* respondeu que eram o HMS *Revenge*, trazendo ordens do governo britânico para "prosseguir rumo a Trondheim.[2] Suas intenções não eram hostis". Quando a patrulha lançou um facho de luz sobre a água, foi ofuscada pelos holofotes do *Admiral Hipper*, que subitamente acelerou a velocidade máxima, soprando fumaça para ocultar sua posição. Sinalizadores e foguetes de advertência iluminaram a noite. Dentro dos fortes noruegueses, os alarmes soaram e os homens receberam ordens de ficar de prontidão e abrir fogo contra os navios invasores.

Quinze minutos se passaram. Nas baterias do porto, os canhões tiveram de ser carregados, então os mecanismos elétricos de disparo falharam. No momento em que os inexperientes soldados noruegueses ficaram em condições de responder, o *Admiral Hipper* já passava a todo vapor pelo primeiro forte. No segundo, o corneteiro que devia ter soado o alarme pegara no sono em seu posto e os homens demoraram a se posicionar na artilharia. Quando abriram fogo, seus holofotes não funcionaram direito e eles não puderam enxergar seus alvos.

Às 4h25, a pequena armada lançou âncora no porto de Trondheim. Cúteres começaram a transportar duas companhias de infantaria dos navios de guerra para a costa. Todo mundo dormia na cidade quando os soldados alemães se espalharam do porto para as ruas indefesas. A invasão nazista da Noruega começara.

Em um auditório no Instituto de Tecnologia Norueguês (NTH), a vinte minutos de caminhada do porto de Trondheim, alunos, professores e um punhado de outros membros da comunidade haviam se reunido.[3] A notícia da invasão chegara a Leif Tronstad antes de o dia clarear, e, enquanto seus filhos dormiam, ele correra para o instituto. A julgar pelos escassos informes que ele e os outros haviam recebido, toda a Noruega parecia estar sob ataque. Bergen, Stavanger, Kristiansand e Narvik haviam caído, junto com Trondheim, mas corriam rumores de que Oslo aguentava firme. A assembleia em pânico debatia o que fazer. Knut Haukelid, um agitador que estava na cidade em visita a amigos, queria combater com quaisquer armas que pudessem encontrar.[4] Outros pregaram cautela; seu pequeno país, com um contingente militar limitado, tinha pouca chance contra a poderosa Alemanha.

Quando Tronstad falou, todo mundo prestou atenção. Aos 37 anos, ele era o professor titular mais jovem da universidade, e adorado por seus alunos. De altura mediana, tinha olhos azuis, nariz fino e cabelo loiro acinzentado repartido de lado com esmero.

Tronstad informou ao grupo ali reunido que, como oficial de reserva no Departamento de Equipamentos Militares do Exército, teria de viajar a Oslo se a guerra estourasse.[5] Aconselhou os que tivessem experiência militar a fazer o mesmo. Quanto aos demais, disse, cada homem deveria seguir a própria consciência sobre que ação tomar, mas lembrou-os de que o país precisava deles. Dizendo isso, se despediu de todos.

Tronstad temera que isso acontecesse — que o "governo adormecido" da Noruega pudesse deixar o país despreparado para montar qualquer defesa na eventualidade de uma invasão.[6] Desde o dia em que Hitler invadira a Polônia, sete meses antes, ficou claro para Tronstad que a Noruega não teria permissão de manter a posição de neutralidade que conservara durante a Grande Guerra. A luta entre Aliados e nazistas na Europa continental chegara a um impasse, e os dois lados rodearam a Noruega por meses, esperando para ver qual deles faria o primeiro movimento na tentativa de trazê-la para a própria esfera de influência.

Havia bons motivos para esse interesse, sobretudo porque a longa linha costeira norueguesa oferecia bases navais potenciais para dominar o mar do Norte. Nesse meio-tempo, o governo norueguês esperava que uma diplomacia cuidadosa prevalecesse sobre a necessidade de força. Apenas alguns dias antes, o embaixador alemão, Curt Bräuer, dera uma recepção para mais de duzentos convidados políticos e militares noruegueses.[7] No meio da festa, as luzes foram apagadas e um filme, *Batismo de fogo*, foi projetado. À trilha sonora de Richard Wagner, bombardeiros destruíam Varsóvia enquanto uma voz em off explicava que aquilo era o que acontecia com quem se associava a britânicos e franceses. O filme encerrava com um mapa da Grã-Bretanha explodindo em chamas e o vislumbre de uma suástica nazista.

Voltando depressa para casa, Tronstad presenciava a cidade a sua volta sendo rapidamente ocupada por soldados alemães. Eles marchavam em colunas pelas ruas. Montavam ninhos de metralhadoras e posições de morteiros em pontes e em lugares estratégicos por toda a cidade, divulgando advertências em alemão para os cidadãos não resistirem. Tronstad os ignorou. Finalmente, chegou a sua casa de dois andares no arborizado centro da cidade. Disse à esposa, Bassa, que não estavam em segurança em Trondheim. Iria levá-la junto das crianças para um chalé turístico na montanha em Kongsvoll, 150 quilômetros ao sul, depois viajaria a Oslo para se juntar ao exército.

Os dois foram juntos acordar a filha, Sidsel, de sete anos, e o menino de dois anos, chamado Leif como o pai, e os ajudaram a se vestir e a fazer as malas. Quinze minutos depois, entravam em seu Opel Super 6, um carro de luxo fabricado na Alemanha. Quando iam para o sul pela ponte do rio Nidelva, dois bombardeiros cinza passaram sobrevoando.

"Que tipo de avião é esse?", perguntou Sidsel.[8]

"Um avião alemão", disse Tronstad, sua primeira explicação da partida às pressas. "Receio que a guerra tenha chegado a nosso país."

Chegaram nessa mesma tarde à pequena cidade de Oppdal, fim da estrada no período do inverno. A notícia que ouviram não era boa. O chamado para a mobilização finalmente viera, mas o "anel de ferro" defensivo em torno de Oslo se revelara uma fantasia: os alemães controlavam a capital. O rei Haakon VII, um homem alto e austero que ascendera ao trono em 1905, fugira da cidade,

42

assim como o governo norueguês. No rádio, Vidkun Quisling, chefe do partido fascista Nasjnal Samling, anunciava que assumira o controle do governo nacional. Tronstad percebeu que de nada adiantava viajar à capital. Levou sua família para o chalé de Kongsvoll e partiu na manhã seguinte para se juntar ao comando do exército local.

Um dia após a invasão, o adormecido governo norueguês finalmente despertou.[9] Bräuer levara suas exigências ao rei Haakon. O rei as repassou ao primeiro-ministro Johan Nygaardsvold e seus ministros, informando-os pessoalmente de que não podia aceitar nem Quisling nem a rendição, mas, por ser um monarca constitucional, não estava em seu poder decidir. Se o governo optasse por fazer a paz com os invasores, contudo, iria abdicar imediatamente. O governo ficou do lado de seu rei, que então transmitiu uma mensagem ao povo pelo rádio: deviam lutar com todas as forças até os invasores serem expulsos das praias norueguesas.

Bolsões de resistência se formaram por todo o país, mas, apoiados por reforços britânicos e franceses, os noruegueses puseram maior empenho em dois lugares: a fortaleza naval de Narvik e dois compridos vales entre Oslo e Trondheim.[10] Se os alemães controlassem essa região, que separava o corredor norte-sul da capital, chegariam ao coração da Noruega.

Foi ali, com os batalhões Panzer alemães apoiados pela Luftwaffe investindo do norte, a partir de Oslo, que Tronstad lutou sua guerra. Ele ficou encarregado de impedir as tropas alemãs de cruzar a linha defensiva norueguesa.[11] A partir de um quartel-general instalado no chalé de Kongsvoll, criou uma rede de homens para relatar a atividade inimiga e supervisionou a abertura de sulcos de um metro de largura na neve sobre os lagos dos arredores para impedir o pouso dos aviões alemães de transporte.

Durante três semanas, auxiliados sobretudo pelos britânicos, os inexperientes e precariamente armados noruegueses combateram com ferocidade nos dois vales, mas foram pouco a pouco rechaçados de volta a Trondheim. Acreditando que a batalha estava perdida, os britânicos começaram a evacuação no fim de abril. Em 1º de maio, quando a ordem de rendição chegou a seu distrito, Tronstad e vários outros esconderam 81 caixas de munição nas montanhas, na esperança de voltarem a lutar no futuro.[12] Nessa tarde, quando Tronstad estava longe de sua família, uma unidade de cavalaria alemã mapeando o terreno montanhoso chegou ao chalé de Kongsvoll.

Sob chuva torrencial, os homens, cobertos de lama e sujeira, marcharam até os degraus de entrada da residência. O oficial no comando ordenou a Bassa Tronstad que liberasse o celeiro para seus homens e os cavalos. "Temos vacas ali", respondeu ela em alemão fluente.[13] "Se as tirarmos de lá, vamos ficar sem leite." O oficial, surpreso com a réplica em sua língua materna, disse que então seus homens dormiriam no chalé.

"Contanto que se limpem", ela retrucou.

Antes de a unidade partir, o oficial parou diante de Bassa e fez uma ameaça: "Se alguma coisa acontecer por aqui, vocês serão fuzilados imediatamente".

Quando Tronstad voltou ao chalé, pegou sua família e regressou a Trondheim. A batalha continuava sendo travada em Narvik, mas aí também não tardou a terminar, e o rei Haakon e o governo fugiram por mar para a Grã-Bretanha. Os alemães agora dominavam a Noruega. Sua presença era uma violação de tudo que Tronstad mais amava, e a ocupação o privara da vida que construíra do zero.

Três meses antes de Leif Tronstad nascer, seu pai, Hans Larsen, morreu de ataque cardíaco.[14] Sua mãe, Josefine, sustentou os quatro filhos cuidando de um pequeno quiosque e trabalhando como empregada em jantares particulares dados pelas famílias mais ricas da região em torno de Oslo. Quando jovem, Leif estava sempre estudando, praticando corrida ou trabalhando. Após cursar o secundário e passar alguns anos trabalhando numa companhia elétrica, entrou para a Escola Técnica Kristiania para estudar química. Da lista de recordes nacionais que bateu, fica claro que se saiu bem também no atletismo. Mesmo trabalhando numa fábrica e praticando esportes, graduou-se com as maiores notas da escola. Em 1924, depois de cumprir o serviço militar e se firmar financeiramente, matriculou-se no NTH.

Em Trondheim, finalmente foi capaz de se concentrar apenas em ciências, e obteve destaque ainda maior. Passava a maior parte de suas horas debruçado sobre os livros. "Trabalho como escravo ultimamente", escreveu para a mãe no primeiro ano.[15] "Não precisa mandar dinheiro. Vivo modestamente, de modo espartano, e com cuidado. Apenas pão e o tipo mais barato de manteiga." Graduou-se com máximas honrarias, o que lhe granjeou o reconhecimento do próprio rei Haakon. Leif Tronstad, que assumira o nome de solteira da mãe em homenagem a seus anos de sacrifício, era agora uma estrela em ascensão.

Todo esse tempo, cortejara sua namoradinha de infância, Edla, cujo apelido desde pequena era Bassa. Ela era alguns anos mais nova que ele; tinham crescido juntos na mesma colina em Sandvika, um bairro com vista para o Oslofjord, vários quilômetros a oeste da capital norueguesa. Quando estava longe, estudando, enviava cartas de amor para seu "pequeno anjo" e "lindo tesouro".[16] Um dia, prometeu, "vamos ter um ao outro para sempre e seremos as pessoas mais felizes sob o sol". No Natal, incapaz de "esperar até ficarmos velhos e apaixonados", ele pediu a sua mão.[17]

Após a cerimônia, em 1928, os recém-casados se mudaram para Berlim, onde, como parte da bolsa de doutorado de três anos que lhe fora concedida pelo NTH, Tronstad trabalhou como pesquisador no Instituto de Química Kaiser Wilhelm. Boa com idiomas, Bassa trabalhou como sua secretária e intérprete. Juntos, pela primeira vez tiveram contato com o nazismo. Pregados pela cidade havia cartazes com fotografias em close-up de Hitler e títulos invocando vingança contra o Tratado de Versalhes.[18]

Após esse período, voltaram para Trondheim, onde Tronstad continuou sua pesquisa, dava aulas de química atômica e obteve seu doutorado com um trabalho bem recebido sobre medição de superfícies oxidadas de ferro e aço. Um novo período de estudos no além-mar se seguiu, no famoso Laboratório Cavendish, na Universidade de Cambridge, na Inglaterra, onde ele aprofundou o trabalho com eletroquímica e veio a conhecer os principais luminares da universidade, inclusive Ernest Rutherford.

No verão de 1932, os Tronstad voltaram à Noruega; pouco depois, a filha do casal, Sidsel, nasceu. Em seu diário, Tronstad escreveu: "Um grande dia, hoje [...]. Deus, ela é linda!".[19]

Talentoso não apenas no laboratório, como também no trabalho teórico, Tronstad encontrou muitas portas abertas.[20] Desde seu tempo de estudante ele se perguntava se devia trabalhar na indústria ou no meio acadêmico. A primeira pagava bem e, após uma vida economizando cada coroa, era atraente. O salário de professor universitário era bem mais modesto, mas a vida acadêmica proporcionaria a oportunidade de lecionar e pesquisar ciência pura sem ficar escravizado à linha de produção. No fim, afirmou a Bassa que, embora quisesse ser professor, deixaria a decisão para ela. "Se for do seu agrado, posso ganhar quanto dinheiro você quiser", disse.[21] Ela lhe deu sua bênção para que voltasse à universidade. Em pouco tempo passou a professor catedrático no NTH, publicou dezenas de artigos científicos e deixava os alunos fascinados ao inflamar elementos químicos num estalar de dedos.[22] Comprou uma bela casa a uma curta caminhada da universidade e um carro para os passeios a sua cabana na montanha, onde a família podia esquiar e fazer caminhadas. Ensinou a filha a esquiar no gelo e, em agosto de 1937, deu as boas-vindas a um menino, o pequeno Leif, que adorava ser empurrado pelo quintal em um carrinho de mão.

Durante os anos anteriores à guerra, Tronstad também trabalhou como consultor para diversas companhias norueguesas. Seu know-how foi utilizado na fabricação de aço, borracha, nitrogênio, alumínio e, para a Norsk Hydro, água pesada.

Em 11 de novembro de 1940, sete meses após a invasão alemã, Tronstad visitou Vemork a pedido de Jomar Brun.[23] O antigo colega de escola de Tronstad, de constituição delicada, portador de óculos redondos que combinavam com seu rosto oval de feições suaves, afirmara querer ajuda para fazer melhorias na usina de hidrogênio. Na verdade, Brun também tentava descobrir por que os alemães estavam tão interessados em água pesada, e o que devia fazer a respeito.

Pouco após a tomada de Rjukan, um general alemão em visita a Vemork ordenara que a produção na usina — e as remessas para Berlim — fosse rapidamente acelerada.[24] Ele não havia revelado nada sobre o uso pretendido para a água pesada. Brun já implementara a expansão das células de alta concentração de sete para nove. Esse aperfeiçoamento, assim como a lista exaustiva de melhorias sugerida por Tronstad durante sua visita de dois dias, entre as quais a adição de ânodos revestidos de níquel às células, para impedir a ferrugem e aumentar a amperagem, possibilitaria à usina suprir os alemães com 1,5 quilo diário de água pesada, quintuplicando a produção anterior.[25]

Privadamente, depois de terminado o trabalho na usina, Tronstad e Brun discutiram os motivos de os alemães necessitarem de tamanha quantidade de água pesada.[26] Um ávido leitor de periódicos científicos, Tronstad sabia que havia interesse na substância como um moderador no novo campo da pesquisa em fissão. Além do mais, ele colaborara com Ernest Rutherford em 1935 numa tentativa de produzir trítio (um isótopo de hidrogênio ainda mais raro) em Vemork. O experimento fracassara, mas Tronstad compreendeu bem a teoria de Rutherford de que o trítio e o deutério podiam ser usados para obter uma reação de fusão com a liberação de energia potencialmente imensa. Não obstante, Tronstad descartou a ideia de que a água pesada pudesse ser aplicada a algum uso militar importante. Em vez disso, ele e Brun conjecturaram que os alemães pudessem querer o deutério para a fabricação de algum tipo de gás venenoso, mas duvidavam que essa aplicação fosse render resultados. Qualquer que fosse o motivo, concluiu Tronstad, se os nazistas estavam interessados em água pesada, ele também deveria ficar.

Quanto a Brun, concordaram que o melhor era permanecer na usina e fazer o que fosse necessário para conservar o emprego, inclusive promover as mudanças que aumentariam os níveis de produção.[27] Era a única maneira de se manter informado sobre novos desdobramentos. Se ocorresse alguma coisa significativa, ele alertaria Tronstad.

Após sua visita a Rjukan, Tronstad voltou a Trondheim, onde retomara suas aulas e os estudos no NTH. Ele canalizava a maior parte de sua energia prodigiosa, contudo, para as atividades clandestinas com a resistência, trabalhando particularmente próximo a diversos grupos de estudantes universitários dedicados a retaliar a ocupação alemã. Uns publicavam jornais ilegais. Outros operavam em âmbito mais elevado, conectando-se ao Secret Intelligence Service (SIS), a agência de inteligência britânica. Sob o codinome Skylark B, esses alunos enviavam transmissões radiotelegráficas codificadas das florestas nos arredores da cidade para Londres, informando sobre movimentações de tropas e atividade naval.

Apelidado de Carteiro, Tronstad lhes dava toda a ajuda técnica de que necessitavam e fornecia o próprio serviço de inteligência. Com suas ligações na indústria, colhia informações sobre empresas norueguesas e como estavam ajudando os alemães. A Norsk Hydro era apenas uma dentre muitas. A resistência era uma teia precária que ele temia que pudesse ser desfeita a qualquer momento, e no entanto ele continuava a tecer novos fios.

Em março de 1941, Brun informou que oficiais alemães, acompanhados de cientistas, haviam mais uma vez invadido Vemork.[28] Eles agora queriam uma cascata de nove estágios antes do estágio da alta concentração — outros milhares de células eletrolíticas. Exigiam 1500 quilos de água pesada por ano e passaram a considerar Brun "pessoalmente responsável pelo perfeito funcionamento da usina".[29] Pouco depois, Alf Løken, um aluno de química e membro do Skylark B, aproximou-se de Tronstad.[30] O SIS queria que fornecessem toda a informação que tinham sobre a água pesada de Vemork. Tronstad contou a Løken tudo que sabia. Um radiograma foi enviado a Londres.

A família Tronstad passou várias semanas desse verão em sua cabana na montanha. Desde a ocupação, Tronstad tentara manter as coisas tão normais quanto possível para sua esposa e filhos. Mas ele estava nervoso. A Gestapo rastreara o transmissor radiotelegráfico do Skylark B nas cercanias de Trondheim e torturara um aluno envolvido em sua utilização. Sua confissão levou a diversas outras prisões, incluindo a de Løken. Outros no Skylark B fugiram. Por volta dessa época, Brun chegou à cidade com notícias urgentes.[31] Os alemães agora queriam aumentar a produção de água pesada para cinco toneladas anuais, e Paul Harteck, que Tronstad conhecia de Cambridge, estava a caminho para orientar sobre novos métodos de obter níveis como esse. Percebendo a importância de transmitir essa informação aos britânicos, mas com o Skylark em perigo, Tronstad encontrou um mensageiro — um homem que planejava fugir de barco para a Escócia na semana seguinte.[32] Ele lhe passou detalhes precisos sobre Vemork, incluindo os números da produção mensal. O mensageiro escreveu esses detalhes em um papel de cigarro.

A Gestapo estava perto de acabar com a resistência em Trondheim. Na manhã de 9 de setembro, um aluno visitou Tronstad para uma consulta sobre segurança no equipamento de rádio do Skylark.[33] O aluno foi preso nessa mesma tarde. Uma semana depois, o mensageiro de Tronstad foi capturado na beira do cais. Felizmente, ele conseguiu engolir o papel de cigarro antes de ser levado dali. Em 20 de setembro, um dos membros do Skylark preso, temendo ceder sob tortura, conseguiu passar um recado para um amigo pelas barras da janela na prisão da Gestapo: "O Carteiro precisa desaparecer".[34]

Tronstad advertiu Bassa de que talvez tivessem de fugir, e, dois dias depois, ao ser informado de mais uma detenção, foi logo falar com a esposa. Era o aniversário de treze anos de casamento dos dois. "Precisamos ir", disse.[35] Foram para a estação de trem com a bagagem arrumada às pressas; havia um trem às 7h15 para Oslo. Bassa e as crianças subiram a bordo primeiro. Tronstad olhou para a esquerda e a direita, temendo que a Gestapo pudesse estar a sua espera na plataforma. Uma vez a salvo no trem, acomodou-se em sua cabine com a família e escreveu a primeira anotação no pequeno diário preto que manteria durante toda a guerra. "A família, a casa e as posses terrenas devem ser deixadas de lado em prol da Noruega."[36]

Às 10h15, chegaram a Oslo e tomaram novo trem, para Sandvika.[37] Subiram a colina, passaram pelo modesto quiosque onde a mãe de Tronstad costumava trabalhar. Mais acima, chegaram à casa onde Bassa crescera. Ele instruiu Bassa a não contar para ninguém que estava em Rjukan, caso lhe perguntassem. Então se abraçaram. "Não tenho medo de nada", ele afirmou a Bassa.[38] "É exatamente disso que eu tenho medo", ela respondeu.

Diante da casa com vista para o fiorde, ajoelhou-se junto aos filhos. "Cuide de seu irmãozinho", disse a Sidsel, de nove anos. Então virou para Leif, de quatro anos: "Você precisa ser bonzinho com a mamãe enquanto eu não estiver aqui". Prometeu trazer um pequeno presente para cada um. Sidsel pediu um relógio de pulso; Leif, um kart. "Não briguem", disse Tronstad antes de se afastar apressadamente, dominado pela emoção. Já estava descendo a colina quando escutou o pequeno Leif chamar: "Aonde você tá indo?".

Tronstad virou. "Notodden."

"Melhor correr." Leif apontou para o trem se movendo na estação Sandvika. Tronstad começou a descer a colina correndo, mas a verdade era que não ia pegar aquele trem. Ele esperaria na plataforma para tomar o trem na direção oposta.

Em Oslo, obteve documentos de identidade falsos e, na manhã seguinte, pegou uma bicicleta emprestada.[39] Pedalou trinta quilômetros na direção de Sandungen, ao norte, onde seu cunhado trabalhava como guarda-florestal. Por um dia, Tronstad ficou marcando árvores que seriam derrubadas e se perguntou se não deveria simplesmente esperar pela guerra como um "eremita" na floresta. Mas descartou a ideia. Naquela noite, escreveu uma carta para Bassa. Falsamente datada da noite em que haviam fugido de Trondheim, a carta falava de sua incapacidade de continuar numa universidade onde aqueles alinhados com os alemães recebiam "tratamento preferencial", ao passo que ele era difamado.[40] A carta continuava: ele estava agora na Suécia, mas não fizera, nem faria, nada "desonesto ou ilegal". A intenção da carta era fornecer a Bassa uma cobertura na eventualidade de ser interrogada pela Gestapo.

Na manhã seguinte, 26 de setembro, dois membros da rede da resistência o pegaram em um caminhão. Foram na direção da neutra Suécia, a 150 quilômetros dali. Quando estavam a uma hora de caminhada da fronteira, desceram e seguiram a pé pela mata. Entraram na Suécia às cinco da tarde, e duas horas depois Tronstad ficou detido em um posto militar sueco que cooperava com a rede. Deram-lhe um filé, cerveja e um pouco de café.

Um mês se passou antes que Tronstad obtivesse passagem para a Grã--Bretanha, de onde esperava continuar sua luta para libertar a Noruega. Seu passaporte, carimbado em Estocolmo, estava "Bom para uma só viagem".[41] A bordo de um bombardeiro convertido em avião de transporte, atravessou o mar do Norte a uma altitude elevada, respirando com máscara de oxigênio.[42] Após sete horas no escuro, o avião, tendo enfrentado vento contrário por todo o trajeto, finalmente aterrissou na Escócia.

Em 21 de outubro, Tronstad chegou à estação de King's Cross, em Londres. Como arranjado pelo SIS, um quarto fora reservado para ele no hotel St. Ermin's, no coração de Westminster, a pouca distância do quartel-general da agência de espionagem.[43] Londres, cidade que ele conhecia bem de seus tempos de estudante, era uma zona de guerra.[44] Soldados andavam pelas ruas e uma esquadra flutuante de balões de barragem cinzentos escurecia o céu, numa defesa contra os bombardeiros alemães.

Em Estocolmo, Tronstad lera sobre a blitz nos jornais. Desde 7 de setembro do ano anterior, Hitler enviara seus aviões para o coração de Londres, a fim de destruir seu espírito combativo. Bombas incendiárias atearam fogo nos telhados. Explosivos destruíram casas e construções. Milhares de pessoas haviam sido mortas nos ataques e um número incontável ficara ferido ou sem teto. Mas ler sobre a devastação era uma coisa; ver de perto, outra. Embora os ataques tivessem em grande parte cessado em maio de 1941, as ruas continuavam cobertas de destroços dos prédios bombardeados e as pessoas por quem ele passava tinham um ar triste, embora determinado.

Quando Tronstad finalmente foi para a cama, caças britânicos patrulhando os céus trovejaram no alto. Tamanha era sua exaustão com a viagem que dormiu tranquilamente em meio ao barulho.

O St. Ermin's, um hotel vitoriano em forma de ferradura, era o local perfeito para encontros clandestinos, com seu saguão majestoso e agitado e inúmeros recessos. Em seu primeiro domingo em Londres, Tronstad sentou-se diante do comandante Eric Welsh, diretor da agência norueguesa do SIS.[45] Welsh dirigia o Skylark B e coreografara a viagem de Tronstad a Londres.

O espião era baixo e gordo, com uma imensa cabeça em forma de domo.[46] Desalinhado no trajar, fumava um cigarro atrás do outro; a frente de sua camisa era toda suja de cinzas. Podia não parecer um herói, mas, na Grande Guerra, recebera medalhas por bravura na remoção de minas. Welsh se tornou um oficial da Inteligência Naval, focado em cientistas e seu trabalho, antes de ser transferido para o SIS. Sua esposa era norueguesa, parente do compositor Edvard Grieg, e seu conhecimento da língua lhe conseguiu um cargo numa companhia de tintas norueguesa que atendia inúmeras firmas industriais do país. Na verdade, Tronstad logo veio a descobrir, Welsh conhecia Jomar Brun e Vemork muito bem.[47] Fora ele quem vendera o azulejo à prova de corrosão para o piso do aparelho de alta concentração.

Welsh sabia muitas coisas, grande parte delas vinda de um informante dentro da Alemanha cognominado Griffin [Grifo]. Era o cientista Paul Rosbaud, que, como consultor da Springer Verlag, uma editora científica, era próximo de Hahn, Heisenberg e outros proeminentes físicos alemães. Ele fornecera inteligência inicial sobre o programa atômico nazista, mas, depois que o Departamento de Equipamentos Militares do Exército assumira o controle, o fluxo dos informes diminuíra. Welsh também detinha informação privilegiada sobre o desenvolvimento de uma bomba atômica pela Grã-Bretanha, no que foi conhecido no início como Comitê Maud [sigla em inglês para Aplicação Militar da Detonação de Urânio] e, depois, sob o codinome Directorate of Tube Alloys [Departamento de Ligas para Tubulações].

Welsh fazia muitas digressões e engolia as palavras, o que tornava as poucas coisas importantes que passava para Tronstad quase ininteligíveis. De qualquer forma, Welsh não estava ali para revelar seus segredos, e sim para descobrir o que o recém-chegado tinha a oferecer. Tronstad foi franco desde o início.[48] Vemork estava agora produzindo quatro quilos diários de água pesada para os alemães — com mais por vir. Os dois passaram a manhã toda juntos, não apenas discutindo sobre água pesada. Tronstad sabia por outras fontes que os alemães haviam obtido óxido de urânio com a Noruega, e havia também seus contatos com antigos alunos e colegas em Oslo, Berlim, Cambridge e Estocolmo, que podiam fornecer mais inteligência. Welsh expressou sua esperança de que Tronstad contribuísse com suas próprias capacidades para o esforço de guerra. Nenhum passo seguinte ficou combinado, mas Tronstad deixou claro que estava ansioso para contribuir.

E, de fato, o envolvimento de Tronstad na resistência continuou a crescer. Certo dia, ele se reuniu com um membro do Skylark que fugira para Londres.[49] Em outro, compareceu ao Thatched House Club, um clube de cavalheiros e ponto de encontro para os membros dos serviços secretos britânicos. Ele jantou ostras e pombo com os encarregados das operações de comandos na Noruega. Passou o dia seguinte na Norway House, numa travessa da Trafalgar Square, centro da comunidade de exilados, onde foi apresentado a funcionários de alto escalão do governo — "celebridades", escreveu com desdém em seu diário. Em seguida, reuniu-se com líderes da Milorg, uma organização guarda-chuva de células militares na qual tomara parte em Trondheim. Eles estavam pleiteando ser oficialmente incorporados ao Ministério da Defesa norueguês. Depois, Tronstad teve uma reunião com o E-Office, a inteligência norueguesa, em seguida com o ministro da Defesa, e então uma audiência com o príncipe herdeiro. Esse tempo todo, procurou maneiras de ser o mais útil possível para seu país.

Repetidas vezes durante suas primeiras seis semanas em Londres, Tronstad foi convocado para reuniões com a comunidade científica britânica associada ao Tube Alloys, sempre com a coordenação de Welsh, que informou que Tronstad era um homem "familiarizado com o assunto particular que creio interessar aos senhores".[50] Tronstad conhecia alguns cientistas de seu período em Cambridge, mas outros eram contatos novos. Ele foi apresentado a Harold Urey, que descobrira o deutério e estava numa missão de coleta de informações em Londres para o programa nuclear dos Estados Unidos.[51] Qualquer dúvida que Tronstad ainda pudesse ter sobre a necessidade alemã de água pesada foi afastada. A substância seria usada em pesquisa atômica, potencialmente para uma bomba. A única incógnita era em que ponto estavam os alemães na corrida para serem os primeiros a construí-la.

Ao longo dessas semanas, Tronstad participou de várias sessões estratégicas sobre como interromper o fornecimento em Vemork.[52] O químico Wallace Akers, um velho conhecido que agora chefiava o Tube Alloys, chamou-o para debater um plano do Ministério do Ar britânico para bombardear a usina. Outro plano, cognominado Clairvoyant [Vidente], tinha como alvo seis usinas hidrelétricas no sul da Noruega, Vemork inclusive, com seis equipes de sabotadores operando em conjunto. Tronstad argumentou contra ambos. A usina

52

era um alvo ruim para bombardeios à noite, e o Clairvoyant era ambicioso demais. Em vez disso, sugeriu uma operação composta de agentes noruegueses ou uma sabotagem interna.

Tronstad ficou inseguro sobre como, ou se, seu conselho foi recebido — ele era alguém de fora, ali —, mas pelo jeito pouca coisa resultou dessas sessões, e aparentemente toda a urgência do lado britânico para tomar uma atitude em relação a Vemork desapareceu. No fim de dezembro, após participar em um curso de treinamento de seis semanas do Exército norueguês na Escócia, continuava à procura de seu lugar na luta pela libertação da Noruega. Muitos queriam que se concentrasse no trabalho científico para o esforço de guerra, mas ele queria voltar à ação. Como escreveu certa noite, "quero estar perto dos que estão lutando na linha de frente pela causa norueguesa".[53]

3. Bonzo

Antes do alvorecer do dia 2 de dezembro de 1941, Knut Haukelid foi despertado pelos latidos dos cachorros diante de seu quarto.[1] O ar estava gelado e uma película esbranquiçada cobria as janelas com vista para a imensa propriedade arborizada de Stodham Park, oitenta quilômetros a sudoeste de Londres. Rapidamente, Haukelid vestiu seu novo uniforme britânico, o colarinho engomado superado em rigidez apenas pelas botas de combate que recebera.

Lá fora, juntou-se às cerca de duas dúzias de outros noruegueses que haviam se voluntariado para receber treinamento de comando especial a fim de combater por seu país. Eles provinham das mais diversas situações — ricos, pobres e classe média; da cidade grande, do interior e de lugares remotos. Alguns eram apenas rapazes, de uns dezoito anos. A maioria estava na casa dos vinte e uns poucos eram homens feitos — todos de trinta, como Haukelid. Antes da guerra, haviam sido estudantes, pescadores, policiais, banqueiros, operários e tipos perdidos, à procura de seu lugar no mundo — mais uma vez, como Haukelid.

À primeira vista, ele era como muitos outros.[2] Embora sua irmã gêmea, Sigrid, fosse uma estrela de Hollywood, conhecida como a "sereia dos fiordes", não havia nada particularmente belo em sua figura.[3] Tinha cabelos loiros, olhos azuis e constituição mediana, com ombros ligeiramente curvados. Com 1,78 metro, tinha pouco mais do que a altura média. Mas havia algo inesquecível em sua expressão, no modo como seu rosto passava num instante dos vincos de um sorriso para uma dura intensidade.

Para seu grisalho sargento-mor irlandês, cujo apelido era Tom Mix, como o astro dos faroestes americanos, Haukelid e os demais representavam só uma coisa: homens a serem instruídos sobre como matar, sabotar e sobreviver, de todas as formas e a todo custo. Ele lhes ensinava uma única regra: "Nunca dê ao inimigo nem meia chance".[4] Isso era do agrado de Haukelid. Desde menino, regras sempre o haviam incomodado.[5]

Às seis da manhã, o pelotão de novos recrutas começava o dia com o que Mix gostava de chamar de "calejamento dos pés": uma marcha acelerada pela extensa propriedade. Depois de uma hora fazendo isso, os pés dos recrutas estavam mais cheios de bolhas do que calejados. Um breve desjejum era seguido de instrução com armas. "Este é seu amigo", dizia Mix, girando a pistola no dedo.[6] "O único amigo em quem podem confiar. Tratem-no direito que ele vai cuidar bem de vocês." Então os conduzia a um bosque próximo e os ensinava a ficar na postura certa — joelhos arqueados, as duas mãos no cabo da pistola — e a atirar: dois disparos rápidos em sequência para ter certeza de que o inimigo fora abatido. Se as circunstâncias permitissem, instruía a mirar baixo. "Uma bala na barriga e seu alemão vai ficar se contorcendo por doze horas antes de morrer."[7] Haukelid sempre caçara quando novo, mas isso era algo bem diferente.

Após duas horas atirando, passavam a hora seguinte fazendo ginástica. Davam cambalhotas para diante e para trás. Pulavam de beiradas elevadas e rolavam de frente, ficando imediatamente de pé. Praticavam com os sacos de pancada. Lutavam, aprendendo a derrubar e desarmar com as mãos um inimigo. Com uma comprida faca na cintura, Tom Mix entremeava o treinamento com histórias de seus próprios combates na Primeira Guerra Mundial e do tempo policiando o Extremo Oriente. Os outros instrutores eram iguais, um deles afirmando: "A gente matava tanto alemão que tinha que ficar na ponta do pé pra olhar por cima dos corpos empilhados".[8]

Uma pausa para o café e depois o pelotão recebia treinamento em sinalização, aprendendo a enviar e receber código Morse. Isso era seguido do almoço, depois uma aula de duas horas em demolição simples. "Nunca fumem quando estiverem trabalhando com explosivos", dizia Mix, um cigarro aceso pendurado entre os lábios, mais uma vez apresentando o argumento de que regras existiam para ser quebradas.[9] Explodiam troncos e mandavam rochedos pelos ares.[10] Os ouvidos zunindo, passavam às aulas de orientação, localizando-se na propriedade com o uso de mapas e bússolas, depois treinamento de táticas militares, espreitando alvos e abrindo trilhas no mato. Das cinco às oito, ficavam livres para relaxar e fazer uma refeição antes que os exercícios noturnos começassem. Eles consistiam em mais armas, mais explosivos, mais combate desarmado — agora executados em plena escuridão.

Dia após dia com esse cronograma, suas botas e sua gola mais amaciados a cada sessão de treinamento, Haukelid virava um combatente calejado.[11] Embora razoavelmente em forma no começo, ficou ainda mais rijo. Ocasionalmente, era chamado numa sala com um oficial e um psiquiatra para responder se o treinamento estava puxado demais, árduo demais, se queria desistir. Esse tipo de trabalho não era para qualquer um, diziam. Mas para ele, sim. Disparar dois tiros em rápida sucessão virou um reflexo, e sua mira se tornou letal com os alvos de papel no estande de tiro. Ele aprendeu a cronometrar o lançamento de uma granada de mão ("Dá pra ir daqui até Londres antes que ela exploda", disse Mix) e a usá-las sem parcimônia.[12] Ficou hábil no combate corpo a corpo e no uso da faca. Aperfeiçoou-se cada vez mais em demolições, sendo capaz de acender um estopim de dez segundos com mão firme.

Três semanas mais tarde, Haukelid foi informado de que isso — tudo isso — fora apenas o treinamento preliminar. O relatório do instrutor sobre ele dizia: "É um sujeito frio e calculista, que deve se sair muito bem numa situação de perigo [...]. Ele não tem medo".[13] Haukelid foi considerado "muito bom" em táticas militares, armas, explosivos e leitura de mapas. Sua habilidade com sinalização era apenas "boa".

Em 20 de dezembro, treze dias após o Japão bombardear Pearl Harbor num ataque surpresa, trazendo os Estados Unidos, seu país natal, para a guerra, Haukelid subiu a bordo de um trem com destino à Escócia para receber mais instruções. Ele tinha uma promessa a manter, promessa feita por sua mãe à Gestapo antes de o filho partir para a Grã-Bretanha.

Em 1905, após romper sua união com a Suécia, o novo governo norueguês buscou criar uma monarquia constitucional. O parlamento democraticamente eleito seria a autoridade máxima, tendo o rei como chefe de Estado cerimonial. Decidiram-se pelo príncipe Carlos, da Dinamarca, que descendia de reis noruegueses, como o melhor candidato, mas ele declarou que cumpriria esse papel apenas se o povo o elegesse. Uma vez devidamente eleito, e agora como rei Haakon VII, ele ascendeu ao trono.

Nesse mesmo ano, Bjørgulf Haukelid imigrou para os Estados Unidos.[14] Ele se estabeleceu em Flatbush, Brooklyn, bem longe do remoto chalé montês para apreciadores de caminhada e esqui cross-country em Haukeliseter, oitenta quilômetros a oeste de Rjukan, do qual seu pai esperava que um dia cuidasse. A construção do metrô de Nova York fornecia amplas oportunidades para um engenheiro civil. Bjørgulf se casou com uma enfermeira, Sigrid Gurie, que emigrara de Oslo, e no dia 17 de maio de 1911 — Dia da Constituição, na Noruega — tiveram gêmeos: Knut e Sigrid. A única coisa mais próxima de Knut do que sua irmã era um pequeno urso de pelúcia que vivia em seus braços. Seu nome era Bonzo.

Em abril seguinte, a família embarcou em um vapor para voltar à Noruega. Os pais de Knut tinham saudade da terra natal e queriam que os filhos fossem criados como noruegueses. Com o recente boom industrial, não havia época melhor.

Quando cruzavam o Atlântico, o RMS *Titanic* enviou um chamado de socorro. O vapor que transportava os Haukelid desviou da rota para ajudar a resgatar os sobreviventes, mas estavam muito longe e chegaram tarde demais.

Em Oslo, Bjørgulf fundou uma firma de engenharia bem-sucedida e comprou uma casa para criar os filhos. Knut era uma peste desde pequeno. Disléxico e inquieto, odiava a escola. Ficar sentado naquelas cadeiras duras o dia todo, escutando a lenga-lenga dos professores, era uma tortura para ele. Como tinha leve gagueira, se lhe pediam para falar na classe, a coisa só piorava. E assim matava os dias inventando traquinagens. Certa vez, soltou uma cobra em plena aula, o que resultou numa de suas muitas expulsões. Knut preferia viver ao ar livre, mas na cidade não havia muita oportunidade para isso. Para piorar, sua mãe, não querendo que se sujasse, fazia-o usar um saco com um furo no alto sempre que ia brincar no jardim. A casa onde moravam era cheia de regras e restrições. Sua irmã gêmea, que queria ser pintora e morar em Paris, também vivia às turras com os pais.

O único lugar onde Knut conseguia viver com liberdade era o chalé de Haukeliseter. Nos fins de semana e no verão, ele esquiava, pescava, acampava e caçava com o avô, também chamado Knut, nas montanhas e lagos de Telemark. Ali escutava antigas histórias de *trolls* que habitavam e protegiam as terras da Noruega, e acreditava nelas. Sua fé nessas criaturas emprestou ainda mais magia às florestas que amava.

Sempre com um olhar para a aventura, Haukelid partiu para os Estados Unidos pouco antes de completar dezoito anos. Ao mesmo tempo, sua irmã viajou para Paris. Ele se matriculou na Massachusetts State College, mas nunca se formou. Apaixonado por John Steinbeck e Ernest Hemingway, caiu na estrada. No Meio-Oeste, encontrou trabalho em uma fazenda. Ele apreciava o trabalho e as vastas planícies, mas os costumes puritanos do lugar não eram muito do seu agrado. À hora do jantar, tinha de esperar o término da longa oração feita pelo fazendeiro antes de poder comer. Certa noite, Haukelid se ofereceu para dar graças. Em vez disso, cantou uma breve canção norueguesa — que não tinha nada a ver com Deus — e atacou o prato como se não comesse em semanas.

Depois de alguns anos, voltou à Noruega. Seu pai lhe conseguiu um trabalho bem remunerado no maior banco de Oslo, mas Knut o recusou. Dava para ganhar mais dinheiro, disse ao pai, com a pesca de truta. E lá foi ele. Depois de vários meses pescando, partiu outra vez — agora para Berlim. Estudou engenharia, aprendeu alemão e contemplou seu futuro. Em 1936, testemunhou o desfile de propaganda hitlerista nas Olimpíadas. Certa noite, ao ser confrontado por um membro bêbado do Partido Nazista que proferia uma barbaridade atrás da outra, Haukelid o nocauteou com um soco.[15]

Acabou voltando outra vez para Oslo.[16] Sua irmã, descoberta em Paris por Samuel Goldwyn, agora estrelava filmes com Gary Cooper. Haukelid finalmente aquiesceu aos desejos paternos de que levasse a sério a carreira profissional e a vida. Foi trabalhar na empresa de seu pai, importando equipamento de engenharia dos Estados Unidos, e se apaixonou por uma jovem chamada Bodil, uma fisioterapeuta que o tratou da dor nas costas causada por suas aventuras ao ar livre.

No início de abril de 1940, Haukelid recém-terminara a construção de um píer em Narvik e tirou alguns dias para pescar bacalhau antes de parar em Trondheim.[17] Quando estava lá, houve a invasão nazista. Depois de escutar o professor Tronstad falar no NTH sobre a necessidade de reagir, Haukelid e outros alunos dominaram um trem de carga e chegaram quase à metade do caminho para Oslo, até topar com os trilhos obstruídos. Eles abandonaram o trem e pegaram um ônibus para o ponto de mobilização mais próximo do

Exército, nos arredores de Lillehammer, mas não havia armas disponíveis. Ali, ficaram sabendo que os nazistas haviam tomado a capital. A notícia levou vários companheiros de Haukelid às lágrimas. Então chegou ao conhecimento deles também que os alemães haviam exigido a renúncia real e a entrega do governo. Quando Haakon VII se recusou, bombardeiros da Luftwaffe tentaram assassiná-lo em seu refúgio na floresta. Haukelid, que acreditava ter visto os bombardeiros a caminho de atacar o rei, encontrara seu líder, e um propósito, e isso por sua vez o levou às lágrimas.

Até que finalmente encontrou um regimento combatendo os alemães. O comandante, um coronel, deu a ele um rifle Krag e trinta cartuchos de munição, então o mandou para a guerra. Durante as três semanas seguintes, apesar de não ter nenhuma experiência militar, Haukelid lutou. Seu batalhão emboscou uma linha de Panzer alemães em um desfiladeiro montanhoso, destruindo-os com coquetéis molotov e um único canhão, mas, fora esse triunfo, sofreram derrota em cima de derrota.

Após a rendição de seu regimento, Haukelid tentou chegar ao combate que era travado nos dois vales entre Oslo e Trondheim, mas seus conterrâneos já batiam em retirada. Então viajou até a capital e foi para a casa de seus pais, um espaçoso apartamento na rua Kirkeveien, 74. Seu pai não estava; a mãe o recebeu. Knut foi até seu quarto, onde parte das suas coisas estava guardada, e fechou a porta. "O que você está fazendo?", perguntou sua mãe, indo até o filho.[18]

"Pegando umas coisas", disse Haukelid.

"Você precisa sair e lutar", ela lhe disse.

Esse era exatamente seu plano. No armário, Haukelid pegou as botas e os esquis que fora buscar. A ideia era seguir para o norte com seu grande amigo Sverre Midtskau até a estratégica cidade portuária de Narvik. No caminho, Haukelid se sentiu mal e começou a cuspir sangue. Quando se recuperou do problema estomacal, a batalha de Narvik também terminara. Em sua rendição, antes de ser mandado para um campo de prisioneiros alemão, o principal general da Noruega fez um apelo aos noruegueses: "Permaneçam leais e preparados" para a futura luta.[19]

As palavras do general não saíram de sua cabeça quando foi para as montanhas com Bodil, o mais longe da ocupação alemã que pôde chegar. Passou o verão trabalhando com pesca e juntando dinheiro suficiente para se sustentar durante o combate que teria pela frente. Então ficou sabendo que Midtskau estava em Oslo e quis ir ao seu encontro.[20] Haukelid partiu para a capital. Acontecia de Midtskau ter ido à Grã-Bretanha, onde recebera treinamento em radiotelegrafia antes de ser mandado de volta à Noruega a bordo de um submarino britânico. Os outros que voltaram com ele foram para o norte, iniciar o Skylark B em Trondheim, enquanto Midtskau ficou incumbido de começar o Skylark A na área de Oslo. Para isso, ele precisava de Haukelid.

Por meses se deslocaram de cabana em cabana nos arredores de Oslo, enviando sinais de rádio para a Grã-Bretanha, mas sem escutar nada em resposta. Mediante uma série de contatos na cidade, colheram informações sobre todo o comando alemão na capital, do *Reichskommissar* Josef Terboven, que servia como representante ditatorial de Hitler na Noruega, ao general Nikolaus von Falkenhorst, que supervisionava as forças militares alemãs, e ao tenente-coronel da SS Heinrich Fehlis, que dirigia os serviços de segurança.[21] Incapaz de fazer contato com Londres, Midtskau viajou à Grã-Bretanha em um barco pesqueiro para passar inteligência adiante e obter novo equipamento. Ao descer de paraquedas, na volta ao país, o rádio sofreu danos irreparáveis. Mesmo assim eles continuaram empenhados na luta, chegando a conceber um plano para sequestrar Quisling. Haukelid e seu amigo eram ousados e corajosos, mas também amadores e terrivelmente ineficazes.

No início de 1941, a Gestapo prendeu Midtskau e mais um em seu grupo, Max Manus. Ambos conseguiram escapar. Haukelid foi detido pouco depois, mas a polícia norueguesa o liberou. A despeito desses reveses, o grupo continuou com o serviço de espionagem.

O *Reichskommissar* Terboven, um ex-funcionário de banco franzino e de óculos que apoiara Hitler desde o início, agiu rápido para consolidar a soberania nazista. Ele removeu quaisquer noruegueses que não fossem leais à "nova ordem" de posições de influência: juízes, clérigos, administradores, jornalistas, grandes empresários, policiais, líderes municipais locais e professores. O parlamento norueguês foi fechado; os membros, dispersados. Em sua sede, no coração de Oslo, agora tremulava uma bandeira nazista, e o prédio passou a abrigar a administração de Terboven. A SS se instalou no Victoria Terrasse, perto dali, um imponente edifício governamental que se esparramava por um quarteirão da cidade.

A presença nazista se estendia bem além de Oslo. Deslocar-se após o toque de recolher ou além de um determinado ponto sem um documento de identificação ou passe era proibido. As rádios foram banidas. Qualquer um que violasse essas determinações estava sujeito à prisão — ou a qualquer outra punição que os nazistas escolhessem, uma vez que eram eles, e não a polícia, que executavam a lei. Nada era publicado na Noruega sem a chancela da censura. Novos livros didáticos foram impressos para ensinar aos alunos que Hitler era o salvador da Noruega. O racionamento severo de carvão, gás, comida, leite e roupas deixou as famílias no limite da penúria. As pessoas chegaram ao ponto de fazer sapatos com pele de peixe e roupas com jornais velhos. Enquanto isso, os alemães confiscavam tudo que bem entendessem, dos melhores cortes de carne aos produtos industriais noruegueses, inclusive tomando para si as melhores residências.

Alguns noruegueses apoiaram a nova ordem. Muitos outros meramente obedeciam ao que lhes era ordenado. Mas houve ainda os que resolveram reagir contra os nazistas, fosse recusando ceder o assento para um soldado alemão no bonde, fosse organizando células de resistência para fazer uso de força contra força. Haukelid era favorável a resistir por meios violentos, mas não sabia onde ou como agir.

Então, em setembro de 1941, trabalhadores por toda Oslo entraram em greve contra o racionamento de leite.[22] Com a invasão da Rússia perdendo ímpeto em um cerco brutal, Hitler queria pulso firme em seus territórios ocupados; Terboven foi pressionado a tomar uma atitude. Além do mais, o general da SS Reinhard Heydrich, chefe da polícia alemã e das forças de segurança, estava em Oslo na época, e o *Reichskommissar* não ousava mostrar fraqueza em sua presença. Prometendo deixar qualquer um que ameaçasse seu controle sobre a Noruega "de joelhos", Terboven instituiu a lei marcial.[23] Centenas foram presos, e o chefe de segurança, Fehlis, ordenou a execução dos dois líderes grevistas.

Ao mesmo tempo, uma intensa caçada da Gestapo às células clandestinas levou ao fim do Skylark B em Trondheim.[24] Os nazistas rapidamente rastrearam todos os elos até chegar a Oslo. Midtskau e vários outros foram cercados. Haukelid fugiu para a Suécia, mas não antes de se casar com sua adorada Bodil numa cerimônia informal.[25]

Pouco depois o capitão da Gestapo, Siegfried Fehmer, à procura de novas pistas, foi ao apartamento dos pais de Haukelid, na Kirkeveien, 74. O ex-advogado era chefe de investigações da resistência em Oslo.[26] Ao contrário de muitos colegas oficiais, raramente usava o rígido uniforme cinza e quepe preto, preferindo em vez disso ternos comuns, e empregava seu sorriso charmoso para desarmar vítimas de interrogatório e recrutar informantes. Levado à Noruega por Fehlis, que o ajudara a receber treinamento como detetive, Fehmer tentava se misturar aos moradores locais, pelo menos levando norueguesas para a cama e aprendendo a língua — tudo pelo bem da função. Loiro, com quase 1,90 metro de altura, inteligente, dono de memória afiada, era amplamente conhecido na resistência como o Comissário.[27]

Fehmer encontrou apenas a mãe de Haukelid, Sigrid, e a nova esposa dele, Bodil, no apartamento. Conduziu as duas mulheres para um carro à espera, que, conforme advertiu, as levaria para Møllergata, 19, a prisão da Gestapo. No caminho, Fehmer perguntou a Sigrid se ela sabia onde seu filho estava. Sigrid desferiu uma bofetada no rosto do oficial alemão. Fehmer voltou a perguntar. Nova bofetada. "Ele está nas montanhas", disse Sigrid, enfim.[28] Felizmente conseguira destruir o passaporte americano do filho antes da chegada da Gestapo.

"Não", disse Fehmer. "Ele está na Inglaterra. Nosso contato na Suécia informa que já foi transportado pelo mar do Norte. O que a senhora acha que ele está fazendo por lá?"

"O senhor vai descobrir quando ele voltar!", ela prometeu.

Fehmer a levou com Bodil à Møllergata para novas perguntas, mas não conseguiu obter nada e as mulheres foram liberadas.

Na verdade, Haukelid ainda não partira para a Inglaterra, e ficou sabendo em Estocolmo sobre a prisão da mãe e da esposa.[29] Ele voltou para Oslo, mas as restrições de segurança haviam tornado a atividade da resistência impossível, de modo que voltou a cruzar a fronteira e finalmente foi para a Grã-Bretanha de avião. Em Londres, encontrou-se primeiro com Eric Welsh, seu contato, que o queria imediatamente de volta à Noruega como espião. Haukelid tinha outras ideias. Gostaria de receber treinamento militar e entrar para a luta. Em sua opinião, era o único modo de libertar seu país. Welsh o mandou para a Norway House.

Ali, numa sala do sótão com vista para a Trafalgar Square, Haukelid conheceu Martin Linge.[30] Vestindo o uniforme cinza-esverdeado de um capitão do Exército norueguês, Linge tinha um sorriso vitorioso e um aperto de mão firme, e, como todos os potenciais recrutas, Haukelid encantou-se pelo oficial na mesma hora. Ex-ator, Linge fora incorporado a uma unidade britânica quando ela aterrissou perto de Trondheim, em abril de 1940.

No início, Linge falou sobre como estavam as coisas na Noruega, de lugares que ambos conheciam. Não havia dúvida de que era uma forma de avaliar Haukelid: o que ele queria, por quê, e se era capaz de conseguir. Explicou que havia muito trabalho a fazer se Haukelid estivesse disposto. Ele seria integrado a uma pequena companhia, não excedendo duas centenas de homens. Ela era supervisionada pelos britânicos, mas composta apenas de noruegueses. Experiência militar seria útil, mas não necessária, porque se tratava de uma prática de guerra não convencional, muitas vezes atrás das linhas. Era o tipo de atividade bélica em que um homem no lugar certo podia fazer grande diferença. O treinamento seria duro, até mesmo brutal, e as operações ainda mais. Os detalhes não foram fornecidos claramente para Haukelid, mas ele aceitou mesmo assim.

"É casado?", perguntou Linge.[31]

Haukelid respondeu que sim. A resposta da maioria dos recrutas era negativa, ao que Linge tendia a acrescentar: "Isso é ótimo. Assim não vamos precisar mandar flores para sua viúva". Gostando do que viu em Haukelid, Linge lhe deu as boas-vindas à Norwegian Independent Company No. 1.

Após uma longa viagem de trem, e depois de balsa, atravessando o lago Morar na gelada e ventosa linha costeira da Escócia, Haukelid chegou ao estágio seguinte de seu treinamento. Alguns instrutores em Meoble, um velho chalé de caça, eram noruegueses que já haviam se submetido ao curso e agora ajudavam traduzindo as ordens dos comandantes britânicos, quando necessário.

Em lugar de marchar por Stodham Park, ele agora tinha de atravessar o mato espesso, vadear rios gelados e descer ravinas íngremes de rapel — ou cruzá-las pendurado em cordas.[32] Com armas tanto britânicas como estrangeiras, os homens praticavam tiro instintivo (sem o uso de mira) e treinavam disparos à queima-roupa. Ficavam de espreita em bosques de pinheiros, disparando contra alvos erguidos de surpresa. Moviam-se por modelos de prédio, liberando cômodo a cômodo. Em demolições, passaram da detonação de troncos à destruição de vagões de trem e fábricas. Preparavam cargas e dispositivos incendiários de todos os tamanhos. Haukelid ficou admirado com o que uma pequena carga aplicada ao lugar certo na hora certa podia fazer: deter um exército, inutilizar uma fábrica de armas.

Ficaram mais hábeis no envio e recebimento de mensagens em código Morse. Praticaram modos de matar silenciosamente com uma faca, certificando-se de que a lâmina deslizasse pela carne, evitando o osso. Foram ensinados a arrombar cofres, usar veneno, imobilizar uma pessoa com clorofórmio. Aprenderam a seguir uma rota até um alvo apenas de memória, sem mapas ou bússola. Treinaram para se camuflar no campo, rastejar por um pântano e alcançar o inimigo sem ser detectados, tirando-o de combate sem fazer barulho — sem sequer uma arma.

"Isso é guerra, não esporte", lembrava-os o instrutor.[33] "Então esqueçam as regras do boxe; esqueçam o termo 'jogo sujo' [...] esses métodos vão ajudar a matar rápido." Haukelid aprendeu que um golpe seco com a lateral da mão podia paralisar, quebrar ossos ou matar. Pontos fracos no corpo humano incluíam a nuca, junto ao lado esquerdo ou direito da espinha; entre o pomo de adão e a ponte do nariz; as têmporas; os rins. Praticou esses golpes em manequins, sem parar, até quase fraturar a mão.

Mesmo a ocasional noite de folga, como a de Natal ou Ano-Novo, era instrutiva. Os professores levaram Haukelid e os demais em seu pelotão a um pub, onde lhes ofereceram cervejas encorpadas e uísque à vontade. De início, pareceu apenas um momento de descontração, mas os homens ficaram sabendo mais tarde que estiveram sob observação a noite toda, para ver quem bebia demais, quem dava algum show particular ou, pior de tudo, quem tinha a língua muito solta. A guarda nunca podia ser baixada.

Todas as lições eram postas em prática em incursões ensaiadas, tanto à luz do dia como no escuro. Em Meoble, os instrutores chamavam isso de "esquema". Os homens recebiam um alvo — uma linha de trem, um quartel, aeroporto ou fábrica. Concebiam um plano de ataque: a rota, a quem cabia servir de batedor, fazer o reconhecimento, fornecer cobertura e atingir o alvo. Então executavam o plano, portando armas de verdade e qualquer coisa mais de que precisassem. Quando possível, instalavam cargas reais. Algumas dessas incursões levavam horas. Outras os afastavam de Meoble por vários dias. Os instrutores e alguns recrutas faziam o papel da Gestapo, determinados a frustrar o ataque, preparados para se valer de toda a força necessária.

Era um regime implacável, e, como antes, perguntavam regularmente a Haukelid se ele queria desistir.[34] Ele se recusou. Podiam não estar aprendendo a fazer a guerra da forma tradicional, com fileiras fixas e manobras pelos flancos, mas Davi estava lutando contra Golias, e Haukelid sabia que uma "escola de bandidos" (que era como os alemães chamavam lugares como Meoble) era exatamente o lugar onde devia estar. O líder de Meoble pensava igual, informando a seus chefes em Londres que Haukelid era "um homem realmente confiável e inteligente. Tem se saído bem. Não tem medo. Mais um aluno excelente que se sairia bem em quase qualquer trabalho especial".[35]

Antes de deixar Meoble, Haukelid descobriu que a companhia norueguesa não era única. Na verdade, fazia parte de uma dispendiosa organização chamada Special Operations Executive (SOE), com seções locais nos países da Europa e além.

Fundada logo depois de Winston Churchill ter sido eleito primeiro-ministro, sua diretiva era "pôr fogo na Europa" com missões de comando contra os nazistas. Hugh Dalton, chefe do Ministério da Economia de Guerra e primeiro líder da SOE, formulou a base de seu propósito. "Devemos organizar movimentos em um território ocupado pelo inimigo comparáveis ao movimento do Sinn Féin na Irlanda, dos guerrilheiros chineses hoje operando contra o Japão, do Exército irregular espanhol que desempenhou papel notável na campanha de Wellington [...]. Devemos usar muitos métodos diferentes, incluindo sabotagem industrial e militar, agitação trabalhista e greves, propaganda contínua, atos terroristas contra traidores e líderes alemães, boicotes e tumultos."[36] Selecionando equipe e métodos da seção D (de destruição) do SIS e da unidade de inteligência militar do Exército, seus idealizadores, que começaram a organização a partir de três quartos no hotel St. Ermin's, referiam-se a si próprios como o Ministério da Guerra Nada Cavalheiresca.[37]

Em 14 de janeiro de 1942, Haukelid chegou à Escola de Treinamento Especial (STS, em inglês) 26, nas Highlands escocesas, perto de Aviemore, sede da Norwegian Independent Company No. 1.[38] Estava ansioso para ser enviado para a ação. Cerca de 150 noruegueses viviam em três chalés de caça (Glenmore, Forest e Drumintoul), em meio a acidentados picos montanhosos graníticos, íngremes vales de pinheiros e vastas extensões pantanosas.[39] O lugar, apelidado simplesmente de Twenty-Six, lembrava Haukelid quase demais de sua terra natal, mas isso significava que era o terreno ideal para se preparar para as missões. Ele não tardaria a se dar conta de que não havia nenhuma no horizonte.

Enquanto Haukelid treinava em Meoble, os britânicos haviam lançado duas grandes operações combinadas por ar, terra e mar: uma contra as ilhas Lofoten, no norte da Noruega, outra contra um par de cidades costeiras, Måløy e Vågsøy, no oeste norueguês.[40] Somados, os ataques objetivavam enfraquecer o domínio alemão na linha costeira e interromper a produção de óleo de peixe, usado para fazer TNT. Em 27 de dezembro de 1941, destróieres britânicos bombardearam Måløy, silenciando suas baterias costeiras e arrasando as casernas dos soldados alemães. A Royal Air Force lançou bombas de fumaça para impedir as defesas alemãs de enxergar a cabeça de ponte das forças britânicas de seiscentos homens. A elas se juntaram o capitão Linge e vinte de seus comandados. O forte de Måløy se rendeu pouco após o início do ataque e Vågsøy foi tomada com facilidade similar. Tragicamente, Linge foi morto no ataque, atingido por um franco-atirador quando fazia carga contra o quartel-general alemão.

Nas ilhas Lofoten, 77 homens da Norwegian Independent Company haviam acompanhado a força de desembarque britânica. Fizeram um avanço ligeiro. Ao cair da noite, diversas guarnições alemãs e oficiais nazistas haviam sido capturados. O povo do arquipélago, que saíra em seu apoio quando passou a acreditar que os britânicos estavam ali para ficar, ajudou no ataque. No dia seguinte, a ameaça de uma furiosa retaliação alemã por ar e por mar assustou o comandante da operação. Ele ordenou a retirada imediata. Quando as forças aliadas, incluindo os comandos noruegueses, deixaram as ilhas, a população local ficou indignada, sabendo das represálias que enfrentaria na mão dos nazistas.

Quando Haukelid entrou para a STS 26, encontrou uma companhia em desespero. O fiasco em Lofoten e a subsequente revelação de que os britânicos não haviam sequer informado o governo norueguês exilado sobre a operação causaram furor.[41] A morte do capitão Linge acabou com o moral. Muitos ameaçaram se juntar ao Exército regular, a menos que suas missões se alinhassem com os objetivos da liderança de seu país. Os homens diziam à boca miúda que eram considerados pelo governo norueguês exilado nada mais do que "barbas falsas" e "um bando de salteadores mal treinados" que mais trazia problemas do que ajudava. Uma dúzia de membros se amotinou abertamente; foram punidos e mandados embora.[42]

Não havia nada que Haukelid pudesse fazer além de esperar e ver como a situação se desenrolaria. Estava feliz ao menos de ficar cercado de noruegueses como ele, que haviam arriscado tudo para chegar à Grã-Bretanha e receber treinamento de combate. Embora Haukelid tivesse chegado de avião, a maioria dos outros viera na chamada Shetland Bus, uma frota clandestina de barcos pesqueiros noruegueses que cruzava o tempestuoso e imprevisível mar do Norte rumo às ilhas Shetland. Um membro de sua companhia chegara a fazer a travessia sozinho, num bote a remo. Outros, como Jens-Anton Poulsson, um esbelto soldado de 23 anos de Rjukan, com seu inseparável cachimbo pendurado na boca, viajara durante mais de seis meses pelo mundo afora — da Noruega para Suécia, Finlândia, Rússia, Turquia, Egito, Índia, África do Sul e Canadá — até finalmente desembarcar no litoral da Grã-Bretanha.[43]

Por duas semanas Haukelid treinou com sua nova companhia e percorreu o interior coberto de neve.[44] Nunca havia comida suficiente na STS 26, e, ainda que caçar fosse tecnicamente contra as regras, abater um cervo para conseguir alimento extra não era exatamente desencorajado. Haukelid, que adotara o apelido de Bonzo, em homenagem a seu ursinho de pelúcia da infância, adorava a atividade esportiva que isso propiciava.

Mas a atmosfera sombria em torno da companhia continuava. Então, em 31 de janeiro, vários visitantes chegaram de Londres no trem noturno. A companhia exibiu suas técnicas de tiro e ataque, depois deu um jantar num dos chalés.[45] Oscar Torp, o ministro da Defesa norueguês no exílio, e o major-general Colin Gubbins, segundo em comando na SOE, eram os convidados de honra. Torp fez um discurso motivacional, prometendo uma nova era de cooperação entre o governo norueguês exilado e os britânicos. O objetivo deles na Noruega era duplo: primeiro, a longo prazo, o fortalecimento da Milorg, agora sob o comando do Exército, na antecipação de uma futura invasão aliada da Noruega; e, a curto prazo, realizar operações de sabotagem e auxiliar em incursões para enfraquecer o poderio militar e econômico da Alemanha. A Independent Company seria a ponta dessa lança, e nenhuma operação ocorreria sem o consentimento norueguês. Quando ele terminou, os homens vibraram e socaram as mesas.

Então Torp e Gubbins apresentaram os dois oficiais que iriam comandá-los. O primeiro era o tenente-coronel John Wilson, novo chefe da seção norueguesa da SOE. Wilson lhes disse que tinha "sangue viking" nas veias, mas que no decorrer das gerações o sangue afinara, assim como seus cabelos cada vez mais grisalhos.[46] Era um homem baixo e de postura ereta, com voz calma e séria, e modos determinados. Wilson, que antes da guerra era líder do Movimento Escoteiro Internacional, ajudara a projetar e dirigir as escolas de treinamento da SOE.[47] Ao seu lado, vestindo uniforme e quepe, estava Leif Tronstad, que Haukelid conhecera brevemente na fatídica manhã da invasão alemã. Coordenando de perto com Wilson, o capitão Tronstad supervisionaria o treinamento, o planejamento e a execução de operações da companhia.

No dia seguinte, os visitantes fizeram um tour pelo acampamento e foram apresentados aos homens. Ao final da tarde, Torp conduziu um serviço fúnebre para o capitão Linge. Eles cantaram, leram as Escrituras, e um capelão norueguês recitou um poema escrito em 1895, antes que seu país ficasse independente da Suécia:

> *Queremos um país que seja seguro e livre,*
> *e que não tenha de responder por sua liberdade.*
> *Queremos um país que seja seu e meu...*
> *Se ainda não temos esse país,*
> *Vamos conquistá-lo, você e eu.*[48]

Com o tempo, a companhia norueguesa reunida e liderada pelo homem que recebia essa elegia seria extraoficialmente rebatizada em sua homenagem: Kompani Linge. O capitão Leif Tronstad agora ajudaria a orientar o soldado noruegueses em sua luta pela liberdade.

4. O filho do zelador

Na terça-feira, 12 de março de 1942, Einar Skinnarland viu-se sobre uma mesa de cirurgia em um hospital em Kristiansand, cidade portuária no sul da Noruega.[1] O médico insistia que fosse anestesiado para a cirurgia em sua perna esquerda. Uma semana antes, ele caíra e deslocara a patela. Skinnarland forçara o osso de volta ao lugar, mas o sangue se acumulara atrás do joelho e causara um inchaço perigoso. "Sem anestesia", exigiu Skinnarland. Ia partir em breve de Kristiansand e temia que o medicamento atrapalhasse sua recuperação. O médico advertiu mais uma vez que a cirurgia seria extremamente dolorosa. "Sem anestesia", foi a resposta. O médico balançou a cabeça, sem dúvida pensando que seu paciente devia ser louco.

Skinnarland recostou na mesa enquanto as enfermeiras seguravam sua perna. Então o médico fez um corte com o bisturi. Skinnarland — um homem ruivo, musculoso, de ombros largos — fez o melhor que pôde para se segurar. Seu rosto, em geral iluminado por um grande sorriso, se contraiu. Ele rilhou os dentes e seus olhos estreitos pareceram se fechar ainda mais. Enquanto o médico cutucava a abertura em sua carne, Skinnarland suportava o procedimento com pouco mais que um gemido. Após drenar o sangue e o líquido atrás da patela, o médico verificou se o osso estava no lugar devido e deu os pontos. O paciente precisaria ficar no hospital por algumas noites, em recuperação. Mais uma vez, Skinnarland se recusou. Um curativo apertado teria de resolver. Duas horas mais tarde, bengala na mão, desceu a escada coxeando e pegou um táxi.

No porto, diante do albergue dos marujos, entrou na loja do fornecedor de equipamentos para navios. O proprietário, um animado solteirão que sempre tinha uma boa história para contar, conduziu Skinnarland ao quarto dos fundos. Ele tentou repousar ali, mas a dor irradiando da perna era intensa demais. Então começou a lubrificar seus revólveres. Planejava convencer a tripulação do *Galtesund*, um vapor costeiro de 620 toneladas que devia aportar em breve, a mudar de curso e levá-los, ele e seus amigos, através do mar do Norte para Aberdeen. Até lá, aguentaria firme, como os membros de sua família sempre haviam feito.

Por séculos, os Skinnarland haviam morado ao longo das margens do sinuoso lago Møs.[2] Era uma região erma e implacável, impossível de ser penetrada durante seis meses do ano a não ser com esquis. Fluindo para o leste a partir do lago Møs numa rápida correnteza, o rio Måna seguia seu curso através do vale do Vestfjord, suas águas descendo quase setecentos metros ao longo do caminho — em diversos pontos, por quedas vertiginosas.

No século XVI, um vilarejo de casas de madeira cresceu nas margens do Måna.[3] Suas poucas centenas de habitantes viviam na sombra, com o sol oculto atrás dos elevados paredões do vale durante a maior parte do ano. Visitantes não eram bem-vindos; na verdade, os moradores locais tinham fama de ser "impudentes corpos do Demônio cujo prazer principal reside em matar bispos, padres, bailios e superiores — e que possuem uma grande cota de todo o pecado original".[4] Não obstante as hipérboles, era um lugar proibitivo, mas a beleza da área e de suas quedas, particularmente a trovejante Rjukanfossen, com mais de cem metros de altura, atraía curiosos vindos de muito longe. Pintores montavam o cavalete a pequena distância de seus borrifos e tentavam capturar sua magnificência, as paisagens produzidas muitas vezes incluindo os 1700 metros de altura do majestoso monte Gausta, assomando ao fundo.

Na virada do século XX, os pintores e turistas tiveram de dar espaço para a indústria.[5] Em 1905, o engenheiro norueguês Sam Eyde e o físico Kristian Birkeland inventaram um modo de extrair o nitrogênio que ocorre naturalmente no ar e usá-lo para fabricar fertilizante. O processo exigia grandes quantidades de eletricidade. A queda de Rjukanfossen era ideal. A Norsk Hydro foi formada, e não demorou para que o vale do Vestfjord começasse

70

a atrair engenheiros e trabalhadores da construção. Eles represaram o lago Møs, abriram túneis com explosivos nas encostas das colinas para a passagem das tubulações e construíram uma série de usinas de energia e fábricas. Perto do local do antigo vilarejo, construíram também uma nova cidade: Rjukan. Havia centenas de casas e alojamentos operários, uma malha de ruas perfeitamente retas e iluminadas, uma ferrovia e uma estação, uma igreja, corpo de bombeiros, central de polícia, escolas, hospital e até um jardim comunitário e um salão de baile.

A civilização podia ter chegado ao vale do Vestfjord, mas, em 1918, quando Einar Skinnarland nasceu, o oitavo filho do zelador da represa Hans Skinnarland e sua esposa, Elen, a vida no lago Møs continuava praticamente do mesmo jeito que sempre fora.[6] Os Skinnarland moravam vinte quilômetros a oeste de Rjukan, numa grande cabana de tábuas junto à represa. A despeito dos acontecimentos lá embaixo, de novembro aos primeiros meses de verão, a área permanecia acessível apenas com esquis. A família planejava os longos invernos, estocando toda comida, roupas e artigos domésticos de que fosse precisar. Se algo quebrava, cabia a eles próprios consertar.

Na infância, Einar passava tanto tempo em cima dos esquis quanto caminhando. Ia buscar lenha de esquis e também realizava outras tarefas nas cercanias da represa. Esquiava até as fazendas vizinhas para brincar com amigos. Esquiava em lagos congelados para ir ao internato na ilha Hovden, a quinze quilômetros de sua casa, onde fazia o primário, e depois passou a esquiar quando chegou ao ensino médio, em Rjukan. Mais do que isso, esquiava por prazer. Seus irmãos mais velhos eram campeões de corrida e salto com esqui, como evidenciado pela fileira de pequenos mas valorizados troféus na prateleira do quarto que dividia com eles. Para os rapazes, era pura diversão cobrir a distância de uma maratona em esquis até o monte Gausta, escalar por três horas até chegar ao pico, descer loucamente a toda a velocidade e voltar para casa na hora do jantar.

Embora vivessem na periferia da civilização, os Skinnarland tinham sua cota de ambição. Hans e Elen compraram lotes de terra em torno do lago Møs e abriram um armazém perto da represa. Entre seus filhos, havia uma enfermeira, um dono de hotel, um zelador assistente da represa e dois engenheiros. Considerado o mais inteligente do bando e o "menino de ouro" aos olhos de sua mãe, Einar tirava notas altas na escola e acabou cursando engenharia geral numa politécnica local. Dali, foi para Oslo a fim de cumprir o serviço militar na prestigiada Escola de Engenharia da Corporação de Oficiais. Seu sonho era projetar grandes obras, como represas e afins. Então veio a guerra.

Em 9 de abril de 1940, Elen Skinnarland desligou o telefone e começou a chorar.[7] Os invasores alemães estavam chegando, e ela sabia que os filhos logo teriam de ir para a guerra. Em Oslo, Einar já estava plenamente envolvido nela, ao presenciar os bombardeiros da Luftwaffe zunindo nos céus, em direção ao aeroporto. Ele foi mobilizado, mas, como muitos soldados do Exército norueguês, vivenciou apenas um mês de retirada e derrota, marcado por combates esporádicos. Seus irmãos Torstein e Olav viram mais ação, participando da feroz resistência em torno de Rjukan que fez da cidade uma das últimas no sul da Noruega a se render. Eles voltaram para casa esgotados e traumatizados.

Quando Einar regressou ao lago Møs em meados de maio, tropas alemãs haviam se instalado no hotel de seu irmão perto da represa, usando-o como um empregado e se apropriando de seus estoques de comida e cerveja. Os soldados acabaram com o lugar; a julgar pelas marcas nas paredes, deviam ter dormido sem tirar as botas.

Em alguns aspectos a vida voltou ao normal. Einar arrumou emprego na Norsk Hydro como supervisor de construção da represa e voltou a morar na casa onde crescera. Namorava uma jovem chamada Gudveig, de Bergen.[8] Haviam se conhecido por intermédio do amigo de infância dele e agora colega na Norsk Hydro, Olav Skogen, também de Rjukan. Skogen namorava a irmã de Gudveig. Os quatro esquiavam juntos e faziam passeios de bicicleta pelo campo.

Mas Skinnarland e Skogen tinham outro lado. Desde a invasão, haviam se determinado a sabotar os alemães de todas as formas possíveis como parte da incipiente célula Milorg da área. Skogen era um de seus líderes, e Skinnarland estocou armas e organizou um grupo de dez homens confiáveis em torno do lago Møs. Ele ia e voltava para Oslo e obteve um mimeógrafo para uso de um jornal ilegal. Conectou-se com a célula Milorg de Oslo para a montagem de um telégrafo sem fio perto de sua casa e chegou até a escavar um porão sob o piso de uma cabana na montanha para abrigar o serviço. Mas não conseguiram um aparelho para ele.

No outono de 1941, um rapaz local de Rjukan preso pela Gestapo se tornou informante na esperança de receber melhor tratamento. Ele contou aos agentes que Skinnarland escondia armas em uma cabana às margens do lago

Møs. Skinnarland foi preso, mas não conseguiram encontrar nada ali além de um rádio comum, embora ilegal. Mesmo assim, ele ficou detido por dez dias na cadeia de Rjukan. Ao ser liberado, estava mais determinado do que nunca a ajudar na causa.

No início de 1942, Skinnarland voltou a viajar para Oslo, dessa vez para perguntar ao chefe de comunicações da Milorg se podia ser enviado à Grã--Bretanha para receber treinamento como operador de rádio e voltar trazendo um aparelho consigo.[9] Ele recebeu documentos falsos sob o nome de Einar Hansen. No início de março, contou a sua família que estava a caminho das montanhas para uma prolongada excursão de caça. Em vez disso, partiu para Flekkefjord, uma cidade portuária a oeste de Kristiansand, onde um barco britânico o pegaria. Foi quando viajava para Kristiansand que machucara a perna.

Em Flekkefjord, conheceu dois outros membros da resistência: o jovem Odd Starheim, de cabelos cacheados, e Andreas Fasting, seu parceiro. Filho de capitão de navio e capitão de navio ele próprio, Starheim já era uma lenda nos círculos da resistência.[10] Logo após a invasão alemã, tomara um pequeno barco, que batizou de *The Viking*, e fora para a Escócia, onde se tornou um dos primeiros recrutas de Martin Linge. Voltou à Noruega e, no último ano e meio, desenvolvera uma extensa rede de inteligência na parte sul do país que informava sobre as movimentações navais e fortificações dos alemães. Agora fugindo da Gestapo, Starheim precisava deixar o país e foi incumbido pela resistência de levar Skinnarland junto. Ao se encontrarem em Flekkefjord, Starheim contou a Skinnarland que seu transporte fora cancelado devido às tempestades no mar do Norte. Precisavam achar outra maneira. Haja vista a caçada por Starheim, atravessar para a Suécia estava fora de questão. Foi Starheim que surgiu com a ideia de sequestrar um vapor. Entre uma partida e outra de xadrez, os três conceberam seu plano de tomar o *Galtesund*.

Mas se Skinnarland pretendia ser de alguma utilidade na captura do navio, primeiro precisaria que um médico cuidasse de sua perna.

Dois dias após sua cirurgia, em 14 de março, Skinnarland subiu a bordo do *Galtesund* em Kristiansand para o trajeto até Flekkefjord.[11] Na viagem de uma noite, bengala na mão, verificou passageiros, tripulação, carga e suprimento de carvão do vapor. Havia um único passageiro, um homem viajando para Stavanger, mais acima na costa, para comparecer a um batizado. Nenhum alemão. Tripulação: 22 homens. Knudsen, o capitão, era um velho e rude lobo do mar que dificilmente mostraria complacência com alguém tentando tomar seu navio. O *Galtesund* transportava uma carga típica daquelas águas costeiras, incluindo dois engradados de tabaco norueguês. O estoque de carvão era de sessenta toneladas, mais do que suficiente para chegar à Escócia. Quando o vapor chegou a Flekkefjord na manhã seguinte, Skinnarland desembarcou e foi ao encontro de seus companheiros.

Horas mais tarde, caminhou vagarosamente de volta ao porto. Na lapela de seu terno, como antes, usava um distintivo da Nasjonal Samling — apenas mais um norueguês colaborando com a nova ordem, como as garotas locais nos braços dos soldados alemães, passeando ao frescor do início da noite.

Os revólveres guardados dentro de sua valise contavam uma história diferente.

Ele foi até uma pequena praça de paralelepípedos circundada por casas de madeira verdes e amarelas e depois se dirigiu ao cais, onde os estivadores embarcavam o restante da carga no *Galtesund*. O casco pintado de branco assentava mais profundamente na água.

Subindo a bordo do vapor, Skinnarland foi até a cabine onde ficara na noite anterior. Meia hora depois, Starheim e Fasting chegaram ao cais, em seguida subiram ao convés. Às cinco da tarde, no terceiro e último toque dos sinos do navio, o *Galtesund* vibrou sob seus pés, as hélices agitando a água escura. Cuspindo fumaça negra pelas chaminés, o vapor se afastou da doca.

Assim que a embarcação ficou longe de vista do porto protegido, Skinnarland deixou sua cabine, os dois revólveres carregados enfiados no cinto e vários pedaços de corda em torno da cintura. Estava nervoso. Muito nervoso. Starheim era tarimbado nesse tipo de ação, mas Skinnarland não tinha treinamento e receava pôr tudo a perder.

Às 18h20, encontrou-se com Starheim diante da porta do salão social. Já iam abri-la para entrar e capturar o capitão quando o segundo imediato do navio apareceu às suas costas. Pediu a Starheim para mostrar sua passagem. Skinnarland tirou a mão da maçaneta, sem saber o que fazer. "Receio ter chegado muito atrasado", disse Starheim, com ar inocente.[12] "Então achei que pudesse pagar minha passagem a bordo."

O segundo imediato o conduziu ao local onde efetuar o pagamento. Minutos mais tarde, Skinnarland e Starheim estavam de volta ao salão. Abriram a porta e entraram, Starheim primeiro e Skinnarland atrás, cada um segurando dois revólveres. "Mãos ao alto", ordenou Starheim. Apenas o capitão e o passageiro com destino a Stavanger estavam ali. Nenhum dos dois esboçou qualquer reação até Starheim repetir a ordem. Então ele disse: "Somos oficiais da Marinha norueguesa e não estamos sozinhos; nesse momento meus homens dominaram a casa das máquinas. Vou assumir agora o controle deste navio".

O capitão protestou, mas Starheim o interrompeu. Logo Skinnarland amarrou o capitão e o passageiro com as cordas. Os dois sequestradores foram então para a ponte de comando. O primeiro imediato tentou sair por uma porta lateral, mas Skinnarland, mais seguro de si agora, impediu sua fuga. O piloto largou o leme, mas Starheim ordenou que mantivesse o curso. Sob o convés, Fasting tomou conta da casa das máquinas com uma dupla de foguistas que recrutara para a causa e não demorou para que o *Galtesund* fosse deles, sem que um tiro tivesse sido disparado.

Agora tinham de sobreviver à viagem para Aberdeen. Starheim queria fixar um curso direto para oeste, mas estavam passando por uma fortaleza costeira sob controle dos alemães e o piloto advertiu que deveriam prosseguir no curso planejado pelo menos até o sol se pôr. Se não fossem vistos no rumo da parada seguinte, os alemães poderiam desconfiar de alguma coisa. Depois de escurecer, teriam até o romper do dia seguinte antes que seu sumiço fosse notado.

Starheim seguiu seu conselho e assim que caiu a noite o piloto finalmente se afastou da linha costeira. Pouco depois, como arranjado por Starheim quando ainda estavam em Flekkefjord, um compatriota enviou uma mensagem radiotelegráfica para Londres. "Capturamos um navio costeiro de seiscentas toneladas [...]. Vamos para Aberdeen. Por favor providenciem escolta aérea porque esperamos um ataque de aviões alemães amanhã cedo."[13]

Durante a noite, ele e Skinnarland permaneceram na ponte de comando, bebendo café para se manter acordados.[14] Ao alvorecer, com um nevoeiro cobrindo o mar, escutaram o ronco de um avião ao longe. Com medo de que pudesse ser uma aeronave de busca alemã, prepararam-se para o pior. Todos vestiram os coletes salva-vidas e os botes foram preparados. Starheim perscrutou o céu com o binóculo enquanto tentava discernir se o motor do avião soava inglês ou alemão. Em uma abertura momentânea do nevoeiro, avistou a cruz nazista prateada e preta na cauda. Então a bruma voltou a cobri-los — e salvou suas vidas.

Às duas da tarde, o céu finalmente clareou, e os sequestradores ficaram andando de um lado para outro pela ponte de comando, sabendo que o navio voltara a ser um alvo fácil. Então Fasting avistou outro avião no horizonte. O vermelho, branco e azul da RAF suscitou vivas e suspiros de alívio. O hidroplano circundou o vapor e Starheim mandou o segundo imediato sinalizar: "*Galtesund* rumo a Aberdeen e quer piloto".[15] Um momento se passou e o avião sinalizou em resposta: "Parabéns". Eles tinham uma escolta. Na manhã seguinte, uma traineira armada de Aberdeen os conduziu por entre as minas flutuantes até o porto.

Para surpresa de Skinnarland, ele foi imediatamente enviado a Londres em um trem noturno.

Ao sair da estação na rua Baker, Leif Tronstad foi para Chiltern Court, um bloco de apartamentos que se erguia acima dos trilhos do metrô londrino, no subsolo. A placa de latão ao lado da porta em arco dizia INTER-SERVICES RESEARCH BUREAU [Agência de Pesquisas das Forças Armadas]. Era o tipo de nome ominoso que teria sido apreciado por H. G. Wells, um dos primeiros moradores do edifício e autor de *The World Set Free* [O mundo libertado], romance publicado em 1914 que previa bombas atômicas "matando e queimando tudo que atingiam".[16] O "Bureau" era na verdade uma fachada da SOE e de Chiltern Court, um dos diversos edifícios na rua Baker que abrigavam sua equipe.

Tronstad atravessou o comprido corredor, depois entrou nos escritórios da seção norueguesa. O coronel Wilson lhe pedira para ir até lá conhecer um dos sequestradores do *Galtesund*.

Desde as primeiras indecisas semanas em Londres, Tronstad se tornara um elemento indispensável na luta da Noruega contra os alemães.[17] Em um curso de treinamento para oficiais na Escócia, ganhou sua patente de capitão, alguns músculos doloridos e uma ligação mais próxima com os homens que iriam combater no solo pátrio. Redigiu um extenso relatório para o Ministério da Economia de Guerra, que supervisionava a SOE, sobre as indústrias norueguesas suprindo a máquina de guerra nazista, e isso ajudara a identificar alvos importantes. Tronstad integrou dois comitês governamentais de alto escalão para mapear o futuro da resistência norueguesa e sua parceria com a Grã-Bretanha. Reconheceu a importância da Milorg, e isso lhe garantiu a amizade de Oscar Torp e Wilhelm Hansteen, o comandante em chefe do Exército norueguês. Na primavera de 1942, como líder da Seção IV do alto-comando norueguês, encarregado da inteligência, espionagem e sabotagem, Tronstad estava no centro da guerra clandestina contra os nazistas em sua terra natal.

Embora afastado do combate em seu país, Tronstad mantinha um bom serviço de inteligência sobre a extensão dos horrores nazistas. Após o malogrado ataque de Lofoten, houvera maciços reforços das tropas alemãs, elevando seu número para 250 mil, e desencadeando uma penúria sem precedentes entre aqueles forçados a alimentá-las e abrigá-las.[18] Os torturadores da Gestapo eram conhecidos por pisotear os prisioneiros, trancando-os em celas escuras por semanas — e alguns desses prisioneiros haviam preferido tirar a própria vida a trair seus conhecidos. Amigos próximos na resistência de Trondheim haviam sido assassinados a sangue-frio. Tronstad tentou manter o moral elevado, na firme crença de que a Noruega em breve conquistaria sua liberdade. No início do ano novo, escreveu em seu diário: "Nenhum sacrifício será grande demais para atingir esse ideal".[19]

Sua família também não passara incólume pelo sofrimento. Por meses, Tronstad ficou sem receber notícias. Então veio a saber que logo após Bassa e as crianças terem voltado a Trondheim, os alemães se apropriaram da casa e de seus recursos financeiros.[20] Forçados a ir para a rua, eles viajaram para Oslo e, com a ajuda de um amigo da família, arrumaram uma casa em Høvik, a dez quilômetros do centro da cidade. O investigador da Gestapo, Fehmer, levou Bassa para ser interrogada, segurando-a a noite toda no Victoria Terrasse. Ele a questionou exaustivamente sobre o desaparecimento de seu marido, e ela respondeu com a carta que Tronstad escrevera, explicando por que ele fora embora. Pela manhã, Fehmer deixou que voltasse para casa, mas com instruções de se apresentar regularmente, desse modo mantendo a intimidação. Tronstad jurava em silêncio todos os dias que voltaria a ver a mulher e os filhos em breve e que os faria compreender por que tivera de ficar longe deles numa hora tão difícil.[21]

Tronstad cumprimentou o recém-chegado à sua espera na sala de Wilson. Se o que Wilson e Starheim haviam informado sobre Einar Skinnarland era verdade, então aquele supervisor de construção vindo do lago Møs era o homem de quem precisavam e seria mandado imediatamente de volta à Noruega.

"Temos duas perguntas para fazer a você", disse Tronstad. "Antes de mais nada, acha que já deram por sua falta a essa altura?"[22]

"Acho que não", respondeu Skinnarland. "Eu avisei que ia fazer uma excursão de caça nas montanhas."

Tronstad olhou para Wilson, que fez a pergunta seguinte. Depois de três meses trabalhando juntos, a dupla conquistara a confiança recíproca e se entendia cada vez melhor. "Está preparado para receber nosso treinamento e depois descer de paraquedas no Hardangervidda antes que deem por sua falta? Queremos alguém que nos deixe a par da situação em Vemork." Skinnarland assentiu. "Receio", continuou Wilson, "que esteja aceitando uma incumbência muito dura. Não temos um minuto a perder. E não posso prometer nenhuma ajuda imediata. Outros — alguns deles você deve conhecer — irão em seguida. Falando muito francamente, estamos bastante preocupados com o que está acontecendo na Norsk Hydro."

Wilson e Tronstad explicaram sobre o aumento na produção da usina. Precisavam saber tudo que Skinnarland pudesse descobrir sobre as atividades alemãs em Vemork, qualquer uso pretendido para a água pesada, bem como detalhes sobre a segurança e o pessoal das instalações. Skinnarland reafirmou seu compromisso com a missão.

Agora que se posicionara para escutar quais operações estavam planejadas para a Noruega, Tronstad sabia que um bombardeio de Vemork fora descartado pelo Ministério do Ar britânico em dezembro último.[23] A Operação Clairvoyant da SOE, que visava incapacitar o fornecimento de energia para indústrias importantes para os alemães, avançara nos estágios de planejamento, com Vemork como um dos seis alvos da operação. Uma equipe foi montada, liderada por Poulsson, natural de Rjukan, que desceria na área para dispor luzes pelo vale do Vestfjord.[24] Essas luzes conduziriam os bombardeiros para a usina à noite. Poulsson também tinha instruções de afundar no Tinnsjø as balsas que serviam como principal elo de transporte entre Rjukan e o mundo exterior. Tronstad era contra tais ataques drásticos, disseminados e perigosos sobre elementos críticos da infraestrutura norueguesa, e no fim das contas, algumas semanas antes, a operação fora reduzida a atingir uma única usina hidrelétrica no litoral oeste, onde era produzido alumínio.

Antes da chegada de Skinnarland, Tronstad e Wilson haviam decidido enviar Poulsson e sua equipe à área em abril para iniciar uma organização guerrilheira que sabotaria alvos e estabeleceria contato radiotelegráfico independente diretamente com Londres.[25] Skinnarland podia fazer os preparativos para a chegada deles e, dados seus amplos contatos na Norsk Hydro, e o fato de que ninguém sabia que viajara para a Inglaterra, voltar para operar e atuar como agente de inteligência do lado de dentro.[26]

Após a reunião, Tronstad levou seu novo recruta para beber em um pub. Ficou impressionado com a disposição de Skinnarland em servir, independentemente do que lhe pedissem — e estavam lhe pedindo um bocado —, sem receber nenhuma explicação do porquê de a água pesada de Vemork ser tão importante. A Noruega precisava de mais "jovens heróis" como ele, escreveu Tronstad mais tarde em seu diário.[27]

Na brilhante noite enluarada do sábado, 28 de março, cerca de duas semanas após Skinnarland ter deixado as águas norueguesas,[28] um bombardeiro Whitley britânico — conhecido como "porta de celeiro voadora", por sua longa fuselagem retangular, em forma de caixote, e asas amplas — aproximou-se da costa norueguesa.[29] Seus dois motores Rolls-Royce faziam um barulho terrível, e a aeronave trepidava e balançava ao cruzar o céu lentamente em direção a seu alvo, ao norte do lago Møs. Dentro dele, o sargento recém-alistado na Kompani Linge, Einar Skinnarland, aguardava a hora de pular. Seu macacão acolchoado branco, um saco de dormir e uma garrafa térmica de chá o mantinham aquecido no ar gelado. A seu lado havia um grande tubo metálico contendo duas submetralhadoras Sten, catorze pistolas Luger, 640 cartuchos de munição e vinte facas de combate cuidadosamente arrumados. Um recipiente menor continha algumas roupas extras, documentos falsos, 20 mil coroas norueguesas, duas pistolas, uma câmera com filme suficiente para oitocentas fotos e mais alguns itens, listados no inventário como "presentes para membros de sua organização".[30]

A travessia até a Noruega se deu sem incidentes: nada de baterias antiaéreas alemãs, e os dois artilheiros a bordo do Whitley tranquilos em seus postos. Em uma hora, talvez menos, Skinnarland teria de pular da barriga da fuselagem e mergulhar nas trevas, torcendo para o paraquedas de seda abrir acima dele.

Estava aterrorizado.

No decorrer da semana anterior, recebera as mais escassas instruções.[31] A maioria dos agentes da SOE enviados além das linhas inimigas recebia pelo menos dez semanas de treinamento intensivo, desde os cursos preliminares em Stodham Park até o trabalho paramilitar em Meoble, para a "escola de boas maneiras", onde aprendiam tudo que havia para saber sobre ser um comando clandestino. Skinnarland passou dois dias na STS 52, a escola especializada para operadores de rádio, onde realizou um curso intensivo no uso do aparelho radiotelegráfico e em enviar e receber mensagens em código. Dali foi para a STS 51, um aeroporto nos arredores de Manchester circundado por um parque amplo, para treinamento em paraquedismo. Isso em geral levava sete dias; Skinnarland dispôs de três. Na entrada da STS 51, havia dois grandes cartazes pendurados na parede. O primeiro aconselhava os soldados que chegassem em território inimigo a não pensar em si mesmos como heróis. O outro advertia que, independentemente de como pulasse de um avião, a mãe natureza tomaria as providências para que fosse parar no chão. "Como vai ser acolhido por ela cabe exclusivamente a você."[32] No primeiro dia, ele praticou cambalhotas de frente e de costas em colchões, depois foi içado em um trapézio para praticar a mesma coisa caindo de uma altura razoável.[33]

Foi informado pelo sargento encarregado que, com o paraquedas, a pessoa não flutuava suavemente para a terra como uma pluma. Você caía como uma pedra. Paraquedistas incapazes de transferir rapidamente o movimento vertical para o horizontal fraturavam ossos — em geral, uma perna, mas às vezes também um braço ou algumas costelas. A enfermaria lotada da escola era prova contundente disso, caso alguma fosse necessária.

Em seu segundo dia, Skinnarland subiu numa plataforma de madeira a mais de cem metros de altura que ficava presa a um balão estacionário; alguns comparavam isso a estar em um "bote em alto-mar".[34] Com um paraquedas preso às costas, ele se jogou por um buraco no centro da plataforma. A queda livre de mais de vinte metros, com o coração na boca, foi interrompida pela abertura abrupta do paraquedas. Skinnarland aterrissou com força, o que não ajudou em nada sua perna esquerda já avariada. Em seu último dia, pulou para valer e com sucesso — duas vezes — de um avião. "Ele mostrou grande entusiasmo", escreveu o instrutor em suas observações, embora "seu treinamento tenha sido apressado".[35]

Agora, com o Whitley se aproximando do ponto do salto, Skinnarland repassava o que lhe fora ensinado: "Mantenha os pés juntos e se solte do avião suavemente. Relaxe todos os músculos quando pular e...".[36] Saltar de paraquedas à luz do dia, numa área de pouso plana e visível, era uma coisa. Outra bem diferente era mergulhar à noite no escuro em um terreno coberto de rochas, precipícios e lagos congelados — embora talvez não suficientemente congelados. Skinnarland podia ser valente, mas também sentia medo.

Às 23h44, o sargento Fox, que daria o sinal para o salto, mandou-o tomar posição.[37] Fox lançou o grande recipiente de armas primeiro. Então Skinnarland se aproximou da abertura, relutando em pendurar as pernas acima do nada. Fox ergueu o braço e o baixou, indicando a Skinnarland que fosse. Skinnarland hesitou, depois gritou que não estavam na zona correta, mas suas palavras se perderam no rugido dos motores. Fox sinalizou outra vez. Skinnarland continuou hesitante. Por vinte minutos, o avião circulou acima do ponto de salto, Skinnarland inseguro do lugar certo, inseguro de si mesmo. Finalmente, Fox se aproximou do subordinado relutante e berrou que não tinham combustível para voar por muito mais tempo.

"A gente vai voltar", disse Fox.[38]

"Não, eu vou pular", respondeu Skinnarland, embora continuasse sem se mover.

No pequeno recipiente a seus pés, entre os objetos reservados a sua organização, havia uma colher folheada a prata com uma pintura das Casas do Parlamento no cabo.[39] Se sobrevivesse ao salto, ele planejava dá-la de presente à mãe.

Finalmente, poucos minutos após a meia-noite, Skinnarland respirou fundo e se lançou no céu escuro.

5. Uma estrada aberta

O Comitê do Tube Alloys se reuniu em 23 de abril de 1942 na rua Old Queen, em Londres, em uma casa de vários andares com janelas altas e uma bela vista do início da primavera no St. James's Park, logo abaixo.[1] Como sempre, os cientistas, liderados por Wallace Akers, antigo diretor de pesquisa na rival da Norsk Hydro, a Imperial Chemical Industries (ICI), tinham muito sobre o que falar: o trabalho experimental na detonação de uma bomba, a cooperação com os americanos, a expansão de uma usina-modelo de separação de isótopos e novos pedidos de óxido de urânio. Como toda reunião, discutiram sobre os alemães, mas dessa vez com uma urgência ainda maior.

Desde 1939, o meio científico britânico temia que os nazistas pudessem obter a bomba atômica. A invasão de Hitler à Polônia, seguida de sua bravata de que em breve iria "empregar uma arma"[2] para a qual não havia resposta à altura, tornou esse perigo ainda mais iminente, prontificando Sir Henry Tizard, chefe do Departamento de Pesquisa do Ministério do Ar, a investigar a produção de uma bomba britânica.[3] Como principal consultor científico do governo, encarregado de desenvolver novas tecnologias como o radar, a opinião de Tizard contava muito. E assim a inquirição começou.

Dois jovens físicos, Otto Frisch e Rudolf Peierls, ambos refugiados judeus da Alemanha, puseram os britânicos firmemente no caminho. Em 19 de março de 1940, seu relatório, "Sobre a construção de uma superbomba", caiu na mesa de Tizard como uma... bomba. Frisch e Peierls detalharam como cerca de meio quilo de U-235 puro — dividido em duas (ou mais) partes que eram então esmagadas a uma alta velocidade — iniciaria uma explosão que iria "destruir a vida numa ampla área [...] provavelmente o centro de uma cidade grande [...] a uma temperatura comparável à do interior do sol".[4] Então mencionaram a ameaça de que os cientistas alemães pudessem em breve "estar de posse dessa arma". O único modo de lidar com esse fantasma, concluíram, era a Grã-Bretanha também se apoderar da tecnologia.

No mês seguinte, o governo britânico lançou o Comitê Maud. A pesquisa exploratória começou com alguns de seus cientistas proeminentes, bem como Peierls e Frisch. Antes de mais nada, eles propunham a construção de uma usina para separar o raro U-235 de seu primo U-238. Essa usina custaria tanto quanto um couraçado. Em julho de 1941, o grupo forneceu um guia para seu programa da bomba atômica. Tizard permaneceu cético, particularmente quanto ao custo. Ele achava que era melhor que os americanos cuidassem de tudo. Mas o projeto agora tinha um defensor na pessoa de Lord Cherwell, o físico de Oxford elogiado por Churchill como capaz de "decifrar os sinais dos peritos nos horizontes remotos e me explicar em termos claros e simples do que estavam falando".[5] Em 27 de agosto de 1941, Cherwell recomendou que fossem em frente para produzir a primeira bomba dentro de dois anos. Os peritos deram ao projeto chances de 10 para 1 de sucesso, mas Cherwell disse ao primeiro-ministro que a aposta era mais alta do que isso.[6] Ele continuou: "Seria imperdoável se deixássemos os alemães desenvolverem um processo antes de nós por meio do qual pudessem nos derrotar na guerra ou reverter o veredicto depois de terem sido derrotados".

Churchill escreveu para seu Gabinete de Guerra, asseverando: "Embora pessoalmente eu esteja bastante satisfeito com os atuais explosivos, sinto que não devemos estacar no caminho do aperfeiçoamento".[7] O gabinete concordou, prometendo que "nenhum tempo, trabalho, material ou dinheiro seria economizado para fomentar o desenvolvimento de tal arma".[8] Assim o Directorate of Tube Alloys foi formado.

Ao longo desse período, os temores quanto a uma bomba alemã persistiram. De toda parte chegavam rumores, boatos, ameaças e fatos — que, misturados, compunham esse caldo confuso que os governos chamavam de "inteligência". Alguém escutara a conversa de dois pilotos alemães em um bonde falando sobre "novas bombas" que eram "muito perigosas" e tinham o poder de um terremoto.[9] Um físico alemão emigrado advertiu que havia pressão vinda do alto escalão do governo nazista para construir uma bomba e que os Aliados "deviam correr".[10] Outro avisou que a Wehrmacht assumira o controle do Instituto de Física Kaiser Wilhelm. Um adido militar em Estocolmo informou: "Uma história chegou mais uma vez aos meus ouvidos de que os alemães estão bem adiantados na fabricação de uma bomba de urânio com enorme potência, capaz de explodir tudo, e de que com a potência de uma única bomba toda uma cidade pode virar pó".[11] Outros relatos falavam de um misterioso encontro em setembro de 1941 em que Werner Heisenberg admitira para Niels Bohr, então vivendo na Dinamarca ocupada pelos nazistas, que uma bomba podia ser feita "e estamos trabalhando nela".[12]

O esforço para obter mais informações da inteligência era em grande parte o território de Eric Welsh. Com o Grifo os britânicos obtinham um vislumbre das maquinações que aconteciam em Berlim. Peierls e Frisch também forneciam indícios do interesse alemão em uma bomba selecionando listas de físicos alemães e dissecando quaisquer artigos que publicassem sobre a pesquisa atômica. Mais uma vez, tudo isso acrescentava ingredientes ao caldo, mas nada conclusivo.

A melhor inteligência que os britânicos receberam veio da atividade alemã em Vemork. Já em abril de 1940, Jacques Allier alertara os Aliados britânicos sobre os esforços nazistas na pesquisa de urânio usando água pesada da usina.[13] Após a ocupação de Paris, dois meses depois, o suprimento norueguês de 185 quilos aos cuidados de Joliot-Curie foi transportado clandestinamente para fora do país a bordo de um navio britânico, antes que os alemães pudessem pôr as mãos nele.[14] Os 26 recipientes ficaram escondidos no castelo de Windsor até os cientistas do Tube Alloys começarem seus próprios experimentos com o material.

O contínuo interesse alemão pela água pesada em 1942 era de importância ainda maior devido a um elemento recém-descoberto chamado plutônio. Os britânicos estavam concentrando seus esforços na separação do isótopo para produzir U-235 puro o bastante para sua bomba. Mas os cientistas britânicos e americanos sabiam que esse não era o único caminho para se obter um explosivo.[15] Em meados de 1940, antes que a cortina da censura descesse completamente, um artigo amplamente divulgado na *Physical Review* mostrava que quando o urânio (de número atômico 92) é bombardeado por nêutrons, alguns deles dividem os núcleos do raro isótopo U-235, mas outros são absorvidos pelos núcleos muito mais prevalecentes do U-238, transmutando-o no isótopo U-239. Esse isótopo instável tem um decaimento chamado de emissão beta, cujo efeito é aumentar em um o número de prótons no núcleo, ao mesmo tempo reduzindo o número de nêutrons em igual quantidade. Esse novo elemento, o netúnio (número atômico 93), prontamente decai mais uma vez, criando mais um elemento, só que dessa vez estável: o plutônio (número atômico 94).

Como posteriores experimentos dos Aliados demonstraram, mas agora em relatórios confidenciais, o plutônio era físsil, semelhante ao U-235, e podia ser usado como material explosivo. Entretanto, ao contrário do U-235, o plutônio era quimicamente distinto do urânio e desse modo os dois eram mais facilmente — e a um custo benefício muito maior — separados. Se alguém conseguisse projetar um reator autossustentável com urânio e um moderador, produziria plutônio suficiente para ser extraído e então ajudar a construir a bomba. Esse tipo de reator, teorizavam os físicos Aliados, exigia algo entre três e seis toneladas de água pesada. Por meio de Leif Tronstad, os britânicos sabiam que os alemães estavam tentando produzir quantidades igualmente grandes de água pesada em Vemork.

Na reunião de 23 de abril do Tube Alloys, Akers e seu grupo de cientistas discutiram as informações de uma nova fonte da SOE na Noruega (Skinnarland, trabalhando rápido). Segundo suas mensagens em código, a produção de água pesada superava os 120 quilos por mês — e estava aumentando. Alguma coisa, decidiram os homens na rua Old Queen, devia ser feita, e logo. Nas atas de sua reunião enviadas para o Gabinete de Guerra de Churchill, afirmavam: "Uma vez que experimentos recentes confirmaram que o elemento 94 seria tão bom quanto o U-235 para propósitos militares, e uma vez que a preparação desse elemento é mais eficaz em sistemas envolvendo o uso de água pesada, o Comitê recomenda que, se possível, uma tentativa seja feita para impedir a produção da Norsk Hydro".[16] Se Vemork não fora um alvo significativo antes, agora, definitivamente, passava a ser.

Nas semanas que se seguiram, Tronstad de repente se viu preocupado com a água pesada.[17] Em 1º de maio, Wilson lhe enviou um bilhete, pedindo para determinar onde e para quem na Alemanha a Norsk Hydro entregava seu suprimento de Vemork. No mesmo dia, ele consultou Akers sobre a construção de uma fábrica de água pesada britânica. Logo depois, voltou a se reunir com Eric Welsh, que queria que ele montasse uma rede de espiões, tanto dentro como fora de Vemork.

Skinnarland já estava fornecendo boa inteligência, mas simplesmente não era o bastante. O Comitê do Tube Alloys especulava que os nazistas estavam atrás de um reator para produzir plutônio, caminho seguro para uma arma, e tudo devia ser conhecido sobre suas atividades. A Alemanha era praticamente vedada ao trabalho da inteligência, mas cientistas alemães viajavam a Vemork, Oslo e Estocolmo — lugares onde Tronstad tinha contatos próximos.

Em 11 de maio Tronstad escreveu duas cartas, cujo tom urgente ficava claro. A primeira era para o "Mestre": Jomar Brun. Tronstad pedia desenhos, diagramas e fotografias detalhados da usina de Vemork, bem como números de produção — qualquer coisa que Brun pudesse descobrir sobre o uso alemão para "nosso suco", e o endereço específico para o qual o produto era enviado, "de modo que possamos mandar nossos cumprimentos ao pessoal de lá".[18] Tronstad escreveu: "Pode considerar isso como seu esforço de guerra! Deve ser perseguido a todo custo". Assinou a carta como Mikkel, a "Raposa", seu novo cognome ao chegar à Grã-Bretanha.

Tronstad endereçou a segunda carta a Harald Wergeland, seu ex-aluno e agora professor na Universidade de Oslo. Wergeland estudara com Heisenberg e era próximo de vários outros cientistas alemães. Tratando-o por "Meu caro jovem amigo", Tronstad escreveu, num código mal disfarçado: "Precisamos saber se os alemães conseguiram domar aqueles animaizinhos mínimos".[19] Ele queria saber tudo que Wergeland descobrira na viagem recém-relatada que fizera para se reunir com Niels Bohr. Tronstad o instruiu a se infiltrar no Nasjonal Samling, o partido fascista norueguês, e depois tentar uma viagem de pesquisa para a Alemanha a fim de "absorver todo o possível, tão rápido quanto possível".

Quando essas cartas foram levadas a Welsh, Tronstad exigiu que o SIS e a SOE tomassem a precaução de manter linhas de comunicação estritamente separadas com Skinnarland e Brun em Vemork.[20] Nenhuma ligação entre os dois homens podia ser suspeitada. Não queriam outra atrocidade como a que acontecera recentemente em Telavåg.

Quase um mês antes, os dois serviços britânicos haviam ambos utilizado o vilarejo na ilha costeira a sudoeste de Bergen como um ponto de entrada para suas operações.[21] Em 17 de abril, dois homens da Kompani Linge chegaram de barco a Telavåg para organizar grupos de resistência e conduzir operações de sabotagem. A Gestapo já estava em alerta após agentes do SIS terem sido vistos na área dias antes. Algumas línguas soltas e um pouco de farinha de trigo britânica distribuída como presente entregaram a presença dos homens de Linge. Eles ficaram cercados numa casa e uma troca de tiros se seguiu. Um deles morreu, o outro foi capturado, e um oficial da SS nazista foi morto. O *Reichskommissar* Terboven ficou furioso com a ação ousada e a descoberta de depósitos de armas no vilarejo. A Noruega estava sob *seu* controle e ele tomaria as providências para deixar isso claro perante todo o povo do lugar fazendo de Telavåg um exemplo.

Mandou que a vila fosse arrasada e presenciou em pessoa a execução da ordem: todas as casas e construções foram queimadas, todos os barcos no porto foram afundados, todos os animais foram mortos e a comunidade inteira — homens, mulheres e crianças, sem distinção — foi enviada para campos de concentração. Terboven também ordenou o fuzilamento de dezoito cidadãos que foram pegos tentando escapar. Estava seguindo devidamente a recomendação de Goebbels: "Se não conseguem aprender a nos amar, devem ao menos nos temer".[22]

Tronstad receava que o mesmo acontecesse com os que incumbira de espionar para ele. Esses pensamentos pesavam em sua consciência, sobretudo porque dormia em segurança à noite em uma casa junto ao extenso parque verdejante de Hampstead Heath, enquanto alguns de seus conterrâneos enfrentavam constante perigo.

Se Lillian Syverstad fosse detida por um soldado alemão, e sempre havia soldados alemães patrulhando Rjukan, ela simplesmente diria que ia visitar a irmã, Maggen, que era casada com o zelador assistente da represa Torstein Skinnarland, do lago Møs. Lillian, uma linda garota de dezoito anos, trabalhava na livraria da cidade, e conseguia se virar na maioria das situações valendo-se de seu sorriso e charme.[23] Nesse dia em particular de junho, ela levava um bilhete dobrado, que lhe fora passado por um amigo na cidade. Era provavelmente de seu irmão Gunnar, um assistente de laboratório em Vemork, mas Lillian não sabia — e nem tentou descobrir — qual era a mensagem. Era para seu próprio bem. O que não soubesse, não poderia confessar. Assim que chegou à represa, assegurou-se de que não havia ninguém olhando, então deixou o bilhete atrás de uma pedra redonda comum. Pouco depois, o amigo de infância de Lillian, Einar Skinnarland, foi buscar o papel, e assim mais um pequeno serviço de inteligência em Vemork foi passado adiante.

Na noite de seu salto de paraquedas na Noruega, um forte vento noroeste soprara Skinnarland contra uma encosta rochosa.[24] Ele atingiu o solo com força, sua espinha se comprimindo como um acordeão. Quando se levantou e recolheu o paraquedas, sentiu algo estalar na base das costas, mas não havia nada que pudesse fazer a respeito. Encontrou rapidamente o recipiente pequeno que fora jogado logo depois dele, mas o grande tubo metálico com as armas não era visível em lugar algum. Procurá-lo naquela escuridão era inútil.

Pela silhueta do monte Gausta, Skinnarland calculou que estava pelo menos quinze quilômetros a noroeste do lago Møs. Sentindo pontadas de dor nas costas, o joelho ainda fraco, seguiu caminhando pelas montanhas acidentadas em direção a sua casa. Chegou pouco antes do amanhecer. Só seu irmão Torstein sabia onde estivera. O resto de sua família o recebeu com animação e perguntou como se saíra em sua caçada. Ele respondeu vagamente às perguntas sobre a rigidez de sua postura e não houve muito tempo para se reunirem.

Skinnarland pegou os esquis e partiu ao encontro de seu amigo e confidente Olav Skogen, operando de uma cabana na montanha, a meio caminho de Rjukan. O líder da Milorg local, com uma mecha de cabelos cacheados e escuros puxada no alto da testa ampla, adivinhou de cara por onde Skinnarland andara. Ao saber da missão com o paraquedas, Skogen enfatizou a necessidade de achar as armas e a munição o mais rápido possível. Os dois foram até o local da descida, mas não encontraram nada. O recipiente provavelmente fora ocultado por um acúmulo de neve e nunca mais seria recuperado.

Skinnarland voltou ao trabalho de construir uma represa em Kalhovd, trinta quilômetros ao norte do lago Møs. Havia pouco tempo para se encontrar com Gudveig, que morava em Bergen, mas de vez em quando lhe enviava cartas, sem fazer menção a suas atividades clandestinas. Ele começou a reunir inteligência sobre Vemork, em parte fazendo o próprio reconhecimento, mas principalmente por intermédio de seus contatos dentro da usina.

Skinnarland não sabia, mas Jomar Brun também estava fornecendo importantes informações sobre Vemork para Londres. Em 3 de outubro de 1941, Paul Harteck e outro cientista alemão tinham viajado para Rjukan com o cônsul Erhard Schöpke.[25] Um fanático nazista com o uniforme coberto de medalhas, Schöpke era o responsável pela exploração da indústria do país em prol do Terceiro Reich como membro do Wehrwirtschaftsstab Norwegen (Estado-Maior da Economia de Guerra para a Noruega). Acompanhando-os estava Bjarne Eriksen; o ex-advogado da Norsk Hydro substituíra Axel Aubert como diretor-geral após a aposentadoria deste. A despeito do antigo apoio da companhia para os Aliados, Eriksen essencialmente assumira desde a ocupação a posição de que a sobrevivência da empresa era mais importante do que o patriotismo — ou, como alguns de seus trabalhadores diziam, sem medir as palavras: "Longa vida à Hydro... Dane-se a Noruega".[26]

Após Brun ter lhes mostrado a usina de água pesada, os homens se reuniram na imponente sede administrativa em Rjukan.[27] Desfrutaram um agradável jantar, e depois, em torno do fogo aconchegante, fumando charutos e bebericando uísque, Schöpke tratou dos negócios. Os números estavam aquém do esperado e algo precisava ser feito. Nos vinte meses desde o início da invasão alemã, Vemork entregara 390 quilos de água pesada, a despeito das ordens alemãs de 1500 quilos por ano. A Norsk Hydro não só ficava a dever quanto à meta inicial, como também precisava mais do que triplicar a produção para chegar às cinco toneladas anuais.

Então Harteck falou. Havia duas maneiras de aumentar a produção para chegar a esse patamar. Primeiro, podiam expandir a usina de eletrólise em relação à operação atual, acrescentando mais células eletrolíticas à cascata inicial e dobrando o tamanho do aparelho de alta concentração. Segundo, podiam testar e instituir uma nova tecnologia (troca catalítica) que prometia não desperdiçar o deutério queimado como gás durante a eletrólise. No fim, decidiram por ambas as coisas.

Brun foi instruído a desenvolver um plano para implementar essas ideias. Relutante em ajudar, e ainda sem saber muito bem para o que a água pesada era necessária, Brun procrastinava. Nos meses anteriores, retardara deliberadamente a produção contaminando as células de alta concentração com óleo de fígado de bacalhau, fazendo a água pesada espumar. Mas não podia continuar interrompendo a produção desse modo sem se expor. Em janeiro de 1942, foi convocado a Berlim.[28] No Departamento de Equipamentos Militares do Exército na Hardenbergstrasse, 10, passou por mais reuniões e mais exigências para aumentar a produção, principalmente de um certo dr. Kurt Diebner. Quando Brun quis saber de Diebner qual o propósito de tamanhas quantidades de água pesada, Diebner respondeu que ela seria enviada para a "fábrica de quinino", para a produção de um refrigerante. Brun não achou graça.

Nos dias que se seguiram, Brun trabalhou com Harteck para formular os passos seguintes em Vemork. As revisões da usina precisavam ser implementadas imediatamente, fosse qual fosse o custo. Com as melhorias, Harteck imaginou que podiam produzir pelo menos oito quilos por dia. Além do mais, Brun foi informado, a Norsk Hydro precisava considerar a construção de usinas de água pesada em mais duas usinas hidrelétricas: Såheim (na própria Rjukan) e Notodden. Eram usinas menores, com instalações de eletrólise mais limitadas, mas juntas podiam contribuir com seis quilos por dia, elevando a produção total para cinco toneladas por ano, talvez mais.

Alguns cientistas que Brun conheceu em Berlim se solidarizavam com o sofrimento da Noruega e falavam aos sussurros de seu repúdio a Hitler. Advertiram Brun a tomar cuidado com o que falava, e com quem, particularmente nazistas mais fervorosos, como Diebner. Ainda assim, nenhum deles revelava o motivo por trás da necessidade da água pesada, embora lhe assegurassem que não tinha finalidade bélica. Foi uma viagem inquietante. Brun cansou de escutar as palavras "Heil Hitler". Cartazes nos bondes advertiam sobre ouvidos inimigos. A quantidade de comida disponível na cantina do Instituto Kaiser Wilhelm era escassa e as salas quase não tinham aquecimento. Um dia, ao dobrar uma esquina, Brun passou por várias jovens judias com estrelas amarelas costuradas nas blusas.

Quando voltou, Brun não teve outra escolha a não ser começar a instituir a expansão.[29] Os trabalhadores dobraram o número de células de alta concentração para dezoito. A cascata de nove estágios, já imensa, aumentou para incluir mais 43 mil células. Além disso, Brun iniciou um teste-piloto do processo de troca catalítica e foram desenvolvidos projetos para Såheim e Notodden.

Em maio, Terboven visitou Vemork, então Harteck voltou para refinar seu novo método de troca antes de ser finalmente implementado. A produção era alta — de uma média de 80 quilos por mês em dezembro de 1941 para 130 quilos em junho de 1942 — e continuava a subir. Såheim e Notodden em breve também estariam operacionais.

Skinnarland e Brun, operando de forma independente, enviaram toda essa informação e mais um pouco em mensagens codificadas por um sistema de espiões para Oslo, depois para a Suécia. Algumas iam escondidas em tubos de pasta de dente. Outras iam presas com fita adesiva nas costas dos mensageiros que as levavam através da fronteira. Depois eram enviadas por avião para Londres, onde acabavam chegando a Chiltern Court.

Um relatório de Skinnarland detalhava a fraca segurança da usina, afirmando que os alemães "dependem em demasia das defesas naturais em torno.[30] O vigia noturno é geralmente Georg Nyhus, um sujeito decente de meia-idade. Um vizinho. Não deve ser ferido. Seu único trabalho é verificar as autorizações dos operários pelo guichê, depois de eles terem sido liberados pelas duas sentinelas na ponte".

Um outro de Brun, intitulado "Aparelho de alta concentração para o enriquecimento da glicose", trazia um inventário da usina detalhado a ponto de incluir tubulação de chumbo, vedações de areia, conexões de borracha e flanges das células de alta concentração.[31] Microfotografias de plantas do prédio, desenhos detalhados de equipamentos e números de produção vinham em seguida. Era tudo de que alguém poderia necessitar para construir uma usina de água pesada, ou, na verdade, destruir a única existente.

Em 4 de junho de 1942, Kurt Diebner observava uma fila de convidados — alguns em ternos finos, outros de uniforme — entrando na sala de conferências em Harnack-Haus, sede do Instituto Kaiser Wilhelm.[32] Além dos cientistas envolvidos na pesquisa atômica, entre os presentes estavam o general Emil Leeb, o almirante Karl Witzell e o marechal de campo Erhard Milch, respectivamente chefes de armamentos do Exército, Marinha e Força Aérea alemães. O observador Albert Speer, recém-nomeado ministro de Armamentos e Produção de Guerra, os convocara para decidir o futuro do programa atômico. Ainda que este tivesse sido lançado por iniciativa de Diebner, foi Heisenberg que subiu ao palanque para apresentar suas descobertas, com Diebner ao lado.

Nos primeiros dois anos de existência do Clube do Urânio, haviam realizado avanços regulares na ciência atômica. Graças aos sucessos militares dos nazistas, tiveram um fácil acesso à água pesada de Vemork, substância tornada ainda mais importante pela conclusão final de que, além de ser superior ao grafite como moderador (com base num cálculo equivocado feito por um de seus cientistas-chefes, Walther Bothe), também era mais fácil de ser obtida numa forma altamente purificada do que o produto do carbono.[33] Dispunham também de um canal aberto para toneladas de minério de urânio belga e um cíclotron em Paris confiscado de Frédéric Joliot-Curie para experimentos com colisão de partículas subatômicas.

Mais de setenta cientistas, distribuídos por vários institutos, empenhavam-se na pesquisa básica mas necessária de tudo que isso envolvia: as energias dos produtos da fissão, os diversos métodos de separação do isótopo U-235, a construção de uma máquina de urânio e, finalmente, a probabilidade de um novo material físsil criado com tal máquina: o elemento 94 (que os americanos estavam chamando de plutônio).[34] Eles haviam preparado o terreno para um novo laboratório junto ao Instituto de Física Kaiser Wilhelm (apelidado de Casa do Vírus para desencorajar visitantes indesejáveis). O futuro parecia promissor.

De todos os acontecimentos, o mais excitante estava relacionado à construção de uma máquina de urânio. Em Leipzig, em setembro de 1941, com a ajuda de Heisenberg, o professor Robert Döpel construiu uma pequena máquina esférica com duas camadas concêntricas de óxido de urânio e água pesada, tendo uma fonte de nêutrons de berílio em seu centro. Eles submergiram a esfera em uma cuba com água e aguardaram os resultados do teste. O aumento de nêutrons foi pequeno, mas estava lá, evidência de que a máquina estava conseguindo dividir átomos de U-235. Com mais camadas de água pesada e urânio de alto grau, Heisenberg tinha o "pressentimento" de que teriam uma pilha autossustentável. Desse ponto em diante, disse, havia "uma estrada aberta diante de nós, levando à bomba atômica".[35] Diebner concordou. No seu entender, o sucesso era agora questão de transferir toda a pesquisa básica que tinham para um programa industrial.

Mas dois meses mais tarde, com os russos contra-atacando no Front Oriental e Hitler conclamando a Alemanha a se concentrar em cumprir as exigências de curto prazo da guerra, Erich Schumann, supervisor de Diebner e desde o começo sem o menor entusiasmo pela "bobagem atômica", convocou nova revisão da pesquisa.[36] Em 16 de dezembro, Schumann recomendou a seus generais que a responsabilidade pelo programa fosse entregue ao Conselho de Pesquisa do Reich, o órgão para pesquisa científica básica e aplicada voltada à indústria, dirigido por civis. Uma arma, ainda que exequível, continuava a ser uma aposta muito remota, concluiu Schumann. Os generais deixaram a decisão para uma segunda conferência em fevereiro de 1942. Então, um dos principais cientistas do conselho, Abraham Esau, já estava sendo sugerido como potencial novo chefe de qualquer grupo abrangente. Pioneiro em radiotelegrafia, professor de física e homem de considerável influência no Reich, Esau tivera a pesquisa em fissão arrancada de suas mãos pelo Exército quando Diebner passou a chefe do Clube do Urânio, em 1939. Agora parecia pronto para ter sua vingança.

Para essa segunda conferência de Equipamentos Militares do Exército, ocorrida em 26 de fevereiro, Diebner apresentou seus argumentos num extenso relatório de 131 páginas. "Na presente situação, preparativos devem ser feitos para [controlar] a energia atômica [...] ainda mais na medida em que esse problema está sendo intensamente trabalhado nas nações inimigas, sobretudo nos Estados Unidos."[37] Com cinco toneladas de metal de urânio e água pesada, e uma máquina autossustentável, "uma bomba da maior eficácia", utilizando entre dez e cem quilos de plutônio, estava à vista. Diebner sugeriu um plano passo a passo para atingir esse objetivo. Ele simplesmente necessitava de mão de obra, suprimentos e capital para atingi-lo.

Nesse mesmo dia, o Conselho de Pesquisa do Reich realizou sua própria reunião sobre física atômica, com Hahn, Heisenberg e Esau como conferencistas principais.[38] Os presentes à ocasião saíram impressionados com o potencial futuro da tecnologia. Goebbels escreveu em seu diário: "A pesquisa no campo da destruição de átomos é tão avançada que seus resultados talvez possam ser usados para travar esta guerra. Nela, esforços minúsculos resultam em efeitos destrutivos tão imensos que olhamos com horror para o futuro curso da guerra."[39]

Mas os generais do Exército continuavam sem se convencer. Diebner não podia prometer o sucesso com absoluta certeza. Incapaz de justificar tamanhos gastos e esforços sem a garantia de uma arma dentro de um ano, o Exército teve de entregar o controle do Clube do Urânio para o Conselho de Pesquisa do Reich. Um novo golpe para Diebner veio quando Heisenberg foi escolhido para ser o novo diretor do Instituto de Física Kaiser Wilhelm, e Diebner foi forçado a esvaziar suas salas no prédio.

Quatro meses após a mudança de rumo, Diebner continuava acreditando que havia chance de um programa em escala industrial. Speer, que mexera os pauzinhos para levar o projeto a sua esfera de influência, convocara a reunião de junho de 1942 em Harnack-Haus para decidir quanto apoio deveria dar a ele.

Heisenberg subiu ao palanque para apresentar as descobertas dos cientistas. Alto, de olhos azuis, os cabelos cor de palha puxados para trás, dominava a sala de um jeito que Diebner nunca conseguiria. Começou por uma visão geral teórica da ciência atômica, depois mergulhou nas especificidades da separação do isótopo, das máquinas de urânio e da produção de plutônio. Em seguida brindou seu público com o potencial da aplicação técnica dessa ciência. Com uma máquina de urânio poderiam "movimentar navios, possivelmente até aviões, com o maior alcance possível".[40] Com o plutônio, poderiam produzir explosivos que "serão um milhão de vezes mais eficazes do que todos os explosivos anteriores". Um general, que sonhava em bombardear Nova York, queria saber qual seria o tamanho dessas bombas. Heisenberg pôs as mãos em concha e disse: "Mais ou menos do tamanho de um abacaxi".

Heisenberg a seguir passou a reduzir as expectativas. Ainda estavam na fase de pesquisa básica, disse. Mais teoria precisava ser desenvolvida, novos experimentos precisavam ser realizados. Havia muitos obstáculos no caminho, incluindo o fornecimento de água pesada. Um dia, no futuro distante, uma bomba podia "virar a maré da guerra", concluiu; mas primeiro precisavam de um reator operante, e isso ainda estava muito longe.

Speer então perguntou quanto dinheiro seria necessário para o projeto. Heisenberg propôs a soma de 350 mil marcos — na verdade, uma ninharia. Havia outros programas, a saber, as bombas voadoras V-1/V-2, para os quais os cientistas encarregados haviam pedido bilhões de marcos e dezenas de milhares de trabalhadores de modo a completar seus projetos e vê-los sendo utilizados na guerra. Speer ficou espantado e Diebner, furioso por Heisenberg sugerir um número tão baixo. Se alguém tinha certeza de que uma bomba do tamanho de um abacaxi poderia decidir a guerra, e estava propenso a produzi--la, muito mais se faria necessário para sua realização.

Após a reunião, Speer dirigiu seu apoio a programas como o das bombas voadoras, que ele acreditava que poderiam trazer benefícios mais imediatos para a estratégia de guerra da Alemanha. A pesquisa básica no domínio da energia atômica continuaria.[41] O Conselho de Pesquisa do Reich chefiaria o projeto e o Departamento de Equipamentos Militares do Exército ajudaria a custeá-lo. Os cientistas teriam pronto acesso aos materiais e permaneceriam isentos do serviço militar para fazer seu trabalho. Mas a menos que houvesse um motivo para reconsiderar, toda essa pesquisa estava focada no potencial futuro. Não haveria nenhum grande projeto para vê-la fabricada e ser de algum modo útil ainda nessa guerra.

Diebner não se deixou desencorajar. Voltou à sua pesquisa no Laboratório de Testes de Kummersdorf, do Departamento de Equipamentos Militares, em Gottow, 25 quilômetros a sudoeste de Berlim. Com um grupo de jovens físicos que recrutara nos primórdios do programa, continuou em silêncio a construir sua própria máquina de urânio, com um projeto muito diferente do que os outros haviam concebido. Inexoravelmente, continuou a trabalhar para a construção de uma bomba.

Em 17 de junho de 1942 o primeiro-ministro Winston Churchill mascava um charuto e olhava para as águas enluaradas do Atlântico.[42] Sentado na cabine de um hidroavião Boeing Clipper, havia muitos assuntos a considerar nesse voo para os Estados Unidos. A totalidade da Europa continental estava sob o controle de Hitler, e embora bombardeiros britânicos e americanos castigassem a Alemanha noite após noite, apenas uma invasão através do canal da Mancha seria capaz de libertar o continente. Mas Churchill sabia que as forças Aliadas estavam longe de preparadas para um ataque como esse. Ele devia convencer o presidente americano, Franklin D. Roosevelt, a adiar uma invasão — um de seus dois principais propósitos para a viagem de 28 horas através do Atlântico. O outro era discutir bombas atômicas.

Após uma taça de champanhe e um cochilo agitado ao lado de seu confiável piloto-chefe, Rogers, Churchill afivelou o cinto para a aterrissagem. O Clipper planou suavemente acima do Monumento a Washington e aterrissou no Potomac. Na capital, Churchill encontrou-se com o general Marshall e, na manhã seguinte, voou para Hyde Park, Nova York, onde ficava a propriedade da família Roosevelt. O presidente americano foi ao seu encontro na pista de pouso. Fisicamente, os dois homens eram um estudo sobre contrastes: o baixo e irascível buldogue britânico ao lado do alto e sereno leão americano. Mas tanto Churchill como Roosevelt eram não só intelectuais como também políticos astutos, e dividiam entre si o terrível peso de liderar sua gente em meio a uma grande guerra. Também eram bons amigos.

Dirigindo seu Ford Phaeton azul, que possuía alavancas de controle na altura da mão para acomodar a sua deficiência física, Roosevelt levou seu hóspede em um apavorante passeio para conhecer os penhascos do rio Hudson. Por duas horas, conversaram sobre a guerra, e Churchill ficou animado com o tanto mais que haviam resolvido rodando pela propriedade do que sentados em lados opostos de uma mesa de conferências cheia de pessoas.

No começo dessa semana, Roosevelt lera um relatório delineando um gigantesco programa do Exército americano para construir bombas atômicas.[43] Seu principal consultor científico, Vannevar Bush, fundador da Raytheon, liderava o esforço, a um custo estimado de 500 milhões de dólares.

A gênese do programa espelhava em muitos aspectos o programa do Tube Alloys britânico. Em agosto de 1939, Albert Einstein, em contato com um grupo de cientistas que emigrara recentemente da Europa, enviou uma carta a Roosevelt advertindo da necessidade de explorar o potencial explosivo da fissão antes que os alemães o fizessem. Um "Comitê do Urânio" encabeçado por importantes físicos foi formado, e, ao longo dos dois anos seguintes, com fundos limitados mas muita ambição, eles realizaram pesquisas, receberam insights dos britânicos e concluíram que uma devastadora nova arma era de fato possível — e que havia diversas rotas potenciais para o sucesso.[44] No verão de 1942, chegara da Europa a notícia de que os alemães talvez já houvessem obtido um reator nuclear operante — algo que os Estados Unidos ainda não tinham conseguido. Como escreveu um cientista para Bush, instando a um esforço americano decisivo: "Ninguém é capaz de dizer agora se devemos estar preparados antes que bombas alemãs destruam as cidades americanas".[45]

Com um bilhete manuscrito dizendo simplesmente "O.k., V. B.", Roosevelt aprovou o desenvolvimento do programa, cognominado Projeto Manhattan.[46] Ao típico modo americano de quanto maior, melhor, seus líderes decidiram que todo caminho para uma bomba devia ser tentado, incluindo o uso de reatores de água pesada, plutônio e separação do isótopo U-235.

Em 20 de junho, Roosevelt e Churchill fizeram uma reunião num pequeno estúdio escuro que dava para a varanda da frente da mansão em Hyde Park.[47]

No passado, os filhos de Roosevelt haviam usado o espaço como sala de aula, mas agora o lugar era seu refúgio, com prateleiras cheias de livros, gravuras náuticas nas paredes e uma enorme escrivaninha de carvalho que ocupava a maior parte do ambiente.

Churchill sentou, um globo a seus pés, e foi direto ao ponto. "E se o inimigo obtivesse uma bomba atômica antes de nós!", escreveu mais tarde, recontando a reunião.[48] "Por mais cético que alguém pudesse se manter sobre as afirmações dos cientistas, muito discutidas entre eles e expressas em um jargão incompreensível para os leigos, não podíamos correr o risco mortal de sermos passados para trás nessa terrível esfera." Grã-Bretanha e Estados Unidos precisavam "combinar nossa informação, trabalhar juntos em iguais termos e compartilhar os resultados, se houver, igualmente entre nós". Se Churchill esperava uma discussão, não a teve. Roosevelt concordou inteiramente com a proposta, e, haja vista os correntes bombardeios nazistas na Grã-Bretanha, ambos decidiram que os Estados Unidos deviam ser o centro da atividade.

Também debateram o foco alemão na produção de água pesada — "uma expressão sinistra, misteriosa, antinatural", disse Churchill mais tarde. Dias após o primeiro-ministro ter voltado a Londres, o Gabinete de Guerra apresentou planos, da mais alta prioridade, para um ataque a Vemork.[49]

PARTE II

6. Ordem de comando

Jens-Anton Poulsson, de Rjukan, queria uma missão — e se seus comandantes não lhe dessem uma, pensaria em algo por conta própria. Ele quase dera a volta ao mundo para se juntar à Kompani Linge, e desde sua chegada à Grã-Bretanha, em outubro de 1941, ouvira falar de planos e mais planos, mas não vira nenhum em execução. Sua melhor perspectiva fora liderar uma das seis equipes na Operação Clairvoyant, com a tarefa específica de guiar bombardeiros à noite na direção da usina de energia de Vemork com luzes distribuídas pelo vale do Vestfjord. Mas então essa operação foi descartada, e, como ele escreveu em seu diário, "a maior oportunidade de toda minha vida" escapou.[1]

Assim, no final de fevereiro de 1942, Poulsson viajou da Escócia para Londres a fim de convencer seus chefes de um novo plano. Reunindo-se com um membro do Estado-Maior do coronel Wilson, Poulsson propôs a ideia de uma equipe pequena que organizasse células de resistência nos arredores de Telemark e se preparasse para sabotar linhas de trem. Ele esboçou os detalhes em um relatório, depois voltou à Escócia enquanto sua sugestão era considerada.

Semanas se passaram sem resposta. Ele foi mandado em um esquema de treinamento para atacar um aeroporto. Então, no início de abril, recebeu ordens de ir à STS 31, a "escola de boas maneiras" em Beaulieu, uma propriedade arborizada no sul da Inglaterra. Durante as três semanas seguintes, recebeu treinamento em espionagem e em modos de sobrevivência no subterrâneo.[2] Aprendeu a desenvolver um disfarce ("Sua história será na maior parte verdade"); perseguir um alvo sem ser visto; recrutar informantes ("Umas bebidas podem ajudar"); construir uma célula clandestina; estabelecer um quartel-general secreto; e frustrar esforços de contraespionagem, incluindo despistar alguém em sua cola ("Atraia-o para uma rua comprida e deserta e depois mergulhe numa multidão"), manter-se alerta ("Uma voz ou rosto familiar sugere que um agente está sendo seguido") e produzir um bom álibi. Seus instrutores o ensinaram a vigiar um alvo, fundir-se ao cenário, em uma rua, invadir uma casa, abrir algemas, encontrar as saídas mais rápidas em um ambiente fechado. Ele adquiriu habilidade em deixar mensagens ocultas, em microfotografias, criptogramas e tinta invisível. Tudo muito diferente do tipo de guerra que imaginara.

Estudou tudo do inimigo, desde suas organizações, uniformes e regulamentos até habilidades detetivescas, capacidades de interceptação de transmissões radiotelegráficas e técnicas de interrogatório. Se alguma vez acontecesse de se ver sob interrogatório, disseram seus instrutores: "Passe a impressão de um cidadão medianamente estúpido e honesto". O comandante da escola, major Woolrych, dizia a seus alunos: "Lembrem-se: os melhores agentes nunca são pegos. Mas alguns [...] tendem a relaxar nas precauções. Esse é o momento para ter cuidado. Nunca relaxem. Nunca se enganem achando que o inimigo está dormindo no ponto. Eles podem estar vigiando o tempo todo, então cuidado".[3]

Poulsson se formou na STS 31 com um parecer misto de seu instrutor: "Bem mais inteligente do que leva a crer à primeira vista, já que tem uma disposição tão retraída. Obteve, entretanto, uma compreensão completa do trabalho [...]. Pode dar um bom segundo em comando".[4] Mesmo sendo alto — 1,88 metro —, com uma massa de cabelos no topo da cabeça, rosto fino e olhos azuis brilhantes, Poulsson era uma presença discreta numa sala lotada. Ele preferia ficar no fundo, encoberto numa nuvem de fumaça, fumando seu cachimbo. "Um bom segundo em comando", porém, estava longe da verdade.

Poulsson nascera em Rjukan, onde se dizia que a pessoa crescia no sol ou na sombra.[5] Os mandachuvas da Norsk Hydro moravam em casas imponentes na ensolarada encosta norte do vale do Vestfjord, enquanto os empregados ficavam bem no fundo, à beira do rio. Como o pai de Jens-Anton era engenheiro-chefe da Norsk Hydro na cidade, ele crescera na parte iluminada. Sua família tinha uma história célebre — nobres, capitães de navio, oficiais de alta patente no Exército, cavaleiros ingleses — e era dona de quase 4 mil hectares de terra no Vidda, incluindo uma ilha no lago Møs.

Com o mesmo nome de seu pai e seu avô, Jens-Anton era o sexto de sete filhos. Tinha cachos escuros e o hábito de alisá-los com a mão, e era tímido na presença de outras pessoas, o rosto quase sempre enfiado em seu caderno de esboços ou numa história de aventura. Devorava livros sobre guerras, expedições polares e sobrevivência no meio selvagem, mas, apesar de amar os livros, não gostava muito da escola. Seus interesses estavam na vida ao ar livre. Poulsson ganhou uma espingarda quando fez onze anos e pouco depois matou seu primeiro tetraz. Com seu melhor amigo e vizinho, Claus Helberg, passou o início da adolescência pelo Vidda, esquiando, pescando, caçando e caminhando. Uma figura de autoridade calada, serena, Poulsson era o líder tácito de seu grupo de amigos.

Ele nunca duvidou do que queria ser no futuro: oficial militar. Muito correto, gostava de regras e de uma vida metódica. Em sua escola em Rjukan, havia duas salas com crianças da sua idade, uma de alunos rebeldes e indisciplinados, a outra de bem-comportados. Com a intenção de amansar a primeira, o diretor transferiu Poulsson e Helberg para a classe problemática e em poucos meses a disciplina estava restaurada. Aos quinze anos, Poulsson passou o verão em um acampamento militar. Recebeu seu próprio rifle Krag-Jørgensen e aprendeu a marchar no compasso. Aos vinte anos entrou para a escola de suboficiais da 2ª Divisão do Exército. Era lá que estava quando houve a invasão alemã. Em cinco dias seu batalhão, que foi mobilizado apenas em uma posição defensiva, rendeu-se e bateu em retirada para a Suécia. "O dia mais triste de minha vida", escreveu Poulsson. Não puderam sequer oferecer resistência.[6]

Após um prolongado período aquartelado na Suécia, voltou à Noruega e ficou escondido nos arredores de Rjukan por vários meses, ansioso para fazer alguma coisa. Incapaz de conseguir passagem para a Grã-Bretanha por barco, voltou de esqui para a neutra Suécia e, de lá, viajou pelo mundo. Na Turquia, presenciou "cabanas de barro e pedras, com latas de óleo amassadas usadas para fazer o telhado".[7] No Cairo, julgou "as moscas e os vendedores de rua as piores pragas". No mar encrespado a caminho de Bombaim, sentiu "dores de barriga e de cabeça". Na Índia, o acampamento era "povoado por enorme quantidade de piolhos, não os melhores companheiros de cama". Mesmo assim, foi uma aventura, algo que abriu os olhos de um jovem que nunca antes deixara a terra natal. Durante a viagem de seis meses, preocupou-se ocasionalmente de não ter o estofo necessário para ser um bom soldado. Certa noite, escreveu em seu diário: "A gente nunca sabe as próprias reações da primeira vez que fica sob fogo".

Após concluir seu treinamento como espião, Poulsson voltou à STS 26 e descobriu que sua proposta de montar células de resistência em torno de Rjukan fora aceita.[8] Finalmente, descobriria que tipo de soldado era. A Operação Grouse [Tetraz] devia se iniciar em poucas semanas, com Poulsson na liderança. Ele e sua equipe teriam de sobreviver às condições de inverno mais duras no ambiente selvagem, como a ave alpina que emprestara seu nome à missão, enquanto aguardavam o sinal verde para as operações.

Um atraso desafortunado se seguiu a outro, e em pouco tempo os longos dias noruegueses de verão tornaram o início da missão perigoso demais. Saltos de paraquedas na Noruega estavam limitados a uma janela muito estreita. Durante a metade do ano, havia luz em demasia à noite para que aviões cruzassem a região rural sem serem vistos pelos alemães. Na outra metade, particularmente durante o longo inverno, os saltos tinham de acontecer durante a lua cheia, quando a escuridão era atenuada por luz natural suficiente apenas para que os pilotos pudessem se orientar por pontos de referência na topografia — e os paraquedistas pudessem encontrar um lugar seguro para descer.

Com a operação agora adiada pelo menos até o fim de setembro, Poulsson se perguntou se não seria melhor para ele juntar-se ao Exército regular. Outros na companhia, como Knut Haukelid, achavam a mesma coisa, ainda que os soldados do Exército norueguês que haviam conseguido chegar à Grã-Bretanha estivessem igualmente frustrados com a inatividade. Assegurados pelos comandantes da Kompani Linge de que iriam em breve ter sua chance, esperaram.[9]

Nesse meio-tempo, Poulsson finalizou sua pequena equipe: Arne Kjelstrup, um encanador atarracado e de peito largo nascido mas não criado em Rjukan, que carregava uma bala em seu quadril da luta contra os alemães durante a invasão. Ele acompanhara Poulsson em sua viagem pelo mundo para se juntar à Kompani Linge. Knut Haugland era um homem magro de 24 anos com uma cabeleira clara e um rosto fino e juvenil que traía sua inteligência severa. Filho de um carpinteiro de Rjukan, tornara-se um operador de rádio de primeira. E Knut Haukelid, companhia constante de Poulsson nas caçadas de cervos pelas montanhas, sabia o que era preciso para sobreviver e operar no Vidda.

Enquanto aguardava a chegada de suas ordens, Haukelid tropeçou e deu um tiro no próprio pé durante um exercício de treinamento no campo. Os médicos informaram ao desolado comando que ele não estaria "apto para o serviço" senão até pelo menos outubro.[10] Poulsson rapidamente escolheu um substituto: Claus Helberg, seu amigo de infância. Agora mais magro, mais alto, em melhor forma do que a maioria e com um brilho malicioso no olhar, Helberg encontrara seu próprio modo de chegar à Grã-Bretanha no início da primavera para se juntar à Kompani Linge. Ele precisaria de treinamento em paraquedismo, Poulsson sabia, mas havia tempo para isso.

Ao longo de agosto, Poulsson e os demais se prepararam para sua operação, juntando suprimentos suficientes para encher oito recipientes tubulares, que seriam lançados junto com eles. A lista de inventário tinha duas páginas, os suprimentos pesando mais de trezentos quilos: equipamento de esqui, botas, perneiras, jaquetas contra o frio, roupas de baixo de lã, sacos de dormir, utensílios de cozinha, ferramentas, cigarros, velas, barracas, querosene, mochilas, mapas, unguento contra geladura, um aparelho de radiotelegrafia com duas baterias recarregáveis de seis volts, armas, munição e comida.[11] Ninguém era mais minucioso em suas exigências do que o operador de rádio Knut Haugland. Muitas vezes, para exasperação dos intendentes britânicos, ele especificava o tipo exato de baterias e outros equipamentos de rádio necessários para a operação. Ele era assim mesmo.

Em 29 de agosto, um dia quente e abafado interrompido por temporais esparsos, Poulsson viajou a Londres e se encontrou com o coronel Wilson e Leif Tronstad em Chiltern Court para finalizar seus planos. A equipe Grouse saltaria perto do lago Langesjå, quinze quilômetros a nor-noroeste de Rjukan, tendo Einar Skinnarland em solo para orientar o avião. Haugland conhecia Skinnarland da resistência local e toda a equipe estava bem familiarizada com o grupo de Skinnarland. (O irmão de Einar, Torstein, era uma lenda do salto em esqui na cidade.) Se por algum motivo não fosse possível para Skinnarland atuar como orientador, pulariam às cegas e seguiriam para o lago Møs por conta própria. Wilson e Tronstad passaram suas instruções de operação, o foco era formar "pequenos grupos independentes" para se preparar para operações contra futuros alvos.[12] Isso incluía comunicações, pontes e estradas dos alemães. Vemork não foi mencionada. Até onde Poulsson sabia, esse alvo não estava mais em pauta desde o encerramento da Clairvoyant.

105

Dois dias mais tarde, a equipe Grouse partiu para a STS 61 em Gaynes Hall, perto do aeroporto de Tempsford, nos arredores de Cambridge. A distinta mansão fora outrora o lar de Oliver Cromwell, mas agora servia como ponto de partida da SOE para agentes estrangeiros enviados ao além-mar. A equipe Grouse continuaria seu treinamento ali, e aguardaria.

Nesse mesmo dia, 31 de agosto, Leif Tronstad estava em uma sala enfumaçada na rua Old Queen, quartel-general do Tube Alloys, e mencionou a perspectiva de a Grouse liderar um ataque a Vemork.[13] Sentados em torno da mesa com ele estavam o coronel Robert Neville, o planejador-chefe de Operações Combinadas, Wallace Akers, e o ex-assistente de Akers na ICI, Michael Perrin, agora um membro-chave do programa atômico.

Quando Lord Louis Mountbatten assumiu as Operações Combinadas, em outubro de 1941, o comando que herdou, encarregado de missões que reuniam forças por mar, ar e terra, estava em cacos. E, de fato, desde então as operações do herói naval britânico de sangue real, na época com 42 anos, tinham, na melhor das hipóteses, um histórico irregular.[14] As notícias sobre o desastroso ataque à cabeça de ponte de Dieppe em meados de agosto apenas começavam a sumir das manchetes.

Desde que Churchill regressara dos Estados Unidos, o Gabinete de Guerra incumbira Mountbatten de investigar uma possível operação visando Vemork.[15] Neville, seu planejador-chefe e um Royal Marine, parecia ser capaz de conseguir cuidar da tarefa sozinho.

Os quatro homens consideraram diversos potenciais cursos de ação para interromper a produção de água pesada em Vemork: (1) um ataque de dentro com homens da Norsk Hydro, (2) infiltração de Poulsson e sua equipe, (3) um grupo de ataque de seis homens da SOE para explodir as tubulações (parecido com um antigo plano da Clairvoyant), (4) uma incursão de Operações Combinadas compreendendo entre 25 e cinquenta homens para destruir as tubulações e a usina, e (5) bombardeio da RAF.[16]

Tronstad foi contra um ataque aéreo: com todo o hidrogênio e amônia produzidos na área, a cidade de Rjukan podia ser varrida do mapa numa explosão devastadora, e era improvável que alguma bomba penetrasse a instalação com profundidade suficiente para destruir os estágios de alta concentração localizados no subsolo. Quanto a recrutar sabotadores que já trabalhassem na usina — um *inside job* —, ele não acreditava que pudessem encontrar em Vemork gente confiável suficiente para levar isso a cabo. Em vez disso, Tronstad queria sua equipe Grouse na linha de frente de um ataque direto. Eles conheciam a área, e, segundo a inteligência mais recente, a segurança na usina era limitada. Com uma equipe de sabotagem adicional de seis homens para realizar a demolição, o grupo teria boas chances de sucesso.

Neville estava inseguro — as defesas alemãs podiam ser mais fortes do que o informado. Ele preferia sapadores (engenheiros de combate) britânicos executando o ataque, com a equipe Grouse atuando de guia. Cinquenta soldados podiam superar qualquer resistência e, com a força do número, realizar um ataque mais amplo à usina, assegurando sua eliminação enquanto ameaça. O problema seria tirar os homens de lá, bem como da Noruega. Neville admitia que esse desafio tornava os sapadores muito provavelmente um "esquadrão suicida".

Os quatro homens sabiam que a decisão final caberia a Mountbatten, mas parecia que a equipe Grouse de fato teria um papel a desempenhar no plano de Vemork.

Tronstad estava desesperado para tomar parte também em qualquer operação no solo pátrio.[17] Sim, ele estava contribuindo para o esforço de guerra. Tinha sua própria rede de inteligência. Recrutara cientistas noruegueses para ajudar na indústria de defesa britânica. Alertara sobre potenciais ataques químicos. Ajudara a encaminhar a estratégia, o treinamento e a operação da Kompani Linge. Mas às vezes sentia-se como se estivesse lutando em uma guerra de papel, repleta de relatórios e conferências.[18] Queria distância dessa "vida anormal". Achava que outros sofriam o ônus do conflito enquanto ele permanecia em Londres. Muitos de seus amigos próximos haviam morrido; a Gestapo expulsara sua família de casa e importunara sua esposa para obter informação sobre seu paradeiro. Brun e Skinnarland arriscavam suas vidas todo dia espionando para seu país. Tronstad queria fazer o mesmo.

Após comemorar o aniversário de 39 anos naquele mês de março, ele parou de fumar e começou a se exercitar regularmente.[19] Em junho, passou por um treinamento de paraquedismo na STS 51. Toda noite, tentava se envolver em "um pouco de trabalho de comando" em Hampstead Heath, o enorme parque perto de sua casa.

Acreditando estar preparado para qualquer missão, tentou convencer o general de divisão Gubbins, chefe da SOE, da necessidade de seu envolvimento na equipe Grouse. Mas Gubbins disse a Tronstad que seu lugar era em Londres. Os Aliados não podiam se arriscar a prescindir de sua perspicácia e liderança. Conformando-se relutantemente em ficar para trás, Tronstad empenhou-se com força total em seu comando da Kompani Linge.

Sua determinação foi fortalecida pelas notícias da terra natal. Em toda a Noruega, cidadãos comuns insurgiam-se ativamente contra os alemães de todas as maneiras possíveis. No início desse ano, os professores haviam entrado em greve, repudiando as exigências nazistas de lecionar a nova ordem para os alunos.[20] Terboven ordenara a prisão dos mais recalcitrantes — quinhentos professores — e os enviara a um campo de concentração no porto ártico de Kirkenes. A viagem levou dezesseis dias, os prisioneiros espremidos no compartimento de carga de um velho vapor de madeira, com pouca comida e água e nenhum banheiro. Eram forçados a trabalhar doze horas por dia nas docas, junto com prisioneiros de guerra soviéticos, recebiam alimentação insuficiente, ficavam mal abrigados e levavam surras por capricho. Alguns morreram. Outros enlouqueceram. Mesmo assim, resistiram.

"A guerra endurece demais o espírito", escreveu Tronstad em seu diário, pensando nas notícias mais recentes do sofrimento de seus compatriotas.[21] "Tornar-se uma pessoa sensível outra vez não vai ser fácil."

Durante o mês de setembro, enquanto observava as chuvas varrendo a Escócia e cuidava de seu pé ferido, Knut Haukelid desejava ardentemente ter sido capaz de se juntar à equipe Grouse. Pelas cartas dos homens, porém, parecia que estavam tão empacados quanto ele. Em uma delas, cujo cabeçalho dizia "Em algum lugar da Inglaterra", Poulsson escreveu: "Se você acha que partimos, está redondamente enganado [...]. Esperando uma semana por um tempo bom que nunca chega. De resto, tudo certo por aqui — a casa cheia de enfermeiras de campanha do Exército".[22] Então, em 9 de setembro: "A luz vermelha se acendeu hoje e torcemos pelo melhor. Estamos prontos para começar agora".

Haukelid aguardou a notícia de que haviam saltado em segurança. Assim que entraram em contato com Tronstad por radiotelegrafia e se viram a salvo em Telemark, o plano era que se juntasse a eles com mais um membro da Linge.[23] Não fosse o maldito pé...

No fim de setembro, mais uma carta chegou. "Claro que voltamos. Problema no motor."[24] No dia seguinte, mais um bilhete chegou da equipe Grouse. "Outra tentativa fracassada. Neblina no mar do Norte. Que o diabo os leve! Mas em frente."

Depois, silêncio. Nada. Sem dúvida haviam partido a essa altura, descido no Vidda, sem ele.

O general Nikolaus von Falkenhorst, comandante das forças militares alemãs na Noruega ocupada, caminhou pela área de Vemork em 1º de outubro, impressionado com suas defesas naturais, mas consciente de que eram insuficientes para proteger as instalações de agentes britânicos.[25] Precisava haver refletores luminosos, mais guardas, mais patrulhas, alojamentos para os soldados, potencialmente uma bateria antiaérea. Minas podiam ser espalhadas pelas colinas em volta e nos canais das comportas que desciam para a usina de energia. As cercas por toda a área tinham de ser aumentadas e protegidas com rolos de arame farpado. A ponte estreita que levava à usina precisava de um portão reforçado.

Dono de um rosto que parecia esculpido na rocha, Falkenhorst era um soldado da velha guarda.[26] Provinha de uma família nobre alemã, combatera na Primeira Guerra Mundial e recebera diversas promoções antes que seu país se visse mais uma vez envolvido num conflito. Durante o avanço sobre a Polônia, ele brilhou. Quando Hitler precisou de um comandante para tomar a Noruega, Falkenhorst foi recomendado, em parte devido a sua breve atuação na Finlândia, em 1918.

O Führer lhe dera apenas algumas horas para sugerir um plano. Falkenhorst, que pouco conhecia da Noruega, esboçou o ataque baseado em parte no que aprendera de um guia de viagens Baedeker encontrado numa livraria local. Seu sucesso com a invasão não lhe granjeou outro comando no contínuo avanço alemão. Em vez disso, viu-se preso na Noruega, protegendo o país como uma sentinela comum. Ele se mantinha em termos decentes com Terboven e a ss, mas não apreciava nem um pouco a brutalidade deles para manter o controle do país ocupado. Porém, não havia dúvida de que, se recebesse uma ordem de Hitler, ele a seguiria, o que quer que custasse.

Depois que sua inspeção de Vemork terminou, Falkenhorst reuniu os diretores, engenheiros, operários e guardas. Explicou-lhes que, apenas onze dias antes, a usina de energia em Glomfjord fora destruída por um raide de comandos britânicos, interrompendo os trabalhos com alumínio que dependiam dela. Segurando um dos guardas por trás, Falkenhorst demonstrou para seu público como esses comandos podiam ser rápidos e impiedosos num ataque. Advertiu-os de que podiam chegar à cidade como passageiros comuns no trem ou de ônibus, mas que viriam "equipados com armas automáticas com silenciadores, clorofórmio, granadas de mão e soco-inglês".[27] Vemork, concluiu, devia estar preparada.

O preço do fracasso — ou para quem ajudasse uma operação de sabotagem — não demorou a ficar claro. Em 5 de outubro, homens de uniforme britânico invadiram uma mina de ferro nas cercanias de Trondheim com o que a inteligência alemã acreditava ser uma clara ajuda da resistência norueguesa (na verdade, era uma operação concebida por Tronstad e executada pela Kompani Linge). No dia seguinte, a cidade acordou para se deparar com cartazes decretando estado de emergência; o *Reichskommissar* Terboven chegou no trem noturno, acompanhado do tenente-coronel da SS Heinrich Fehlis e de pelotões da sua Gestapo. Após a RAF bombardear o quartel-general nazista no Victoria Terrasse, duas semanas antes, a SS estava sedenta de sangue.

Na praça da cidade, Terboven fez um discurso. "Quero, com toda sinceridade e boa-fé, ajudar este país e seu povo [...]. Tenho esperado com magnanimidade, e por um longo tempo, mas agora percebi que sou forçado a tomar medidas enérgicas. Quando nós, nacional-socialistas, percebemos que chegou a hora de intervir, não seguimos o método democrático, pegando os peixes pequenos enquanto os grandes escapam. Em vez disso, capturamos os grandes, aqueles que querem ficar em segundo plano [...]. Hoje a população vai ser alertada sobre esse princípio."[28] Terboven e os SS escolheram dez cidadãos locais proeminentes — um advogado, um editor de jornal, um diretor de teatro, um gerente de banco e um negociante de navios entre eles — "para prestar contas por diversos atos de sabotagem".[29] Mais tarde, o pelotão de fuzilamento de Fehlis os executou com um tiro na nuca.

A fronteira sueca foi efetivamente fechada e Fehlis conduziu uma caçada exaustiva a membros da resistência — na verdade, a qualquer um levando contrabando (rádios, armas ou grandes somas de dinheiro).[30] Seus soldados revistaram dezenas de milhares de pessoas, veículos, casas e fazendas. No fim, prenderam 91 indivíduos, assim como qualquer judeu do sexo masculino com mais de quinze anos de idade. Alguns desses prisioneiros também foram executados.

Terboven intensificou os esforços para impedir quaisquer futuras incursões e para quebrar o espírito do povo norueguês.[31] Novos regulamentos de fronteira, cartões de racionamento e permissões de viagem foram instituídos. A lista de infrações puníveis por morte agora incluía fornecer abrigo para inimigos do Estado e tentar deixar o país. Por toda a Noruega, milhares de pessoas foram presas, em muitos casos indiscriminadamente. Os transportes de prisioneiros para a Alemanha aumentaram. Informantes foram pressionados a dar nomes de participantes da resistência. A tortura se intensificou. Se um membro conhecido da resistência não pudesse ser encontrado, a Gestapo levava em lugar dele seus pais ou irmãos.

Em meados de outubro, Hitler entregou uma ordem secreta, a *Kommandobefehl*, a seus generais pela Europa, incluindo Falkenhorst, para punir ainda mais os Aliados por seus ataques de comandos: "Doravante, toda tropa inimiga encontrada em algum assim chamado raide de comandos na Europa ou na África será aniquilada até o último homem. Isso deve ser executado sejam eles soldados uniformizados ou grupos de demolição, armados ou sem armas; estejam em combate ou procurando escapar [...]. Se tais homens parecerem prestes a se render, nenhuma clemência deve ser mostrada para com eles — como um princípio geral".[32] A ordem claramente violava os códigos de guerra, escritos ou tácitos.

7. Façam um bom trabalho

Quando, em 12 de outubro, o coronel Wilson convocou Poulsson e seu operador de rádio, Haugland, a Londres, os membros da equipe Grouse não puderam deixar de temer que sua missão seria adiada novamente — ou cancelada de vez.[1] O piloto do grupo abortara a primeira tentativa de voo devido à densa neblina. Na segunda, seu Halifax já sobrevoava a Noruega quando um dos motores pegou fogo e foram forçados a voltar. Quase tiveram de descer de paraquedas na Escócia, mas o piloto se livrou do pesado equipamento, aliviando o avião suficientemente para um pouso de emergência. No momento em que estavam preparados para tentar outra vez, o pequeno momento com luar suficiente que havia todo mês passara. "Finalmente" — como diziam muitos membros da Kompani Linge quando seus aviões estavam prestes a decolar para uma operação — agora podia ser o "Nunca".[2]

Em Chiltern Court, o coronel foi direto ao assunto.[3] Em lugar de fomentar a resistência em Rjukan, a equipe Grouse seria agora a operação avançada numa ação militar britânica contra Vemork.[4] Primeiro, fariam o reconhecimento de uma área de pouso para salto de paraquedas ou planador Horsa. Depois, atuariam como comitê de recepção, preparando luzes para orientar a aeronave, além de operarem um sinalizador para a aterrissagem. Em terceiro lugar, na noite do ataque, guiariam entre 25 e trinta Royal Engineers até o alvo. Quanto a facilitar sua fuga, ou ao propósito específico de explodir Vemork e sua usina de água pesada, Wilson não lhes disse nada. E eles não eram tolos de perguntar.

Enfatizando a natureza confidencial da operação, Wilson disse a Poulsson e Haugland que Helberg e Kjelstrup não deviam ser informados da mudança da missão até a equipe chegar à Noruega. Além do mais, teriam de pular às cegas no Vidda. Por motivos de segurança, não seriam mais recebidos por Einar Skinnarland, tampouco manteriam qualquer contato com ele ou com sua família. Se os seus caminhos nunca se cruzassem, os alemães não seriam capazes de fazer a ligação entre eles. A equipe Grouse deveria partir na primeira data disponível da fase seguinte da lua, no máximo 18 de outubro, e a operação teria lugar no mês seguinte, dando-lhes tempo para se preparar. Então Wilson os conduziu para uma sala forrada de mapas e fotos de reconhecimento.[5] Queria que escolhessem um lugar seguro nos arredores de Vemork para o pouso dos sapadores. Alguém sugeriu uma clareira na montanha, mas Poulsson temeu que os soldados britânicos tivessem dificuldade em se orientar pela neve e o terreno acidentado. Em novembro, uma nevasca precoce exigiria esquiadores tarimbados.

Voltem com uma resposta, disse-lhes Wilson.

Os dois homens de Rjukan não precisavam de um mapa, já que haviam atravessado cada palmo da área em esquis ou a pé. Juntos, Poulsson e Haugland chegaram à mesma conclusão: os pântanos de Skoland. Os pântanos eram uma fatia de terras despovoadas no extremo oriental do lago Møs. Ficavam a sudoeste da represa e perto de uma estrada montanhosa que ligava Rjukan a Rauland e permanecia fechada nos meses de inverno. Os Royal Engineers britânicos disporiam de um trajeto livre descendo a estrada até Vemork, apenas a treze quilômetros dali.

O lugar era particularmente conhecido de Haugland. Quando menino, ele fizera trilhas com a família pelo desfiladeiro em direção a Rauland, pescando trutas e colhendo frutas silvestres ao longo do caminho. Certa vez, quando acampavam, seu irmão mais velho, Ottar, pegou escarlatina. O pai dos garotos passou a mochila para a frente do corpo e ergueu o filho, um rapaz grande, nas costas, carregando-o pelas montanhas para receber cuidados médicos. Foi então que o jovem Knut compreendeu o que força e resistência significavam.

Poulsson e Haugland apresentaram sua escolha para Wilson e ele a levou para as Operações Combinadas. Nos dias seguintes, os dois foram instruídos sobre o que lhes cabia comunicar — e quando — durante a operação inteira, inclusive os códigos e senhas. Todas as suas instruções foram dadas verbalmente e memorizadas. "Aqui é Piccadilly", Poulsson diria ao receber os comandos.[6]

"Eu queria Leicester Square", deveriam responder. Dificilmente haveria alguma outra tropa britânica chegando de planador aos pântanos em novembro, mas Poulsson e Haugland não questionaram a necessidade de senhas.

No dia em que partiram da Escócia, Wilson os chamou para uma última reunião. "Essa missão é extremamente importante", disse.[7] "Os alemães devem ser impedidos de pôr as mãos em grandes quantidades de água pesada. Eles a estão utilizando para experimentos que, se bem-sucedidos, podem resultar num explosivo capaz de varrer Londres do mapa." O coronel deve estar um pouco exaltado, pensaram Poulsson e Haugland; não existe explosivo capaz de fazer tal coisa. Talvez ele simplesmente quisesse inspirá-los para a missão a ser realizada. Não obstante, eles lhe asseguraram que fariam tudo a seu alcance para garantir o sucesso da operação.

"Façam um bom trabalho", respondeu Wilson.[8]

No Drumintoul Lodge, da STS 26, numa sala lateral com uma pequena lareira, Joachim Rønneberg montou seu quartel-general para a Operação Field-fare [Tordo-zornal].[9] O jovem segundo-tenente prendeu mapas em escala da Noruega nas paredes e inventariou uma lista do equipamento de sobrevivência no inverno de que necessitaria, tudo como preparativo para sua missão recém--aprovada de estabelecer uma célula de resistência no vale Romsdal. De lá, ele e seu colega da Kompani Linge, Bierger Strømsheim, sabotariam ferrovias de suprimento críticas para os alemães.

Durante quase um ano e meio, desde que conhecera Martin Linge na Norway House, Rønneberg ficara à espera, como a maioria de seus compa-triotas, de uma operação. Linge o convencera de que sua primeira escolha, a Marinha, podia se virar sem ele e de que havia "trabalho valioso" a sua espera na Norwegian Independent Company.[10] Meses de treinamento se seguiram. Em algumas noites Rønneberg teve dificuldade para dormir, preocupado de estar essencialmente em uma "escola vocacional para carniceiros".[11] Era bem diferente da vida pacífica e tranquila em que crescera.

Rønneberg era da importante cidade portuária de Ålesund, na costa no-roeste da Noruega.[12] Por gerações, sua família fora proprietária de uma série de negócios ligados à indústria pesqueira — de navios, barcaças e armazéns no cais a uma fábrica de cabos e um escritório de exportações.

Na infância, Rønneberg sentia-se mais à vontade ao ar livre. Ele adorava esquiar nos Alpes e disputava corridas sempre que podia. Muitas vezes, aventurava-se nas montanhas por dias a fio. Gostava particularmente de aprender a se orientar. Quando adolescente, tinha confiança suficiente para sair por conta própria, encontrando o caminho com o auxílio de um mapa e uma bússola. "Se você estivesse sozinho na natureza, nunca se sentia sozinho", dizia.[13] "Não sentia medo. Sabia lá no fundo o que fazer."

Com vinte anos, Rønneberg pretendia entrar para os negócios da família.[14] Quando convocado para o serviço nacional, voluntariou-se para ser agrimensor assistente, em vez de entrar para o Exército; assim, quando a guerra estourou, não foi mobilizado. Enquanto continuava em Ålesund, atormentado pela culpa, seus amigos foram para a guerra. Alguns pereceram, inclusive seu amigo mais próximo, morto por soldados alemães que acenavam uma bandeira branca, num ardil para atraí-lo. Embora Rønneberg não houvesse entrado para a resistência, odiava a presença nazista em Ålesund, os soldados marchando e cantando pelas ruas, agindo como se estivessem acima da lei. Estava ansioso para fazer alguma coisa. Em março de 1941, conseguiu transporte marítimo para a Grã-Bretanha.

Receando que seus pais pudessem tentar impedi-lo, escreveu-lhes um bilhete que só foi entregue depois que partiu: "Quem dera soubessem quanto me custa dar a impressão de que está tudo bem. Vocês vão se perguntar por que não apareci para jantar, por que minha cama está vazia [...]. Procurem se consolar no fato de que estão agora partilhando do mesmo sacrifício de tantas famílias em nosso adorado país, e também de que nunca vou me sentir mais livre do que no dia em que nos afastarmos do solo norueguês e atravessarmos o oceano rumo à derradeira esperança da liberdade. Felicidades a todos, meus queridos mãe, pai e irmãos [...]. Voltaremos a nos encontrar em breve. Estarão sempre comigo aonde quer que eu vá pelo mundo".[15] Ele cruzou o encrespado mar do Norte em um barco pesqueiro de 45 pés, muitas vezes manejando o leme quando os demais membros da tripulação ficavam nauseados.

Quando se juntou à companhia norueguesa, Rønneberg estava com 21 anos de idade. Não tinha treinamento militar nem experiência alguma com atividades de guerra ou de resistência. Não obstante, saiu-se maravilhosamente bem nas escolas de treinamento da SOE, em particular com explosivos e exercícios de incursão. Também aprendeu a conviver com a brutalidade que estava aprendendo a empregar, pois sabia como aquilo lhe permitiria sobreviver em qualquer situação.

Após terminar o treinamento, Rønneberg tinha certeza de que seria enviado para alguma missão, mas Linge o convocou a Londres e disse: "Vamos para o alfaiate".[16] Lá, tirou as medidas de um uniforme para sua nova função como instrutor de recrutas. No início, isso queria dizer que seu envolvimento principal seria como intérprete e em atividades de ligação (seu domínio do inglês vinha da leitura de romances policiais), mas, a cada novo pelotão formado, ele ficava cada vez mais incumbido da instrução. De Stodham Park, foi enviado a Meoble, depois, finalmente, para Aviemore. Tornou-se um especialista em demolições e concebeu muitos dos esquemas de sabotagem contra pontes, estações de trem e casernas que seus alunos executaram. No começo, sentiu-se pouco indicado para a função. Achava que devia participar de missões reais, fazendo trabalho de verdade. Mas toda vez que um líder de operação pedia que Rønneberg fosse integrado a sua equipe, a SOE dizia: "Não, precisamos dele aqui". No fim, acabou assumindo seu papel, levando os alunos para treinamentos de raide pela Escócia. Em vez de usar explosivos, marcavam os alvos pretendidos com giz branco. Se o que os alunos aprendiam sob sua orientação os ajudava a tornar suas missões um sucesso, então ele estava fazendo a diferença. Nesse meio-tempo, desenvolvia e apresentava suas próprias operações para os superiores, mas até então nenhuma fora posta em prática.

No outono de 1942, a SOE deu sua aprovação oficial à Operação Fieldfare. Assim que os preparativos de Rønneberg terminassem, e a fase da lua fosse adequada, ele e Strømsheim esperavam saltar na Noruega para iniciá-la.

"Número um, vai!", foi o sinal berrado em meio ao vento frio que açoitava o interior do Halifax.[17] Eram 23h36, 18 de outubro de 1942. Com uma descarga de excitação e medo, Poulsson se aproximou da beirada da escotilha na barriga do avião. Inclinou-se para a frente, tomando o cuidado de manter a cabeça longe do lado oposto da abertura. E então, num instante, estava caindo, e rápido. A corda de cinco metros ligada a seu paraquedas e um cabo de aço no Halifax se retesaram. O tecido emergiu de sua mochila como uma borboleta deixando o casulo. Ele continuou em queda livre até o ar soprar para dentro do paraquedas de seda e ele ser puxado com um tranco para cima pelas correias presas a seus ombros. O som dos motores do avião diminuiu e ele se viu flutuando para o solo a trezentos metros de altura.

O Vidda se esparramava sob ele à clara luz da lua: montanhas de picos nevados, colinas isoladas, lagos, rios e ravinas estreitas.[18] Era um lugar tão belo quanto terrível, e Poulsson sabia que devia ser respeitado. Mil metros acima do nível do mar, ficava exposto a um clima imprevisível e a ventos fortes capazes de derrubar um homem. No inverno, um esquiador podia tomar banho de sol sobre um rochedo num momento e presenciar uma tempestade desabando no seguinte, trazendo ofuscantes lascas de gelo, neve e temperaturas inferiores a trinta graus Celsius negativos. Entre os noruegueses, rezava a lenda que o lugar podia esfriar com rapidez suficiente para congelar as chamas na fogueira. A verdade era que podia matar alguém despreparado em duas horas.

Os alemães haviam desviado do planalto de 9 mil quilômetros quadrados quando atacaram a Noruega, e mesmo agora as forças de ocupação ousavam se aventurar apenas o suficiente para conseguirem sair ao pôr do sol. Não havia estradas, nenhuma habitação permanente no vasto território. Apenas esquiadores e excursionistas experientes conseguiam chegar às esparsas cabanas de caça. Nos vales, era possível encontrar bétulas, mas muitas áreas não passavam de encostas geladas e estéreis de pedregulhos, um quilômetro indistinguível do seguinte.

Esquadrinhando a paisagem como preparativo para chegar ao solo, Poulsson foi incapaz de identificar a área plana e pantanosa de Løkkjes, trinta quilômetros a oeste de Vemork, onde era esperado que descessem.[19] Em vez disso, havia apenas encostas nevadas de rochas e matacães — ideais para partir o pescoço.

Ele aterrissou com força, mas por sorte sem se ferir, e rapidamente se soltou do paraquedas, antes que uma rajada de vento o arrastasse pelo terreno acidentado, para um passeio de quebrar braços e pernas. Chamou os outros membros da equipe Grouse, que pularam do avião depois dele. Kjelstrup e Haugland estavam em boa forma, mas Helberg caminhava com cuidado, tendo aterrissado contra a beirada de um rochedo. Ao ser examinado, viram que a parte posterior de sua coxa estava inchada, mas não havia fratura. Ele não se queixou.

Durante as horas seguintes, procuraram pelas encostas por seus oito recipientes de equipamento; o mais importante eram o fogão, a barraca e os sacos de dormir. Se uma tempestade caísse sem que dispusessem desses itens essenciais, estariam encrencados. Embora os tivessem localizado, era tarde demais para fazer qualquer outra coisa além de se abrigar do vento e se preparar para a noite. Montaram acampamento, aconchegando-se ao lado de um matacão.[20] Fazia frio, mas suportável. Todos vestiam roupas de baixo compridas e dois pares de meias de lã, além de calças de gabardina, camisas com botões e grossos suéteres. Sobre isso tudo usavam parcas e calças à prova de vento. E, para completar, gorros de lã e dois pares de luvas, bem como balaclavas e óculos de neve, mas não havia necessidade deles agora.

Poulsson enfiou a mão em sua bolsa de tabaco e preparou o cachimbo, ritual que de algum modo acalmava os nervos dos demais. Acendeu, deu duas baforadas e então se dirigiu aos membros da equipe Grouse que ainda estavam por ser informados da mudança da missão. "Há uma nova ordem do dia", contou a Helberg e Kjelstrup.[21] Não mais lhes cabia construir uma rede de células de resistência; em vez disso, eram a equipe avançada para uma operação de sabotagem. Ao ouvir o plano, Helberg achou que era uma missão suicida para os soldados britânicos: como iriam escapar da Noruega? Todos os quatro comandos noruegueses, porém, ficaram felizes, porque estariam em uma missão maior. Como Haugland pensou: *Você não pula de um avião no seu país ocupado para contribuir com uma coisinha de nada.*[22]

Divididos num par de barracas, usando os paraquedas como piso, os quatro dormiram embrulhados em seus sacos. Acordaram com um céu azul incrivelmente límpido, as colinas recortadas que os cercavam delineadas em nítido relevo. Estavam em casa agora, longe da úmida Escócia; o ar era fresco e seco. Examinando o terreno, Poulsson determinou que haviam aterrissado na periferia do vale Songa, mais de quinze quilômetros a oeste do ponto pretendido.

Os homens passaram dois dias dolorosamente curvados, juntando o resto de seus recipientes de suprimentos espalhados pela área.[23] Ao inspecioná-los, descobriram graves problemas. Primeiro, os britânicos responsáveis pela sua preparação haviam deixado de incluir querosene suficiente para os pequenos fogões Primus. Esses fogões teriam permitido que eles percorressem um trajeto direto através das montanhas inóspitas até os pântanos de Skoland, onde se encontrariam com os Royal Engineers. Mas atravessar uma região daquele tipo era um risco grande demais sem alguma fonte de calor, então teriam de viajar pelo vale, onde haveria cabanas para se abrigar e madeira de bétula para usar como lenha. Isso acrescentava um bocado de distância e pelo menos vários dias à viagem.

Além disso, os britânicos haviam cometido alguns erros críticos com o equipamento de rádio pedido por Haugland. Tinham deixado de adicionar as varas de bambu que seriam usadas para prender a antena no lugar. Também haviam substituído as baterias padrão de carro Ford, usadas para alimentar o aparelho de radiotelegrafia e o sinalizador, por baterias que pesavam o dobro. Pior ainda, essas baterias diziam MADE IN ENGLAND. A ligação com ingleses poria qualquer um envolvido em recarregá-las em perigo, caso fosse pego. Tentaram prender bastões de esquiar com a corda do paraquedas para formar uma antena, mas não conseguiram alcançar Londres com o rádio. Agora se deparavam com uma caminhada de mais de setenta quilômetros através do Vidda, sem saber se conseguiriam falar com seus contatos pelo aparelho de radiotelegrafia ou chegar ao local de aterrissagem a tempo de encontrar os sapadores britânicos.

8. Loucos para entrar em ação

Em 20 de outubro, Einar Skinnarland estava trabalhando no escuro.[1] À beira do lago Langesjå congelado, uma vasta extensão em forma de adaga, ele aguardou mais uma noite pela chegada da Grouse. O frio castigava seu rosto, e pelos ventos que varriam o terreno sem vegetação, coberto de rochas, podia perceber que uma tempestade estava a caminho. Ele recebera a notícia do salto pretendido pela equipe por meio de uma transmissão noturna da BBC que dizia: "Estas são as notícias mais recentes de Londres", em vez da usual "Estas são as notícias de Londres".[2] Como nas duas manhãs anteriores, voltou para casa de mãos abanando, o rosto queimado do vento e das cruéis temperaturas.

Durante os seis meses que Skinnarland passara levando uma vida dupla, o medo da descoberta fora constante. Durante o dia, trabalhava para a Norsk Hydro. À noite, continuava a operar sua rede de inteligência. Tinha vários informantes em Vemork e ficou sabendo que um deles, que andara fazendo perguntas na usina por sua causa, fora levado perante o chefe de polícia de Rjukan. Nada aconteceu, mas uma língua solta, um único erro, cometido por quem quer que fosse, inclusive o próprio Skinnarland, e ele estaria perdido. A despeito desses riscos, com demasiada frequência, de forma frustrante, ele recebia menos informação do que precisava de seus contatos em Londres, fosse devido às interrupções na comunicação, fosse por questões de sigilo.

Esse era o trabalho para o qual se oferecera como voluntário, mas por quanto tempo poderia flertar com o desastre para homens que nunca davam sinal de vida? Ele iria para Oslo em alguns dias, entregaria sua mais recente inteligência e descobriria o que fazer em seguida. Até lá, continuaria a passar suas noites no lago Langesjå, e esperaria.

Jomar Brun atendeu o telefone. Do outro lado da linha estava um aluno da Universidade de Oslo que se apresentou como Berg. Ele ligava de Rjukan. A Raposa queria se encontrar pessoalmente com o Mestre assim que possível. Tronstad estava em Londres. Berg perguntou se ele poderia ir a Vemork para discutir a questão com Brun, que vivia no mesmo penhasco escarpado onde ficava a usina.

"Vejo você em uma hora", respondeu Brun.[3]

Depois de desligar o telefone, Brun ligou para a estação da guarda recém-reforçada na ponte suspensa e instruiu os alemães que cuidavam do posto a permitir a passagem do visitante. Pouco depois, o estudante, membro do "departamento de exportação" da Milorg, chegou a pé. Pediu a Brun para se preparar para partir assim que possível. Winston Churchill em pessoa pedira que Brun fosse trazido a Londres imediatamente.[4]

Brun insistiu que sua esposa, Tomy, o acompanhasse. Além do mais, precisava de algum tempo para reunir o máximo de inteligência possível. Berg concordou, permanecendo em Vemork para ajudar a orquestrar a viagem de Tomy e Brun a Oslo.

Dois dias depois, em 24 de outubro, Jomar e Tomy Brun atravessaram a ponte suspensa e pegaram um ônibus para Rjukan. Brun dissera a seus chefes que tinha uma consulta médica marcada na capital. Carregava uma pesada bolsa com desenhos, fotografias e documentos, bem como dois quilos de água pesada. Com Berg, tomaram uma balsa no Tinnsjø, depois um trem para a capital. Berg os levou para uma *safe house* na cidade e foi embora. O novo contato deles, Gran, mais um exportador da Milorg, era o encarregado agora. Brun entregou o que obtivera com o trabalho de inteligência e Gran lhe disse que aquilo seria microfotografado e enviado por mensageiros separados.

Junto com plantas e desenhos adicionais, Brun tinha muito a revelar. Vemork não era mais fortificada apenas pelas defesas naturais.[5] Sapadores haviam instalado arame farpado ao longo das cercas em torno da usina e seus canais de comportas. Haviam começado a espalhar minas terrestres, armadilhas explosivas e fios de alarme no chão. Cerca de uma centena de soldados austríacos, equipados com armas automáticas, estava agora aquartelada em Rjukan, Vemork e junto à represa do lago Møs. A ponte suspensa acima de Vemork era protegida 24 horas por dia. Uma fiação elétrica estava sendo puxada até o telhado da usina para alimentar holofotes e a artilharia antiaérea era aguardada para breve. Dizia-se que a Gestapo se transferira para Rjukan, ficando no melhor hotel da cidade.

Gran deu novos passaportes e permissões de viagem aos Brun, e lhes pediu para lhe entregar suas alianças gravadas, caso fossem presos no caminho. Uma noite antes de partirem para a Suécia, batidas urgentes soaram na porta da *safe house*. Gran fora seguido pela Gestapo e despistara por muito pouco o homem em sua cola. A *safe house* não era mais segura. Ele conduziu os Brun numa fuga apressada pelas ruas escuras até um apartamento de luxo atrás do Royal Palace. No dia seguinte, pegaram um trem para o norte da cidade com um novo contato, pernoitaram numa fazenda perto da fronteira e depois atravessaram uma ponte sem guardas para entrar na Suécia.

Mais ou menos nesse mesmo momento, Einar Skinnarland chegava a Oslo. Com sua própria inteligência sobre as novas defesas de Vemork, ele corroborou os relatórios de Brun. Enquanto estava na capital, Skinnarland foi informado de que podia interromper sua vigília noturna no lago Langesjå. Os rapazes não chegariam. Foi tudo que ficou sabendo.

Às nove da manhã em ponto, um dia após a equipe Grouse ter partido da Inglaterra, o tenente-coronel Mark Henniker entrou num gelado barracão Nissen de aço corrugado, na base militar de Bulford, 140 quilômetros a oeste de Londres, em Salisbury Plain.[6] O oficial de 36 anos tinha bigode bem aparado e um rosto calejado pelas experiências de guerra na França. Dentro do abrigo havia homens de duas companhias de campanha dos Royal Engineers. Antes de se alistar, esses jovens haviam sido na maior parte profissionais capacitados: mecânicos, eletricistas, carpinteiros, sapateiros, encanadores e assim por diante.

Henniker disse aos sapadores que sabia que estavam loucos para entrar em ação, mas que tinha de deixar bem claro.[7] Havia uma missão muito grande, perigosa e secreta pela frente. Se fracassassem em seu objetivo, os alemães podiam perfeitamente vencer a guerra em seis meses. Ele precisava de voluntários, mas disse que se alguém quisesse recusar, fosse por ser recém-casado, ter filhos, esposa grávida, ou simplesmente não se sentir à altura da tarefa, não havia motivo para vergonha, ninguém faria perguntas. Henniker se encarregara com relutância do treinamento e planejamento da missão de Vemork das Operações Combinadas.[8] Sua preocupação era que a RAF talvez não fosse capaz de se orientar até o local do salto; e, como militar de carreira, ele não gostava muito da ideia de seus sapadores atingindo um alvo uniformizados, para depois vestir roupas civis na hora de escapar. Eles deviam deixar o lugar combatendo, como soldados que eram. Uma ordem, informou-o seu furioso general, era uma ordem.

Todos os sapadores deram um passo à frente para se voluntariar.[9] Entre eles estava Wallis Jackson, um robusto jovem de 21 anos, hábil com explosivos e mais do que satisfeito em impingir um pouco de disciplina aos novos recrutas. Ele também falava francês e escreveu cartas amáveis para sua mãe e suas três irmãs em Leeds. Ao lado de Jackson estava o comprido Bill Bary, um antigo motorista de caminhão que esperava o primeiro filho para janeiro seguinte.

Henniker os instruiu a dizer, caso alguém perguntasse, que estavam se preparando para uma prova de resistência contra os paraquedistas americanos.[10] Na primeira semana passada em Bulford, Jackson, Bray e mais uma dúzia de outros Royal Engineers marcharam, praticaram tiro, dormiram em colchões de palha e assistiram a penosas palestras sobre como manter os pés saudáveis (dois pares de meias secas).[11] Então foram despachados para o norte do País de Gales, onde, sob o peso de mochilas, foram mandados em longas caminhadas pelas montanhas de Snowdonia, do raiar do dia ao pôr do sol. E depois outra vez. Dormiam aconchegados uns aos outros, um amontoado de homens sem cobertores suficientes para partilhar. No cume de uma montanha, Bray desabou de exaustão. Sua companhia o instou a ficar de pé outra vez e dividir seu kit entre os homens. Os que caíam e não voltavam a se levantar eram tirados da missão. Quaisquer perguntas sobre por que tal condicionamento era necessário, do que a missão se tratava e onde ocorreria eram respondidas com um simples: "Vocês não devem saber. Ainda não".[12]

Poucos sabiam até mesmo o codinome da missão: Operação Freshman [Calouro]. Henniker ficou preocupado com o nome, porque ia ao cerne de suas desconfianças acerca do plano. As Operações Combinadas haviam decidido levar os sapadores ao seu alvo com planadores rebocados por aviões, em vez de lançá-los de paraquedas. Embora os alemães houvessem usado um esquadrão desses planadores silenciosos em sua invasão da Bélgica, mais notavelmente pousando-os dentro do Forte Eben-Emael, antes considerado inexpugnável, essa era a primeira vez que os britânicos faziam uma tentativa de usá-los numa operação.[13] Henniker queria ver seus homens realizando a missão e saindo com vida. Não estava interessado em deixar sua marca na história.

O capitão de grupo Tom Cooper, o equivalente de Henniker na RAF, selecionara o mais recente modelo de planador para a missão: o Horsa Mark I.[14] Medindo vinte metros do nariz à cauda e com 26 metros de envergadura, o Horsa era construído com uma sólida estrutura de madeira revestida com uma carapaça externa arqueada de compensado. Parecia um caixão, diziam alguns. Podia transportar uma carga de quatro toneladas em sua fuselagem estreita — um jipe ou canhão de artilharia, por exemplo. Havia assentos retráteis de madeira para 28 soldados. A cabine para o piloto e o copiloto consistia em uma simples coluna de direção e uma barra de leme, além de uma bússola e mostradores para velocidade e pressão do ar, taxa de ascensão/descenso e ângulo do cabo de reboque (que os pilotos chamavam de ângulo da ereção).

Era o tempo que o reboque levava que preocupava Cooper.[15] Seu grupo de comandos do 38 Wing normalmente voava em aviões Whitley de dois motores, e os pilotos do planador tinham experiência em ser rebocados atrás dessa aeronave. Mas a Noruega ficava 650 quilômetros através do mar do Norte, e apenas o Halifax com seus quatro motores seria capaz de puxar um aeroplano por essa distância — e voltar, se necessário. Seus homens precisariam de treinamento para pilotar um Halifax, com e sem planadores, e ele precisaria pegar esses pesados bombardeiros emprestados de outros comandos. Naturalmente, os aviões que lhe foram fornecidos estavam longe de ser o orgulho da RAF. Mesmo que tudo no voo corresse às mil maravilhas, Cooper continuava preocupado com os perigos que seu pessoal enfrentaria na Noruega. Os pilotos teriam de aterrissar os frágeis aeroplanos à noite, em um território desconhecido e propenso a clima tempestuoso e terreno irregular.

Cooper manifestou suas preocupações para as Operações Combinadas, assim como o coronel Wilson e Leif Tronstad, que estavam encarregados de organizar a equipe de recepção no local da ação. Os planejadores militares pesaram esse risco, entre outros, contra a não destruição de Vemork, e a decisão de usar os planadores foi tomada.

As Operações Combinadas haviam se decidido por seu plano tático durante uma série de reuniões ocorridas em setembro e outubro.[16] Uma incursão de bombardeio feita pela RAF tinha pouca probabilidade de atingir o alvo e provavelmente mataria muitos civis inocentes. Um ataque feito pelos sabotadores da Kompani Linge foi recusado porque uma demolição bem-sucedida exigiria centenas de quilos de explosivos, coisa demais para uma força pequena transportar. Além disso, os noruegueses não eram considerados suficientemente treinados para explodir a usina de energia e a fábrica de água pesada. Desse modo os sapadores britânicos foram escolhidos.

Quinze bastariam para o ataque, mas considerando que alguns poderiam ser mortos antes de alcançar o alvo, as Operações Combinadas decidiram que duas forças de quinze homens garantiriam a execução da tarefa. Afinal, como os planejadores relataram numa reunião: "Com toda probabilidade, pode haver uma única tentativa contra o alvo da Freshman e ela tem de ser bem-sucedida".[17]

A SOE sugeriu trazer os sapadores em um hidroplano Catalina, dando-lhes oportunidade de atingir seu objetivo e depois escapar por avião.[18] Mas a íngreme aproximação dos lagos, além do fato de que talvez estivessem congelados, eliminou essa possibilidade. Saltar de paraquedas também foi descartado: para descer os sapadores perto da fábrica, os aviões teriam de voar baixo demais, perto demais de Rjukan, correndo o risco de serem detectados. Pior ainda, muitos sapadores podiam se ferir ao aterrissar no terreno pedregoso e talvez ficassem dispersos demais para encontrar uns aos outros prontamente. Planadores, liberados a 3 mil metros de altitude, aterrissariam todos os homens juntos com todo o equipamento exigido para a operação. Para reduzir o risco de que o grupo fosse descoberto, os planejadores consideravam imperativo que a operação fosse executada na noite do salto.

O plano tomou forma. A equipe Grouse usaria luzes para orientar os dois planadores, cada um transportando quinze sapadores, para aterrissar nos pântanos de Skoland. Também empregariam o sistema Eureka/Rebecca, uma tecnologia nova e não testada que usava sinais de rádio para fornecer um ponto de orientação para aviões. Eles guiariam os sapadores pela estrada no lado norte do vale do Vestfjord até a fábrica, se possível de bicicleta. Em Vemork, os soldados britânicos atravessariam a ponte suspensa, neutralizariam o pequeno número de guardas e instalariam quase 140 quilos de explosivos para destruir os geradores da usina de energia e a fábrica de hidrogênio. Uma vez fora da fábrica, deviam se separar em grupos de dois a três homens e vestir roupas civis. Depois percorreriam uma rota de 320 quilômetros, muitas vezes atravessando território povoado, até a Suécia. Iriam equipados com mapas, dez dias de rações e algumas frases feitas para o caso de cruzarem com patrulhas. ("Só saí para comprar coisas para minha mãe.")[19]

A nova inteligência recebida de Skinnarland e Brun, revelando um influxo de soldados e novas fortificações em Vemork, motivou esforços de adaptar o plano das Operações Combinadas para refletir a situação no local da ação. Sugestões foram feitas para aumentar a força para 250 a trezentos homens ou executar um bombardeio à luz do dia em larga escala, mais indicado para o grupo de bombardeiros americano.[20] Mas tais mudanças atrasariam a operação em meses. E um ataque em pleno dia mataria ainda mais civis do que à noite.

Embora fosse agora claramente mais arriscada, Lord Mountbatten pressionou Churchill a seguir com a Operação Freshman como planejado. "É da maior importância que [ela] tenha lugar nesse momento na medida em que maiores dificuldades serão vivenciadas durante subsequentes períodos lunares", aconselhou Mountbatten.[21] Dada a ameaça de uma bomba alemã, Sir John Anderson, membro do Gabinete de Guerra e autoridade máxima no Tube Alloys, confirmou mais uma vez para os planejadores da operação que a missão era "da mais elevada prioridade".[22]

Ao meio-dia de 2 de novembro, Henniker trouxe seus exaustos sapadores por trem para uma estação não identificada no norte de Londres.[23] Aguardando-os havia uma fila de automóveis Humber Snipe. Com cortinas puxadas sobre os vidros, os carros os levaram para a STS 17, a escola de sabotagem industrial da SOE em Brickendonbury Hall, um solar jacobita que muito recentemente fora uma escola preparatória particular.

Se os britânicos tinham uma vantagem para contrabalançar as incógnitas do clima e do local de pouso, era sua inteligência sobre o alvo em si.[24] Recebendo os homens de Henniker na sua estadia em Brickendonbury Hall estava Leif Tronstad. Graças à inteligência de Skinnarland e Brun, ele foi capaz de fornecer aos sapadores plantas dos prédios, bem como fotografias e desenhos do equipamento visado. Forneceu informações sobre onde empregados e equipe de segurança estariam a dado momento, dentro e fora de Vemork. Os sapadores vieram a descobrir praticamente tudo sobre as instalações, até mesmo o tipo de fechaduras das portas, a localização das chaves e o número de passos para chegar à fábrica de alta concentração de água pesada, no subsolo. O major George Rheam, mestre britânico da sabotagem industrial, até mesmo construíra uma imitação em madeira das células de concentração de água pesada para os sapadores praticarem.

Havia um único problema. Fazia mais de duas semanas que a equipe Grouse deixara a Grã-Bretanha e Tronstad não recebera uma notícia deles. Sem os quatro jovens noruegueses, sem contato regular por rádio, a Operação Freshman não tinha como receber o sinal verde.

Knut Haugland estava com frio, faminto, exausto e molhado.[25] Os membros de sua equipe, esquiando em fila atrás dele pelo vale Songa, sofriam igualmente. Com quase 32 quilos de equipamentos para carregar, Haugland muitas vezes afundava na neve alta e pesada. A cera de vela que passara nos esquis se revelou inútil; devido ao tempo ameno, a neve recente se prendia como chiclete à parte de baixo, tornando a marcha em um avanço de lesma. A quantidade limitada de cera de esqui genuína com que haviam sido equipados tinha de ser guardada como reserva para a noite da operação de sabotagem.

Haugland se orientava entre as bétulas e o terreno acidentado, pontilhado de matacães, mantendo-se próximo às margens dos rios e pequenos lagos. No auge do inverno, poderia facilmente ter esquiado direto por eles, mas nessa manhã de 24 de outubro o gelo ainda não solidificara completamente. Nos poucos trechos que achou que pudessem atravessar, a água sobre a superfície do gelo deixou suas botas e meias encharcadas. Após avançar alguns quilômetros, Haugland e os outros pararam, esvaziaram as mochilas e fizeram uma breve pausa para comer. A ração distribuída por Poulsson para cada um era um quarto de pemmican, quatro bolachas, uma pequena porção de manteiga, uma fatia de queijo, um pedaço de chocolate e um punhado de aveia e farinha de trigo — por dia. O pemmican, uma mistura comprimida de carne de caça seca e pulverizada, gordura derretida e frutas secas, era o mais precioso de tudo. No total, eles provavelmente estavam queimando o dobro das calorias que consumiam por dia. Ao final de um descanso, os quatro voltavam ao lugar de onde haviam partido pela manhã, dessa vez com as mochilas vazias, para pegar a outra metade de seu equipamento e víveres, mais trinta e poucos quilos cada um. Atravessavam o terreno com sua carga, refazendo seus rastros no que às vezes parecia um trabalho de Sísifo. Um pequeno erro de direção com os esquis e afundavam até a cintura.

A partida pretendida do local de descida fora adiada em um dia devido a uma terrível tempestade. Durante a noite de 21 de outubro, os quatro se encolheram em suas barracas, cercados pelos oito recipientes, com a nevasca caindo furiosamente. Acordaram com mais de um metro de neve úmida e uma jornada de mais de setenta quilômetros pela frente. Em condições ideais, poderiam ter esquiado essa distância em cerca de dois dias. Mas mesmo depois de deixar suprimentos não essenciais em um depósito escavado na neve, continuavam com 250 quilos para carregar, incluindo um aparelho de radiotelegrafia, duas baterias, o sinalizador Eureka, um gerador de mão, equipamento de campanha, armas e estoques de comida. Dividido por quatro, dava mais de sessenta quilos para cada um, impossível de levar em menos de duas viagens. Com o bate-volta, o trajeto seria de 217 quilômetros, e as condições da neve estavam longe de ideais.

Ao final do terceiro dia de marcha, tendo avançado apenas treze quilômetros desde o local de descida, chegaram a uma casa de fazenda abandonada às margens do lago Songa, onde encontraram um pouco de farinha e carne congelada. Fizeram fogo, derreteram neve em uma panela e depois amaciaram a carne na água fervente. Pela primeira vez em quase uma semana, comeram até encher a barriga. Penduradas junto ao fogo crepitante, suas meias, botas e roupas úmidas soltavam vapor conforme secavam. Melhor ainda, encontraram uma surpresa bem-vinda: um velho trenó de madeira e lona que o pai de Poulsson lhe dera na infância. Durante a invasão, as forças norueguesas o haviam tomado emprestado e de algum modo ele fora parar ali.

Durante os seis dias seguintes, a equipe fez um progresso lento e firme rumo a leste, os suprimentos divididos em suas mochilas e no trenó. Não precisariam mais fazer duas viagens. Mas continuava sendo um avanço árduo. Em um ponto, Poulsson caiu sob a superfície de um lago semicongelado e Kjelstrup, esticando-se de bruços sobre o gelo fino, teve de resgatá-lo com auxílio de um bastão. Poulsson também ficou com um furúnculo purulento na mão esquerda e tinha de manter o braço numa tipoia quando não estava esquiando. À noite, os homens continuavam a invadir cabanas para se abrigar, mas nenhuma delas continha recompensas, como a casa de fazenda. Devoravam seu pemmican, às vezes frio, às vezes misturado com aveia ou farinha de trigo num mingau quente, mas sempre terminavam querendo mais.

Com o passar dos dias, os quatro ficavam cada vez mais magros e barbudos, as bochechas e os lábios com feridas do vento, frio e labuta constantes. Estavam quase sempre molhados, já que suas roupas nunca secavam por completo à noite. Seus esquis, não completamente impermeáveis, tornaram-se pesados como troncos. As botas canadenses se rasgavam de tal forma que tinham de pegar sovela e linha e costurá-las toda manhã para impedir que se desmanchassem. Não fosse todo o treino recebido na Escócia, já teriam desistido.

Conforme seguiam viagem, Haugland se apropriava de varas de pescar encontradas nas cabanas onde se abrigavam para construir um mastro para a antena. Certa noite, quando tentava fazer o rádio pegar, ele entrou em curto. Percebeu tarde demais que o aparelho estava coberto de condensação, por ter sido levado para a cabana aquecida após um frio severo. Da próxima vez, esperaria que secasse antes de ligá-lo.

Em 30 de outubro, onze quilômetros a sudoeste dos pântanos de Skoland, Poulsson escreveu em seu pequeno diário, "Estamos no limite de nossas forças".[26] Acomodaram-se numa pequena cabana de caça em um lugar chamado Reinar e se decidiram sobre o que fazer dali em diante. Helberg se ofereceu para voltar sozinho à casa de fazenda e furtar mais alguns suprimentos. Poulsson e Kjelstrup encontrariam o caminho mais fácil para os pântanos e Haugland tentaria contatar Londres pelo aparelho mais uma vez.

Todos tinham consciência de que a missão do operador de rádio era a mais essencial, e ninguém mais do que Haugland sentia o peso disso. A voz transportada pelas trevas e a distância, a voz que trazia ajuda, que salvava vidas — era isso que ele queria ser. Sempre sonhara em ser um operador de rádio, ambição alimentada por um romance de aventura naval que lera quando adolescente, no qual o homem do rádio salvava toda a tripulação.[27] Após terminar o secundário em Rjukan, Haugland fez o curso de operador do exército, em Oslo. Operar um aparelho de rádio em Morse fora como aprender a tocar piano. No início, ele se atrapalhava todo, era lento e desajeitado, mas depois de praticar incansavelmente descobriu-se um virtuose, batucando pontos e barras sem nem pensar.

Ao se formar em 1939, trabalhou como operador de radiotelegrafia em um navio mercante de 3 mil toneladas que viajava entre a Noruega e a Islândia. A guerra no mar já estava se desenrolando e Haugland escutava aflitos e distantes chamados de S.O.S. vindos de navios naufragados, sabendo que o seu estava longe demais para ser de alguma ajuda. Quando a Noruega foi invadida, Haugland viu suas habilidades em grande demanda, sobretudo nas batalhas intensas de Narvik. Como observador avançado, percorria o campo, localizando tropas inimigas e posições de artilharia e enviando a informação por rádio para seus comandantes. Estava constantemente sob fogo de morteiros, bombas incendiárias ou metralhadoras, e testemunhava os horrores que perpetravam. Certa noite, quando Haugland se abrigava numa trincheira escavada às pressas, um homem veio cambaleando para perto dele, o peito crivado de balas, o rosto perfurado por uma. Em outros dias, passava por corpos quase irreconhecíveis como humanos. O tempo todo, Haugland permanecia com seu aparelho de transmissão. Era um ágil operador de rádio e descobrira algo que um soldado só fica sabendo ao ser testado: era capaz de manter uma frieza quase sobrenatural sob pressão. Quanto pior estavam as coisas, mais determinado e calmo ele ficava.

Quando chegaram as ordens de depor as armas, sentiu uma terrível mistura de emoções: raiva, desespero, confusão, tristeza.[28] Hitler agora controlava a Noruega e era esperado dele que simplesmente se conformasse. Em Oslo, arrumou emprego numa fábrica de rádio.[29] Não demorou a se oferecer como voluntário para construir aparelhos e estabelecer estações de radiotelegrafia para a resistência. Várias vezes a Gestapo e a polícia estatal o prenderam. Em todas as ocasiões, livrou-se de apuros na base da conversa. Mas quando um informante efetivamente o entregou, Haugland teve de fugir. Os alemães puseram uma recompensa de mil coroas por sua cabeça.

Haugland se juntou à Kompani Linge pouco depois de chegar à Grã-Bretanha. "Calado, perspicaz, aplicado e muito inteligente", relataram seus instrutores em Stodham Park.[30] "Cheio de coragem e meticuloso. Hábil com o Morse", afirmaram em Meoble. Haugland então frequentou a STS 52, a escola especializada para operadores de rádio, onde seus professores disseram que era ele que deveria estar dando aulas. Ele criptografava códigos e teclava o Morse mais rápido do que a maioria, e era capaz de construir um rádio com mínimo material. Era cuidadoso com tudo que fazia, levando alguns de seus colegas a brincar que ainda estava no planejamento quando os demais já haviam terminado o trabalho de verdade. Não obstante, seus instrutores relataram:

130

"Pensa rápido e possui atenção infalível para o detalhe [...]. Tem um curso de ação bem ponderado para resolver cada emergência".

Agora, treze dias após o início de sua primeira operação, Haugland ainda não conseguira fazer seu rádio funcionar e isso começava a irritá-lo.[31] Sozinho na cabana em Reinar, determinado a não fracassar novamente, preparou seu rádio e o mastro da antena. Dessa vez, mantivera o aparelho e a bateria abrigados a noite toda. Quando ficou tudo pronto, ele o ligou, esperando que o sinal de ondas curtas atingisse os operadores ingleses na Home Station, Grendon Hall, Northamptonshire.

Na mesma hora conseguiu recepção, e depois, um instante a seguir, nada. A bateria, com todos os seus treze quilos e pouco "Made in England", estava pifada. Sua carga devia ter durado um mês. Sem se dar por vencido, Haugland tentou recarregá-la com um gerador manual, mas a manivela mal girava, devido ao cabo muito curto. Quando funcionou, o isolamento nos fios do gerador começou a queimar, porque não era apropriado para uma bateria tão grande. Não havia como remediar o fato de que precisava de uma nova.

Finalmente, os colegas de Haugland voltaram à cabana de Reinar.[32] Helberg estava exausto de uma longa viagem sob fortes ventanias até a casa de fazenda e Poulsson e Kjelstrup haviam ambos escapado por pouco de um mergulho fatídico num lago semicongelado. Haugland lhes passou as desoladoras notícias sobre a bateria. O estado de espírito na cabana era sombrio. Dali a dezesseis dias, a lua seria adequada para a operação contra Vemork. A equipe precisava estar a postos para fazer o reconhecimento do ponto de aterrissagem, fornecer boletins do tempo e inteligência sobre as instalações e receber os sapadores britânicos. Ainda havia muitos quilômetros a percorrer e continuavam sem um rádio operante.

Depois de enterrar a bateria, os homens decidiram que um deles deveria ir na frente para a represa do lago Møs e pedir ajuda a Torstein Skinnarland. Helberg se ofereceu para ir. Que seu conterrâneo se mostrasse disposto à jornada tão imediatamente após sua caminhada até a casa de fazenda inspirou Poulsson a escrever em seu diário: "Helberg é prova do antigo ditado: 'Homem que é homem continua em frente até não conseguir mais, depois vai duas vezes mais longe'".[33] Ainda que a equipe Grouse tivesse ordens de não fazer contato com os Skinnarland, Poulsson achou que não havia escolha. Sem rádio, nada de missão.

Na represa, Helberg encontrou Torstein Skinnarland.[34] Os dois não se conheciam pessoalmente, mas Einar dissera a seu irmão que podiam em breve ter visitantes amistosos na área. Helberg apenas explicou que estavam numa "missão especial". Torstein prometeu conseguir uma bateria nova, junto com novas botas e um pouco de víveres, mas levaria tempo. Einar tinha alguns desses suprimentos escondidos, mas Torstein não sabia onde estavam, e Helberg então partiu.

Com uma nevasca recente e a queda na temperatura, as condições do terreno melhoraram e os outros membros da equipe Grouse fizeram rápido progresso para o leste durante os dois dias seguintes.[35] Helberg os encontrou em um rio quando fazia a travessia ao voltar da represa.

Nas primeiras horas de 5 de novembro, a equipe Grouse chegou a uma cabana junto ao lago Sand, cinco quilômetros a leste dos pântanos de Skoland. Dentro, os quatro — imundos, barbudos e morrendo de fome — desabaram do esforço. Suas botas estavam em frangalhos, seus suéteres, encolhidos e esfarrapados, e duas mochilas haviam sido corroídas pelo ácido da bateria, que vazara. Dormiram nessa noite como mortos.

No dia seguinte, Haugland começou a construir sua antena aérea outra vez.[36] Ele amarrou duas "torres" feitas de varas de pescar, espacejadas em cerca de cinco metros, e esticou o fio de cobre isolado entre elas. Então pregou várias tábuas e fez uma prateleira na parede da cabana. Depois ligou a antena a seu aparelho de rádio pelo canto da janela da cabana, em cima das tábuas, e ao fio esticado entre as duas torres. Enquanto trabalhava, Poulsson e Kjelstrup esquiavam até o pântano para inspecionar o local de pouso, e Helberg partia para a represa, na esperança de que Torstein tivesse conseguido lhes arrumar uma nova bateria.

Em 9 de novembro, após escurecer, Haugland finalmente achou que tinha tudo pronto para reiniciar o rádio — incluindo uma nova bateria fornecida por Skinnarland. Ele já codificara sua mensagem, uma massa de letras aparentemente aleatórias escritas no bloco de anotações a sua frente. Precisava ser curta e rápida, pois os alemães operavam estações de radiogoniometria (ou D/F, *direction finding*) que sintonizavam transmissões da Noruega. Se Haugland transmitisse por tempo demais, e duas estações alemãs estivessem suficientemente próximas, poderiam obter um cruzamento de sinais e localizar sua posição. Como operador de rádio, Haugland sabia que brevidade e rapidez salvavam vidas — a sua inclusive.

A nova bateria forneceu uma corrente estável e Haugland ligou o aparelho. Com os três membros de sua equipe observando atentamente, e a mão tremendo de frio e excitação, ele enviou seu sinal de identificação. A resposta veio imediatamente. Haviam feito contato com a Home Station. Poulsson e os outros comemoraram ao mesmo tempo que congratulavam o operador.

Haugland transmitiu sua primeira mensagem: "Aterrissagem feliz apesar de pedras por toda parte. Lamentamos fazer esperar. Nevasca e neblina nos forçaram a descer vales. Um metro e tanto de neve impossível com equipamento pesado para atravessar as montanhas. Tivemos de nos apressar para alcançar área alvo a tempo. Mais informação. Próxima mensagem".[37]

A Grouse estava preparada para sua missão e pronta para orientar os sapadores até seu alvo.

9. Um destino incerto

Em sua sala no quinto andar da Kingston House South, margeando o Hyde Park, Leif Tronstad olhava para uma montanha de papel — a maior parte das folhas carimbada em vermelho com as palavras TOP SECRET.[1] Relatórios, atas de reuniões, mensagens radiotelegráficas e cartas — tudo chegava às pilhas. Trabalhando rápido, ele rabiscava seus comentários em alguns dos documentos e ditava respostas para sua secretária, Gerd Vold Hurum, em outros, mas na maior parte dos casos fornecia sua resposta pelas duas linhas telefônicas seguras de sua sala. Esse método era mais rápido, prevenia mal-entendidos e eliminava a necessidade de mais papelada, que tinha de ser arquivada no imenso cofre de aço atrás de sua mesa.

Tronstad não se interessava muito pelo mar de papéis que chegava continuamente, mas estava empolgado com a súbita profusão de mensagens codificadas vindas da Grouse. Uma semana antes, os operadores em Grendon Hall pensaram ter feito contato com a equipe, embora houvesse algo errado com o sinal. Tronstad enviou uma mensagem: "Ficamos muito felizes de receber notícias [...]. Esperamos que esteja tudo bem com vocês".[2] Não houve resposta. Temendo o pior, e quebrando o protocolo de segurança, ele despachou um mensageiro para procurar Einar Skinnarland e ver se ele conseguia entrar em contato com os homens.[3] Antes que isso pudesse ser arranjado, a comunicação por rádio finalmente foi feita. "Bateria pifou então forçados a fazer contato com Tante Kjersti [Einar Skinnarland] [...]. Consertados seis quilômetros desde ponto de pouso do planador", dizia a mensagem.[4] "Soldados inimigos na área são austríacos. Cerca de 92 alemães no futuro. Operação ainda pode ser feita com sucesso. Linhas telefônicas devem ser cortadas. Aguardando ordens [...]. Neve demais para pedalar."

Depois de consultar as Operações Combinadas, Tronstad e Wilson enviaram de volta uma lista de perguntas, encerrando sua mensagem com "Cuidem disso e boa sorte".[5] Ao longo dos dias seguintes, um fluxo contínuo de mensagens informou que o Eureka da Grouse estava funcionando bem e que o local de pouso ficava num ponto perfeito, longe dos alemães e em "terreno bom e plano, com aproximadamente setecentos metros de comprimento. Nada de árvores nem pedras".[6] Além disso, comunicaram, o "engenheiro Brun" desaparecera com a esposa. A Grouse obviamente tinha um bom serviço de inteligência.

Em 12 de novembro, Tronstad deixou sua sala e foi para um hotel em South Kensington, a pouca distância dali, onde se encontrou com Eric Welsh.[7] Juntos, bateram na porta de um quarto registrado para o dr. Sverre Hagen e esposa. Brun, que fora informado sobre o cognome pela agência de espiões britânica, atendeu com Tomy a seu lado. Após calorosos cumprimentos, os três sentaram-se para discutir Vemork. No fim de agosto, Kurt Diebner visitara pessoalmente a sede da Norsk Hydro e deixara claro que "todas as medidas necessárias" haviam sido tomadas para "a mais pronta execução do trabalho".[8] Durante todo o mês de setembro, a expansão da fábrica continuara e a primeira unidade de troca catalítica foi instalada no sexto estágio da cascata. Fábricas de água pesada também estavam sendo instaladas em Såheim e Notodden.

Brun contou ainda a Tronstad e Welsh sobre uma conversa reveladora que tivera com Hans Suess, um dos cientistas que auxiliava Harteck na melhoria de Vemork, apenas duas semanas antes de sua fuga. Confiante de que Suess era antinazista, Brun lhe perguntara sobre o interesse dos alemães na água pesada.[9] Suess revelou que precisavam de cinco toneladas como moderador nuclear para uma máquina de urânio, mas disse que nada na pesquisa deles tinha "aplicação imediata" para a guerra. Na verdade, era um projeto de longo prazo, mais provavelmente com fins pacíficos.

Embora Brun afirmasse acreditar na honestidade de Suess, o físico alemão estava sendo ingenuamente otimista ou mal informado sobre a amplitude do programa nazista. O fato de Diebner, um cientista do Departamento de Equipamentos Militares do Exército encarregado de fabricar armas, estar envolvido tão de perto indicava que o projeto dificilmente se limitava a fins pacíficos. Vemork fornecera aproximadamente 1500 quilos de água pesada para sua "fábrica de quinino".[10] Ele precisava de mais 3 mil quilos para sua máquina de urânio. Em um ano, com a produção a todo vapor, ele a teria.

Isso não podia passar a acontecer, disse Tronstad. Planos já estavam sendo realizados para explodir Vemork. Ele precisava que Brun fornecesse desenhos e detalhes adicionais nos próximos dias. Eles seriam repassados aos comandos britânicos preparando-se para a incursão. A despeito das apreensões de Tronstad em destruir uma fábrica que ajudara a construir,[11] quanto mais o Tube Alloys lhe contava sobre seus próprios esforços na pesquisa atômica, de "superbombas" que equivaleriam a "mil toneladas de TNT", mais Tronstad percebia que os alemães tinham de ser detidos.[12]

Enquanto essa missão prosseguia, Tronstad se envolveu em dezenas de outras operações, desde a recém-lançada Bittern, que visava assassinar determinados nazistas e informantes noruegueses, até os preparativos para a Carhampton, plano concebido por Odd Starheim para sequestrar um comboio de navios mercantes.[13] Muitos na Kompani Linge também estavam agora empenhados em missões semelhantes à da Grouse. Eles preparavam operações de sabotagem, estabeleciam locais para transmissão radiotelegráfica e criavam células de resistência por toda a Noruega. Cockerel [Frango], Crow [Gralha], Feather [Pluma], Hawk [Falcão], Heron [Garça], Lark [Cotovia], Mallard [Pato], Partridge [Perdiz], Penguin [Pinguim], Pheasant [Faisão], Raven [Corvo], Swan [Cisne], Thrush [Tordo] — entre outras.

Havia muito com que se preocupar, mas Tronstad se consolou ao menos com a notícia de que sua família estava bem. Em outubro, Bassa lhe escrevera: "O menininho é uma coisa. Empolgante, lindo, encantador [...]. Sidsel é uma garota doce e bondosa".[14] Quanto a si mesma, Bassa afirmou, "Está tudo ótimo", embora se perguntasse: "Você acha que a guerra vai terminar antes do Natal? Desejamos tanto a paz". Então lhe pediu para mandar notícias de seu trabalho e sua vida pessoal e disse como ansiava "pelo momento em que voltaremos a nos ver novamente". Sua carta deve ter cruzado o caminho com a dele, uma vez que ele escrevera um bilhete apenas alguns dias antes. "Estou bem, tão bem quanto humanamente possível ficando longe de você e das crianças."[15] Disse-lhe como passava os longos dias fazendo um "trabalho interessante" que nada tinha a ver com sua antiga profissão, e então encerrava: "Viva calada e em isolamento. Não tema por mim, querida amiga. Vou dar um jeito e espero voltar a ver todos vocês outra vez [...]. Sinto muitas saudades [...]. Confie em nós. Chegaremos em breve. Aguente firme até lá".

Em 15 de novembro, às 11h30, Tronstad reuniu-se com Wilson, Henniker e vários outros em Chiltern Court para revisar o plano da Operação Freshman mais uma vez.[16] Ele repassou os últimos recados da Grouse: sugeriam que os sapadores levassem sapatos para neve, mas diziam que mesmo sob más condições a marcha para Vemork não devia levar mais do que cinco horas. A equipe cortaria a linha de telefone entre a represa do lago Møs e Rjukan na noite da operação. Havia dois guardas na porta da fábrica de hidrogênio e os sapadores não teriam problemas para dominá-los. Finalmente, se chegassem reforços de Rjukan, a ponte suspensa poderia ser facilmente tomada. Henniker disse que precisaria de apenas dois guias da Grouse na abordagem da fábrica e que lhes forneceria trajes de combate britânicos (assim, caso fossem capturados, não seriam implicados como noruegueses). O papel deles terminaria antes que os Royal Engineers atravessassem a ponte suspensa. Os outros homens da Grouse iriam operar o rádio e destruir o sinalizador Eureka, uma tecnologia que os britânicos não queriam ver caindo em mãos alemãs.

No geral, o estado de espírito da reunião era positivo. Perto do encerramento, Tronstad apresentou diagramas da fábrica. Disse que compreendia a importância da missão, mas sua preocupação era que a destruição de todos os geradores da usina de energia prejudicaria a sobrevivência da maioria dos noruegueses em Rjukan e eliminaria os suprimentos de fertilizante de que seu país tanto necessitava. Como alternativa, esboçou um plano para salvar dois dos doze geradores, o que acarretaria o mesmo efeito para a produção de água pesada, mas manteria Vemork viva na fabricação de hidrogênio. Henniker se ofereceu para levar a proposta a seus superiores, mas o tempo estava ficando curto para fazer mudanças no planejamento.

Tronstad tinha certeza de que recebera uma negativa educada daqueles "soldados bem-apessoados e indubitavelmente corajosos", como escreveu em seu diário naquela noite.[17] Entretanto, não se abateu, e preparou um relatório que de fato ajudou a conseguir a exclusão de dois geradores no planejamento da sabotagem. Nele, escreveu: "A boa política para a destruição de usinas na Noruega é, a saber, realizar apenas a quantidade de dano estritamente necessária — a fim de impedir os alemães de vencer a guerra — e mais nada".[18]

* * *

Em um canto escuro e sem janelas da cabana no lago Sand, Poulsson preparava uma imensa panela fervente no fogão a lenha com um guisado de cabeça de ovelha.[19] Ele se enxergava um pouco como o mestre-cuca, então acrescentara algumas ervilhas em lata e o que mais conseguiu encontrar em seus mantimentos para incrementar o sabor. Não que os outros fossem se queixar, ele sabia, já que estava todo mundo morrendo de fome. Os rapazes haviam até coberto a mesa com uma toalha.

Mais cedo nesse dia, Haugland e Helberg voltavam da cabana quando encontraram uma ovelha que se desgarrara do bando e ficara presa em algumas rochas. Eles a mataram e a carregaram sobre os ombros. Depois de esfolar e trinchar o animal, Poulsson preparou o guisado.

Finalmente, ele os chamou para a mesa; o banquete estava pronto e o cheiro que vinha da panela deixou todo mundo com água na boca. Lá fora, o vento uivava, soprando flocos de neve para dentro da cabana pelas rachaduras das paredes. Mal conseguiam se enxergar à luz bruxuleante da única vela.

Quando ia para a mesa segurando a imensa panela, Poulsson tropeçou numa das peles de rena que cobriam o chão. O peso tirou seu equilíbrio. Ao cair, o guisado se esparramou pelo piso, cabeça de ovelha e tudo. Todo mundo ficou olhando para a cena, depois, para seu cozinheiro. Sem dizer uma palavra, os quatro se ajoelharam. Com as colheres, salvaram o máximo que conseguiram em seus pratos. No fim, nada restou além de ossos chupados e uma série de piadas de Kjelstrup sobre ter um "cabelo na minha sopa". Sem exceção, ainda assim acharam a refeição deliciosa. Foram para a cama de barriga cheia.

Nos três dias que antecederam 18 de novembro, o início da lua cheia, a equipe Grouse permaneceu ocupada.[20] Fizeram o reconhecimento da rota até o alvo. De uma posição escondida no lado oposto de Vemork, monitoraram os guardas na ponte.

Helberg continuou a se aventurar pelo lago Møs, indo e voltando, à procura de suprimentos e baterias. Certa noite, quando estava a caminho de um encontro com Torstein Skinnarland, topou em vez disso com Einar Skinnarland. Helberg não revelou o nome dos demais na equipe Grouse e Skinnarland não era tolo de querer descobrir. Ele simplesmente ofereceu a seus compatriotas qualquer ajuda extra de que pudessem precisar nos dias por vir, fosse suprimentos, fosse inteligência sobre Vemork. Ele rapidamente passou a integrar a equipe Grouse.

Haugland era o mais ocupado, constantemente codificando e decodificando mensagens enviadas e recebidas de Londres.[21] Algumas de suas transmissões diárias programadas ocorriam após a meia-noite e ele deixava a proteção do saco de dormir apenas o necessário para teclar seu Morse. Na maior parte, mandava notícias do tempo: direção e força do vento, altura das nuvens e visibilidade. O clima era tudo agora e até o momento, naquela operação, mostrara-se bem imprevisível. Um dia fazia céu claro. No outro, havia nuvens elevadas, e no seguinte elas estavam baixas, cobrindo o vale. Certas noites nevava levemente; outras, eram meramente geladas. Apenas os ventos eram uma certeza. Vinham em rajadas de direções inconstantes e de vez em quando derrubavam o mastro da antena, fazendo com que um deles tivesse de subir no telhado da cabana e colocá-lo de volta no lugar.

O dia 17 de novembro foi o terceiro seguido de tempo bom e Haugland passou a informação em sua transmissão da tarde: "Lagos maiores como Møs livres de gelo. Últimas três noites luz e céu absolutamente claro. Temperatura cerca de cinco graus Celsius negativos. Vento forte do norte se aplacou hoje à noite. Ótimo clima".[22]

Nesse mesmo dia, na Escócia, fazia um tempo lúgubre e melancólico.[23] Na STS 26, Knut Haukelid nada sabia sobre a missão da Grouse, tampouco sobre o destino de seus amigos. No início de outubro, seu médico finalmente o liberara para o treinamento e o trabalho pesado. Mesmo assim, nenhuma notícia chegara ainda sobre planos para que descesse na Noruega a fim de estabelecer células de resistência extras, tampouco fora designado para qualquer outra missão. Em vez disso, recebeu ordens de viajar ao sul da Inglaterra para um curso em veículo de combate blindado. Se não podia ser um comando operando secretamente atrás das linhas inimigas, então talvez pudesse fazer o caminho inverso no Exército, levando a luta aos alemães em um monstro de aço rugidor de 27 toneladas. Eles o veriam chegando, mas, uma vez que comandasse uma equipe de tanque armada com uma pesada metralhadora e um canhão antitanque, que viessem.

* * *

Apertado como uma sardinha no domo da torre de tiro dorsal de um bombardeiro Halifax atravessando a escuridão acima do mar do Norte, Mark Henniker torcia para que a tripulação conseguisse salvá-lo do desastre. Em seu headset, escutava o tenso diálogo entre eles.

"Qual delas é, Wilkie?"[24]

"A da longarina principal", berrou o piloto, líder de esquadra Wilkinson, para seu engenheiro de voo novato, que hesitava sobre quais válvulas de combustível abrir e fechar. "Pelo amor de Deus, vai logo ou a gente vai perder um motor."

"É a alavanca da direta ou da esquerda?"

"Da direita, bem atrás da longarina principal. Não, seu imbecil, não é essa."

"Ela não mexe, senhor."

"Vira essa merda pro outro lado. Meu Deus! O que aconteceu?"

Henniker viu uma massa de nuvens passar rápido. Um dos motores a bombordo havia parado e a aeronave jogava de um lado para o outro. Estavam perdendo altitude rapidamente. Minutos antes, ele desfrutava do empolgante ímpeto de riscar o céu com o ronronar dos motores do Halifax em seus ouvidos. As nuvens se acumulavam sob ele, enquanto acima de sua cabeça as estrelas pareciam perfeitos diamantes num fundo de veludo. Era 18 de novembro, início da nova fase lunar, e ele decidira acompanhar um dos dois Halifax em um voo teste ao local de aterrissagem na Noruega para as tripulações do avião e do planador se familiarizarem com o terreno.

Em meio ao pânico da conversa, Henniker escutou o navegador dizer ao piloto o que esperar assim que atravessassem a base de nuvens: "Devemos avistar a linha costeira norueguesa na mesma hora ou pode ser que a gente bata numa montanha quase imediatamente".

"Vamos voltar para a base", disse Wilkinson. "Só espero que a gente consiga chegar lá!"

O Halifax se inclinou fortemente e Henniker temeu que não conseguissem cobrir os 650 quilômetros de volta para a Escócia. Se aquele "grande monstro" caísse no mar, afundaria em dez minutos, ou ainda mais rápido, se os tanques de gasolina continuassem cheios.

Duas horas mais tarde aterrissavam em Skitten, um remoto campo de pouso da RAF no extremo nordeste da Escócia. O capitão de grupo Tom Cooper, que pilotava o outro Halifax, voltou logo em seguida. Mesmo com a noite clara acima do Vidda, ninguém em seu avião avistara o local de pouso. Ele disse a Henniker que as montanhas e vales, alinhados em faixas indistinguíveis de "escuridão e luminosidade", o lembravam as listras de um tigre.[25] Na falta de um clima perfeito e de um olho afiado para localizar os pântanos de Skoland, a missão dependia dos sinais do Eureka/Rebecca para conduzir os planadores ao local certo.

Com um cronograma apertado, Cooper fizera todo o possível para deixar seu lado da operação preparado. Os pilotos do 38 Wing passaram por dezenas de horas de treinamento no Halifax e se aprimoraram na orientação sobre locais de aterrissagem por sinal de rádio. Em seu último treinamento noturno, haviam errado um sobrevoo direto em apenas quarenta metros. Os pilotos do planador também treinaram com afinco. De qualquer maneira, Cooper sabia que, mesmo à luz do dia, uma aterrissagem suave sobre o alvo era sempre um pouco difícil.

Ele também testara em um freezer a linha de comunicação que iria entrelaçada ao cabo de reboque prendendo o planador ao Halifax. Era crucial que a linha funcionasse no ar gelado acima da Noruega. Ele enfatizou para seus superiores que suas tripulações teriam precisado de mais treinamento e os Halifax, de maior manutenção. Um de seus comandantes escreveu que tinham de se virar como desse, já que "é tarde demais para parar e devemos torcer pelo melhor".[26] Churchill já fora notificado de que a Operação Freshman estava pronta para começar.[27]

Os cozinheiros em Skitten prepararam às pressas um pouco de bacon com ovos para as tripulações de regresso, então Henniker foi deitar para algumas horas de repouso. Às 10h30 do dia seguinte, 19 de novembro, recebeu um boletim do tempo da equipe Grouse: mais um dia sem nuvens com ventos noroeste leves. Ele se encontrou com Cooper para decidir se a operação seguiria em frente. À noite, os homens e aviões estariam a postos. A única questão era: o tempo continuaria bom? Cooper tinha seus próprios meteorologistas em Skitten, mas as Operações Combinadas também tinham lhe enviado um, o tenente-coronel Sverre Petterssen, como consultor.[28] Petterssen, um ex-professor do MIT, passou a manhã toda estudando mapas e os boletins do tempo mais recentes. A despeito da mensagem da Grouse, estava preocupado com as fortes correntes oeste sobre a Escócia e as regiões superiores do mar do

Norte. Elas podiam dificultar as condições até a noite. Petterssen aconselhou esperar alguns dias, quando uma "irrupção de ar ártico" traria condições ideais. Henniker e Cooper consideraram a previsão do meteorologista norueguês, mas como a previsão dos meteorologistas de Skitten não trazia nenhum sinal alarmante, decidiram que a operação prosseguiria às 18h30, horário da Noruega.

Wallis Jackson, Bill Bray e os 28 demais Royal Engineers estavam bem preparados para a sua operação.[29] Comeram sanduíches e fumaram cigarros diante dos barracões Nissen no estéril charco escocês à beira-mar que servia de campo de pouso de Skitten. Gracejavam entre si, na pretensa bravata de homens prestes a entrar em ação. Outros lidavam com os nervos em silêncio. Haveria uma instrução final, mas já sabiam o que era necessário saber: estavam a caminho da Noruega para explodir uma usina de energia e a fábrica de hidrogênio.

Ninguém precisava ser um professor de Oxford para deduzir a localização e natureza de seu alvo. Depois de terem voltado de Brickendonbury Hall para sua base em Bulford, receberam roupas com etiquetas norueguesas e aulas sobre como andar em sapatos de neve (praticadas no capim alto), indícios seguros de que seguiriam rumo à terra do gelo e da neve. Outras pistas foram a visita a uma usina de energia e aulas de um cientista norueguês (Tronstad) sobre como funcionava uma célula eletrolítica. Os sapadores continuavam sem fazer ideia da finalidade do "líquido muito caro" produzido em Vemork. Porém, dado o véu de segurança encontrado por onde quer que viajassem, e as ordens de tirar os distintivos e insígnias de seus uniformes, sabiam que devia ser importante.

Em sua última semana em Bulford antes de viajar para a Escócia, haviam ensaiado seu ataque e caminhado por quilômetros todo dia. Quando um membro de sua equipe torceu o tornozelo, o tenente disse ao oficial médico: "Preciso que esse homem ande quatrocentos quilômetros. Ele vai se recuperar cem por cento para dar conta da tarefa? Não quero o sangue dele em minhas mãos".[30] O sapador foi retirado da missão e cada um de seus colegas percebeu que teria um árduo caminho pela frente. Era difícil dizer o que seria mais intimidante: o voo noturno de três horas e meia sobre o mar do Norte em um planador de madeira ou uma longa fuga a pé pelo território ocupado até a Suécia.

Mesmo assim, ninguém deu para trás.

Em Skitten, a maioria dos sapadores escreveu para casa, alguns demonstrando sua preocupação. Para sua mãe, Wallis Jackson simplesmente disse: "Mamie, se mandar minha roupa lavada e minhas cartas para cá vai ficar tudo bem. Não vejo a hora da próxima licença. Muito amor, Wallie. P.S. Escrevendo isso na cama, onde está quente".[31] Bill Bray, que estava resfriado e com dor de garganta, escreveu uma rápida carta para a esposa, horas antes da partida. "Algumas linhas apressadas para informar que estou saindo numa incursão. Não posso dizer onde é, mas não se preocupe demais, querida, se ficar sem notícia por duas semanas ou algo assim. Mas devo estar de volta para o Natal, então pode encomendar aquele frango [...]. Querida, não esqueça, eu te amo e te adoro. Não se preocupe demais, querida, porque vou voltar, até logo, e Deus te abençoe. De seu maridinho apaixonado, Billy."[32]

Depois que os sapadores terminaram a hora do chá, Henniker e seus dois tenentes, Alexander Allen e David Mehtven, passaram-lhes uma breve instrução. "Aconteça o que acontecer", concluiu Henniker, "alguém deve chegar ao objetivo para fazer o serviço. A detecção não é desculpa para parar."[33] Desejou-lhes boa sorte e boa viagem. Então os homens terminaram de se aparelhar. Vestiam capacetes de aço e uniformes do Exército britânico com suéteres de gola rulê azul por baixo.[34] Cada um levava uma submetralhadora Sten, uma mochila cheia com dez dias de rações, um saco de dormir, explosivos e outros equipamentos. Alguns portavam mapas de seda com o alvo circulado em azul e uma falsa rota de fuga para a costa oeste da Noruega. Após a operação, isso seria deixado para trás, a fim de despistar seus perseguidores.

Sob fraca garoa, os sapadores saíram para a pista onde dois planadores Horsa pretos aguardavam atrás de um Halifax cada um. Wilkinson ia pilotar o Halifax A, com Cooper a bordo para supervisionar o voo geral. Arthur Parkinson, um piloto da força aérea real canadense de 26 anos de idade, capitaneava o Halifax B. Enquanto as tripulações dos Halifax faziam suas checagens, os sapadores subiam a bordo dos planadores. Jackson no Planador A, Bray no B. A maioria deles não tinha mais que vinte e poucos anos e um observador notou que pareciam garotos de escola.[35] Os homens assumiram suas posições na fuselagem e se afivelaram às correias de segurança. O chão sob suas botas era metal corrugado, os longos sulcos destinados a impedir de escorregar no vômito, presença regular em voos de planador.[36] Henniker lhes desejou boa sorte mais uma vez, então a equipe de solo fechou a porta na cauda da aeronave. Enquanto os pilotos se aprontavam para fazer o reboque, aos sapadores só restava se entreolhar e pensar como a missão se desenrolaria.

Após um leve atraso, os Halifax foram ligados.[37] Wilkinson taxiou o seu pela pista primeiro, rebocando o Planador A com uma corda de cânhamo de mais de cem metros esticada. Às 18h45, com um aceno das equipes, o Halifax saiu roncando pela pista. O planador foi atrás e, a cerca de cento e dez quilômetros por hora, as duas aeronaves ganharam o céu. Quinze minutos depois, o Halifax B e seu planador decolaram. Incluindo as tripulações e os sapadores, havia 48 homens na missão.[38] Henniker assistia do solo. No início do planejamento, ele se oferecera como voluntário para liderar pessoalmente seus homens, mas seus superiores vetaram a sugestão.

Os operadores de rádio em Skitten enviaram mensagens para as Operações Combinadas e os quartéis-generais da SOE de que os dois aviões tinham partido. Em seu diário nessa noite, Leif Tronstad anotou: "Dois pequenos pássaros atrás de dois maiores, rumo a um destino incerto esta noite".[39]

"Girl" — a mensagem em código chegou a Haugland na cabana do lago Sand. Os sapadores estavam a caminho. Depois de Haugland sinalizar o recebimento da palavra código, Poulsson conduziu seus três homens em esquis para a zona de pouso de setecentos metros que haviam escolhido nos pântanos de Skoland.[40] Quando chegaram, foi após o crepúsculo e o tempo começava a mudar. Um vento moderado soprava do oeste e esparramava as nuvens no céu. A visibilidade continuava boa, mas, conhecendo o Vidda, isso podia mudar a qualquer momento.

Deixando Haugland e Kjelstrup numa colina para preparar as antenas e baterias do sinalizador Eureka, Poulsson e Helberg se deslocaram para o pântano coberto de neve a fim de marcar a zona de aterrissagem. Usando o comprimento de seus passos para medir a distância, colocaram seis luminosos vermelhos, com 150 metros entre si, em formato de L na neve. Eles seriam ligados assim que os aviões se aproximassem e Poulsson ficaria na quina do L, piscando uma lanterna de luz branca, para atrair os planadores. Haugland seria o primeiro a saber que os Halifax estavam chegando: quando um avião se aproximasse, seu dispositivo Rebecca enviaria um sinal de rádio de curto alcance para seu

Eureka. Um tom soaria em seu headset e seu Eureka retransmitiria esse sinal de volta para o Rebecca a uma frequência diferente, dando ao navegador do avião um ponto de referência da distância e direção da zona de aterrissagem.

Tudo pronto, a equipe Grouse se reuniu em torno do Eureka no escuro e sob o vento frio, certa de que poderia conduzir os sapadores para o alvo e de que as defesas em Vemork seriam superadas. Os planadores só precisavam aterrissar em segurança. Bastaria que até mesmo um só aterrissasse. Mas, a cada minuto que passava, as nuvens dispersas iam ficando baixas, ocultando a lua, e o vento noroeste começava a uivar.

10. Perdas

Haugland se ajoelhava na neve ao lado do Eureka quando um tom distinto soou no headset. Eram 21h40. Com ventos cada vez mais fortes, ele gritou para Poulsson: "Estou escutando o Rebecca. Eles estão vindo".[1] Poulsson calçou os esquis e desceu para o local de pouso. No caminho, acenou para Helberg e Kjelstrup, que já estavam em posição, aguardando a chegada dos Halifax. "As luzes", gritou Poulsson. "Acendam as luzes." Rapidamente, um L vermelho se iluminou na neve.

Poulsson ficou em um canto do L, passando a mão sobre o facho de sua lanterna. O vento açoitava a sua volta. Ele olhou para o céu, as nuvens baixas se abrindo de vez em quando para revelar a lua. Embora estivesse preocupado de que o facho das luzes fosse fraco demais para ser avistado além da cobertura de nuvens, sabia que o sinal de rádio do Eureka os ajudaria na localização, de qualquer maneira. Alguns minutos se passaram antes de ouvirem o murmúrio baixo de um Halifax se aproximando a sudoeste.

"Estou escutando!", exclamou Haugland, embora soubesse que os outros não podiam ouvir sua voz.

Os motores ficaram mais altos — o Halifax sem dúvida sobrevoava. Animados, esperaram o planador surgir na escuridão. Pouco a pouco, porém, o ronco dos motores diminuiu e o headset de Haugland ficou em silêncio. Poulsson continuou a enviar seu sinal intermitente e as luzes vermelhas seguiam brilhando na direção do céu vazio. Nada de planador. Nada de nada. Se o Halifax não desengatara, faria a volta para outra tentativa? O segundo Halifax apareceria em breve? Será que o navegador não conseguira determinar sua localização com o dispositivo do Rebecca? Os pilotos do planador teriam hesitado em desengatar porque ficaram sem confirmação visual do local de aterrissagem? Esperaram mais vários minutos, sem resposta para suas perguntas. Enfim, um novo tom soou no headset de Haugland.

"O número dois está vindo!", exclamou Haugland.

Como antes, o zumbido dos motores cortou a noite, dessa vez a leste. Mas o som não ficava mais alto, tampouco qualquer planador surgia. Durante a hora seguinte, o Eureka emitiu mais alguns sinais e escutaram o som de motores vindo de várias direções diferentes.[2] O Eureka continuava a sugar a energia de sua bateria e não tinham como recarregá-la rápido. Em seguida houve apenas silêncio. Poulsson, Helberg e Kjelstrup acabaram por desligar suas lanternas e voltaram para Haugland. Mesmo com o tempo ruim, não conseguiam entender como os aviões podiam ter chegado tão perto e mesmo assim permanecer sem ser vistos.

Voando com a lua às suas costas, a visibilidade reduzida, a tripulação do Halifax A achou impossível identificar sua posição no mapa.[3] Todos os vales, montanhas e lagos se pareciam entre si. Era uma aposta tão incerta quanto encontrar uma onda específica no oceano sem fim. Pelos cálculos do navegador, podiam estar de trinta a sessenta quilômetros da zona de aterrissagem. Mas em nenhum momento avistaram o L vermelho no solo e seu Rebecca não estava funcionando. Em resumo, estavam voando a esmo no escuro e vendo o marcador de combustível ficar cada vez mais baixo. Cooper, que ia na cabine, decidiu que deviam voltar para a Escócia. Era perto da meia-noite e, após quase cinco horas de voo, o avião mal conseguiria chegar em casa.

Antes, quando decolaram, Wilkinson conduzira o Halifax a sudeste de Skitten. Ele costurou por buracos na camada de nuvens até encontrarem céu aberto e limpo, a 3 mil metros de altitude. O interfone entre o avião e o planador não estava funcionando, de modo que só puderam se comunicar por código Morse, usando luzes. No mais, a viagem pelo mar do Norte foi uma jornada tranquila. Devido ao teto elevado de nuvens na costa oeste da Noruega, o navegador mapeou um curso contornando o extremo sul. Mas antes que pudessem avistar terra, a energia do Rebecca falhou, e por mais que fizessem não conseguiram encontrar o problema. Teriam de localizar os pântanos de Skoland apenas no visual.

A leste de Kristiansand, determinaram sua posição e Wilkinson virou para o norte; a ideia era seguir um caminho de lagos em direção a Vemork. Durante a primeira metade da viagem, fizeram uma boa ideia de sua localização. Havia apenas nuvens esparsas, a lua brilhava com força e os vales estavam livres de névoa. Entretanto, à medida que avançavam, mais difícil era identificar onde estavam em seus mapas. Mantiveram o curso, mas por volta das onze, hora em que calculavam estar acima do alvo, foram incapazes de identificar quaisquer marcos entre as nuvens. Wilkinson virou para leste; Cooper esperava que passassem por alguns lagos para auxiliar a navegação. Quando isso não funcionou, deram uma guinada para o sudeste por vinte minutos até avistarem a costa. Então viraram em sentido contrário, de volta a Vemork. Foi aí que Cooper decidiu regressar à Escócia.

Tendo estabelecido um novo curso, viram-se envolvidos por nuvens a cerca de 3 mil metros de altitude. Quando Wilkinson ajustou os controles para subir, o planador a reboque, a aeronave deixou de responder. Gelo começara a se formar nas asas tanto do avião como do planador. Com os manetes na potência máxima e os motores roncando, o avião finalmente subiu. Chegaram a 3700 metros, mas o Halifax foi incapaz de manter a altitude ou a velocidade. Ele voltou a baixar até as nuvens. As quatro hélices disparavam pedaços de gelo que estouravam contra a fuselagem com o ruído aterrorizante de um fogo antiaéreo. Cooper sabia que não havia escolha. Precisavam descer um pouco para se livrar do gelo ou não conseguiriam chegar. Wilkinson desceu a 2 mil metros, mas a turbulência foi ainda pior na altitude mais baixa. Nas nuvens cada vez mais espessas, o avião estremeceu violentamente.

O planador Horsa balançava de um lado para o outro, subia abruptamente e depois mergulhava, seus dois pilotos à mercê do reboque. Os sapadores no fundo eram jogados em seus assentos. A fuselagem de madeira rangia e gemia, ameaçando se romper a qualquer momento. Os minutos de terror se seguiam e nenhuma oração foi capaz de fazer aquilo parar. Então arremeteram bruscamente uma última vez — e a corda de reboque congelada estourou. Era 0h11 de 20 de novembro. O Halifax A desapareceu nas nuvens e o Horsa começou sua espiral vertiginosa.

Os dois pilotos escoceses não tiveram a menor chance. Seu controle do planador já era muito pequeno. No escuro, com a visibilidade escassa e o terreno desconhecido, seria um pouso às cegas. O planador descia rápido, o vento uivando contra a fuselagem. Embora afivelados a seus bancos, os sapadores na traseira podiam muito bem estar no dorso de um cavalo indomado. Seu equipamento foi lançado pelo ar. O piloto gritou, "Em seus lugares!", e os homens se prepararam para a aterrissagem forçada. Havia pouca esperança de que tivessem sucesso; estavam essencialmente mergulhando pelo céu dentro de uma caixa de madeira. Pouco depois de se desprender do Halifax, o planador se chocou contra as montanhas. Os pilotos morreram na hora, o nariz de vidro da aeronave propiciando zero proteção. Seis sapadores também pereceram na queda. Dos nove sobreviventes, a maioria ficou ferida demais para se mexer. Alguns conseguiram rastejar para a neve. As asas do planador haviam sido arrancadas, a fuselagem se partira. Seu equipamento ficara espalhado por toda a encosta e as temperaturas abaixo de zero queimavam a pele. Não faziam a menor ideia de onde estavam.

O tenente de voo Parkinson inclinou o Halifax B para leste enquanto procurava seu próprio planador, que também se soltara.[4] Um pouco antes, eles também haviam circulado sobre a área de pouso, em seu caso com o dispositivo Rebecca enviando sinais, mas haviam falhado em mirar o alvo com precisão suficiente para liberar o reboque. Quase sem combustível, Parkinson abortou a operação e decidiu voltar para a Escócia. Enfrentou a mesma camada espessa de nuvens traiçoeiras e, às 23h40, perdeu seu planador perto de Egersund, na costa sudoeste. Tentando enxergar melhor onde poderiam ter aterrissado, diminuiu a altitude.

Ziguezagueando acima do vale, ele e sua tripulação tentaram localizar o planador no escuro. De repente, pegaram-se olhando de frente para o monte Hæstad. Com o manete na potência máxima, Parkinson tentou manobrar o Halifax, mas não conseguiu. O avião esbarrou no topo da montanha com terrível força, arrancando o atirador na traseira do avião. Ainda voando a grande velocidade, o aparelho colidiu contra o pico, depois em um platô coberto de imensos penedos que o destroçaram ao longo de oitocentos metros. Os corpos de mais seis membros da tripulação, alguns eviscerados, outros com os membros decepados, ficaram espalhados em torno dos destroços em chamas.

A seis quilômetros dali, do outro lado do vale, o Planador B jazia de lado numa íngreme floresta montanhosa, seu nariz arrancado, os dois pilotos mortos.[5] Sua bem-sucedida aterrissagem em meio à escuridão e à névoa salvou a vida de catorze dos quinze sapadores. Conforme o tempo piorava, os Royal Engineers sobreviventes cuidaram dos ferimentos uns dos outros da melhor forma que puderam e embrulharam os membros mortos da tripulação em seus sacos de dormir.

O tenente Alexander Allen enviou dois homens para procurar ajuda. Desceram a encosta com grande dificuldade. Em meio a fortes ventanias, gelo e nevasca, escorregavam e caíam ao atravessar o terreno acidentado. Finalmente, chegaram ao vilarejo de Helleland. Trond Hovland, um homem de trinta e poucos anos, atendeu quando bateram em sua porta. O pai dele, Theodor, xerife local, juntou-se a ele pouco depois. Nenhum dos dois falava inglês muito bem. Os sapadores tentaram explicar que seu avião caíra. Pediram ajuda e queriam saber se estavam longe da Suécia. Muito longe, descobriram.

O xerife Hovland se ofereceu para organizar um grupo de resgate, mas disse que teria de alertar o comando alemão em Egersund, a quinze quilômetros dali. Seria impossível manter o socorro em segredo. Os dois sapadores concordaram. Sabiam que não havia como eles e seus companheiros alquebrados e quase congelando conseguirem escapar para a Suécia agora. Teriam de se render aos alemães.

Uma hora mais tarde, vários noruegueses e uma patrulha da guarnição alemã em Slettebø chegaram à casa. Um dos sapadores permaneceu sob vigilância em uma sala. O outro conduziu a patrulha e seus guias noruegueses pelas montanhas. Às 5h30, chegaram ao local do acidente do Planador B. Allen e os outros haviam decidido se render, mesmo estando pesadamente armados e em condições de surpreender os doze alemães que se aproximavam. O tenente alemão prometeu a Allen, cujos homens estavam uniformizados, que seriam tratados como prisioneiros de guerra e que um médico cuidaria dos feridos. Os sapadores ofereceram cigarros para seus captores. A cortesia não seria retribuída.

Durante a noite, na enfumaçada Sala de Operações da RAF no aeroporto de Wick, oito quilômetros a sudeste de seu campo-satélite em Skitten, Henniker aguardava notícias.[6] O primeiro sinal de que a missão caminhava para o desastre veio quando o Halifax A enviou uma mensagem de rádio dizendo que seu planador fora liberado no mar. Henniker tentou mandar decolar alguns aviões às pressas para realizar uma busca, mas nenhum conseguiria ficar pronto antes do amanhecer. Uma enxurrada de mensagens se seguiu. A confusão reinava quanto a onde exatamente o planador se desprendera. Outra transmissão, dessa vez do Halifax B, pedia coordenadas para chegar ao Wick. A localização do avião também não estava clara, embora alguns determinassem que fosse sobre o mar do Norte. Nenhum contato posterior, porém, foi feito com sua tripulação.

Às três da manhã, o Halifax A aterrissou. Cooper foi levado imediatamente ao Wick para fornecer seu relatório sobre o voo. Ele explicou que mandara uma mensagem de rádio dizendo que seu planador fora liberado no litoral da Noruega para despistar potenciais patrulhas alemãs. Ao amanhecer, quando os primeiros aviões de busca levantaram voo, o grupo reunido na Sala de Operações ficou convencido de que o outro Halifax devia ter caído.

Ainda havia uma chance de que o Planador B tivesse conseguido chegar ao local de pouso. "Se Grouse não chamar, provavelmente significa que tem uma festa rolando", dizia uma mensagem da SOE. Ao meio-dia, porém, os agentes da Grouse entraram em contato pelo equipamento de radiotelegrafia. Haviam ficado a postos no local, na hora designada. Tinham recebido um sinal de seu Eureka e escutado o ruído de motores no céu, mas nenhum planador descera.

Mais tarde, Henniker andava de um lado para outro pelo campo de pouso deserto de Skitten, junto ao Halifax solitário que regressara. Suas quatro hélices estavam imóveis, silenciosas. A maioria dos aviões de busca que foram enviados teve de voltar. Nenhum deles avistara qualquer sinal do outro Halifax ou seu planador. Henniker tinha de aceitar o destino funesto de seus homens e da missão. A única pergunta agora era quantos deles continuavam vivos. Alguns sem dúvida teriam sido capturados. Outros talvez tivessem escapado. Era possível.

Nessa mesma tarde, no dia mais sombrio de todos, Tronstad permaneceu com Wilson em sua sala em Chiltern Court.[7] Lendo as mensagens da Freshman, não podia deixar de pensar na reunião com Henniker vários dias antes da partida dos sapadores, quando a expectativa de sucesso fora tão alta. Agora, aqueles aviões estavam destruídos. A Operação Freshman era um desastre. As tripulações estavam perdidas. Aqueles bravos e jovens sapadores, muitos dos quais Tronstad viera a conhecer em Brickendonbury Hall, eram mais um terrível sacrifício nessa horrível guerra.

Em silêncio, Tronstad e Wilson contemplaram o gigante mapa da Noruega na parede.[8] Ele estava pontilhado de símbolos de operações em andamento feitas pela Kompani Linge. Algumas iam bem. Outras, não. Era a natureza das coisas. Sem se deixar abater pelo desastre da Freshman, os dois homens se determinaram a aprender com a experiência e planejar uma nova operação em Vemork. Não havia alternativa: tinham de impedir a produção de água pesada ou a ameaça de perdas ainda maiores — perdas inimagináveis, caso os nazistas obtivessem uma bomba — podia se concretizar.

Os dois homens não tinham como saber se os alemães haviam descoberto o alvo dos sapadores. Caso sim, os riscos para a operação seguinte seriam mil vezes maiores. Os nazistas tomariam severas medidas contra qualquer um na área, pondo Skinnarland e toda a equipe Grouse em perigo. Wilson deixou claro para Tronstad que era pouco provável que Lord Mountbatten tentasse enviar outra equipe de Royal Engineers após aquela tragédia.[9] O que, concordavam, era a melhor coisa. Um pequeno grupo de comandos teria mais chance de entrar sorrateiramente e destruir a fábrica, concluíram. Tinham de ser noruegueses, familiarizados com o terreno no inverno e capazes de se orientar por ele. Seriam baixados nas montanhas de paraquedas, se possível na próxima fase da lua, para atacar Vemork e depois dar o fora.

O plano foi rapidamente formulado nessa tarde. Durante o resto do dia, dedicaram-se a reunir apoio para ele. Wilson telefonou para um dos oficiais encarregados da Freshman no quartel-general das Operações Combinadas. Ele manifestou seu pesar pelo modo como a missão transcorrera, depois perguntou se a SOE podia "assumir o serviço". Não houve hesitação. "Graças a Deus", disse o oficial na outra ponta da linha.[10]

Nessa noite, Wilson se encontrou com o general de divisão Gubbins no número 64 da rua Baker, quartel-general da SOE, a poucas centenas de metros de distância. De início seu chefe se mostrou cético, mas Wilson o persuadiu de que ele e Tronstad tinham um bom plano — e os homens certos para executá-lo. Convencido, Gubbins imediatamente enviou uma carta para o representante de Mountbatten: "Consideramos que talvez seja possível tentar a operação nós mesmos em uma escala menor, mas, assim esperamos, efetiva, com métodos da SOE, antes do fim do ano [...]. Do ponto de vista dos cientistas, nova postergação pode ser perigosa".[11] Tronstad também se reuniu com seu superior, o general Wilhelm Hansteen, que recomendou que trabalhasse próximo à SOE para lidar "com o mesmo problema por outros meios".[12]

Nessa noite, Tronstad enviou uma mensagem para a Grouse: "Seu trabalho foi realizado de forma magnífica. Mudança no tempo significou que planadores tiveram de ser liberados a cem quilômetros do alvo. Operação cancelada para esse período do mês. Estamos planejando efetuá-la com nossos próprios homens na próxima lua".[13]

No dia seguinte, 21 de novembro, a BBC recebeu um comunicado alemão oficial se vangloriando sobre a eliminação dos sabotadores. "Durante a noite de 19-20 de novembro, dois bombardeiros britânicos, cada um rebocando um planador, sobrevoaram a Noruega meridional. Um dos bombardeiros e ambos os planadores tiveram de fazer uma aterrissagem forçada. Os esquadrões de sabotagem transportados por eles travaram combate e foram mortos até o último homem."[14] Tronstad tinha certeza de que o relatório era uma fraude, mas não podia negar que continha certa dose de verdade.[15]

Mountbatten informou o primeiro-ministro sobre o resultado da missão. Churchill, que conhecia muito bem as tragédias e reveses da guerra, escreveu uma única palavra no relatório: *Alas* — "Ai de nós".[16]

O comunicado alemão era realmente uma mentira e ocultava os fatos ainda mais escabrosos. Após a rendição do tenente Allen, os catorze sapadores do Planador B, alguns feridos demais para caminhar, foram trazidos da montanha e embarcados em dois caminhões.[17] Um dos homens fez um rápido V com os dedos para o xerife Hovland antes que fossem levados para Slettebø, a dezesseis quilômetros dali.

Walther Schrottberger, o capitão da Wehrmacht encarregado da guarnição de Slettebø, não sabia o que fazer com eles.[18] Seus prisioneiros eram claramente soldados britânicos. Como seus uniformes cáqui estavam sem insígnia, e como explosivos, radiotransmissores, alicates com isolamento no cabo, coroas norueguesas e metralhadoras leves haviam sido recolhidos no local do acidente, eram também sabotadores, sem dúvida.[19] Relutante em tomar uma decisão sobre o destino dos homens, ligou para seu superior em Stavanger, o coronel Probst, que contatou o chefe de sua divisão. Segundo o *Kommandobefehl*, "clemência alguma devia ser mostrada" para com os comandos.[20] As ordens de Hitler determinavam que agentes inimigos caídos nas mãos da Wehrmacht fossem entregues "sem demora" ao braço de captação de inteligência do Serviço de Segurança, o Sicherheitsdienst (SD).

Enquanto as ordens sobre como Schrottberger devia lidar com a situação percorriam a cadeia de comando, a Gestapo em Stavanger ficou sabendo dos prisioneiros britânicos.[21] Enviaram o segundo-tenente da SS Otto Petersen para o quartel de Slettebø. Petersen, que era conhecido pelos noruegueses locais como o Demônio Vermelho, queria os sabotadores sob sua custódia. Por ordens de Probst, Schrottberger recusou. Em vez disso, Petersen lhe deu uma hora para interrogar os britânicos. Um após outro, os sapadores foram levados perante o oficial da Gestapo para ouvir discursos raivosos, apanhar e sofrer ameaças. Eles revelaram apenas seus nomes e idade.

Então, no fim da tarde, Schrottberger e seu esquadrão de soldados os conduziram pelos portões do quartel em cumprimento da ordem de Hitler sobre comandos.[22] Os sapadores foram levados para o norte pela estrada de Slettebø. Quando chegaram a um vale de árvores esparsas com rochedos aqui e ali, foram colocados espaçadamente ao longo da estrada, dois soldados guardando cada prisioneiro britânico.

O primeiro sapador foi levado a uma pequena colina ao lado de alguns abrigos de granito e concreto. Um pelotão de fuzilamento apareceu de trás de um abrigo, a cinco metros de distância. Os homens ergueram seus rifles. "*Feuer frei!*", soou a ordem, e uma saraivada de balas foi disparada. Depois que ele tombou, o comandante do pelotão, armado de uma pistola, desferiu um único tiro na cabeça da vítima. Enquanto o corpo era levado dali, o pelotão voltava a desaparecer atrás do abrigo.

O prisioneiro seguinte foi trazido e todo o ritual se repetiu. Um dos homens implorou por misericórdia, mostrando aos alemães uma foto da esposa e dos dois filhos. Foi fuzilado do mesmo jeito. Outro, ferido demais para ficar em pé, sentou numa pedra. Foi igualmente morto. Bill Bray parou diante dos fuzis sabendo que jamais voltaria a ver sua esposa nem conheceria seu filho por nascer. Então veio a salva de tiros.

Com os corpos ainda quentes, soldados despiram os catorze Royal Engineers, deixando-os em roupas de baixo, e os levaram para uma praia onde prisioneiros de guerra poloneses os enterraram numa cova rasa de areia junto a uma linha de barreiras antitanque de concreto conhecida como Dentes de Hitler. Os pilotos e o sapador que morreram na queda do planador também foram jogados na vala comum.

Heinrich Fehlis ficou furioso com as execuções dos soldados britânicos. Queria ver todos os oficiais da Wehrmacht envolvidos sendo levados à corte marcial, e uma mensagem condenatória foi enviada a seu chefe em Berlim. "Tripulação da aeronave rebocada é militar, incluindo um negro; todos mortos. Eram dezessete homens, provavelmente agentes [...]. Tripulação do planador de posse de grandes somas em moeda norueguesa. Infelizmente autoridades militares executaram os sobreviventes, assim uma explicação dificilmente é possível."[23] Heinrich Himmler, *Reichsführer* da SS, também foi alertado sobre a perda da oportunidade de obter inteligência.

Quando se soube, em 21 de novembro, que havia nove sobreviventes de um segundo planador caído, Fehlis quis assegurar que toda inteligência possível fosse arrancada deles. O tenente-coronel de 36 anos, com seu queixo quadrado e lábios finos e pálidos, era conhecido pela rígida eficiência e o temperamento equilibrado.[24] Não tinha nada do encanto de seu detetive da Gestapo, Siegfried Fehmer, e seus subalternos só sabiam que estava furioso quando a cicatriz de um sabre na maçã esquerda do rosto ficava lívida. Para um homem de tão pouca idade, Fehlis detinha extraordinário poder de vida e morte na Noruega, e estava determinado a usá-lo.

Nascido na cidade industrial de Wuppertal, era um de quatro filhos.[25] Seu pai morrera de ferimentos sofridos na Primeira Guerra Mundial. Fehlis estudou direito e entrou para a milícia paramilitar dos camisas-pardas de Hitler em 1933. Desde o início, quis deixar claro para seus superiores o quanto era devotado à causa. Renunciou a quaisquer ligações com a Igreja católica. Sua esposa, que lhe dera um único filho, a despeito das consultas com inúmeros médicos, foi considerada uma decepção; após se desculpar com a SS por sua causa, Fehlis entrou para a associação Lebensborn, onde procriou com "mulheres racialmente puras e saudáveis" para fortalecer a raça ariana. Seu arquivo pessoal dizia: "Impressão racial geral: muito boa. Nórdico; aparência muito correta e segundo os padrões da SS. Muito calado e seguro, ambicioso, confiável e bom em negociações".

Na Noruega, Fehlis era o chefe dos serviços de segurança alemães, incluindo a Gestapo, a Kripo (polícia criminal) e o SD. Embora próximo de Terboven, também estava encarregado de espioná-lo para seus superiores na Alemanha.

Apenas o general Falkenhorst parecia desaprovar a ascensão meteórica de Fehlis. O grisalho veterano da Wehrmacht deixou claro que achava o jovem imaturo demais. Agora Fehlis tomaria as providências para que o exército de Falkenhorst não interferisse com a investigação. Pressionado por Berlim, o general notificou suas tropas de que sabotadores deviam ser entregues diretamente à SS para um interrogatório minucioso. Fehlis foi informado de que cinco sabotadores do segundo planador caído estavam em condições boas o suficiente para serem questionados. Ordenou que fossem trazidos a Oslo, junto com tudo que fora recolhido no local da queda.[26] Os outros quatro sobreviventes do desastre, disse, deviam ser executados imediatamente.

James Cairncross, Paul Farrell, Trevor Masters e Eric Smith — todos na casa dos vinte anos, todos casados, à parte o turbulento Cairncross — queriam saber quando, ou se, seriam levados a um hospital.[27] Agora era domingo, 23 de novembro, e continuavam numa cela de prisão em Stavanger, deitados em macas e sofrendo dores consideráveis. Após a desastrosa aterrissagem do Planador A, haviam passado a noite na montanha, sofrendo com seus ferimentos e também com a exposição ao frio.[28] Pela manhã, vários membros do grupo saíram para procurar ajuda. Descendo uma encosta íngreme, chegaram a uma fazenda. Um grupo de noruegueses, incluindo um médico, veio ajudá-los. Os sapadores descobriram que estavam no lado norte do Lysefjord, 150 quilômetros a sudoeste de Vemork e a mais algumas centenas da fronteira sueca. Quando souberam disso, foram incapazes de ocultar sua angústia.

Uma patrulha alemã e vários membros da Gestapo chegaram ao local da queda pouco depois, as armas em punho.[29] Deram uma busca cuidadosa no planador, depois levaram os nove sapadores sobreviventes para um navio de patrulha costeira. A embarcação os levou através do fiorde para a prisão em Stavanger. Os quatro feridos foram separados dos demais. Um médico da Luftwaffe, o dr. Fritz Seeling, os visitou, mas foi embora antes de cuidar de suas fraturas no crânio, nas costelas, nos braços e nas pernas. Então eles ficaram à espera.

No domingo à tarde, Seeling voltou para a cela, dessa vez com um oficial da Gestapo. Era Petersen, o Demônio Vermelho. O médico trazia algumas seringas e frascos rotulados TIFO. Petersen disse a Cairncross e seus companheiros que o médico ia inoculá-los com aquilo. Dada a extensão de seus ferimentos, uma injeção de tifo era a última coisa de que precisavam, mas estavam fracos e com dor demais para resistir. O médico aplicou as injeções, depois ele e Petersen saíram.

Algum tempo depois, a porta se abriu. Petersen e dois guardas da prisão levaram três sapadores para uma sala no primeiro andar. Lá, Seeling aplicou-lhes outra injeção. As seringas continham morfina. Fehlis mandara matá-los e Seeling fora incumbido de executar a ordem. Um dos soldados pereceu após a terceira injeção. Seeling e um guarda da prisão tentaram remover seu corpo, mas os outros dois prisioneiros se recusaram a deixar que levassem o amigo. Um deles, pressentindo que havia algo muito errado, começou a gritar. Sua voz ressoou pelos corredores. Petersen instruiu Seeling a lhe aplicar nova injeção. Seeling hesitou, sem saber o que fazer. Em pouco tempo, assegurou Seeling, o prisioneiro estaria morto, de qualquer maneira. Mas isso não era rápido o bastante para Petersen. Ele e um guarda passaram um cinto de couro em volta do pescoço do homem e amarraram à ponta a um radiador. Então o estrangularam. Após testemunhar esse horror, Seeling injetou ar na veia de outro prisioneiro, para acelerar sua morte. Se foi isso, ou o pontapé no pescoço que Petersen desferiu com sua bota, ou a morfina que o matou, Seeling não sabia. O quarto prisioneiro, aquele que fora deixado em sua cela, foi levado de carro para o quartel-general da Gestapo, onde Petersen o empurrou pelos degraus de um porão, depois lhe deu um tiro na parte posterior da cabeça. Nessa noite, Petersen e vários outros levaram os quatro corpos para o mar. Amarraram uma pedra em cada um e os lançaram pela amurada.

Os cinco outros sapadores que haviam sobrevivido à queda relativamente ilesos foram despachados a Oslo para interrogatório — e tortura, caso necessário. Fehlis já sabia a maior parte do que queria. Entre o equipamento encontrado perto do planador, a patrulha localizara um mapa de seda dobrado com uma rota de fuga planejada. Circulado em azul: Vemork.

PARTE III

11. O instrutor

Poulsson e seus homens guardaram o equipamento na cabana do lago Sand. As últimas instruções recebidas da Home Station eram de se refugiar no Vidda assim que possível. "Tropas de sabotagem foram atacadas e aniquiladas [...]. É de vital importância que preservem sua segurança [...]. É quase igualmente importante recebermos a mais recente informação relativa ao aumento das tropas inimigas nas imediações do alvo [...]. Aconselhamos que se mudem e troquem de estação [...]. Não percam o ânimo. Ainda faremos esse trabalho."[1]

Notícias de Londres sobre o fracasso da operação com os planadores e a morte de todos aqueles homens foram um duro golpe para a equipe Grouse.[2] Eles se perguntaram como a operação dera tão errado. Questionaram o que mais poderiam ter feito para conduzir os aviões à zona de aterrissagem. Poderiam ter enviado boletins do tempo mais precisos? Que tivesse havido céu limpo pelas duas noites seguintes tornava o desastre ainda mais amargo de aceitar. Seu único consolo era que a missão para sabotar Vemork não fora cancelada. Segundo outra mensagem criptografada de Tronstad, a próxima tentativa caberia a homens de sua própria companhia. Estava planejada para meados de dezembro. Poulsson assegurou Tronstad de que sua equipe faria tudo que pudesse para ajudar.

Por ora, os quatro comandos precisavam sumir de vista.[3] Na noite de 22 de novembro, deixaram o lago Sand. Com Skinnarland, conseguiram uma bateria recém-carregada para o rádio e a chave de uma cabana no Vidda, de propriedade de Olav Skogen. Contornaram as tropas alemãs estacionadas no lago Møs e avançaram penosamente vinte quilômetros a noroeste para o vale Grass, um lugar tão afastado e alto no platô que poucos ousavam se aventurar por lá no inverno. A cabana era cercada praticamente apenas por neve, com exceção de alguns esparsos arbustos de junípero lutando para sobreviver nas colinas varridas pelo vento. Lá dentro, encontraram um pouco de carne de rena salgada em um barril, mas, de resto, era tão inóspito e frio quanto um freezer.

No dia seguinte, suas mochilas esvaziadas de tudo que não fosse essencial, rumaram para oeste na direção do vale Songa, onde haviam descido de paraquedas pela primeira vez, mais de um mês antes. Precisavam recolher a comida e os suprimentos que haviam deixado guardados. No caminho, passaram a noite em um dilapidado celeiro de feno. Na noite seguinte, chegaram ao local da descida e escavaram um buraco na neve para dormir. Na manhã de 26 de novembro, viram-se sob forte neblina e procuraram durante horas na neve funda antes de encontrar seus recipientes. Os estoques de alimento eram limitados — alguns sacos de café, açúcar e farinha —, mas estavam desesperados por eles. A fome e o tempestuoso Vidda eram seus inimigos, agora.

Após dividir os suprimentos, Haugland e Helberg esquiaram para leste, de volta ao vale Grass, suas mochilas cheias com a maior parte do que haviam encontrado.[4] Poulsson e Kjelstrup foram na direção oposta. Na Escócia, Knut Haukelid lhes dera os nomes de alguns moradores locais, incluindo seus primos, que moravam nos arredores da fazenda de sua família, nas montanhas. Eles ajudariam a construir células de resistência na área.

Nessa noite, uma nevasca caiu.

Atravessando um lago azul-gelo cuja neve fora varrida pelo vento, Helberg e Haugland acabaram separados. Sozinhos e cegos em meio aos uivos da tempestade, os dois homens lutaram para avançar na escuridão. Helberg, cujos esquis tinham bordas de metal, conseguiu chegar ao outro lado sem incidentes. Haugland não contou com a mesma vantagem. Ele foi empurrado pelo lago em todas as direções em que sopravam as rajadas de vento. A certa altura, incapaz de se agarrar ao gelo, viu que estava sendo arrastado para um trecho de água exposta na margem do lago. Usando os bastões de esqui para espetar o gelo e desviar, evitou por pouco um mergulho que certamente teria significado sua morte.

A oeste, Poulsson e Kjelstrup também ficaram à mercê da traiçoeira tempestade. Eles esquiaram para dentro de uma depressão no terreno, mas cada vez que tentavam transpor o barranco, o vento os empurrava de volta. Acuados pela força dos elementos, foram forçados a ficar de quatro para prosseguir. Finalmente, encontraram uma choupana no vale. O lugar tinha piso de terra batida e mal abrigava dois homens, mas serviria como refúgio contra a ventania. Encontraram um quarto de rena meio apodrecido pendurado na parede. Morrendo de fome, cortaram fatias da carne, juntando a isso um pedaço de pemmican, e consideraram como janta. Pela manhã, conseguiram abrir a porta o suficiente para perceber que haviam sido soterrados pela nevasca. Usando as mãos para escavar, e jogando os punhados de neve para dentro, abriram caminho e liberaram a porta. Então Poulsson rastejou pelo buraco e saiu no dia límpido e luminoso.

Em 24 de novembro, de volta à Escócia, Joachim Rønneberg foi convocado ao Drumintoul Lodge, quartel-general da Kompani Linge na STS 26. Diante de seu comandante na SOE britânica, major C. S. Hampton, o jovem segundo-tenente, do alto de seu 1,90 metro, ficou em posição de sentido. Com um rosto na forma de um domo alongado, olhos estreitos cinza-azulados e o maxilar delineado de um ator de cinema, Rønneberg era uma presença marcante.

"Você vai ser o líder de uma operação", disse Hampton.[5]

Rønneberg não tinha certeza do que o seu comandante queria dizer. Ele já tinha uma missão: a Operação Fieldfare. "Do que se trata?", perguntou, sua voz rouca destoando da pouca idade.

"Não faço a menor ideia, mas você vai arrumar cinco homens para o serviço."

"Certo, mas pelo amor de Deus", disse Rønneberg, emendando uma pergunta na outra, "preciso saber se vamos operar no litoral ou nas montanhas. Vamos de barco ou de avião? Vai levar muito tempo? Eles precisam saber esquiar direito?" Ele conhecia bem todos os membros da Kompani Linge e a escolha era grande, dependendo das condições. "Algum conselho que o senhor pode me dar para a escolha dos homens?"

Hampton abanou a cabeça. Tudo que sabia era que um dos cinco tinha de ser Knut Haukelid, que seria o segundo em comando de Rønneberg. Por quê? Hampton não respondeu. Dias depois, Rønneberg foi convocado a Londres, onde esperava obter algumas respostas.

Quando Martin Linge enviou Rønneberg a Stodham Park para instruir recrutas apenas semanas depois de ter encerrado seu próprio treinamento, recém-chegados ficaram chocados que um sujeito tão jovem, sem experiência militar, "gentil como uma cotovia" (como disse alguém), já fosse um instrutor.[6] Então vieram a conhecê-lo. Rønneberg era inteligente, incansável, estratégico, meticuloso em seus preparativos e profissional em todos os aspectos. O que mais o distinguia era sua capacidade inata de liderar. "Tinha uma qualidade que o fazia se destacar", disse um membro de sua companhia, "sem ser invejado, sem criar inimigos nem rivalidades."[7] Ele não precisava bancar o dominador, erguer a voz ou pedir com insistência. Simplesmente se esforçava ao máximo e inspirava os outros a fazer o mesmo. Wilson e Tronstad estavam confiantes de que era o homem certo para liderar essa que seria a operação mais importante de todas.

"Aonde a gente vai?", perguntou Rønneberg assim que chegaram no trem noturno em Chiltern Court.[8] Ele tendia a falar com o corpo todo, recuando os ombros.

"Vemork", disse Tronstad. "Explodir a fábrica de lá."

Rønneberg deveria organizar, treinar e liderar uma equipe de seis homens que desceria de paraquedas no Vidda. Iriam ao encontro do grupo avançado, Grouse, atacariam as instalações de água pesada em Vemork e escapariam esquiando para a Suécia. A operação foi cognominada Gunnerside, nome da cabana de caça de um importante oficial da SOE.

Nem Wilson nem Tronstad informaram a Rønneberg por que os alemães precisavam da água pesada, mas, à parte esse detalhe, esconderam pouca coisa mais, particularmente sobre os assassinatos a sangue-frio dos sapadores da Operação Freshman. Queriam que ele e sua equipe estivessem prontos para partir no dia 17 de dezembro, de modo que pudessem chegar a Vemork na noite do Natal. Qualquer elemento surpresa era agora pouco provável. Os alemães deviam estar sabendo que a fábrica era um alvo e o Natal talvez se revelasse sua melhor oportunidade de pegá-los com defesas reduzidas.

Era um cronograma apertado: três semanas até o lançamento.

Rønneberg já sabia quais os quatro homens que selecionaria para a missão. Fora instrutor de todos eles na STS 26, e agora enviava um cabograma de Londres dizendo-lhes para se apresentar nas Highlands para um período de treinamento duro.

Birger Strømsheim foi sua primeira escolha e a mais fácil de fazer.[9] Como Rønneberg, era de Ålesund. Junto com a esposa, Strømsheim fugira para a Grã-Bretanha em um barco de pesca. Um empreiteiro de obras com rosto amplo e honesto e cabelos loiros ondulados, era equilibrado, calado e, como informado em seu arquivo na SOE, "confiável como uma rocha".[10] Capaz de consertar ou construir praticamente qualquer coisa, era também um ótimo esquiador e um trabalhador incansável. Os dois haviam passado muitas horas juntos na Escócia planejando a operação agora adiada de sabotar linhas de suprimentos alemãs. Com 31 anos de idade, seria o vovô do grupo.

Em seguida vinha Fredrik Kayser, um sujeito alto e magro de aparência distinta.[11] Ele treinara com Strømsheim em Stodham Park, Meoble e na escola de paraquedismo. Kayser crescera numa família que valorizava uma educação abrangente. Assim, ele pescava, tocava bandolim, dançava, remava, jogava futebol e fora escoteiro — com frequência descobrindo que era o segundo melhor em tudo. Sua carreira no escotismo o levara aos militares, onde serviu na King's Guard. Depois disso voltou para sua cidade natal, Bergen, para o trabalho de escritório em uma siderúrgica. Quando a Rússia invadiu a Finlândia, em novembro de 1939, voluntariou-se para integrar um esquadrão norueguês e ajudar a rechaçar o exército agressor. Foi baleado, sofreu geladura, acertou a perna com o machado quando cortava lenha e continuou a combater. No dia em que voltou da guerra, a Alemanha invadiu seu país. Então continuou a lutar também em casa. Quando a Noruega se rendeu, tomou um barco pesqueiro para atravessar o mar do Norte até a Grã-Bretanha. Rønneberg conhecia poucos homens que haviam se provado mais adaptáveis e positivos sob pressão.

O terceiro era Kasper Idland, ex-carteiro de uma cidadezinha nos arredores de Stavanger.[12] Na Grã-Bretanha, treinara com Kayser e Strømsheim. Mesmo na infância, Idland fora mais alto e maior do que a maioria dos meninos. Sua mãe costumava avisá-lo para não se meter em brigas, com medo de que machucasse alguém. Encorajados por sua passividade, os outros garotos o provocavam e atormentavam sem trégua. Obediente a sua mãe, Idland não reagia. Após uma tarde particularmente ruim de provocações, pediu permissão a ela para se defender. Sua mãe consentiu. No dia seguinte, Idland confrontou os dois piores garotos e lhes aplicou uma surra. Nunca mais foi incomodado. Como soldado, era inteligente, um exímio atirador, duro na queda e, o que Rønneberg prezava acima de tudo, leal.

Sua quarta escolha foi Hans "Frango" Storhaug, um sujeito baixo de pescoço comprido com 27 anos.[13] Podia não ser nenhum intelectual, mas havia poucos melhores do que ele percorrendo uma trilha na floresta, caçando ou esquiando. Além do mais, era natural de Hedemark, um distrito na fronteira da Suécia que sua equipe precisaria atravessar durante a fuga. Um homem que conhecia o terreno representaria uma vantagem para eles.

O quinto membro da equipe, Haukelid, causava alguma inquietude.[14] Sua ajuda seria crucial: ele conhecia a área e estava próximo da equipe avançada. Mas era considerado um sujeito arredio por alguns na Kompani Linge e a preocupação de Rønneberg era que não se adequasse ao posto de segundo em comando na missão.

Os dois partilhavam de um patriotismo profundo, inabalável, que levara ambos a viajar para a Grã-Bretanha a fim de se juntar à luta contra os alemães, um gesto arriscado realizado por pequeno número de noruegueses. Ambos haviam sido escolhidos por Linge para integrar o grupo de elite que era a Independent Company. Mas em muitos outros aspectos — idade, temperamento e experiência — um vasto abismo os separava. Ao contrário de Haukelid, oito anos mais velho, Rønneberg não era um rebelde. Ele não se insurgia contra a autoridade, tampouco procurava quebrar as regras em toda ocasião. Além do mais, Haukelid era um veterano da resistência e da batalha pela Noruega. Considerando a inexperiência militar de Rønneberg, com exceção do treinamento na Escócia, ele se perguntava como Haukelid receberia a notícia de que não seria o líder da missão.

Fosse como fosse, Rønneberg não se deparou com nenhuma hesitação em seu regresso à STS 26. Ele reuniu os cinco homens e disse: "Bom, pessoalmente, não conheço todos de maneira igual, mas se houver alguma discordância entre vocês, então é melhor deixar o assunto de lado até encerrarmos o trabalho. Ou então caiam fora".[15] Os homens não se moveram.

Ele então delineou a operação e sua finalidade.[16] Seja lá o que for, a água pesada devia ser importante, se a SOE queria fazer nova tentativa em um alvo que já custara tantas vidas. Tinham de compreender que, se fossem pegos, os alemães não mostrariam misericórdia. Em seguida, Rønneberg chamou um por um para conversar a sós, dando-lhes a oportunidade de voltar atrás. Ninguém estava interessado.

Numa clareira na floresta, dez quilômetros a noroeste de Oslo, ficava o campo de concentração de Grini.[17] O prédio comprido e retangular de cinco andares no centro do terreno, antes uma prisão feminina, estava abarrotado com milhares de noruegueses, a maioria presos pelos alemães por crimes políticos. Duas fileiras de cercas altas, com arame farpado, delimitavam o complexo, e guardas com metralhadoras vigiavam os prisioneiros de várias torres.

O oficial da Gestapo Wilhelm Esser entrou na cela dos cinco sapadores britânicos que haviam sobrevivido à queda de planador, quase duas semanas antes.[18] Despojados de seus uniformes, eles vestiam calça azul e suéteres de lã. Um deles tinha o braço na tipoia. Outro ficara com uma feia queimadura na testa. No mais, Wallis Jackson, James Blackburn, John Walsh, Frank Bonner e William White estavam em boa forma. Usando um intérprete, Esser começou seu interrogatório com uma simples pergunta: qual era o objetivo de sua missão? Os homens se recusaram a dizer. Esser então espalhou vários mapas encontrados no local do acidente, o alvo claramente marcado. Fez a pergunta outra vez.

Ao longo de cinco dias e cinco noites, ele interrogou os soldados britânicos, às vezes juntos, às vezes separados. Prometeu que os trataria como prisioneiros de guerra e que os mandaria para um campo na Alemanha se lhe contassem tudo que sabiam. Como suas promessas não deram em nada, Esser tinha métodos que a Gestapo aperfeiçoara para fazer homens falar. E normalmente era o que faziam.

Quando terminou, Esser enviou a Fehlis seu relatório, e os detalhes das evidências e informações obtidas na operação foram entregues a Berlim. Os homens eram soldados paraquedistas dos Royal Engineers. Um mês antes, haviam sido separados de sua companhia em Bulford e recebido treinamento para explodir Vemork. Seu plano era aterrissar a dez quilômetros do alvo e, após cruzar a ponte suspensa, dominar silenciosamente os guardas na ponte, usando facas ou ataque corpo a corpo. Um grupo desativaria os geradores da fábrica, outro sabotaria a usina eletrolítica e um terceiro destruiria quaisquer "líquidos especiais".[19] Tudo isso deveria levar oito minutos. Então, em equipes de três homens, deveriam fugir para a Suécia em roupas civis. Nenhuma cooperação com noruegueses fora considerada.

Fehlis não ficou convencido de que noruegueses não haviam sido recrutados para auxiliar na operação. Ordenou que a Gestapo se instalasse em Rjukan e nos arredores, auxiliada por centenas de soldados da Wehrmacht.

Todos os dias, nas instalações de testes do Kummersdorf, um pequeno exército de cientistas, engenheiros, profissionais especializados e operários, todos isentados de servir no front, mostravam a identidade para as sentinelas no portão.[20] Então eram admitidos para mais uma jornada de trabalho. Havia cinco grupos de prédios dispostos pela propriedade. Cada um com suas próprias oficinas, laboratórios, armazéns e escritórios, dedicados a projetar as futuras armas do Exército alemão. Essas estruturas de tijolos, com telhados inclinados cobertos por grama como proteção contra ataques aéreos dos Aliados, eram conectadas por corredores à prova de estilhaço. Para transportar a força de trabalho e o material, um trole de bitola estreita percorria o perímetro do complexo, passando pelos locais de teste onde os cientistas faziam experimentos com as armas mais recentes. A instalação tinha sua própria brigada de incêndio, suprimento de água, usina de energia e enfermaria.

No fim do outono de 1942, em duas fileiras de prédios no Kummersdorf, Kurt Diebner e sua equipe escolhida a dedo de jovens físicos experimentais e engenheiros se debruçavam sobre sua primeira máquina de urânio, o experimento Gottow I (G-I), montado com quaisquer materiais refugados em que pudessem pôr as mãos.[21] Dentro de uma caldeira cilíndrica de alumínio, com 2,5 metros de diâmetro por 2,5 metros de altura, eles armazenaram favos feitos de parafina em torno de um centro vazio. A equipe, trajando um equipamento pesado, que dificultava a respiração, para se proteger da toxicidade do urânio, em seguida adicionou óxido de urânio dentro de cada célula hexagonal. O trabalho, que levou semanas, foi uma "labuta penosa", segundo um dos participantes.[22]

Quando terminada, a estrutura era composta de dezenove pilhas, cada uma com 6902 células de óxido de urânio, pesando cerca de trinta toneladas (25 toneladas de urânio, 4,4 de parafina). A equipe, cansada do racionamento da guerra, gracejava: "Quem dera tudo isso fosse gordura!".[23] Prontos para testar o projeto, finalmente, baixaram a caldeira em um recipiente com água, e Diebner ordenou a seus homens que inserissem a fonte de nêutrons de rádio-berílio no centro da estrutura.

Desde a reunião em junho com Speer e os generais, Diebner trabalhara na maior parte em segredo para descobrir se o seu projeto tinha mais valor do que os demais no Clube do Urânio.[24] No início do verão, Heisenberg e seu parceiro de pesquisa, Robert Döpel, haviam demonstrado um aumento de nêutrons de

13% em seu quarto experimento, uma máquina com duas camadas esféricas de metal de urânio em pó submersas em água pesada.[25] Heisenberg alegou que sua máquina gerava mais nêutrons por meio de fissão do que absorvia.

Então, em 23 de junho, bolhas subiram à superfície do tanque de água pesada em que a máquina estava submersa.[26] Quando a ergueram do tanque e inspecionaram, chamas foram lançadas por uma abertura na esfera exterior. Eles imediatamente a devolveram à água. Ficou claro para eles que o gás de hidrogênio estava vazando do recipiente. Enquanto Heisenberg e Döpel tentavam descobrir o que fazer, a carapaça de alumínio da máquina inchou como um balão. Todos saíram correndo do laboratório, escapando momentos antes que a máquina explodisse. Jorros de fogo e pó de urânio incandescente foram lançados pelo teto. Alguém chamou a brigada de incêndio, depois se seguiu a enxurrada de farpas sobre seu sucesso em construir a primeira bomba atômica.

O desastre não invalidava a conquista de seu experimento.[27] Mesmo assim, Diebner achou que o projeto deles era inferior ao seu, porque os nêutrons velozes na máquina de camadas de Heisenberg só podiam escapar da massa de urânio dentro de um moderador em duas dimensões. O projeto de cubo de Diebner fazia os nêutrons se moverem através da água pesada em três dimensões, o que aumentava a probabilidade de serem desacelerados a um ponto em que dividiriam outros átomos de U-235, em vez de serem absorvidos pelo U-238 — ou perdidos fora da máquina.

Perto do fim do ano, após meses de trabalho duro, suas teorias se mostraram corretas quando a equipe testou o projeto. Sua máquina G-I superou as taxas de produção de nêutron de máquinas como a que Heisenberg construíra. Até aquele ponto, Diebner utilizara materiais baratos, de reserva, como óxido de urânio e parafina. Agora ele pedia ao Conselho de Pesquisa do Reich metal de urânio puro e água pesada. Com esses, prometeu, faria um progresso rápido.

Em 2 de dezembro, sem conhecimento de Diebner ou de qualquer outro físico no programa atômico alemão, os americanos conseguiram seu primeiro reator autossustentável.[28] Numa quadra de squash preta de fuligem sob as arquibancadas do estádio de futebol da Universidade de Chicago, o Stagg Field, Enrico Fermi e sua equipe escutaram o rápido tiquetaquear de seus contadores de nêutrons quando a pilha de blocos de grafite com seis metros de altura, muitos deles ocos e enchidos com urânio (metal e óxido), finalmente atingiu o ponto crítico. Após quatro minutos e meio, a pilha produzia meio watt de energia — aumentando a cada segundo. Fermi calmamente ordenou a seus assistentes, "Fechem!", para impedir a gradual multiplicação dos átomos se dividindo. Eles devolveram diversas barras de cádmio por completo à pilha, que absorveu o bombardeio de nêutrons e deixou a máquina sob controle outra vez. Como um físico envolvido no glorioso dia afirmou: "Nada muito espetacular aconteceu. Nada se movera e a pilha em si não emitiu um ruído [...]. Antes, sabíamos que estávamos prestes a libertar um gigante; mesmo assim, não pudemos deixar de sentir algo estranho quando percebemos o que realmente havíamos feito. Nós nos sentimos, presumo, como alguém se sente quando fez algo que sabe que trará enormes consequências imprevistas".[29] Fermi e sua equipe comemoraram com um brinde de Chianti em copos de papelão. Agora que o reator autossustentável não era mais matéria da ficção, os Estados Unidos e seus aliados redobrariam seus esforços febris na criação de uma arma atômica.

12. Aqueles boçais não vão pegar a gente

Minutos antes do amanhecer em 3 de dezembro, sirenes antiaéreas soaram por toda Rjukan.[1] Os moradores acordaram para encontrar soldados alemães marchando por suas ruas. A Gestapo e centenas de tropas da Wehrmacht haviam chegado durante a noite em motocicletas e caminhões de transporte, isolando o vale do Vestfjord. Brandindo metralhadoras, foram de casa em casa, prédio em prédio. Soldados ficaram postados nas esquinas e pontes. Embrulhados em pesados casacos, seu hálito condensando no ar, não pareciam nada contentes de estar ali. Os alemães ordenaram que todos os moradores permanecessem dentro de suas casas — caso contrário, abririam fogo.

Por toda a cidade, a mesma cena se repetia vezes sem conta. Batidas na porta. Ordens de abrir. Soldados, às vezes liderados por oficiais da Gestapo, invadindo a casa, perguntando o nome de todos que moravam ali, vasculhando quartos, armários e baús, à procura de materiais ilegais — armas, rádios, jornais clandestinos. Se os nazistas descobriam algum contrabando, prendiam os ocupantes e os levavam em um caminhão. Com frequência os soldados quebravam mobília, abriam buracos nas paredes e roubavam qualquer comida que pudessem encontrar.

Rolf Sørlie, um engenheiro civil de 26 anos residente em Vemork, alegou ser inocente quando entraram em sua casa, usando o alemão fluente que aprendera quando estudava em Leipzig.[2] Um homem baixo e magro de cabelos claros, Sørlie sofria de uma doença congênita que provocava um constante espasmo nos músculos de suas mãos e pés. Uma cirurgia corrigira seus pés tortos, mas não suas mãos, que ficavam sempre parcialmente fechadas. Mesmo assim, ele nunca permitiu que sua deficiência o impedisse de passear pelo Vidda com seus amigos Poulsson e Helberg.

Conforme a fila de soldados entrava em sua casa, passando por seu irmão mais novo e a empregada, Sørlie tentava disfarçar seu medo. Não só ele era próximo do líder da Milorg local, Olav Skogen, como também havia dois rádios escondidos em seu sótão. Felizmente, os soldados deram uma busca apenas superficial, fosse por preguiça, fosse por não suspeitar daquele jovem norueguês falando um alemão tão bom. Eles foram embora sem criar problema.

Na mesma rua, um amigo de Sørlie, Ditlev Diseth, um aposentado de 67 anos de idade que trabalhara na Norsk Hydro e agora consertava relógios, não teve tanta sorte. Diseth também era membro da célula Milorg de Skogen e a Gestapo encontrou um rádio e armas em sua casa. Os alemães o levaram, junto com mais 21 moradores de Rjukan, incluindo diversos membros da célula Milorg. Todos seriam interrogados e, caso considerados culpados, levados até Grini para novos interrogatórios.

Hans e Elen Skinnarland davam uma pequena festa nesse dia para comemorar o aniversário de 32 anos de seu filho, Olav.[3] Einar, que estava trabalhando na represa de Kalhovd, era o único membro da família ausente quando as motocicletas da Gestapo chegaram roncando. Eles prenderam Torstein, acreditando ser o Skinnarland supostamente envolvido com a resistência. Nada foi dito sobre Einar, mas a família sabia que a Gestapo em breve iria a sua procura para prendê-lo também.

Knut Haukelid chegou à Kingston House no dia 8 de dezembro com uma perna de veado pendurada no ombro.[4] Não era o primeiro membro da Kompani Linge a levar a Tronstad parte de um animal infeliz que "entrara no caminho do fogo defensivo" na STS 26.[5] Ao longo do ano anterior, os dois haviam se encontrado várias vezes para beber e conversar sobre a preparação das forças de resistência norueguesas. Eles partilhavam da opinião de que agora era o momento de mostrar ambição, não timidez. A Operação Gunnerside, sabia Tronstad, era particularmente ambiciosa. Embora Haukelid achasse de fato que, dada sua ampla experiência, deveria ser ele a conduzir a missão, não

Rønneberg, ordens eram ordens, e ele era homem suficiente para engolir seu orgulho, se isso significava enfim regressar à Noruega.[6]

Tronstad o cumprimentou calorosamente e agradeceu pela carne. Então virou em sua cadeira, abaixou e levou a mão ao cofre, tirando uma pasta escrita TOP SECRET. Mostrou a Haukelid alguns diagramas e desenhos da fábrica de Vemork. "A água pesada é muito perigosa, sabe", começou.[7] "Pode ser usada para uma das coisas mais sujas que o homem é capaz de fazer, e se os alemães puserem as mãos nela, vamos perder a guerra e Londres irá pelos ares."

Haukelid não tinha certeza sobre o que pensar da possibilidade de tal arma, mas deixou claro que estava comprometido com a missão Gunnerside. Ele viera a Londres para conversar sobre o que fazer a seguir.[8] Não pretendia viajar para a Suécia; antes, queria dar prosseguimento à missão original da Grouse: estabelecer uma base no oeste de Telemark e recrutar grupos guerrilheiros. Se Poulsson decidisse ficar, ele podia comandar o leste de Telemark. Os outros membros da Grouse podiam ser divididos entre as duas regiões.

Tronstad não tinha certeza. Ele ajudara a desenvolver esse plano anterior, mas as coisas haviam mudado. Os alemães tinham iniciado uma ampla caçada humana após a Operação Freshman — só dava para imaginar como reagiriam se a fábrica de água pesada fosse efetivamente destruída. "Vão fazer tudo que puderem para pegar vocês", disse Tronstad.[9] "Não podemos correr o risco de ficar com nossos homens operando no Vidda."

Temendo que seu pedido pudesse ser negado, Haukelid fez apelos desesperados. "Eles não vão nos achar. A gente está acostumado com as montanhas. A gente sabe se virar na natureza. Não vou voltar para a Inglaterra. Nunca mais vou voltar, por mais que a guerra dure." Finalmente, jurou: "Aqueles boçais não vão pegar a gente!".

Tronstad concordou em pensar a respeito.

Uma vez que Haugland informou à Home Station que a equipe Swallow [Andorinha] — novo cognome que a SOE dera à Grouse, por motivos de segurança — estava a caminho das montanhas após o desastre dos planadores, não houve mais comunicações por radiotelegrafia. Durante mais de duas semanas, Wilson e Tronstad temeram que os quatro tivessem sido pegos na *razzia* — a batida policial nazista — em Rjukan. Do pouco que foi informado, os alemães estavam por toda parte em Telemark, dando busca em vilarejos e fazendo bloqueios nas ruas. Terboven e Falkenhorst fizeram grande alarde da checagem das defesas em Vemork, e um estado de emergência que limitava ainda mais as viagens fora declarado. Estava nítido que os alemães haviam descoberto o alvo da operação fracassada, inteligência sem dúvida extraída dos Royal Engineers capturados.

Em 9 de dezembro, os operadores da estação em Grendon Hall finalmente receberam comunicados da equipe Swallow. "Condições de trabalho difíceis", começava a primeira mensagem.[10] Então vinham detalhes de patrulhas de esquiadores percorrendo os arredores do lago Møs e montando uma estação D/F da Gestapo perto da represa para localizar quaisquer sinais de radiotelegrafia operando na área. Uma segunda mensagem informava sobre a prisão de Torstein Skinnarland. O chefe da Home Station afirmou a seus operadores que qualquer tráfego da Swallow era da "maior prioridade possível", a ser entregue a Tronstad e Wilson em Londres sem mais tardar.[11]

Alguns minutos antes das dez da manhã, no dia 10 de dezembro, o telefone tocou na sala de Olav Skogen na fábrica da Norsk Hydro em Rjukan. Era Gunnar Syverstad, ligando de Vemork: "Quatro Gestapo a caminho de Kalhovd".[12] Skogen sabia o que isso significava: os alemães, que haviam se empenhado em desmanchar as redes de resistência por toda a área ao longo da semana anterior, estavam finalmente fechando o cerco sobre Einar Skinnarland. Skogen na mesma hora ligou para o escritório da Norsk Hydro em Kalhovd. Ele foi informado de que Skinnarland havia partido um dia antes para visitar seus pais no lago Møs. Skogen pediu à telefonista que ligasse para a casa do zelador da represa, mas ela respondeu que não era possível; os alemães haviam suspendido essa linha. Skogen temia que a Gestapo fosse em breve para a casa de Skinnarland, se é que já não estavam lá. Na fábrica, Skogen encontrou Øystein Jahren, seu principal mensageiro e parente da família Skinnarland, e lhe pediu para pegar um ônibus para o lago Møs e avisar Einar. Se alguém lhe perguntasse por que estava ali, deveria dizer que fora comprar um pouco de peixe para um jantar especial.

Jahren foi às pressas para a fábrica e, com apenas alguns segundos restando, pegou um ônibus na estação. Quando chegou ao lago Møs, não viu alemães em parte alguma. Bateu urgentemente na porta da casa de Skinnarland. Elen atendeu. Jahren lhe disse que a Gestapo estava a caminho para prender Einar. Ele não estava em casa, ela disse, mas iria adverti-lo. Seu dever cumprido, Jahren foi embora, ansioso por sumir antes que os alemães chegassem.

O ônibus que o levava de volta mal rodara algumas centenas de metros quando foi parado por soldados alemães. Oficiais da Gestapo, que haviam mantido a casa de Skinnarland sob vigilância, subiram no ônibus e prenderam Jahren.

Nesse mesmo instante, Einar Skinnarland esquiava pelas montanhas atrás da casa de sua família.[13] A despeito do que sua mãe dissera, estava mesmo em casa quando Jahren batera na porta, e fugira pelos fundos. Deslocando-se velozmente pelas florestas, fora para uma cabana remota conhecida como Céu Alto. Era de propriedade do seu cunhado. A menos que os alemães fossem hábeis em esqui cross-country e rastreamento — e muito sortudos —, nunca o encontrariam ali.

Uma vez a salvo na Céu Alto, Skinnarland relaxou, tremendo por ter escapado por pouco. Pela primeira vez desde que começara a levar uma vida dupla, sete meses antes, era um homem procurado. Pior foi a prisão de Torstein, que procurara lhe dar cobertura. Skinnarland sabia que precisava informar Londres sobre a segurança intensificada na região do lago Møs e Vemork. Ele também tinha uma decisão a tomar: ir para a Suécia e depois a Grã-Bretanha ou permanecer na Noruega, vivendo como fugitivo. No dia seguinte, Helberg e Kjelstrup chegaram à cabana, já cientes de que Skinnarland fugira por um triz dos nazistas. Os dois passaram a noite ali e contaram a Skinnarland sobre a nova missão para sabotar Vemork. A decisão de Skinnarland estava tomada.

No fim da tarde de 11 de dezembro, os seis homens da Gunnerside chegaram ao prédio coberto de hera de Brickendonbury Hall.[14] Isso acontecia uma semana antes do programado e pairava uma sensação de desconforto entre eles; apenas semanas antes, os sapadores britânicos mortos na Operação Freshman haviam sido treinados na mesma escola, pelos mesmos instrutores, para o mesmo alvo. O fato de que o prédio fora esvaziado de outros alunos devido ao sigilo de sua missão apenas contribuía para aumentar a sensação de mau agouro. Aguardando para recebê-los nos degraus da mansão estava George Rheam, recém-promovido a tenente-coronel.

Rheam os convidou para uma bebida e um jantar naquela noite; então seu ajudante conduziu os seis homens para o dormitório no segundo andar. Em cada cama havia uma bolsa com o kit de trajes e equipamento de que precisariam para seu treinamento, incluindo uma pistola Colt .45 recém-fabricada com um coldre de cintura vermelho. Todos pegaram a nova arma e testaram o acionamento.

Rønneberg engatilhou a sua, mas quando puxou o gatilho a arma disparou. Com os ouvidos zumbindo e o reboco chovendo em cima dele, percebeu que por engano havia disparado a arma carregada que trouxera consigo a Brickendonbury. Um dos guardas da escola entrou correndo no dormitório, seguido rapidamente do ajudante de Rheam. "Que diabos está acontecendo aqui?", perguntou.[15] Sem mover um músculo do rosto, Rønneberg olhou para cima, apontou o buraco no teto e disse: "Testei minha nova arma e funciona muito bem". O ajudante abanou a cabeça e foi embora. Noruegueses malucos.

Foi um raro momento de descuido por parte de Rønneberg. Nos dez dias desde que ficara encarregado da Gunnerside, ele fora meticuloso em seus preparativos para a missão.[16] Obtivera vários jogos de mapas do sul da Noruega com o escritório de inteligência do alto-comando em Londres. Um deles, em escala 1:250.000, ficara pregado na parede da base na Escócia e fora utilizado para registrar as rotas da equipe. Os outros, em escala 1:100.000, foram distribuídos entre os homens, para que todos memorizassem cada vale e montanha.

Então havia suas armas. Dado o combate direto que esperavam, armas de curto alcance iam ser mais importantes. Experimentaram as submetralhadoras Sten britânicas, de projeto simples, mas perceberam que eram pesadas demais e pouco confiáveis, muitas vezes disparando rajadas quando ajustadas para um único tiro. Então optaram pela submetralhadora Thompson, a famosa Tommy Gun dos gângsteres americanos. De até duzentos metros, podiam ser disparadas com a mesma precisão de um fuzil, e, como usavam balas calibre .45 em vez das 9 mm da Sten, a mesma munição serviria para suas pistolas Colt. Rønneberg fez a equipe limpar cuidadosamente as submetralhadoras, lixá-las e pintá-las de branco. Para a missão, também requisitou granadas de mão, um fuzil de precisão, facas de combate, chumaços de clorofórmio para derrubar os guardas e muitas caixas extras de munição.

Enquanto sua equipe treinava e praticava tiro, Rønneberg juntava o equipamento de que precisariam para suportar o duro inverno no Vidda. Quando algo não estava de acordo com suas exatas especificações, ele refazia o projeto ou o modificava. Escolheu os melhores esquis de madeira, usou alcatrão de pinho como seladora e depois os pintou de branco. Para melhorar o projeto das mochilas com armação de aço, acrescentou bolsos, cordões para fechar as aberturas, correias extralongas para os ombros e capas brancas. Encontrou roupas de baixo forradas de pelo de coelho, calças de lã e trajes de esqui em camuflagem branca. Pediu aos intendentes para trocar o forro de couro em seus gorros de esqui com viseiras por cáqui, que era mais quente. Um sapateiro em East Midlands cuidou da encomenda de botas de couro resistentes e à prova d'água.

Para as rações, Rønneberg procurou o professor Leiv Kreyberg. Trabalhando com nutricionistas na Universidade de Cambridge, o professor norueguês inventara um método pioneiro de comprimir alimento desidratado em blocos para produzir rações de combate. As porções eram muito leves, e para prepará-las bastava acrescentar água. O uso desse tipo de ração significava que tudo que precisariam carregar seria uma caneca e uma colher. Considerando toda a distância que teriam de percorrer para fugir de Vemork à Suécia, cada grama importava. Rønneberg também mandou sua equipe Gunnerside construir dois trenós para minimizar o que teriam de carregar nas costas.

Em sua busca por sacos de dormir compatíveis com a missão, procurou um fabricante de edredons londrino próximo à Trafalgar Square. O proprietário o mandou às Docklands, a região das docas, onde ficava sua oficina. Ali, ele esboçou o que precisava: em essência, dois sacos costurados em um, o externo uma camada impermeável, o interno com enchimento de plumas e grande o bastante para um homem dormir com toda a roupa do corpo, além de espaço para seu equipamento. Ele também queria um capuz no alto com um cordão para fechar, de modo que formasse um perfeito casulo, permitindo apenas uma pequena abertura para respirar. O chefe da oficina deu uma olhada no projeto e, percebendo a urgência do segundo-tenente, disse: "Bom, volte amanhã à tarde e vamos ver o que conseguimos fazer".[17] No dia seguinte, Rønneberg entrou no primeiro protótipo. Era perfeito, com exceção de algumas costuras feitas na camada das plumas que permitiriam a penetração da água. Ele pediu para corrigir o modelo, depois encomendou seis sacos, o mais rápido possível.

Quando chegaram a Brickendonbury Hall, Rønneberg e seus homens conheciam todas as rotas possíveis para ir e vir de Vemork e a maior parte de seu equipamento estava pronta para ser embrulhada para o salto.

Agora podiam se concentrar na operação propriamente dita. Rheam ensinara a centenas de agentes da SOE tudo que havia para saber sobre incapacitar a máquina de guerra alemã atacando suas linhas de comunicação, ferrovias e fábricas. "Sete homens devidamente treinados podem inutilizar uma cidade", dizia um instrutor.[18]

Rheam queria que seus alunos fossem capazes de entrar em uma fábrica e, minutos depois, identificar que máquinas desativar.[19] Um golpe de martelo bem calculado podia servir, ou um punhado de areia no mecanismo. Com mais frequência, porém, eram necessários explosivos. O Nobel 808, um explosivo plástico cor de ferrugem com cheiro de amêndoa, era o preferido de Rheam. Leve e maleável, o 808, o "suco de deixar tonto" (*stagger juice*, como alguns na STS 17 se referiam a ele), podia ser cortado, moldado, esticado, jogado contra a parede e até levar tiros que não explodia. Mas bastava embutir uma pequena carga explosiva (essencialmente um detonador) dentro dele — mesmo debaixo d'água — e... *bum*.

A equipe Gunnerside, acima de tudo Rønneberg, era bem treinada em técnicas de sabotagem e no uso de explosivos.[20] Assim que Rheam se convenceu disso, por meio de alguns exercícios feitos como teste, começou a instruí-los sobre como mandar pelos ares as instalações de água pesada em Vemork. Usando o mesmo modelo de madeira com que os sapadores da Freshman haviam sido treinados, Rheam lhes mostrou em que ponto na base de cada célula de alta concentração deveriam colocar as cargas explosivas.

A fábrica tinha duas fileiras com nove células de alta concentração. A equipe precisava colocar uma série de nove cargas de meia libra (cerca de 227 gramas) interconectadas e ligadas a um fio detonador em cada fileira. Esse fio seria então equipado com um dispositivo de estopim de dois minutos para lhes dar tempo de deixar a sala antes da explosão. O objetivo não era apenas destruir o maquinário, mas também perfurar as células e drená-las de seu precioso conteúdo. Trabalhando com massinha de modelar, a equipe treinou em duplas para preparar os explosivos do modo mais rápido e eficaz possível. Repetiram o procedimento tantas vezes que podiam praticamente executá-lo no escuro.

Quase todos os dias Tronstad aparecia na escola para atender as dúvidas e levar desenhos e plantas da fábrica, bem como fotos aéreas da área em torno. Sempre que alguém perguntava algo que ele não soubesse responder, sobre a planta baixa, portas, guardas ou patrulhas, ele saía e voltava pouco depois com as respostas de que precisavam. Escondido em Brickendonbury estava Jomar Brun, a fonte das informações. Ele permanecia incógnito para a equipe.

Quando a mais recente inteligência da Swallow detalhou a existência de mais guardas em Vemork, bem como de novos holofotes e um ninho de metralhadora instalados no topo do prédio, a equipe repassou as potenciais abordagens contra o alvo. Poderiam atravessar a ponte suspensa, descer pelos canais das comportas ou fazer a escalada do desfiladeiro até a ferrovia no alto que ligava a fábrica a Rjukan. Cada um desses planos foi debatido, mas decidiram postergar a decisão até poderem fazer o reconhecimento do local.

Uma coisa que perceberam foi que seis homens não eram suficientes para a operação. Precisariam de um destacamento de cobertura que desse tempo — e segurança — para a equipe de demolição consumar o ataque. A Swallow podia cumprir esse papel.

Quando não estavam praticando para a sabotagem, os homens mantinham a forma exercitando-se na extensa propriedade.[21] Um dia, um ladrão trazido de uma prisão local lhes mostrou como arrombar portões trancados. Em outro, ao chegarem para o café da manhã, toparam com uma figura parecida com um monge sentada a uma das mesas. Era o major Eric Sykes, ex-policial de Shanghai e agora um dos principais instrutores de armas do Exército britânico. Ele perguntou a Rønneberg se seus homens queriam lhe mostrar do que eram capazes. Os seis o levaram para o estande de táticas em combate urbano, onde manequins apareciam em portas abertas, atrás de janelas e no fundo dos becos. Conforme miravam com suas pistolas e Tommy Guns, Sykes os interrompeu. "Já começou mal", disse. Insistiu que atirassem logo de cara, como haviam aprendido em Stodham.[22]

Rønneberg lhe assegurou que sabiam a coisa certa a fazer. Sykes gesticulou para que fossem ao estande de tiro. Disparando mais de duzentas vezes, Haukelid acertou quase 100% dos alvos, assim como os demais que vieram em seguida. Sykes ficou espantado e teve a certeza de que não havia nada para lhes ensinar.

Claus Helberg vasculhava um armário escuro, procurando comida desesperadamente. Ele chegara à cabana de Ditlev Diseth junto ao lago Langesjå alguns dias antes e encontrara um pouco de *rakfisk*, mas tinha esperança de ter deixado escapar alguma farinha ou aveia. Não havia nada. Então escutou vozes. Seus esquis e botas estavam do lado de fora da porta; era impossível disfarçar sua presença. Ele sacou a pistola e esperou. Alguém bateu. "Quem está aí?", perguntou rispidamente.[23]

"Skogen."

"Olav? É você?", perguntou Helberg.

"Sim, sou eu."

Helberg abriu a porta, a pistola ainda na mão. Havia três homens diante da cabana, todos portando um rifle de caça. Com o céu escurecendo, era difícil perceber quem estava ali.

"Sou eu, Claus", disse Skogen. "Pode relaxar."

Helberg saiu e começou a baixar a arma quando mais um dos homens se aproximou. Skogen o deteve. "Espere até ele guardar a arma ou vai levar um tiro." Então Helberg reconheceu o amigo de infância. "Ora, se não é Rolf Sørlie!" Os dois se abraçaram, então Skogen apresentou o terceiro homem: Finn Paus, membro da Milorg. Como Diseth fora preso durante a *razzia* de Rjukan, Skogen, Sørlie e Paus tinham vindo a sua cabana para esconder o contrabando que ficava guardado ali. Também tinham planos de caçar rena.

Os quatro homens fugiram do frio e entraram e os recém-chegados partilharam seu pão e manteiga com Helberg. Ele perguntou sobre sua família em Rjukan e Sørlie lhe disse que estavam a salvo. Informaram-no sobre a batida dos alemães e a série de prisões. Claramente, a Gestapo não estava buscando pessoas de forma aleatória. Helberg contou muito pouco sobre seu motivo para estar nas montanhas. Skogen já sabia demais e a Swallow não podia se arriscar a um círculo expandido.

Na manhã seguinte, enterraram as armas que Diseth viera ocultando em sua cabana. Sørlie deu para Helberg seu rifle manual Krag-Jørgensen e um pouco de munição. Como sua equipe trouxera apenas pistolas e submetralhadoras da Grã-Bretanha, estavam desesperados por um rifle de caça como aquele. Helberg se despediu e disse a Sørlie: "Vai ter notícias minhas em breve". Então esquiou de volta para o vale Grass e se juntou a sua equipe.

Todos os quatro membros da Swallow realizaram uma afortunada fuga durante a *razzia*.[24] Haugland estivera na floresta, à procura de suprimentos, quando uma patrulha passou a poucos metros dele. Poulsson e Kjelstrup escaparam por pouco dos alemães quando voltavam para o vale Grass, vindos das montanhas a oeste. E Helberg, viajando para se encontrar com Einar Skinnarland em sua casa perto da represa, quase chegara no mesmo momento do grupo de prisão da Gestapo no dia em que levaram Øystein Jahren.

Mas, no que se referia a comida, a sorte lhes faltou. O valioso estoque de pemmican já fora consumido havia um bom tempo. O pouco pemmican extra que tinham conseguido no vale Songa também já terminara. Haugland conseguira encontrar uma espingarda e matara vários tetrazes, mas comeram a carne até limpar o osso em um dia. Helberg fora ao lago Langesjå à procura de renas, mas não avistara um rebanho sequer. Eles buscavam cabanas na área, à procura de *rakfisk* ou carne, quando encontraram a equipe Milorg.

Os quatro sofriam com a fome constante e haviam recorrido a escavar a neve para colher o musgo cor de ferrugem com que as renas se alimentavam. "É cheio de vitaminas e minerais", Poulsson prometera aos outros, que estavam mais acostumados a usar o musgo como cama quando acampavam.[25] Mesmo assim, ferveram aquilo com água e um punhado de aveia. Deu uma sopa amarga.

Quando Helberg voltou à cabana do vale Grass, Poulsson lhe transmitiu as boas-novas de Londres: iriam tomar "parte ativa" na nova operação contra Vemork.[26] Havia muito a ser feito antes que o período de prontidão começasse, em 18 de dezembro, dali a seis dias. Tinham de juntar mantimentos, obter a inteligência mais recente sobre a segurança em Vemork, buscar o sinalizador Eureka que fora deixado no lago Sand e recarregar as baterias do aparelho de radiotelegrafia. Depois precisavam partir para um novo esconderijo, 32 quilômetros a noroeste de Vemork, subindo bastante o Vidda, onde saltaria a Gunnerside.

O infortúnio espreitava a cada passo.[27] Patrulhas alemãs atrapalharam sua recuperação do Eureka. Helberg ficou preso numa tempestade quando voltava com uma bateria recém-recarregada. Sofrendo para prosseguir com o peso de treze quilos na mochila, finalmente teve de deixá-la para trás na floresta, planejando buscá-la no dia seguinte. Não conseguiram rastrear rena alguma e a carne salgada que encontraram em uma cabana no lago Møs estava podre.

Todos ficaram doentes demais para segurar no estômago o pouco de comida que lhes restara. Helberg e Kjelstrup estavam particularmente mal, sua desnutrição tendo causado um edema. Ficaram tão inchados que não conseguiam abotoar a gola da camisa e tinham de urinar seis vezes por noite. Mesmo assim, prosseguiram todos os dias se preparando para a nova operação. Skinnarland lhes forneceu todo mantimento que conseguiu economizar, por menos que fosse, bem como baterias recarregáveis e inteligência sobre as novas defesas em Vemork.[28]

Em 17 de dezembro, Haugland recebeu um sinal da Home Station de que a Gunnerside estava pronta para ir na próxima noite clara.[29] Era hora de rumar para o norte, ainda que a carga da bateria do Eureka estivesse acabando. Famintos, doentes e correndo contra o relógio, não demoraram a se aventurar ainda mais pelo Vidda.

Em Brickendonbury Hall, a equipe Gunnerside se aprontou para partir para Gaynes Hall, nos arredores de Cambridge, a fim de aguardar a descida na Noruega. Haviam passado na escola, merecendo o respeitoso louvor de Rheam, ainda que dito com meias palavras: "Se as condições forem minimamente possíveis, eles têm toda chance de realizar a operação com sucesso".[30] Tronstad apareceu uma última vez para repassar a missão e se despedir dos homens. Foi um momento solene. Cada um dos sabotadores recebera uma cápsula de cianeto; todos sabiam que suas chances de atacar o alvo e escapar com vida eram, na melhor das hipóteses, imprevisíveis. Tronstad os lembrou das execuções dos sapadores da Freshman e os advertiu de que provavelmente receberiam o mesmo tratamento — ou pior — se fossem pegos com vida.

Então concluiu: "Em nome dos que foram antes e sucumbiram, rogo a vocês que façam dessa operação um sucesso. Pode ser que não saibam exatamente por que ela é tão importante, mas estejam certos de que suas ações viverão na história por uma centena de anos vindouros. Sejam um exemplo para aqueles que irão mais tarde participar na retomada de nossa pátria, e desse modo na derrota da Alemanha. O que estão fazendo, vocês o fazem pelos Aliados e pela Noruega".[31] Depois se seguiu uma pausa constrangida. Alguns da equipe acharam que Tronstad olhava para eles como se jamais fossem voltar.

"Não vão se livrar da gente assim tão fácil", disse Rønneberg.[32]

13. Regras de um caçador

Para os quatro homens de ar extenuado e barba por fazer, era uma luta a cada passo erguer os esquis na neve pegajosa e úmida do lago Store Saure.[1] Nos picos circundantes pendia uma névoa como algodão, e o céu carregado de nuvens ocultava o alívio do sol. Avançando a custo, praguejavam contra a fome, os esquis encharcados e o vento cortante. Finalmente, avistaram Fetter, a cabana de caça que Poulsson construíra com seus primos antes da guerra, usando pranchas de madeira transportadas através do lago. Posicionada no alto do platô, junto a um grupo de bétulas, sem figurar nos mapas e a quilômetros de outras cabanas, não havia lugar melhor para se esconder e esperar pela Gunnerside. Podia haver também uma boa chance de encontrarem renas na área.

Ansioso por descansar e esperançoso de que pudesse haver algum alimento na cabana, Poulsson foi na frente dos demais. Após tirar os esquis, começou a cortar o cadeado da porta com uma serra de arco. O suor escorrendo pelas têmporas, serrava o metal, suas mãos duras de frio. Quando enfim o cadeado se partiu, Poulsson puxou o ferrolho da porta, mas descobriu que estava presa. Tirando um pequeno machado da mochila, começou a golpear o fecho. Após algumas pancadas, o cabo do machado se quebrou. Ele chutou a porta. Ela não cedeu.

Aquela era *sua* cabana. Ele só queria descansar. A frustração o dominou, depois a raiva. Poulsson pegou o rifle Krag às suas costas e disparou duas balas contra o fecho, que finalmente abriu.

Ao entrar, encontrou a Fetter praticamente do mesmo modo que a deixara quando partira, no verão de 1940. Ele havia escrito em seu diário: "Voltando para a casa do lago Lanesjå. Passei para comer alguma coisa e deixar a canoa".[2] A canoa estava agora crivada de buracos de bala, mas, de resto, tudo estava em ordem.[3] Havia quatro camas, compradas de um hospital em Oslo, uma mesa rústica quadrada, alguns bancos de três pernas e um fogão forrado de pedra para aquecer a cabana de três por seis metros. Poulsson vasculhou os armários à procura de comida, mas encontrou apenas uma garrafa de óleo de fígado de bacalhau e um punhado de farinha de aveia.

Os demais entraram logo em seguida, mais cansados da viagem do que deveriam. Se continuassem a passar fome, ficariam sem forças para a operação. Enquanto Haugland preparava o rádio, os outros cortaram lenha para o fogão e puseram uma panela de neve para ferver. O sol se punha cedo e os quatro acenderam uma vela e comeram musgo de rena no jantar. De novo. Rajadas de vento sopravam em torno deles enquanto esperavam contato por rádio com Londres. Finalmente, ficaram sabendo que a Gunnerside não saltaria naquela noite, 19 de dezembro. Com a barriga roncando, acomodaram-se em suas camas.

"Esperem só até a caça aparecer na região", prometeu Poulsson.[4] "Vamos ter bastante coisa para comer." Os outros não tinham tanta certeza.

Os dias se passaram nessa mesma toada e a Gunnerside continuou sem dar as caras.[5] Toda manhã, logo após o sol nascer, Poulsson deixava a cabana e saía para caçar. Ele sabia muito bem, das memórias de Helge Ingstad, um explorador norueguês que sobrevivera no noroeste selvagem do Canadá na década de 1920, que a pessoa podia viver de carne de rena por um longo tempo. Parando ocasionalmente para perscrutar o horizonte à procura de algum sinal de manada, Poulsson mantinha esse pensamento firme na mente. Ele sabia que os ventos soprando do norte e do oeste estavam contra ele. As manadas viajavam a favor do vento, de modo a farejar predadores, e a menos que o vento mudasse de direção as renas continuariam a vagar para bem longe do alcance da cabana. Mesmo assim, Poulsson avançava penosamente por vales e montanhas, muitas vezes sob pesada névoa, na esperança de que uma mudança de vento o deixasse com a vantagem. Mas continuava a voltar para a Fetter de mãos abanando. Sua equipe estava ficando perigosamente enfraquecida, com um olhar indiferente, a pele amarelada. A menos que a sorte deles mudasse, não aguentariam muito mais.

* * *

Em Gaynes Hall, Rønneberg e sua equipe foram informados mais uma vez de que não partiriam nessa noite. Nos cinco dias desde sua chegada à STS 61, o tempo ruim impedira qualquer chance de um voo pelo mar do Norte e os homens à espera em Gaynes Hall foram ficando cada vez mais ansiosos.

Os membros da equipe Gunnerside continuavam a treinar, fazendo longas corridas pelos prados suavemente ondulados da propriedade. De vez em quando, passavam às escondidas pela cerca de arame farpado que delimitava o terreno para caçar faisão nos campos vizinhos. À noite, jogavam baralho. Numa delas, entraram no carro e foram até Cambridge, onde tomaram champanhe e jantaram num bom restaurante. Sabiam que podiam não ter nova oportunidade. "Vamos embora", disse Rønneberg, encerrando a noite cedo demais para o gosto de Haukelid.[6] Mas ele foi junto com o grupo, pensando na possibilidade de que finalmente pudessem receber a ordem de partir na noite seguinte.

Os homens se perguntavam quando o tempo melhoraria, como seria a aproximação de Vemork, se enfrentariam fogo cruzado, se era melhor ser baleado ou capturado e se deviam fazer mais uma tentativa de escrever cartas para as esposas e familiares, caso não regressassem.[7]

De um modo ou de outro, Haukelid não voltaria à Grã-Bretanha.[8] Tronstad e Wilson haviam lhe dado o sinal verde para montar uma organização guerrilheira no oeste de Telemark. Tudo que ele queria agora era uma noite clara para fazer o salto. Então poderia finalmente se reunir com os membros de sua equipe original.

Após uma semana de nevascas, céu fechado e cerração, Poulsson se deparou com um lindo dia ao sair. O dia 23 de dezembro continuava gelado, mas o sol foi uma sensação agradável em seu rosto. Os esquis presos nos pés, estava pendurando seu rifle Krag no ombro quando Kjelstrup saiu da cabana para pegar um pouco de lenha. Dos quatro, Kjelstrup estava em pior estado, sofrendo com câimbras e um edema que o deixava cansado demais para sair da cama por mais que algumas horas por dia. "Linda manhã", disse Kjelstrup, as pálpebras vermelhas.[9]

"Se pelo menos eu soubesse onde as renas iam estar amanhã", disse Poulsson. "Eu podia construir uma caverna na neve e ficar de tocaia."

Kjelstrup sorriu com esforço. "Quem sabe hoje é seu dia."

Poulsson se afastou da Fetter. A geada que deixara um manto branco sobre o Vidda à noite era perfeita para esquiar e ele partiu num ritmo firme. A crosta acima da neve rachava cada vez que era tocada pelos bastões. Atravessando o platô em seu anoraque branco, quilômetro após quilômetro, o ar cortante em seus pulmões, as regras de caça que seu avô instilara nele desde tenra idade dominavam sua mente. "Seu rifle é uma arma, não um brinquedo. Quando estiver caçando, carregue o rifle por cima do ombro direito, com o braço sobre o cano. Se estiver descansando na floresta ou atravessando uma cerca, tire a arma. Quando estiver na posição, não encoste na trava de segurança antes de avistar seu alvo. Nunca atire a menos que consiga ver claramente no que está atirando. Nunca fique tão empolgado ou ansioso que possa esquecer que está segurando uma arma em suas mãos. Se fizer isso, vai perder o controle."[10] Em todos aqueles anos desde que ganhara a primeira arma do avô, Poulsson nunca negligenciara essas lições. Havia rastreado e matado renas inúmeras vezes ali no Vidda. Mas agora, quando mais precisava fazer isso, não conseguia sequer encontrar um rebanho. Sua equipe tinha três trabalhos: manter contato por rádio, coletar inteligência sobre Vemork e permanecer viva.[11] Não podia fazer nenhuma dessas coisas sem comida.

Então, oito quilômetros distante da cabana, suas pernas começando a fraquejar, topou com rastros recentes de um bando de renas na neve. Ele quase pulou de alegria. Ao inspecionar as pegadas, deduziu que a manada devia ser de bom tamanho, liderada por uma velha fêmea e seguida por alguns machos jovens e outros com o pelo acinzentado da idade. Agrupados atrás haveria outras fêmeas, filhotes pequenos e novilhos. O avanço seria lento, cerca de três quilômetros por hora, para pastar musgo e descansar à vontade.

Seus homens teriam comida essa noite, pensou Poulsson. Haveria um banquete de Natal. Ele se deslocou para o topo de colina mais próximo, mas não viu nada em seu binóculo, a não ser uma extensão branca infinita. As renas provavelmente estavam no fundo de um vale ou no topo de um planalto. Ele seguiu os rastros por vários quilômetros, quase chegando ao extremo norte do vale Grass. Ainda sem sorte. Se elas haviam farejado lobos ou algum outro predador, podiam já estar muito longe. Renas em disparada eram capazes de cobrir quarenta quilômetros em menos de uma hora. "São como fantasmas", ele se lembrou de ler num dos livros de Ingstad.[12] "Surgem do nada, cobrem a terra e depois desaparecem."

Após ziguezaguear até o topo do vale seguinte, Poulsson parou.[13] Limpou o binóculo com uma pequena flanela que guardava sob o relógio e voltou a esquadrinhar o horizonte. O sol do meio-dia brilhava baixo e a paisagem coberta de neve pregava peças em sua visão. Uma rocha se esticava da altura de uma árvore. A ondulação de uma colina ficava achatada como um terreno liso. Mas ao longe, para o norte, num pequeno vale, ele avistou alguns pontos escuros. No início, achou que fossem apenas pedras, mas então viu que sem dúvida estavam se movendo juntos.

A manada.

Com vagar e deliberação, Poulsson esquiou para mais perto. Às vezes as perdia de vista, mas sabia que as renas não deixariam o vale. Quase não ventava. Os poucos fiapos de nuvem no céu permaneciam praticamente imóveis. Ele se deslocou para o lado leste do vale, onde o vento soprava vindo da direção da manada, de modo que não pudessem captar seu cheiro. Subiu numa crista e, desprendendo os esquis, acomodou-se sobre um matacão. O rebanho estava no vale a um quilômetro de distância. Eram cerca de setenta animais. Várias renas pastavam o musgo à beira de uma lagoa. Outras descansavam no gelo ou ficavam paradas como estátuas. Sua pelagem de inverno era agora uma proteção comprida, felpuda, cinza-esbranquiçada, que as camuflava na paisagem. Mais para o norte, sobre um platô elevado, havia um segundo bando, de tamanho menor.

Para um bom tiro com o Krag, Poulsson precisava chegar a pelo menos duzentos metros de seu alvo. Ele não imaginava como poderia ficar ao alcance sem que a manada o avistasse se aproximando no terreno plano ou captasse seu cheiro. Teria de esperar que viessem até ele ou se movessem para um terreno mais íngreme e acidentado, onde haveria mais lugares para espreitar. Aboletado no alto da rocha, ele aguardou dez minutos, depois trinta, depois uma hora. O frio começou a doer em seus ossos e ele fazia caretas e contorcia o rosto para não sofrer geladuras. Se sentia algum ponto ficando dormente, tirava a luva e pressionava o dedo contra a carne até ela amolecer. Encolhia os dedos dos pés frequentemente e esfregava a barba para se livrar do gelo.

Mais tempo se passou. A manada parecia estar ali por uma eternidade, ruminando o musgo, andando por perto. Poulsson precisava agir. Após quase dois meses vivendo das refeições mais escassas desde que haviam chegado à Noruega, seus homens precisavam de alimento. Com a luz do dia indo embora, tinha de abater um animal rápido ou corria o risco de perder todos eles no escuro — e ficar preso no Vidda. Se caísse uma tempestade, como as tantas que os haviam assolado ao longo do último mês, sem abrigo e sozinho ao ar livre, sem dúvida morreria.

Determinado, ele desceu do matacão e rastejou pelo vale, escondendo-se atrás de cristas estreitas e suaves outeiros à medida que se aproximava. Quando estava perto, dois machos se separaram da manada. Poulsson ficou imóvel, ainda contra o vento e distante demais para que os animais pudessem distinguir seu anoraque branco naquele terreno. Assim que viraram para voltar a se juntar aos demais, ele se dirigiu a um pequeno monte que o poria ao alcance de atirar. Quando estava quase lá, escorregou e por pouco não desceu a encosta rolando, mas conseguiu se equilibrar.

Para uma rena, cuja sobrevivência depende da cautela, o ligeiro movimento na colina foi suficiente. Os dois machos pisotearam o chão e saíram em disparada rumo ao bando. A fuga deles incitou os demais. Com o martelar de cascos, o grupo todo desapareceu atrás de uma pequena elevação na direção do vale Grass.

Poulsson recostou na neve, toda força que ainda lhe restava como que se esvaindo de seu corpo. Praguejou para o céu vazio. Quando sua raiva se aplacou, seu desespero quase o levou às lágrimas. Ir atrás dos animais era inútil. Podiam ter debandado por uma distância grande demais para que chegasse antes do escurecer. Ele olhou para o platô elevado, cerca de um quilômetro ao norte. O bando menor continuava ali, pastando.

Cambaleando colina acima, juntou suas coisas e partiu rapidamente nos esquis. Quando a elevação do platô ficou muito íngreme, prosseguiu lentamente a pé. Não havia como saber a direção do vento assim que chegasse ao topo, mas rezava para sua presença não ser denunciada. Com o coração apertado, rastejou pelos últimos metros. Soerguendo o corpo com os braços, avistou cerca de trinta renas, o hálito delas criando uma nuvem de vapor que pairava acima do bando.

O vento no platô mudava a todo instante, deixando a manada inquieta. Os animais continuavam fora de alcance e podiam captar seu cheiro a qualquer momento. Com o rifle na mão direita, Poulsson rastejou palmo a palmo na neve. Em sua cabeça, planejava o tiro. Tentaria acertar a primeira rena no diafragma. A experiência lhe mostrara que, se a bala acertasse seu alvo, o animal desabaria suavemente na neve, como que dominado de repente pela necessidade de dormir. O bando talvez tomasse o estalo do rifle pelo som da lama congelada rachando. Então ele poderia dar ainda mais um ou dois disparos antes que as demais renas fugissem.

A distância era boa agora. Com cuidado, ergueu-se nos joelhos, fez mira, relaxou o dedo no gatilho e atirou. Seu alvo não tombou. O bando em pânico saiu correndo em direção ao pico do platô. Ele mirou outra rena e disparou, depois em outra. Nenhuma caiu. O rebanho continuou em movimento, deixando uma trilha de neve revolvida em seu caminho. E então desapareceram.

Levantando, Poulsson ficou confuso. Era impossível acreditar que errara todos os três tiros. Seguiu o rastro da manada, na direção para onde haviam fugido. A neve estava salpicada de sangue ao longo de três trilhas separadas. Seu Krag de fato acertara os alvos, mas a munição militar com cápsula metálica que Sørlie fornecera passara direto, em vez de se expandir com o impacto, como as balas de chumbo, mais macias, que normalmente usava para caçar. Ele não tinha ideia até onde poderiam ter corrido. A trilha de sangue mostraria.

Seguiu um rastro por uma centena de metros acima da crista do platô e encontrou uma fêmea ferida, seus cascos raspando na neve, numa tentativa de se erguer. Poulsson deu o tiro de misericórdia. O animal tombou, imóvel. Ele começou a seguir o rastro de sangue seguinte por uma curta distância, mas não demorou a dar meia-volta. Odiava deixar um animal ferido sofrendo uma morte lenta. Mas sua própria sobrevivência, e de seus homens, estava em jogo. Voltou até a fêmea. Era de um tamanho razoável. O alívio, e depois a alegria, o dominaram. Ficou maravilhado com sua boa sorte, alcançada a custo. Pela primeira vez em dois meses, sua equipe iria comer até a saciedade, e reviver.

Poulsson pegou sua caneca de lata na mochila e a encheu com o sangue que brotava do ferimento da rena. Bebeu com prazer, o calor se irradiando por seu corpo. Então drenou mais sangue em um pequeno balde antes de esfolar e trinchar a carcaça com uma faca e um machado. A cabeça e a língua, ricas em nutrientes e sabor, foram parar em sua mochila, seguidas do bucho — cujas quatro câmaras estavam cheias de musgo semidigerido. Depois separou coração, fígado, rins, costelas e pernas. Tirava fatias de gordura enquanto trabalhava e sorvia o tutano branco leitoso dos ossinhos perto dos cascos. Deixou os cortes de carne mais magros numa pilha na neve para buscar no dia seguinte. Antes de mais nada, seus homens precisavam de gordura e nutrientes.

Com mais de vinte quilos de rena em sua mochila, Poulsson tomou o caminho de volta para a Fetter. Estava exausto após todo o esforço do dia, mas a euforia com o resultado da caçada fez seu fardo parecer leve. A certa altura, cruzou com a manada que escapara; captando seu cheiro, as renas mais uma vez saíram em tropel.

A noite caiu antes que chegasse à cabana. Depois de limpar as mãos na neve, deixou a mochila diante da porta e entrou. Não disse nada para os outros, que presumiram que mais uma vez seus esforços haviam sido em vão. Lançaram-lhe um olhar compadecido, com pena dele, com pena de si mesmos. Haugland informou que a Gunnerside não apareceria naquela noite. Com o número de dias na fase da lua cada vez menor, as chances de que a missão fosse se iniciar naquele mês eram exíguas.

Momentos se passaram. Alguma coisa na expressão de Poulsson alertou os homens. Então Kjelstrup viu uma mancha de sangue no anoraque branco e deu um grito. Os homens correram para fora da cabana e Kjelstrup ergueu a mochila pesada, encharcada de sangue. Todos deram vivas.

Na noite seguinte, véspera de Natal, os quatro sentaram à mesa sob a luz de um lampião de querosene.[14] Como enfeite, haviam decorado um galho de junípero com pequenas estrelas de papel. Escutaram cânticos natalinos no rádio por um breve tempo, os fones de ouvido ligados a um prato de metal de modo que pudessem todos ouvir. Então o rádio foi desligado — precisavam economizar bateria. Jantaram língua e fígado de rena fritos, sopa de sangue com o musgo semidigerido do bucho, carne cozida e tutano. Helberg encontrara um pouco de truta salgada numa cabana próxima, um regalo extra.

Saciados, continuaram sentados, em silêncio. Poulsson deu baforadas em seu cachimbo e ficaram todos escutando os torvelinhos em torno da cabana. O vento sacudia o telhado de ferro corrugado e soprava lufadas de neve por baixo da porta. Um deles começou a cantarolar uma melodia. Logo estavam todos cantando uma canção que haviam aprendido na Escócia, "She'll be coming 'round the mountain when she comes" [Ela virá pela montanha quando vier].[15] Sem ousar pôr suas emoções à prova com uma canção norueguesa, ainda assim se sentiam como os reis da Noruega.

* * *

Em sua sala no terceiro andar do Victoria Terrasse em Oslo, o edifício coberto de bandeiras com a suástica, Fehlis examinava a petição de 14 de dezembro de Bjarne Eriksen, diretor-geral da Norsk Hydro.[16] Eriksen queria dois de seus homens, Torstein Skinnarland e Øystein Jahren, liberados da custódia imediatamente. Fehlis sabia que Terboven queria manter Eriksen feliz. Pouco tempo antes, ele dera um jantar no feriado em sua casa em Skaugum, previamente a residência real no subúrbio de Oslo, onde prometeu aos capitães de indústria reunidos, incluindo Eriksen, que, assim que a vitória fosse completa, a Noruega — e suas empresas — teria um futuro financeiro brilhante pela frente.[17] Até lá, a máquina de guerra alemã precisava da ajuda deles. O alumínio e o salitre fornecidos pela Norsk Hydro faziam com que manter Eriksen como aliado valesse a pena, mas havia outro recurso crucial da companhia — designado SH-200 — com que Fehlis tinha de se preocupar. Os sabotadores britânicos tinham claramente visado essa substância, e Skinnarland e Jahren eram fundamentais para revelar a rede de resistência na área.

Toda semana, 99,5% da água pesada pura era transferida do aparelho de alta concentração para recipientes de alumínio de cinco litros.[18] Estes eram embalados em engradados de madeira (quatro recipientes por caixa) e mandados por trem de Vemork para Mæl, por balsa através do Tinnsjø, depois por trem outra vez para o escritório da Norsk Hydro em Oslo. De lá, a Wehrwirtschaftsstab Norwegen se encarregava dos engradados. Eles recebiam novo rótulo para serem entregues na Hardenbergstrasse, 10, o quartel-general em Berlim do Departamento de Equipamentos Militares do Exército.

Assim que os engradados saíam da Noruega, deixavam de ser responsabilidade de Fehlis.[19] Até lá, seu trabalho era proteger de sabotagens Vemork e sua produção mensal de SH-200 de 150 quilos (e subindo). Ele contava com aliados em seus esforços. A Wehrmacht era responsável por fornecer homens para defender instalações industriais de importância significativa para o esforço de guerra e Vemork ficava em um dos primeiros lugares dessa lista. Após a operação fracassada com o planador, o general Falkenhorst visitara a fábrica e enviara uma série de diretivas sobre como prevenir futuras tentativas. Pontos de acesso tinham de ser identificados e equipados com minas e holofotes, alarmes sonoros deviam ser instalados e os guardas precisavam receber treinamento e submetralhadoras, granadas de mão e até socos-ingleses.

"Nossas equipes de segurança devem ser móveis e capazes de combater dentro da fábrica e suas salas", ordenou Falkenhorst.[20] "Devem ser capazes de perseguir rapidamente o inimigo, capturá-lo durante a fuga e subjugá-lo prontamente em um combate corpo a corpo." Ele também advertiu que "os facínoras escolherão precisamente a rota de abordagem mais árdua para se infiltrar nas instalações, pois é onde esperam se deparar com a menor proteção e as barreiras mais frágeis [...]. O inimigo passa semanas, até meses, planejando meticulosamente operações de sabotagem e não poupa esforços para assegurar seu sucesso. Consequentemente, também nós devemos recorrer a todo meio concebível a fim de frustrar seus planos e tornar sua execução impossível".

Mas não fazia o estilo de Fehlis depender de Falkenhorst. Seus interrogadores é que haviam arrancado dos cinco sabotadores britânicos levados a Grini os planos para o ataque a Vemork. Embora eles houvessem negado envolvimento norueguês, Fehlis estava determinado a esmagar qualquer rede de resistência de que viesse a tomar conhecimento, ou auxiliar alguma operação nesse sentido. Informantes já haviam fornecido os nomes dos irmãos Skinnarland, Einar e Torstein. Jahren, que fora torturado pela Gestapo, conduziu-os ao líder da Milorg em Rjukan, Olav Skogen. Se alguém sabia de algo, era Skogen. Que todos os quatro fossem empregados da Norsk Hydro não lhe passou despercebido. Na manhã de 27 de dezembro, Fehlis mandara seus homens prender Skogen.[21] Essa seria sua resposta para Eriksen e sua petição.

Uma caminhada de meia hora pela colina íngreme desde a margem do lago Møs revelava Einar Skinnarland entocado numa pequena cabana escura junto a um tênue e calmo regato.[22] A cabana, aninhada entre rochedos, era chamada Nilsbu, e se camuflava perfeitamente no terreno circundante. No inverno, ficava quase inteiramente sob a neve. No verão, ocultava-se muito bem em meio à espessa floresta de pinheiros. Se deitasse no chão, Skinnarland podia quase tocar as quatro paredes com os braços e pernas esticados. Não havia lugar onde se sentisse mais seguro. Duas famílias locais, os Hamaren e os Skindalen, forneciam-lhe alguma ajuda, tanto na obtenção de suprimentos como para ficar de olho nos alemães.

Desde que deixara a Céu Alto, Skinnarland ficara em grande parte por conta própria na Nilsbu. Ele comemorou a véspera de Natal com um "grande filé e panquecas", como escreveu em seu diário.[23] No mais, dia após dia se passou com apenas uma anotação rabiscada sobre a mudança no tempo: muita neblina, neve e ventos de leste e oeste. Tronstad lhe dera a opção de fugir para a Suécia, mas Skinnarland não queria ir, não com seu irmão sendo mantido refém dos alemães, não com Jahren na prisão, e tudo por causa dele. Ia ficar e fazer o que pudesse para ajudar na sabotagem de Vemork. Ele compreendia que se a pessoa errada o visse (e era bem conhecido na área), a Gestapo certamente cairia em cima dele.

Em 27 de dezembro, um telefonema para a fazenda Hamaren trouxe a notícia de Rjukan de que a Gestapo pegara Olav Skogen.[24] Desolado com a prisão de seu amigo, Skinnarland rumou para o lago Store Saure, a fim de informar a equipe Swallow. Depois de várias horas esquiando sob um cortante vento sudoeste, finalmente chegou à Fetter. Lá, encontrou Jens-Anton Poulsson mexendo numa panela de guisado: lombo de rena com pedaços de intestino, traqueia e gordura; pedaços de pelo flutuavam na superfície.[25] Skinnarland porém não teve pudores em partilhar da refeição e eles o convidaram para ficar por quanto tempo quisesse. Com a fase da lua chegando ao seu final e a oportunidade seguinte de saltar somente dali a um mês, a companhia vinha bem a calhar para os homens.

14. A guerra solitária, sombria

A 6 de janeiro de 1943, Tronstad estava trabalhando até tarde no alto-comando norueguês, a Kingston House. De tempos em tempos, relanceava o corredor na direção da sala vazia do tenente-comandante Ernst Marstrander. Alguns dias antes, após desembarcar Odd Starheim e quarenta outros homens na costa norueguesa para o início da Operação Carhampton, o navio de Marstrander se chocara com uma mina flutuante e afundara.[1] Toda a tripulação pereceu. "Ficamos cada vez mais empedernidos", escreveu Tronstad em seu diário, "e toda adversidade apenas nos estimula a redobrar os esforços."[2]

No período das festas, Tronstad sentira uma falta terrível de sua família.[3] Bassa escrevera antes do Natal, dizendo como seria difícil comemorar sem ele.[4] Um mensageiro trouxe algumas fotografias recentes dela e das crianças e Tronstad lhes mandou um pouco de café e chocolate quente. Mas não conseguiu escrever uma carta expressando a dor que sentia por estar longe deles. Em 29 de dezembro, Bassa enviou outra carta, pedindo-lhe para escrever logo. "Acha que a paz virá em breve?", ela perguntou.[5] "A melhor parte da vida se foi [...]. Sobre o que conversávamos antes, não sei, mas hoje em dia é só guerra e comida." Sidsel, agora com dez anos de idade, mandara sua própria carta: "Estamos bem de saúde, meu irmão e eu. A gente esquia bastante [...]. Tivemos um ótimo Natal, mas claro que teria sido muito melhor com você [...]. Não sabe como estou alta [...]. A gente tem um cachorro, ele parece que tem cabeça de raposa, corpo de ovelha, rabo de macaco, é esquisito demais [...]. Lembranças do Snoopi, do meu irmão e da mamãe. Vamos estar juntos outra vez".[6]

No início do ano novo, Tronstad respondeu, dizendo à filha que as fotos mostravam como estava "grande e linda" e depois, "estou passando bem e espero voltar em breve para casa, quando essa guerra horrível finalmente terminar. Não fique com medo de nada. Mantenha a cabeça erguida".[7]

Para incapacitar os alemães, Tronstad queria lançar operações diariamente contra eles, se pudesse.[8] A Carhampton prometia ser um golpe considerável contra a capacidade nazista de sugar os recursos críticos de seu país. A Gunnerside seria um golpe ainda maior. Embora o tempo ruim por todo o norte da Europa continuasse a impedir um salto, forçando a Swallow a aguentar o inclemente Vidda por mais tempo e permitindo o fortalecimento da segurança em Vemork, o tempo extra proporcionou a Rønneberg e seus homens semanas adicionais para treinar. Isso era um consolo, e, naquela luta sinistra, era preciso encontrar consolo onde quer e quando quer que a oportunidade se apresentasse.

Em uma cela pequena e desguarnecida, de número D2, na Møllergata, 19, Olav Skogen aguardava a chegada de seus torturadores.[9] Uma antiga central de polícia, a robusta estrutura românica, que se parecia com um bolo de casamento um pouco achatado, agora servia como prisão da Gestapo. Repetidamente, Skogen prometia a si mesmo que não se deixaria dobrar. Estava no seu direito e seus torturadores seriam um dia julgados por seus crimes. Nunca deveria revelar o que sabia e quem conhecia, nem uma palavra sobre Milorg, Rjukan, Swallow, Skinnarland. Nem um único nome escaparia de seus lábios. Manter o silêncio era a única luta que lhe restara nessa guerra. Ele sabia disso agora. Aceitava isso. Não cederia.

Duas semanas antes, fora a Bergen para examinar alguns contratos para a Norsk Hydro. Quando entrou na sala, foi recebido com uma arma apontada para seu rosto. Levado para um carro à espera, praguejou contra si mesmo por não ter se escondido após as batidas em Rjukan. Fora estúpido e abusara da ousadia.

Na prisão de Bergen, um suboficial da Gestapo tentou fazê-lo confessar seu envolvimento clandestino na resistência. "Não estou envolvido em nenhuma atividade ilegal", disse Skogen.

195

O oficial deu de ombros. "Temos gente para obter a informação que estão procurando." Dizendo isso, jogou-o numa cela, para cozinhar.

Skogen sabia o que o aguardava. Em círculos da resistência, relatos de tortura da Gestapo eram comuns. Em sua segunda noite, olhando pela janela da cela, perguntou-se se deveria se suicidar com as pílulas que Skinnarland lhe dera. Seria a melhor maneira de assegurar que os alemães não conseguiriam arrancar nada dele e se pouparia um bocado de dor. Tomando uma decisão, tirou as pílulas que haviam sido costuradas no bolso do peito, segurou-as na mão, largou-as no chão e as esmagou com a bota. Os alemães que se encarregassem de matá-lo.

No dia seguinte, véspera de Ano-Novo, levaram-no para Oslo, depois para a Møllergata, 19. Colheram suas impressões digitais, bateram fotos e tiraram seu cinto e cadarços. Houve um breve interrogatório inicial — muitas ameaças gritadas, mas nada de surra. "Essa prisão é um mal-entendido", disse Skogen. Ele foi jogado em uma cela e recebeu nacos de pão amanhecido para comer. Aguardou dia após dia, mas ninguém apareceu em seu canto escuro e solitário da prisão.

Então, na noite de 11 de janeiro, a porta de ferro de sua cela foi aberta. Ele foi algemado e levado pelas ruas desertas de Oslo para o Victoria Terrasse. Os guardas o conduziram por quatro lances de escada até uma sala com vários membros da Gestapo a sua espera. Na parede oposta à porta havia um retrato de Adolf Hitler. Skogen foi obrigado a sentar em um banquinho perto de uma mesa. O interrogador-chefe, um sujeito com pescoço de touro, sobrancelhas grossas e maxilar projetado, como que pedindo para levar um soco, sentou do outro lado da mesa e perguntou em alemão: "Nome?".

Skogen falava alemão perfeitamente, mas não precisavam saber disso. "Intérprete?", pediu.

Os homens suspiraram. Então um membro da Gestapo, que falava norueguês, começou a traduzir para Pescoço de Touro. Ele perguntou a Skogen se conhecia dois nomes: Øystein Jahren e Einar Skinnarland.

"Conheço", disse Skogen. Provavelmente acharam que o jogo terminara.

"De onde?", perguntou Pescoço de Touro.

"Da Associação Esportiva de Rjukan", disse Skogen.

"Essa é a primeira mentira!", berrou Pescoço de Touro, com o rosto vermelho. Ele olhava para o intérprete, que traduzia.

Skogen disse: "Não estou mentindo".

Seguiram-se perguntas sobre Einar Skinnarland. Skogen alegou ignorância. Pouco depois, um alemão alto e de constituição atlética vestindo agasalho esportivo entrou na sala e a tortura começou. Os homens enrolaram a perna da calça esquerda de Skogen e puseram sua perna em um torno de bancada. As mandíbulas eram meias-luas de aço afiadas.

"Vai confessar agora?", perguntou Pescoço de Touro.

"Não tenho mais nada a dizer", afirmou Skogen.

Agasalho girou o mecanismo do torno, espremendo a perna de Skogen entre os dois mordentes.

"E agora?", perguntou Pescoço de Touro.

Skogen fez um esgar e abanou a cabeça. Agasalho apertou mais. As meias-luas se enterraram em sua canela e na panturrilha, deformando sua perna. Ele gemeu.

"A gente não vai parar enquanto não tiver espremido a verdade de você", disse Pescoço de Touro.

Repetidas vezes, Agasalho girou o mecanismo. Skogen viu luzes brilhantes, com a dor, e sua perna adquiriu um violento matiz de roxo. Acabou caindo do banquinho. Os homens começaram a bater nele com cassetetes de borracha, golpeando seus pés descalços, as pernas e as costas. Então o puseram de volta no banco.

"Fale! Última chance!", gritou Pescoço de Touro.

Skogen abanou a cabeça. Não falaria. Nem uma palavra. Essa era sua guerra solitária agora. Iria vencê-la.

Agasalho soltou a perna esmagada do torno e um choque de agonia sobreveio. Então Pescoço de Touro pegou uma vara de bambu pendurada na parede e bateu em seu peito, suas costas e seus ombros até ele ficar sem ar. "Conte o que sabe!" Deram socos em seu rosto. Quando caiu do banquinho outra vez, arrastaram-no pelos cabelos. Depois bateram nele seguidamente com porretes e bastões. Ele continuou em silêncio. Após um tempo, tudo ficou escuro e ele desmaiou. Encerrando por ora, seus torturadores relataram aos superiores no andar de baixo sobre o fracasso do "interrogatório veemente".[10]

Agora, já fazia três semanas que os cinco Royal Engineers sobreviventes da Operação Freshman eram mantidos em confinamento solitário em Grini. Tendo extraído deles a informação que pôde, Fehlis ordenou que fossem fuzilados. Em 19 de janeiro, os britânicos foram informados de que teriam de comparecer perante uma comissão militar antes de serem enviados a um campo de prisioneiros na Alemanha.[11] Em lugar disso, soldados os levaram por duas horas a norte através da neve pesada e do gelo. Chegaram a Trandum, uma área arborizada que a Gestapo usava para executar prisioneiros políticos e enterrar seus corpos. Os homens foram levados para a floresta com os olhos vendados, cada um flanqueado por dois alemães, então receberam ordem de parar. Eles não sabiam, mas seus pés estavam à beira de um túmulo, escavado antes por seus executores.

Entre eles, com o mesmo suéter azul de gola rulê e calça que recebera na Escócia, estava Wallis Jackson. No bolso do rapaz de 21 anos havia um belo lenço bordado em vermelho, obviamente presente de alguma pessoa que o amava. Ouviu-se o som de botas ao redor. Eles escutaram fuzis sendo engatilhados. À ordem de fogo, o pelotão fuzilou os soldados britânicos, depois os enterrou numa vala comum.

Encolhido em seu saco de dormir em mais uma gelada manhã de janeiro na Fetter, Poulsson observava o vapor em seu hálito.[12] As peles de rena penduradas sobre as tábuas rústicas da cabana não conseguiam manter o frio do lado de fora, e uma grossa camada de geada cobria o teto e as paredes. Às sete e meia, enquanto os outros ainda dormiam, ele saiu do saco de dormir. Era sua vez de preparar o desjejum. Acendeu o lampião de querosene e, sentando em banquinho, enfiou lascas de bétula no fogão. Quando a madeira começou a estalar, acrescentou duas toras. O fogão esquentou. Ele pôs em cima uma panela de mingau misturado a uma pasta feita de ossos de rena moídos e cozidos por dois dias. Enquanto cozinhava, se vestiu. Então pegou o machado ao lado da porta e saiu.

A poucos passos da cabana havia uma área que parecia um matadouro. Sangue cobria a neve e havia uma pilha de buchos de rena junto à parede da cabana. O musgo semidigerido no estômago do animal era a única fonte de vitamina C e carboidratos de que dispunham. Poulsson cortou um pedaço, depois voltou para a cabana. O gelo nas paredes e no teto já começava a derreter. A água pingava em seu rosto e se juntava em poças no chão. Ele mexeu o mingau, esquentou a carne do órgão em outra panela e começou a fazer café. Quando terminou, chamou os demais para a mesa.

Eles emergiram da penumbra, grunhindo e resmungando. Ninguém ali tomava um banho em meses e só Haugland insistia em se barbear. Com a longa barba ruiva e o rosto encardido, Kjelstrup parecia mais uma fera do que um homem.

Vestiram suas roupas e dois deles deram uma rápida saída com as botas desamarradas, para se aliviar. Ao voltarem, tomaram seus lugares de costume à mesa: Poulsson perto do balcão da cozinha, Haugland do outro lado, Helberg e Kjesltrup espremidos de um lado e Skinnarland diante deles.

Conversaram pouco conforme comiam: mingau, lombo com faixas de gordura e miúdos. Nas semanas passadas desde que Poulsson matara sua primeira rena, haviam virado conhecedores do animal. Só pelo gosto eram capazes de diferenciar um macho velho, um novilho e um filhote pequeno. Gostavam mais do primeiro, porque o sabor era mais rico. A gordura da pálpebra e o tutano eram as maiores iguarias, e *gørr* — sopa feita com o conteúdo do bucho, rico em musgo, misturado com carne, sangue e água — era também um de seus favoritos. Falando francamente, não faziam discriminação. Comiam coração, rins, fígados, laringe, cérebro, língua, nervos dos dentes, olhos, nariz, cada fiapo de carne que restasse nos ossos, e depois os ossos também. Com exceção dos cascos, chifres e pele, nada escapava de seus pratos.

Quando a aurora surgiu pela janela a leste, apagaram o lampião. Após o café da manhã, Poulsson e Skinnarland saíram para espiar o tempo. A noroeste da Fetter, nuvens pesadas e cinzentas pairavam acima dos picos montanhosos. "Tempo péssimo", disse Skinnarland.[13]

"Sem operação hoje", respondeu Poulsson, sabendo por experiência que as nuvens eram um prenúncio de que não haveria aviões vindos da Grã-Bretanha.

Quando a fase da lua em dezembro terminou, haviam passado duas semanas indo e vindo de esqui pelo Vidda em meio à neve pesada e ao açoite dos ventos. Rastrearam renas, asseguraram as baterias recarregadas para o aparelho de radiotelegrafia e o sinalizador Eureka, buscaram mais equipamento de seu depósito no vale Songa e coletaram inteligência sobre Vemork. Às vezes passavam a noite longe da Fetter, invadindo cabanas ou, se pegos ao ar livre, dormindo em grutas de neve escavadas às pressas.[14] Por meio de fontes em Oslo, Skinnarland sabia que Olav Skogen estava sendo torturado e também que permanecera bravamente calado.[15] Se não fosse por isso, os alemães estariam varrendo o Vidda em aviões e patrulhas de esqui, caçando-os.

Em 16 de janeiro, quando o novo período de prontidão começou, Tronstad enviou uma mensagem: "Tempo ainda ruim mas rapazes ansiosos por se juntar a vocês".[16]

Enquanto aguardavam que o tempo melhorasse, os dias se fundiam uns nos outros. Cortavam lenha, caçavam, cozinhavam e ficavam ao lado do aparelho de rádio, ansiosos por notícias. Às quatro da tarde, todos os dias, com o céu começando a escurecer, sentavam em torno da mesa para jantar. Poulsson ficara sem tabaco para o cachimbo, então ao menos o ar estava livre de fumaça. Depois de comer, enfiavam-se em seus sacos de dormir para passar mais uma noite sob tempestades furiosas que ameaçavam destruir a cabana.

Havia explosões de raiva por motivos mesquinhos.[17] Um homem era acusado de não manter a cabana em ordem. Outro não se levantava cedo o bastante para preparar o café da manhã. Outro não conseguira fazer a lenha úmida queimar no fogão. Apertados no espaço pequeno, isolados da civilização, e sempre com frio, molhados, cansados ou faminto, os homens podiam facilmente ter permitido a escalada desses conflitos. A presença de Skinnarland ajudava. Durante o período de espera, só ele podia se aventurar longe da Fetter, e após quilômetros esquiando parecia sempre voltar de bom humor, muitas vezes com uma barra de manteiga ou alguns damascos secos que acrescentava ao guisado de rena para incrementar o sabor.

Sem Poulsson, a equipe teria vindo abaixo. Durante os curtos dias, ele mantinha os homens ocupados com tarefas, mas eram as noites, estendendo-se por dezesseis horas, o verdadeiro perigo. Não conseguiam dormir o tempo todo e não dispunham de querosene nem de velas para manter a cabana iluminada durante a noite a fim de se distrair entalhando madeira, jogando baralho e coisas assim.

Certa noite, para ocupá-los, Poulsson discorreu longa e minuciosamente sobre a arte de caçar. Isso inspirou Kjelstrup a instruir os demais na ciência do encanamento. Haugland palestrou sobre rádios e Skinnarland deu uma aula sobre como construir represas. Tendo explicado como os diferentes lugares do Vidda receberam seus nomes, Helberg então se revelou um poeta razoável. Sua descrição de Kjelstrup fizera a cabana explodir às gargalhadas. "Como número três da turma/ Temos Arne, oh, que demônio/ Um expert em aquecimento e instalações sanitárias/ Odeia o gelo e o clima no inverno/ Mas sabe o que fazer à noite/ Dorme usando a balaclava."[18] Quando ficaram sem temas de palestra e poemas, conversaram sobre suas vidas domésticas e suas famílias.[19] Em vez de separá-los, as noites de inverno desse modo os uniram ainda mais. Mesmo assim, não podiam ficar ali para sempre.

Pela janela de um bombardeiro Halifax, Haukelid avistou enfim as ondas estourando contra a linha costeira norueguesa.[20] Sacudindo dentro da fuselagem, ele mantinha seu olhar treinado fixo na paisagem. Viu um barco pesqueiro e se perguntou se seu capitão teria escutado o ronco do avião no céu — quem sabe sua lanterna balançando fosse um sinal de boas-vindas. Para evitar o radar alemão, o piloto voou baixo acima dos vales na direção do lago Store Saure. As florestas e montanhas estavam tão claras sob a lua brilhante quanto haviam estado durante o dia. O navegador não deveria ter problemas em encontrar o local do salto numa noite perfeita como essa, 23 de janeiro.

A equipe Gunnerside ficara por tanto tempo em Gaynes Hall que seus funcionários gracejavam que podiam fazer parte da mobília. Mas para homens que acordavam toda manhã sem saber se aquele seria o dia, a piada já não tinha mais graça.

Haukelid permanecia tenso quase o tempo todo. Qualquer adiamento significava mais sofrimento para Poulsson e sua equipe. Eles ficariam sem rações e sobrevivendo apenas com o que conseguissem caçar. Ele sabia muito bem das exigências que o Vidda impunha aos que ousassem passar até mesmo um dia ali, no inverno. Seus amigos já estavam lá havia meses.

Rønneberg usara bem seu tempo.[21] A equipe toda examinara inúmeras vezes os desenhos e fotografias de Vemork, de modo que, na fase lunar de janeiro, seus homens seriam capazes de esboçar as plantas arquitetônicas do local eles mesmos. Sabiam a localização de cada janela e túnel de acesso. Sabiam em que direção as portas se abriam e se eram feitas de madeira ou aço, e que lugares da fábrica podiam escalar sem que os suportes ou o equipamento cedessem. Sabiam quais cercas eram eletrificadas, onde o destacamento de cobertura devia se posicionar para ter o melhor campo de visão para disparar enquanto a equipe de demolição montava os explosivos. Sempre que uma nova dúvida surgia, uma carta era despachada para Tronstad.

Agora, sentados em silêncio no Halifax, os seis homens olhavam para o suboficial à espera do sinal de que se aproximavam do ponto do salto.[22] Bebiam chá para se manter aquecidos. Mais duas horas se passaram.

O avião ziguezagueou pelo Vidda. Seu piloto comunicou a Rønneberg que não conseguia ver ainda nenhum sinal do grupo de recepção. Nuvens baixas e dispersas haviam se espalhado pelo céu e a neblina cobria os vales. O Halifax desviou de volta na direção da costa para permitir que seu navegador determinasse novamente a posição deles; então voltaram para a zona do salto. Pela janela de estibordo, Haukelid viu o lago Langesjå. O suboficial avisou que se preparassem para pular e a escotilha na fuselagem se abriu. Uma advertência de seis minutos foi emitida.

Mas nenhuma sinalização para que saltassem veio. O navegador não conseguia determinar o local da descida. Haukelid queria ir de todo modo. Rønneberg também. O Vidda passava abaixo deles. Insistiram com o piloto que pulariam às cegas e iriam "farejar o caminho até a pista de dança", mas ele não permitiu, temendo que pudessem estar longe demais do lago Store Saure.[23] O vento soprava pela abertura, deixando os homens duros de frio. Mesmo assim, o Halifax continuava a circular.

Após a meia-noite, foram informados de que o avião estava ficando sem combustível e que precisavam voltar à Grã-Bretanha. Foi como se uma cratera se abrisse em seus corações. Regressar prestes a entrar em ação em sua terra natal... simplesmente eram incapazes de aceitar isso.

De repente, houve uma salva de fogo antiaéreo. O céu em torno do avião se iluminou com o que pareceram fagulhas. O Halifax se inclinou abruptamente da esquerda para a direita, tentando evitar o fogo de barragem, fazendo a equipe Gunnerside rolar pela fuselagem. O avião foi atingido numa asa e sacudiu violentamente. Um dos motores pegou fogo e parou. Com a saraivada de projéteis continuando, o Halifax entrou em parafuso. Mais um motor pifou.

Depois tudo foi silêncio, a não ser pelo zumbido dos dois motores restantes. Haviam escapado. O Halifax continuou através do mar do Norte, voltando precariamente.

Naquela noite, em um cume de colina com vista para o extremo norte do lago Store Saure, Einar Skinnarland se debruçava com esforço sobre a manivela do gerador que conectara ao Eureka no lugar da bateria descarregada.[24] Seus braços doíam e ele estava esgotado após esquiar mais de 110 quilômetros em três dias para buscar o gerador — voltando bem a tempo. Uma hora antes, a lua amarela ainda visível, haviam escutado um avião passar no céu. Poulsson e Kjelstrup desenharam um L com lanternas no lago, mas ninguém aterrissou. Pouco depois, uma neblina gelada desceu sobre o Vidda. Se o avião voltasse, o sinalizador era agora a única chance de que o navegador os encontrasse, e o gerador manual, o único modo de ligá-lo.

Enquanto Helberg escutava no headset, Skinnarland girava a manivela. Às três da manhã, após horas de espera, a equipe finalmente abandonou as esperanças de que a Gunnerside estivesse a caminho. Congelando e exaustos, voltaram para a Fetter e desabaram.

Ao longo dos dias seguintes, tempestades bloquearam o sol e sopraram pelo Vidda. Em 28 de janeiro, Haugland decifrou a mensagem de Tronstad que sabiam que chegaria: "Lamentamos muito condições do tempo tornaram impossível descer equipe. Torcemos para que consigam aguentar até próximo período de prontidão, 11 de fevereiro. Voltem para cronograma normal [operações de radiotelegrafia]. Cuidem-se".[25]

Poulsson e seus homens sabiam o que fazer: sobreviver, manter contato por rádio e coletar a mais recente inteligência de Vemork. Suas breves anotações no diário falavam da labuta constante, monótona, e do isolamento de um inverno que era muito pior do que qualquer outro que já houvessem experimentado antes. De Poulsson: "29 de janeiro — Skinnarland e Kjelstrup partiram para Lie. 31 de janeiro — Aniversário de Helberg. Ele comemorou com uma viagem para [recarregar] a bateria vazia. 1º de fevereiro — Tempo pavoroso ontem à noite. 3 de fevereiro — Helberg voltou e trouxe um pouco de comida. 6 de fevereiro — Tempo pavoroso".[26] Skinnarland anotava o clima e as distâncias percorridas quase diariamente.[27] Registrou o trajeto da Fetter para o lago Møs e para a Céu Alto, ida e volta, repetidas vezes, em geral dezesseis quilômetros diários, todos os dias, o vento soprando constantemente — a única variação sendo para que lado soprava.

Com a aproximação do período de prontidão seguinte, os homens chegaram ao seu limite — ou além.[28] Tinham carne de rena à vontade, mas seus corpos sofriam com a falta de diversidade nutricional. O frio, o esforço constante, a tensão — tudo isso também cobrou seu preço. Sempre havia alguém doente, fosse com dor de barriga, febre, dores musculares, edema, fosse de pura exaustão. Certa manhã, longe da Fetter, Skinnarland pegou-se quase sem conseguir mexer as pernas. Ficou entocado onde estava por dois dias até suas forças voltarem. Haugland, que acordava toda noite para contatar a Home Station, pegou uma terrível gripe. Mesmo assim, manteve o cronograma, teclando mensagens de radiotelegrafia com pontos e barras à luz fraca de uma vela enquanto seu corpo tremia de febre.

A 11 de fevereiro, um vento sudoeste gelado soprou contra a Fetter, seguido de mais uma nevasca que os deixou presos na cabana por dias. Às vezes, seus pensamentos ficavam sombrios. Ao contrário de soldados no front, cuja coragem era testada na urgência da batalha, os cinco homens na Fetter estavam combatendo a inexorabilidade da passagem do tempo e o implacável e impessoal Vidda. Houve momentos em que quiseram entregar os pontos. Chega de esperar. Chega de frio. Chega de fome, cansaço, vento, neve. O conforto de suas famílias estava a apenas um dia de distância, esquiando. Poderiam facilmente voltar para casa, dormir em suas velhas camas, comer à mesa de seus pais.

"Qual o sentido disso tudo?", perguntava-se Poulsson, enrodilhado com os demais na cabana fria e escura. "Qual o sentido de ficar sofrendo nas montanhas? Qual o sentido de levar a cabo o trabalho de que fomos incumbidos? Havia alguma chance de dar certo e escaparmos com vida?"[29] Ele não ousava dizer esses pensamentos em voz alta. Mas isso não os tornava menos reais.

15. A tempestade

Após a tentativa fracassada de saltar em janeiro, Rønneberg insistiu que os homens da Gunnerside tirassem um descanso de Gaynes Hall.[1] Enquanto esperavam a próxima fase da lua, passaram duas semanas em um solitário chalé de pedra junto ao lago Fyne, no oeste da Escócia. Propriedade de um antigo oficial de inteligência e amigo do coronel Wilson, o lugar não tinha eletricidade e era acessível apenas de barco ou a pé, atravessando os charcos. Cercado por montanhas, era o local de treino ideal — muito mais rústico que os amenos prados em torno de Cambridgeshire. Os seis faziam caminhadas diárias com as mochilas cheias, para acostumar os músculos ao terreno que enfrentariam no Vidda. Quando não estavam caminhando, pescavam salmão e caçavam focas e cervos. Seu período na Escócia tanto os preparou fisicamente como os deixou mais próximos, enquanto equipe.

Em 12 de fevereiro, voltaram para Gaynes Hall. A janela para partir estava aberta, mas se a Noruega estivesse sendo assolada pela mesma chuva e ventos fortes da Grã-Bretanha, não iriam tão cedo. No primeiro dia após voltarem, Tronstad os procurou para examinar a informação mais recente da Swallow. Eles haviam temido que a longa demora em lançar a operação proporcionasse ao inimigo tempo para reforçar a segurança em Vemork, e foi isso que aconteceu. "Tropas alemãs se juntaram às austríacas. A força de guardas em Vemork aumentou para trinta homens", informou a Swallow.[2] "Vigilância dupla na ponte. Durante alarme de ataque aéreo, completo estado de prontidão." Desde o desastre da Freshman, os alemães haviam ampliado as guarnições no lago Møs de dez para quarenta homens; em Vemork, de dez para trinta; e em Rjukan, de 24 para duzentos.[3] Esses reforços eram na maior parte soldados alemães de elite. Uma bateria antiaérea fora instalada no lago Møs. Duas estações D/F buscavam constantemente transmissões de rádio e vários investigadores da Gestapo ficavam sempre à mão em Rjukan, farejando possíveis problemas.

Os alemães também haviam instalado campos minados adicionais por Vemork, distribuído holofotes pelo terreno e posicionado reforços no topo das tubulações e na ponte suspensa. Patrulhas operavam 24 horas. A fortaleza de inverno estava preparada para um ataque em larga escala. Todas essas defesas aumentadas indicavam a importância do programa atômico para o esforço de guerra nazista, e contudo a recente inteligência colhida por Tronstad e Welsh com seus espiões não pintava mais que um retrato vago da obstinação com que seguiam atrás de uma bomba.

Paul Rosbaud, também conhecido como Grifo, passou a informação de que um membro do círculo íntimo de Hitler, Albert Speer, confiscara o programa alemão, mas Rosbaud não tinha certeza do que isso significava para o status do programa.[4] Ele também sublinhou a intenção de Heisenberg de construir um reator autossustentável, a despeito da explosão que arruinara seu experimento mais recente.

Harald Wergeland, o professor da Universidade de Oslo que Tronstad recrutara como espião, contou de uma reunião com um físico alemão que afirmava que a pesquisa deles se concentrava em construir uma máquina geradora de energia, não uma bomba.[5] Qualquer arma desse tipo não passava de um sonho remoto, disseram a Wergeland. Nicolai Stephansen, um executivo da Norsk Hydro que recentemente fugira para Estocolmo, ratificava a informação. Ele entregou um relatório relatando a contínua demanda por água pesada em Vemork. Porém, pelas conversas que havia tido com cientistas alemães na sede da Norsk Hydro, o aumento da produção "não se destinava ao uso em bombas ou qualquer outro tipo de imoralidade ligada à guerra".[6]

No entanto, os mensageiros também chegaram com recados cifrados de Njål Hole, um físico norueguês de 29 anos. Tronstad encorajara Hole a entrar para o Departamento de Física do Instituto Nobel da Real Academia de Ciências Sueca para espionar quaisquer alemães que visitassem ou trocassem correspondência com seus membros. Entre os cientistas ilustres do instituto estava Lise Meitner, cuja estreita colaboração com Otto Hahn ajudara a levar a sua descoberta da fissão. Em janeiro, Hole enviou uma mensagem detalhando tentativas recentes em Berlim de separar os isótopos de urânio com centrífugas. Também informou sobre a afirmação inequívoca de um físico alemão envolvido no programa de que seus conterrâneos "pretendiam fazer bombas de urânio".[7]

Tronstad não compartilhou nenhum desses relatórios conflitantes com Rønneberg e sua equipe. Vemork era o único alvo identificável divulgado para eles em seu esforço de impedir os alemães de obter uma bomba capaz de aniquilar uma cidade de uma só vez.

A chuva martelava o teto do caminhão quando ele parou no aeroporto de Tempsford.[8] As portas traseiras se abriram e a equipe Gunnerside emergiu usando trajes camuflados brancos e gorros de esqui, as armas penduradas ao lado do corpo. Atravessaram a pista até o Halifax, onde Tronstad estava à espera. "Aconteça o que acontecer, vocês devem executar o serviço", ele lhes disse.[9] "Quaisquer que sejam os problemas que tiverem, pensem no serviço. Essa é sua principal responsabilidade." Desejou-lhes sorte, e subiram no avião. Tomaram seus lugares, espremidos dentro da fuselagem com todo seu equipamento, que incluía um arsenal de cargas de meia libra do Nobel 808, fios detonadores, estopins, temporizadores e detonadores-lápis. Às 19h10 do dia 16 de fevereiro, o avião trovejou pela pista e alçou voo. Acima do mar do Norte, as nuvens desapareceram, revelando a água iluminada pelo luar abaixo.

Após quatro dias em Gaynes Hall, cada um deles trazendo a notícia de "Sem operação hoje", finalmente receberam o chamado para ir, a despeito do clima.[10] Durante a reunião de instrução com os tripulantes, tanto Rønneberg quanto Haukelid deixaram claro que se o navegador fosse incapaz de avistar o novo local do salto (Bjørnesfjord, um dos maiores corpos de água no Vidda e a uma curta viagem de um dia do ponto onde a Swallow aguardava, na Fetter), deveriam ser chamados à cabine para ajudar. Também disseram ao grupo que, avistando as luzes de recepção da Swallow ou não, tendo ou não segurança quanto à posição, pulariam nessa noite. "Encontraremos nós mesmos o caminho até o chão", disse Rønneberg.[11]

"Dez minutos", avisou o piloto pouco antes da meia-noite, quando o Halifax passou sobre o Vidda.[12] A equipe se preparou para o salto. Finalmente, dois minutos após o início do novo dia, a luz de advertência mudou para verde.

Rønneberg foi na frente, desaparecendo em meio à escuridão e ventania. Em rápida e firme ordem, quatro dos cinco homens restantes e diversos recipientes se seguiram.

Então Knut Haukelid se aproximou da beirada do buraco, o coração martelando no peito. Por mais que houvesse praticado na STS 51, a escola de paraquedismo, seu nervosismo em saltar nunca diminuíra. Quase quatrocentos metros era um bocado de ar para atravessar, e era impossível saber que perigos havia no solo. Uma equipe da Kompani Linge pulara dentro de um lago, atravessara o gelo fino e se afogara. Cada segundo de demora o deixava mais distante dos outros.

Haukelid então viu que a corda que liberava seu paraquedas estava enrolada na perna do suboficial que sinalizava o salto. Se ele pulasse, o homem iria junto. Rapidamente, Haukelid se levantou, empurrou o homem para liberar a corda e depois, sem mais hesitação, saltou. Um momento mais tarde, seu paraquedas se abriu, e, com um tranco abrupto, ele foi momentaneamente erguido pelas correias em seu ombro. Dezesseis outros paraquedas, ligados a recipientes e pacotes de equipamento, desciam ao seu lado.

Ele aterrissou num declive nevado, recolhendo o paraquedas antes que o arrastasse pelo terreno. Um dos pacotes de suprimento que teve esse destino foi carregado através da neve por mais de um quilômetro. Encontraram-no alojado em uma fenda de gelo. Alguns passos para a esquerda e o vento teria continuado a levar seu conteúdo essencial — três mochilas e sacos de dormir — longe demais para encontrar.

Reuniram-se rapidamente. Rønneberg perguntou a Haukelid se sabia onde estavam. Ele conhecia muito bem o Vidda. "Podemos estar na China, pelo que eu sei", brincou Haukelid, mas, dada a extensão de terreno plano cercado por montanhas, suspeitou que haviam aterrissado exatamente no alvo.[13] Por um breve momento, ficou sentado, segurando uma bola de neve na mão, saboreando o regresso à Noruega, finalmente.

Então a equipe pôs mãos à obra.[14] Primeiro enterraram os paraquedas. Depois Storhaug, que era o esquiador mais resistente, fez um reconhecimento pela área, enquanto os outros cinco começavam a localizar os recipientes. Um pouco depois, Storhaug voltou com a notícia de que encontrara uma cabana a pouco mais de um quilômetro. Por várias horas a seguir, recolheram os recipientes e os puseram numa comprida vala escavada na neve. Enfiaram varas em torno do depósito para marcar a localização e usaram um mapa e uma bússola para se situar no território. Quando terminaram, a neve caindo constantemente obscurecera quase todos os sinais de sua chegada.

Ao amanhecer, chegaram à cabana vazia. Para entrar, tiveram de arrancar o batente com um machado. Era um lugar espaçoso, com um mezanino para dormir, cozinha bem equipada, lareira, área de estar e uma pilha de lenha de bétula. Teria dado um bom lugar para se esconder por alguns dias, mas não dispunham desse tempo: precisariam partir logo para a Fetter. Após um breve cochilo, voltaram ao depósito e separaram armas, equipamento, explosivos e comida de que precisariam para a sabotagem. Quando a missão estivesse cumprida, viriam buscar suprimentos extras para a fuga até a Suécia.

Às seis da tarde, Rønneberg os conduziu para o leste, bússola na mão. Segundo seus mapas, 24 quilômetros separavam Bjørnesfjord do lago Store Saure. Carregavam cerca de trinta quilos cada nas costas e puxavam dois tobogãs de equipamento, cada um com cinquenta quilos. Seis quilômetros adiante, os ventos aumentaram, soprando às suas costas. Pouco depois, foram pegos numa tempestade que varreu o platô com violência incontrolável. Cada vez que deslizavam em seus esquis, os ventos de oeste sopravam com força redobrada, e a visão ficou muito comprometida.

Avançando penosamente, Rønneberg topou com um galho se projetando na neve. Achou curioso mas continuou em frente, e se deparou com outra vegetação rasteira cerca de duzentos metros adiante. Se estavam mesmo atravessando o Bjørnesfjord — um golfo —, aquelas plantas não podiam estar ali. Então caiu em si: não haviam descido no local pretendido.

Ele parou e os outros se aproximaram. Em meio à ventania, berrou: "Precisamos voltar para a cabana e...".[15] O resto se perdeu na tempestade.

Começou a voltar na direção de onde tinham vindo. Os outros foram atrás. Agora iam direto contra o vento, e gelo e neve golpeavam seu rosto. As rajadas tornavam quase impossível respirar sem proteger a boca com as mãos. A visibilidade a zero e o rastro deles apagado, Rønneberg os conduziu apenas com o uso da bússola.

Seguiram adiante, arrastando o equipamento pela neve. A escuridão era impenetrável e o frio, opressivo. Se deixassem de ver a cabana a poucos passos tanto de um lado como do outro, continuariam indefinidamente avançando pelo Vidda, nas garras da tempestade.

* * *

A imensa nevasca envolveu a Fetter.[16] Dentro da cabana, a equipe Swallow e Skinnarland estavam preocupados. Na manhã do dia 16, o tempo claro sobre as montanhas circundantes dera-lhes esperanças de que a Gunnerside começaria nessa noite. Pouco depois, Haugland recebeu o sinal crepitante "211" no aparelho de radiotelegrafia — o código previamente combinado com a Home Station de que o salto estava em andamento.

Poulsson conduziu sua equipe para o Bjørnesfjord. Ligaram o Eureka e prepararam as luzes, mas à parte escutaram o zumbido distante dos motores, não houve sinal do avião nem da equipe de paraquedistas.

Durante toda a noite do dia 17, a nevasca continuou, quase soterrando a cabana. Conversaram sobre a possibilidade de enviar um grupo de busca ao Bjørnesfjord, mas Poulsson a desaconselhou. Não daria para enxergar um palmo adiante do nariz naquele tempo. Além do mais, duvidava que a Gunnerside tivesse saltado em algum lugar perto do alvo. Teriam de esperar até a tempestade amainar. Mas, a cada hora que passava, a nevasca parecia apenas ficar mais furiosa e mortífera. Encolhidos em seus sacos de dormir, as paredes da Fetter engrossando com o gelo, eles tremiam e receavam o pior.

Rønneberg tirou o mapa emoldurado da parede.[17] Algumas horas antes, ele e sua equipe tinham topado às cegas — aparentemente por milagre — com a exata cabana que estavam procurando. Batendo os pés duros de frio e tentando aliviar a geladura do rosto, tinham perfeita consciência de que haviam escapado por pouco de perecer no Vidda. Enquanto os demais dormiam, Rønneberg se encarregou do primeiro turno de guarda, embora fosse difícil acreditar que houvesse alguma ameaça maior do que o terrível vento gelado.

Agora, examinando o mapa à luz da lanterna, Rønneberg tentava determinar exatamente em que ponto do platô haviam saltado. Começando no Bjørnesfjord, ele traçou com o dedo círculos cada vez mais amplos, procurando um terreno que batesse com seus arredores. Algum lugar plano, com um lago de tamanho considerável, rodeado por colinas. Na terceira vez que descreveu um círculo, seu dedo passou pelo lago Skrykken, trinta quilômetros a noroeste do ponto pretendido e a sessenta de Vemork.

Pela manhã, arrombaram a porta de uma pequena sala lateral da cabana. Dentro dela encontraram um diário de pesca e descobriram que a cabana se chamava Jansbu. Era de um magnata da navegação norueguês e ficava de fato junto ao lago identificado por Rønneberg.

Sem um aparelho de rádio e com a tempestade lá fora continuando a soprar com plena fúria, os homens não podiam fazer nada além de sentar e escutar o vento, que parecia uma confusão de gritos.[18] A ventania era tão forte e constante que começaram a calcular o peso de todo mundo ali somado, junto com o equipamento, e se o total era suficiente para manter a cabana presa no solo. A estrutura aguentou, mas o som das paredes chacoalhando os deixou com a sensação de estarem a bordo de uma embarcação precária num mar turbulento. Nenhum deles jamais presenciara uma tempestade tão feroz.

Um metro de neve se acumulava do lado de fora. Quando os homens ousaram abrir uma fresta na porta, a nevasca ainda uivando com igual força, observaram uma paisagem transformada em um misto de acúmulos elevados e vastas extensões lisas de neve. A missão assumiu o segundo plano em suas mentes; só o que havia era a tempestade.

Todos os seis ficaram doentes com a rápida mudança de clima. Apenas dois dias antes, estavam próximos ao nível do mar no ambiente inglês úmido e relativamente quente. Agora sofriam com um frio além do suportável em um planalto um quilômetro acima do nível do mar. Amígdalas inchadas tornavam difícil engolir; seus olhos se encheram de remela, as têmporas ardiam de febre.

Em 19 de fevereiro, Rønneberg escreveu: "O tempo continua igual. Tempestade e neve forte. Fizemos uma tentativa de alcançar o depósito para pegar mais comida para economizar as rações. Tivemos de desistir devido ao perigo de nos perdermos".[19]

A tempestade ganhou intensidade nessa noite, um animal selvagem à solta no mundo. De repente, a fumaça da lareira começou a sufocar todos dentro da cabana.[20] Rønneberg desbravou as condições da intempérie para verificar a chaminé. Quando fechou a porta ao sair, viu-se perdido numa vastidão desolada. A neve caía em grumos do tamanho de um punho. Os olhos bem abertos dentro dos óculos de neve, não conseguia enxergar coisa alguma, e o vento não deixava que respirasse. Ele subiu no telhado da cabana, mantendo o corpo curvado.

O uivo do vento tornava impossível pensar com clareza. A paisagem parecia estar em movimento e se remodelando, como se nada fosse real ou fixo. Finalmente, percebeu que um dos pontaletes que segurava o capelo da chaminé se soltara. Com muito esforço, endireitou o capelo e tentou pôr o suporte no lugar, orientando-se apenas pelo tato.

Quando tentava fazer o conserto, Rønneberg foi subitamente erguido e puxado para trás, como se um gigante o tivesse agarrado pela jaqueta. Então saiu voando, de cabeça para baixo, para fora do telhado, arremessado por uma rajada de vento. Aterrissou em um monte de neve. Quando ficou de pé, cambaleando, a cabana sumira. Tudo era brancura, rodopiando em torno dele. Indo contra o vento que o jogara longe, acabou por encontrá-la. Subindo no telhado pela segunda vez, conseguiu fixar o capelo da chaminé, mas foi atingido por outra lufada que o fez voar novamente para aterrissar na neve.

Um ligeiro alívio da tempestade no dia seguinte permitiu à equipe se aventurar fora da cabana para tentar localizar seu depósito. Todos os marcos haviam desaparecido sob a neve, incluindo as varas que tinham usado. Uma busca de três horas foi em vão. Outra, no fim da tarde, revelou um dos recipientes, mas então a nevasca recomeçou com toda fúria.

No quinto dia após chegarem, um preocupado Rønneberg escreveu: "A tempestade caiu com força redobrada. A visibilidade era zero. O cansaço geral de todos os membros do grupo continuava bem evidente".[21] O mundo todo era composto de neve e vento, e parecia não haver escapatória de seu domínio.

Tão rapidamente quanto se abatera sobre o Vidda, a tempestade cessou.[22] Em 22 de fevereiro, os seis homens da Gunnerside acordaram em meio ao silêncio. Saíram da cabana e presenciaram o dia claro e sem vento. A nevasca transformara a paisagem. A Jansbu era agora um iglu. Os acúmulos de neve pareciam encostas de colina. Estalagmites de gelo e neve erguiam-se como um grupo de silenciosas sentinelas montando guarda. Precipícios brancos se projetavam das paredes dos despenhadeiros. Podiam muito bem ter emergido em um planeta feito todo de neve.

Rønneberg deu a ordem de que deviam partir para a Fetter no início da tarde. Por seis dias, haviam ficado sem fazer contato e, até onde Tronstad ou a equipe Swallow sabia, podiam ter morrido e a operação chegara ao fim. Era melhor se apressarem.

Voltaram para os arredores de onde haviam escavado o depósito e por várias horas remexeram os montes de neve, até encontrarem uma das varas, e com isso obtiveram algumas rações extras. Dados a distância e o terreno íngreme que tinham de percorrer para chegar ao lago Store Saure, Rønneberg decidiu diminuir suas cargas. Levariam explosivo suficiente apenas para destruir o aparelho de alta concentração (não o maquinário em volta), uniformes para a Swallow, as rações de Kreyberg para dez homens por cinco dias e o equipamento operacional — armas, granadas de mão, alicates, machados, binóculos, detonadores, espoletas de tempo e material de primeiros socorros.

À uma da tarde, a equipe terminara de preparar a bagagem e estava pronta para partir quando Haukelid avistou uma figura ao longe.[23] Puxando um trenó, o homem vinha bem em sua direção. Eles entraram na cabana, fecharam a porta e torceram para o sujeito passar sem incidentes. Não havia dúvida, porém, de que os rastros dos esquis chamariam sua atenção. No auge do inverno, particularmente após uma tempestade, sinais de habitação humana nas profundezas do Vidda certamente seriam motivo de investigação.

Engatilharam as armas. Quando o homem estava a poucos passos da cabana, saíram abruptamente pela porta. Vendo os seis canos apontados, o rosto do sujeito ficou branco. Ele se vestia como um típico norueguês no inverno.

"O que está fazendo nas montanhas?", perguntou Rønneberg.

"Caçando", respondeu, bastante inocentemente. Eles o revistaram e examinaram seu equipamento. A carteira de identidade dizia que era Kristian Kristiansen, 48 anos, de Uvdal, um vale para o leste, na margem do Vidda. Em seu trenó havia mais de vinte quilos de carne de rena. Consigo levava rifles e um punhado de dinheiro e sua caderneta de bolso continha uma lista de nomes e endereços em Oslo. Evidentemente era quem afirmava ser; a lista de nomes eram os clientes para quem vendia a carne. Isso não significava, contudo, que não fosse uma ameaça.

Rønneberg conduziu Kristiansen para dentro da cabana. Perguntou se era membro do Nasjonal Samling. "Bem", disse Kristiansen, ainda assustado, "não sou bem um membro, mas é o partido que eu apoio."

"Tem certeza?", perguntou Haukelid. O homem estava praticamente afirmando que era inimigo deles, ligado aos nazistas.

"Tenho", ele respondeu, hesitante.

Relanceando os outros, Haukelid viu que estavam todos pensando a mesma coisa: talvez tivessem de matar o homem. Considerando que tinham a missão pela frente, era impossível simplesmente prendê-lo. Se o libertassem, ele poderia revelar sua presença para os alemães ou a polícia.

Haukelid tentou uma tática diferente. Se fosse para Uvdal e conversasse com os moradores, perguntou a Kristiansen, seus vizinhos diriam que era simpático aos nazistas? "Tenho tantos inimigos por lá", ele afirmou, "que com certeza vão dizer que eu não sou nazista, só para dificultar minha vida."

Parecia que o homem estava dizendo tudo que acreditava que fosse lhe conquistar o favor de seus captores. Era com toda probabilidade inofensivo, mas não tinham como ter certeza. Cabia a Rønneberg decidir o que fazer. "É uma pena", disse, finalmente. "Está achando que somos alemães, mas não temos nada a ver com eles. Somos soldados noruegueses e presumimos que você também não veja a hora de que o rei e o governo possam voltar para casa."

"Nunca fizeram nada de bom para mim", disse Kristiansen. "Que continuem onde estão."

Suas palavras deixaram os homens da Gunnerside chocados. Kasper Idland chamou Rønneberg para conversar a sós. "Eu mato ele para você", disse Idland, uma vez do lado de fora da cabana. Rønneberg sabia que o colega tentava tirar esse peso de seus ombros. Era um gesto nobre. Mas procurou se pôr na pele de Kristiansen: seis homens barbados pesadamente armados o capturaram no meio do Vidda — ele estava assustado e tentando se safar de uma situação impossível. Teria sido diferente se Kristiansen portasse uma identificação do NS, mas não era o caso. Podia não ser ameaça. Mesmo assim, as instruções de Rønneberg eram de que, caso algo imprevisível ocorresse, devia pensar na missão em primeiro lugar. Ele não estava preparado para tomar uma decisão. Falou para Idland: "Melhor levar ele junto, por enquanto".

Kristiansen imediatamente se revelou útil para a equipe Gunnerside.[24] Pegaram parte de seu estoque de rena e fizeram um lauto almoço, economizando as próprias rações. Então Rønneberg perguntou se poderia guiá-los na rota para o lago Store Saure. Kristiansen disse que sim. Decidiram partir nessa mesma noite para evitar qualquer outro encontro fortuito.

Às onze da noite, deixaram a cabana. Kristiansen ia na dianteira, o trenó preso a sua cintura carregado de rações e equipamento. Rønneberg permanecia bem próximo, bússola na mão, certificando-se de que estavam no caminho correto.

Kristiansen se mostrou um guia melhor do que poderiam ter imaginado. Não só seu caminho era seguro, como também seguia uma rota que usava os contornos naturais do terreno, poupando esforço. Rønneberg observava, admirado.

Ao amanhecer do dia 23 de fevereiro, quando o sol nascia acima das montanhas, primeiro cor de bronze, depois dourado, Kristiansen os conduziu à pequena choupana de telhado reto de sua família, onde repousaram. Conversava à vontade com eles agora e até tentou comprar uma de suas submetralhadoras. Quando saíram da choupana e encontraram uma manada de renas, Kristiansen implorou que o deixassem abater três ou quatro animais — para buscar mais tarde. Rønneberg negou, mas não pôde deixar de concluir que seu cativo não passava de um simples montanhês, sem malícia — e que não representava ameaça para a equipe Gunnerside.

Na entrada de um longo vale, segundo seu mapa, a onze quilômetros da Fetter, viram um homem atravessando o lago abaixo de onde estavam, em sua direção.[25] Esconderam-se rapidamente atrás de alguns rochedos, Kristiansen com mais rapidez do que todos.

Rønneberg acenou para Haukelid se aproximar e passou-lhe um binóculo. Como o esquiador ia na direção do Bjørnesfjord, podia muito bem ser um membro da Swallow à procura deles. Haukelid saberia mais do que ninguém se esse era o caso. Embora o esquiador estivesse a poucas centenas de metros, Haukelid não conseguiu identificá-lo. O homem tinha barba espessa e vestia uma grossa camada de roupas norueguesas. Então Haukelid avistou outro esquiador vindo por uma curva, cerca de cem metros atrás do primeiro. Rønneberg ordenou que Haukelid se aproximasse para olhar mais de perto. Se o vissem, e os esquiadores não fossem da Swallow, Rønneberg o instruiu a dizer simplesmente que era um caçador de renas, como Kristiansen.

Haukelid rastejou na neve macia à medida que os dois esquiadores subiam o vale em sua direção.[26] Perto da crista, eles pararam. Primeiro um, depois o outro, esquadrinhando os arredores. Estavam à procura de alguém ou algo.

Quando tornaram a caminhar, Haukelid reconheceu um maltratado Helberg ao virar o rosto em sua direção. Ao seu lado, barbudo e desgrenhado, estava Kjelstrup. Por um segundo, Haukelid permaneceu escondido, em êxtase com a visão de seus amigos. Pensou em dizer algo engraçado — "Dr. Livingstone, presumo" —, mas, vendo como estavam magros e abatidos, achou melhor não.[27] Em vez disso, simplesmente tossiu, e os dois giraram a cabeça, alarmados, levando a mão à arma. Quando reconheceram Haukelid, um grito, um viva e depois um urro ecoaram pelo vale.

Uma mensagem da Home Station confirmava que a Gunnerside saltara em 16 de fevereiro, mas dizia, equivocadamente, que tinham sido jogados sobre o Bjørnesfjord. Poulsson enviara Helberg e Kjelstrup para procurá-los por lá. Por pura sorte, a Gunnerside percorria a mesma rota vinda do lago Skrykken. Os três homens se abraçaram e deram tapas nas costas uns dos outros, e Haukelid acenou para os colegas se juntarem a eles.

Espremidos na Fetter nessa noite, os homens fizeram um banquete.[28] A equipe Gunnerside contribuiu com bolachas, chocolate, leite em pó, passas e, o que Poulsson acolheu com mais alegria do que tudo, "tabaco diretamente importado" da Inglaterra.[29] Os homens da Swallow ofereceram todo tipo de corte de rena, incluindo tutano, olhos, bucho e cérebro. Seus hóspedes se contentaram em ficar na carne magra.

Mais tarde, Helberg foi à frente dos demais para avisar Einar Skinnarland de que os homens da Gunnerside estavam a caminho. A identidade de Skinnarland precisava ser mantida em segredo até da Gunnerside, caso algum deles fosse capturado durante a operação. Depois que Skinnarland deixou a Fetter, Rønneberg, Haukelid e mais dois outros dos seis chegaram enquanto os demais mantinham Kristiansen sob guarda no vale.

Após discutir com Poulsson, Rønneberg decidiu liberar o caçador, com uma advertência de que, se falasse com alguém sobre eles, iriam informar que lhes servira de guia. "Fique no Vidda e não abra o bico", disse Rønneberg a Kristiansen antes de deixar que fosse.[30]

Ninguém estava se sentindo muito à vontade com a situação, mas Rønneberg pesou o risco em face da perspectiva de matar um homem inocente.

Os dez homens conversaram e riram como velhos amigos pela noite adentro. Haukelid pensou nos meses que a Swallow passara sobrevivendo no Vidda e considerou que, a despeito das barbas hirsutas e da pele amarelada, estavam em muito boa forma. Perguntou se haviam enfrentado algum tipo de problema, e quando Kjelstrup respondeu, "Nenhum", todos entenderam que era para deixar por isso mesmo.

Poulsson e sua equipe estavam animados de ver caras novas e ter novas conversas. A longa luta e espera mostraram valer a pena. Eles todos mal cabiam em si de ver como o encontro com a Gunnerside elevara o moral do grupo.

Da missão por realizar, pouco se falou. Haveria tempo para isso no dia seguinte, pela manhã. Agora era hora de comemorar.

16. Planejamento

Após uma noite inquieta — todas as camas e cada palmo do chão tomados por figuras enrodilhadas e adormecidas —, os dez homens beberam café e comeram carne de rena.[1] As opções eram: "Cozida ou assada?". Então se reuniram em torno da mesa para traçar seu plano operacional.

Primeiro, Rønneberg designou a tarefa de cada um. Ele próprio lideraria o destacamento de demolição, acompanhado de Kayser, Strømsheim e Idland. Iriam se dividir em duplas para dobrar suas chances de atingir o alvo. Haukelid comandaria o destacamento que deveria dar cobertura para Poulsson, Helberg, Kjelstrup e Storhaug. Sua incumbência era não permitir qualquer interferência com a colocação dos explosivos.

Haugland iria para a Jansbu, a cabana junto ao lago Skrykken, com o equipamento de rádio para estabelecer e manter contato com Londres. Skinnarland, mencionado diante dos membros da Gunnerside apenas como o "contato local" das equipes, se juntaria a ele.

Agora precisavam conceber o melhor modo de entrar e sair de Vemork. Lápis e papel na mão, Rønneberg esboçou o desenho da fábrica e da área circundante. Ele nunca estivera lá de fato, mas conhecia cada detalhe graças ao trabalho de preparação, e desenhou respeitando a escala. Rjukan à direita. Vemork no meio. O lago Møs à esquerda. O vale do Vestfjord dividia o mapa rudimentar da esquerda para a direita, seguindo o curso do rio Måna.

Vemork ficava empoleirada numa saliência rochosa acima do desfiladeiro, no lado sul do vale. As onze tubulações que alimentavam as turbinas dos geradores subiam pela parede acima da usina de energia em um ângulo abrupto. Uma linha ferroviária simples corria a leste para Rjukan por essa mesma parede. Uma ponte suspensa com 23 metros de comprimento conectava Vemork ao lado norte do vale. Situada junto à ponte ficava a aldeia Våer, com residências dispersas para a equipe da fábrica. Por ela passava a estrada Møsvann, ligando Rjukan à represa do lago Møs. Uma longa trilha elevada subindo pela parede norte do vale levava à imensidão do Vidda.

Quando estavam na Grã-Bretanha, Tronstad e sua equipe Gunnerside haviam se debruçado sobre os mapas e fotografias para decidir qual o melhor curso de invasão a Vemork. A equipe Swallow fizera a mesma coisa durante seu período na Fetter. Agora, juntos, precisavam finalizar um plano.

Discutiram três rotas principais para Vemork. Podiam se aproximar pelo topo do lado sul do vale e descer para a fábrica pelos canais das comportas. Essa ideia foi logo descartada, porque uma guarda fora recentemente instalada no topo das tubulações e diversos campos minados impediam a aproximação.

Podiam realizar um ataque direto: descer de esqui para Våer, neutralizar os guardas na ponte e atravessá-la para chegar à fábrica. Essa abordagem tinha o benefício de um terreno fácil, mas, se os guardas os vissem chegando e conseguissem soar o alarme, a equipe teria de fazer sua tentativa de sabotagem contra as células de água pesada em meio ao fogo cruzado. Uma fuga seria improvável.

Finalmente, podiam fazer a travessia pelo fundo do desfiladeiro, subir pela linha de trem e entrar na fábrica por um portão trancado que, embora vigiado, não ficava sob vigilância permanente. Como Tronstad sugerira em Londres, essa era a melhor maneira de chegarem ao complexo sem serem vistos, mas havia riscos: alguns pontos ao longo da ferrovia representavam uma queda de mais de 180 metros até o rio abaixo.

Rønneberg resolveu não tomar uma decisão até terem obtido a mais recente inteligência sobre as patrulhas e defesas da fábrica. Helberg esperava conseguir isso de um contato em Rjukan na noite seguinte. Assim que Helberg tivesse a informação, ele se juntaria à equipe em uma cabana no Fjøsbudalen, um vale estreito poucos quilômetros a noroeste de Vemork. Essa cabana serviria como ponto de partida da operação.

Fizeram uma pausa no planejamento para esticar as pernas e todos os membros da Gunnerside, com exceção de Haukelid, foram esquiar. Antes de voltarem, Haukelid se reuniu com os membros de sua equipe original. De um fino pedaço de papel escondido em seus pertences, leu as ordens operacionais que desenvolvera com Tronstad. Elas detalhavam a criação de grupos guerrilheiros em Telemark após a missão de Vemork ser completada. Skinnarland, embora ausente, foi incluído nessa missão.

Depois de ler a mensagem, Haukelid amassou o papel e se levantou para jogá-lo no fogão. "Isso é comestível?", perguntou Haugland.[2] Haukelid fez que sim. "Bom, a gente não joga comida fora por aqui." Haugland pegou a bola de papel-arroz e enfiou na boca. Teve de fazer um pouco de esforço para mastigar, mas era uma mudança bem-vinda em sua dieta.

Na quinta-feira, 25 de fevereiro, Rolf Sørlie e sua família comemoravam o aniversário de seu irmão com tortas de chocolate.[3] Sørlie não tirava os olhos do relógio — não queria chegar atrasado. Finalmente, quando a hora se aproximou, 19h30, disse a todos que ia sair para uma caminhada. Sua mãe não fez perguntas, sabendo que devia ser algum assunto da resistência sobre o qual era melhor permanecer na ignorância.

Dias antes, Sørlie fora abordado por Harald Selås, um de seus colegas em Vemork, que lhe pediu para encontrar as respostas a uma lista de questões sobre troca da guarda na fábrica e coisas assim. Claramente, uma sabotagem estava sendo planejada, e Sørlie desconfiava que seus amigos lá no Vidda muito provavelmente estariam envolvidos.

Com as respostas para a lista de questões no bolso, ele foi para a estação-base do Krossobanen, o teleférico que transportava os moradores de Rjukan para o Vidda. Chegou cedo e esperou, perscrutando a escuridão, sem saber quem viria a seu encontro. Então seu velho amigo Claus Helberg veio andando pela Ryes, uma estrada em zigue-zague que fora aberta na floresta durante a construção do teleférico.

"Fico feliz que seja você", disse Helberg.[4]

Sørlie voltou com Helberg para sua casa e lhe pediu para esperar na garagem até a festa de aniversário terminar. Então subiram para o quarto dele. O *gordon setter* da família, Tarzan, latiu feito louco com a presença do estranho, mas ninguém saiu do quarto para investigar.

Os dois homens examinaram a lista, particularmente o número de soldados montando guarda em Vemork ao mesmo tempo (quinze), seu cronograma de revezamento (a cada duas horas), a segurança na ponte suspensa (reforçada no mês anterior) e as patrulhas nas instalações (a rota passava pelo portão da linha de trem). O único trajeto viável na fábrica, concordaram eles, era atravessando a ponte, a despeito das defesas. Quanto à aproximação pelo desfiladeiro, os dois moradores locais se lembravam da ocasião em que um carro mergulhara da estrada Møsvann no desfiladeiro e o resgate tivera de usar cordas para chegar ao motorista e aos passageiros. Era simplesmente íngreme demais para escalar.

Depois de repassarem a informação, Sørlie serviu para Helberg um pouco de "bife" (pasta de levedo temperada e frita) na cozinha, que ele devorou. Helberg pernoitou ali, e, na quietude e escuridão da manhã, deixou a casa e rumou para Våer pela estrada principal.

Sørlie observou-o ir, temendo talvez nunca mais voltar a vê-lo.

Helberg esperou durante toda a sexta-feira na cabana do Fjøsbudalen que os outros chegassem.[5] Não havia mais nada nos armários a não ser um pouco de xarope seco coberto de formigas. No alto do isolado vale lateral que descia a estrada para o lago Møs, a cabana oferecia uma bela vista de Rjukan ao longe. Vemork, três quilômetros no lado oposto do Vestfjord, não era visível.

Às seis da tarde, os outros chegaram, conduzidos por Poulsson. Haviam pernoitado na casa do cunhado de Poulsson no lago Langesjå, onde Poulsson encontrara novos esquis e meias de lã, bem como uma garrafa de uísque Upper Ten, mas decidiram deixá-la ali para quando voltassem — se voltassem.

Os nove homens mal cabiam dentro da cabana apertada; se fossem dormir, teriam de fazê-lo em turnos. Quando o revezamento da vigilância de uma hora e meia ficou combinado e as janelas foram tampadas, sentaram para conversar sobre a inteligência mais recente. Helberg começou.[6] Metralhadoras e holofotes haviam sido montados no topo do edifício principal. Dois guardas patrulhavam a ponte suspensa. A casa da guarda ficava no lado de Vemork, onde um terceiro soldado tinha uma arma automática e acesso a um alarme, facilmente ativado se houvesse problemas na ponte. Se o alarme fosse disparado, toda a área seria inundada de luz — incluindo os canais das comportas acima do edifício, a ponte suspensa e a estrada por Våer — e os soldados na caserna em Vemork seriam alertados, assim como a guarnição em Rjukan.

O desfiladeiro ficava desprotegido e a entrada da ferrovia era patrulhada apenas de leve, mas, como Helberg explicou, isso não tornava a aproximação uma opção melhor. A escalada do desfiladeiro para a linha de trem era quase impossível no verão. No escuro, com o gelo e o frio, certamente não havia como ser feita.

Idland era a favor da abordagem pela ponte. Era rápida e segura. Matariam os guardas e depois invadiriam a fábrica. Poulsson e Helberg duvidavam que seria tão fácil, mas concordaram que a ponte era a melhor das duas opções. Rønneberg era da mesma opinião. Só Haukelid estava convencido de que deviam tentar a aproximação pelo desfiladeiro, como Tronstad recomendara. De outro modo, disse, iriam provavelmente enfrentar uma batalha feroz para chegar ao aparelho de alta concentração.

De sua mochila, Rønneberg tirou uma série de fotografias aéreas de Vemork, feitas durante o verão precedente. A equipe as estudara com Tronstad e o professor sugerira lugares para atravessar o desfiladeiro e pontos ao longo da ferrovia onde podiam se esconder antes do ataque. Rønneberg espalhou as fotos sobre a mesa.

Haukelid apontou para alguns arbustos e árvores agarrados às laterais do desfiladeiro. "Se tem árvores crescendo", disse, "sempre se pode dar um jeito."[7] Os outros balançaram a cabeça, concordando. Rønneberg instruiu Helberg a voltar na manhã seguinte para fazer o reconhecimento de uma possível rota que os impedisse de mergulhar para a morte. Ele precisaria fazer isso à luz do dia, se quisesse ter alguma chance de determinar um trajeto. Todos compreenderam que a operação correria risco, caso fosse avistado.

No Kummersdorf, Kurt Diebner e sua equipe estavam refinando o projeto de seu novo reator. O conceito central era suspender uma treliça de cubos de urânio em uma esfera de água pesada congelada.[8] O arranjo era mais simples do que o experimento prévio que haviam feito, e a arquitetura dos cubos e do moderador era mais apropriada para o bombardeio.

Abraham Esau, o novo diretor do Clube do Urânio e agora chefe de Diebner, deixara claro que precisava de resultados. "Se você fizer um reator, puser um termômetro dentro dele, e a temperatura subir apenas um décimo de grau", disse, "então posso lhe dar todo o dinheiro do mundo — tudo de que precisar."[9] Por outro lado, advertiu, se isso não fosse conseguido, não veriam nem mais um centavo sequer.

Acontecia que o dinheiro não estava mais exatamente chovendo no programa. Paul Harteck desenvolvera um projeto de ultracentrífuga para enriquecer o U-235 que parecia muito promissor, mas fora incapaz de obter os fundos de que necessitava para uma expansão.[10] Diebner também vira pedidos de fornecimentos extras de água pesada estorvados por questões financeiras.[11] Duas fábricas eletrolíticas de hidrogênio encontradas na Itália talvez pudessem fornecer quantidades limitadas de água pesada com 1% de pureza. Ela podia depois ser enriquecida na Alemanha para quase 100%, mas somente se a fábrica-piloto erguida pela IG Farben nos arredores de Leipzig fosse construída com o máximo de recursos. Esse projeto ficaria em suspenso enquanto a Norsk Hydro continuasse a fornecer água pesada a um custo limitado para o esforço de guerra.

Para o teste seguinte, Diebner conseguiu, com aprovação de Esau, um laboratório de baixa temperatura especial em Berlim e parte dos suprimentos de água pesada de Heisenberg.[12] Uma vez que Vemork estava produzindo perto de cinco quilos do valioso líquido por dia — e que as fábricas de Såheim e Notodden em breve contribuiriam de forma significativa com essa quantidade —, Diebner podia intensificar seus experimentos rapidamente se seu projeto revelasse ter mérito, e os recursos e a mão de obra fluiriam para o programa uma vez que produzisse uma máquina de urânio autossustentável.

O interesse nos potenciais frutos da fissão atômica certamente parecia renovado em muitas instâncias.[13] Hermann Göring, que agora supervisionava o Conselho de Pesquisa do Reich, descreveu a pesquisa atômica como de "candente interesse", como era de fato para os altos oficiais na Kriegsmarine, na Luftwaffe e na SS. Uma máquina de urânio traria muitos novos defensores.

Uma hora após o sol nascer, no sábado, 27 de fevereiro, Helberg desceu para Vemork.[14] A temperatura estava amena, mas o vento anunciava uma tempestade iminente. Como era fim de semana, e como ele estava usando roupas civis, o fato de caminhar e esquiar no vale não atrairia atenção indevida. Passando Våer, ele continuou na direção leste pelas florestas acima da estrada que percorria a parede norte do vale entre Rjukan e o lago Møs. Ali, topou com uma trilha de postes elétricos que sabia correr paralela à estrada.

Seguiu por ela até avistar o que talvez servisse como rota para descer o desfiladeiro. Escondendo os esquis e os bastões, passou entre as árvores e atravessou a estrada. Desceu a encosta escorregando, usando arbustos de junípero e ramos de pinheiro para controlar a velocidade. Finalmente, chegou ao rio Måna. A superfície estava congelada, mas o gelo era muito fino em alguns pontos. Se o tempo esquentasse, o rio ficaria intransponível.

Caminhou para um lado e para o outro ao longo da margem do rio, tentando identificar uma rota viável para subir até a linha de trem. Finalmente, avistou um sulco no despenhadeiro que era até certo ponto menos íngreme do que o paredão circundante. Arbustos e árvores mirradas se projetavam nas fendas fragmentadas da rocha e provavelmente serviriam de apoio para mãos e pés. Se o tempo e a sorte permitissem, imaginou que valia uma tentativa.

Com um sorriso largo, voltou à cabana no Fjøsbudalen após o almoço para fornecer seu informe. "É possível", disse.[15] Por maioria absoluta, a equipe concordou com a proposta de escalar a garganta na noite da operação.

Agora podiam começar a pensar em como iriam escapar.[16]

Estavam confiantes de que, chegando sem alarde ou não, um deles certamente alcançaria o alvo e colocaria as cargas. Nove comandos pesadamente armados e bem treinados, à vontade no terreno e ansiosos por servir seu país, eram uma boa aposta contra trinta guardas alemães.

Entretanto, ainda que não o dissessem em voz alta, a maioria, incluindo Rønneberg, acreditava que as chances de escapar no final eram mínimas, quando muito. Assim que tudo fosse pelos ares, era improvável que chegassem muito longe. Ficariam presos em Vemork ou seriam caçados pelas centenas de soldados aquartelados em Rjukan. Mesmo assim, nenhum deles tinha vontade de morrer, tampouco era bom para o moral pensar na missão como um bilhete só de ida.

Rønneberg queria que seus homens se sentissem como se todos tomassem parte do planejamento final. Como no caso da aproximação, havia poucas opções. Podiam escalar os canais das comportas e escapar por ali, mas a subida íngreme e a presença de guardas no topo, para não mencionar os campos minados, tornavam essa opção fácil de riscar da lista. Podiam bater em retirada pela ponte e voltar direto para o Vidda. Essa era a rota de fuga mais rápida e simples. Porém, teriam de matar os guardas alemães, garantindo represálias ainda mais duras sobre a população local. E seus perseguidores saberiam para que lado tinham ido.

Tropas alemãs de polícia
marcham sobre Oslo
em maio de 1940.
(*Arquivos Nacionais da Noruega.*)

Kurt Diebner, primeiro chefe do
programa da bomba atômica alemã.
(*Arquivos Nacionais e Administração de
Documentos, cortesia AIP Emilio Segré
Visual Archives.*)

Werner Heisenberg, físico alemão
vencedor do prêmio Nobel.
(*Norges Hjemmefrontmuseum.*)

A represa no lago Møs. (*Norges Hjemmefrontmuseum.*)

Professor Leif Tronstad.
(*Norsk Industriarbeidermuseum.*)

Jomar Brun, engenheiro-chefe da fábrica de água pesada em Vemork.
(*Norsk Industriarbeidermuseum.*)

Antes da guerra, Knut Haukelid foi um pouco uma alma perdida. (*Coleção particular, família Haukelid.*)

Tenente-coronel da SS Heinrich Fehlis (esq.) e o *Reichskommissar* Josef Terboven (centro). (*Norges Hjemmefrontmuseum.*)

Martin Linge, fundador da Norwegian Independent Company No. 1. (*Norges Hjemmefrontmuseum.*)

Os membros daquela que veio a ser conhecida como Kompani Linge. (*Norges Hjemmefrontmuseum.*)

O rei norueguês, Haakon VII, e Leif Tronstad no exílio na Grã-Bretanha.
(*Norges Hjemmefrontmuseum.*)

Tenente-coronel John Wilson, chefe da seção norueguesa da SOE.
(*Norges Hjemmefrontmuseum.*)

Einar Skinnarland.
(*The Longum Collection/Norsk Industriarbeidermuseum.*)

Odd Starheim.
(*Norges Hjemmefrontmuseum.*)

Galtesund, navio capturado.
(*Norges Hjemmefrontmuseum.*)

Comandos noruegueses realizam um salto de paraquedas.
(*Norges Hjemmefrontmuseum.*)

Jens-Anton Poulsson, líder da missão Grouse.
(*Norges Hjemmefrontmuseum.*)

Arne Kjelstrup.
(*Norges Hjemmefrontmuseum.*)

Knut Haugland, operador de rádio da Grouse.
(*Norges Hjemmefrontmuseum.*)

Claus Helberg.
(*Norges Hjemmefrontmuseum.*)

Pouso de paraquedas no Vidda.
(*Coleção particular, família Haukelid.*)

O Vidda.
(*Norges Hjemmefrontmuseum.*)

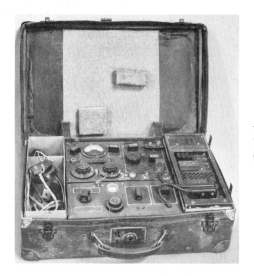

Aparelho de radiotelegrafia utilizado pela resistência norueguesa. (*Freia Beer / Orkla Industrimuseum.*)

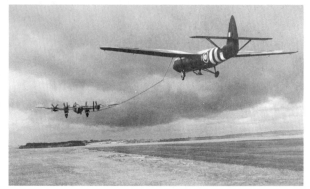

Avião Halifax rebocando um planador Horsa. (*Hulton Archive / Royal Air Force Museum / Getty Images.*)

Membros da 261st Field Park Company Royal Engineers da Operação Freshman. Sentados: tenente-coronel Mark Henniker (fileira de baixo, quarto a partir da esq.). (*Denis Bray.*)

General Nikolaus von Falkenhorst e *Reichskommissar* Josef Terboven visitam Vemork.
(*Norges Hjemmefrontmuseum.*)

Olav Skogen, líder da resistência em Rjukan.
(*Coleção particular / Norsk Industriarbeidermuseum.*)

Møllergata, 19, prisão da Gestapo.
(*Norges Hjemmefrontmuseum.*)

Manada de renas na Noruega.
(Eric Chretien / Gamma-Rapho / Getty Images.)

No sentido horário a partir da esq.: Fredrik Kayser, Kasper Idland, Birger Strømsheim, Joachim Rønneberg (líder) e Hans Storhaug.
(Norsk Industriarbeidermuseum.)

Knut Haukelid, segundo em comando da Gunnerside.
(Coleção particular, família Haukelid.)

Vemork.
(*Norges Hjemme-frontmuseum.*)

A ponte suspensa e a garganta em Vemork.
(*Norsk Industriarbei-dermuseum.*)

Dramatização dos sabotadores da Gunnerside.
(*Hero Film / Ronald Grant Archive / Alamy.*)

Células de água pesada destruídas.
(*Norges Hjemmefrontmuseum.*)

Tronstad (sentado, centro) com sua equipe após a missão da Gunnerside.
(*Norges Hjemmefrontmuseum.*)

O edifício em Gottow, perto de Berlim, onde a equipe de Diebner construiu suas pilhas G-I e G-III usando água pesada.
(*Fotografia de Samuel Goudsmit, cortesia AIP Emilio Segrè Visual Archives, Goudsmit Collection.*)

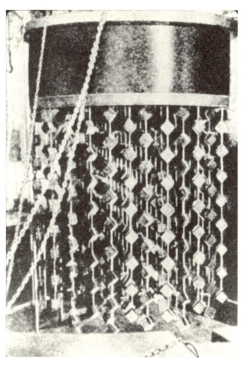

Máquina G-III de Kurt Diebner.
(*AIP Emilio Segrè Visual Archives, Goudsmit Collection.*)

Haukelid e Skinnarland diante da Bamsebu.
(*Norges Hjemmefrontmuseum.*)

Owen D. "Caubói" Roane, oficial de voo.
(*Cortesia do 100º Grupo de Bombardeiros, www.100thbg.com.*)

Os aviões americanos prontos para um ataque sobre Vemork.
(*Norges Hjemmefrontmuseum*.)

O *Bigassbird II* e sua tripulação em outubro de 1943.
(*Cortesia do 100º Grupo de Bombardeiros,
www.100thbg.com*.)

Rjukan depois do raide americano.
(*Norges Hjemmefrontmuseum*.)

Rolf Sørlie, membro
da resistência de Rjukan.
(*The Longum Collection / Norsk
Industriarbeidermuseum.*)

Knut Lier-Hansen,
membro da resistência de Rjukan.
(*Coleção particular / Norsk
Industriarbeidermuseum.*)

A D/F *Hydro*.
(*Norges Hjemmefrontmuseum.*)

Da esq. para a dir.: Haukelid, Poulsson, Rønneberg, Kayser, Kjelstrup, Haugland, Strømsheim e Storhaug recebendo a homenagem oficial por seus serviços. (*Norges Hjemmefrontmuseum.*)

Comemoração após a guerra no hotel dos Skinnarland. (*Foto da família de O. H. Skinnarland.*)

Memorial dos sabotadores em Vemork. (*Jürgen Sorges / AKG-Images.*)

Sua terceira opção era voltar pelo caminho de ida. Podiam regressar à cabana no Fjøsbudalen ou, como sugeriu Helberg, ir na direção oposta, seguindo a trilha de postes elétricos até Rjukan, e depois caminhar da estação-base do Krossobanen até o planalto ao longo da sinuosa estrada Ryes. Os alemães não fariam ideia de onde procurar por eles. Essa rota exigia mais uma descida e subida no desfiladeiro, depois uma punitiva escalada. Além do mais, se fossem vistos, estariam indo direto para os braços do inimigo, na caserna de Rjukan.

Assim que todas as possibilidades foram esboçadas, Rønneberg deu um voto para cada homem. Seria arriscado. A maioria escolheu fugir do modo como tinham vindo, depois subir para o Vidda passando sob o Krossobanen.

O plano estava formado. Rønneberg lhes disse que a operação começaria às oito em ponto naquela noite e que deviam descansar da melhor forma que pudessem.

Pouco depois, Idland chamou Rønneberg para conversarem num canto. Desde o momento em que fora escolhido para a Gunnerside, o forte e alto ex-carteiro percebera que a retirada para a Suécia seria um problema. Era suficientemente capaz para chegar a Vemork, e gozava de tão boa forma física quanto qualquer outro na equipe, mas estava convencido de que a jornada de 450 quilômetros até a fronteira se revelaria dura demais para ele. Sempre encarara a missão como uma jornada sem volta, disse, e agora queria que seu líder soubesse que não pretendia retardar a equipe caso os demais tivessem uma chance de escapar. Ele daria um jeito. "Bobagem", disse Rønneberg sem pestanejar.[17] "Você acompanhou a gente até agora e consegue muito bem continuar até a Suécia."

Para essa decisão o jovem líder não sugeriu uma votação.

Nessa mesma tarde, às 16h45, Leif Tronstad pegou um trem para Oxford na estação Paddington, de Londres.[18] Estava a caminho de St. Edmund Hall, o mais antigo ponto de encontro acadêmico de qualquer universidade em qualquer lugar do mundo. Por um breve período, tentaria evitar todas as notícias da guerra e pensar apenas em ciência, história e na busca de conhecimento pelo mero prazer de aprender. Não seria tarefa simples. Dois dias antes, finalmente recebera a notícia de que a Gunnerside sobrevivera aos primeiros dias no Vidda e se reunira com a Swallow. "Tudo em ordem", dizia a mensagem enviada por Haugland.[19] "Ânimos estão excelentes. Calorosas saudações de todos."

Assim, embora não estivesse esperando outra mensagem da Gunnerside até a operação ser completada, Tronstad aguardava notícias de Odd Starheim e seus quarenta comandos. Desde o início, a Operação Carhampton fora assolada pelo azar.[20] A primeira tentativa que fizeram de tomar um comboio de navios fora frustrada por uma nevasca. A segunda terminara em um furioso fogo cruzado, seguido de uma caçada humana. Starheim e seus homens haviam se escondido em uma fazenda num vale remoto. Em vez de abandonar a operação e tentar encontrar um jeito de voltar à Grã-Bretanha, Starheim insistiu que tentassem um novo alvo. Ele não deixaria a Noruega sem ter conseguido algo — Marstrander e inúmeros outros haviam perdido a vida para levá-los até lá.

Tronstad e Wilson os haviam incumbido de atacar certas minas de titânio, mas o inverno terrível os atrasou — e por tempo demasiado. A Gestapo estava atrás deles e Starheim e seus homens fugiram outra vez. No dia 25 de fevereiro, a Royal Navy despachou um barco para pegá-los, mas uma borrasca no mar do Norte os força a voltar. Agora os homens estavam sem comida, equipamento ou abrigo e os alemães fechavam o cerco. De acordo com a mensagem criptografada mais recente, Starheim ia fazer uma tentativa de tomar um vapor costeiro e escapar para a Escócia.

Quando Tronstad chegou a Oxford e adentrou aquele mundo recluso e pacífico que um dia fora seu, achou difícil ficar à vontade, entre outras coisas devido aos informes que recebera de um recente discurso feito pelo ministro da Propaganda nazista, Joseph Goebbels.[21] "Vocês querem a guerra total?", perguntara Goebbels a seu público, que lotava um estádio de Berlim em meados de fevereiro.[22] A multidão respondeu com gritos de saudação e um retumbante "Sim!". Goebbels então sacudiu os dois punhos e gritou: "De agora em diante, nosso lema vai ser 'Erga-se, povo, e desencadeie a tempestade!'".

Tronstad sabia que os nazistas procurariam cumprir essa promessa assim que tivessem os meios para tal.

Sentado diante da cabana no Fjøsbudalen, usando seu uniforme britânico, Haukelid fumava calmamente um cigarro, pronto para a missão que ainda demoraria algumas horas para começar.[23] A seu lado, Helberg e dois outros lubrificavam suas pistolas e Tommy Guns.

O silêncio do grupo foi quebrado pela aproximação de um jovem vindo pela floresta. Havia algumas outras cabanas dispersas no vale elevado — deviam ter imaginado que uma ou duas estariam ocupadas durante o fim de semana. Os homens entraram furtivamente na cabana e alertaram os demais. O estranho bateu na porta. Antes que pudesse bater uma segunda vez, a porta foi aberta de supetão, Poulsson o agarrou pela garganta e o trouxe para dentro.

Haukelid encostou uma pistola em sua barriga. "Quem é você?", perguntou Poulsson.

O homem reconheceu seu captor: "A gente era da mesma classe na escola, Jens".[24]

"Kåre Tangstad", disse Poulsson, liberando-o. "Sim, eu lembro de você."

Tangstad explicou que viera apenas pedir uma pá de neve emprestada. Ele, sua noiva e outro casal estavam passando alguns dias no vale. Poulsson lhe disse sem meias palavras que deveria permanecer em sua cabana, com os demais, durante o resto do fim de semana, e que não deveriam sair sob nenhuma circunstância. Tangstad aquiesceu.

Haukelid observou-o partir pelo caminho que viera, desaparecendo na floresta. Imaginou-se passando alguns dias na floresta para um simples fim de semana com uma garota e alguns amigos — e sentiu a enorme distância de uma vida tão normal.

Os sabotadores tiveram uma rápida conversa para decidir se os vizinhos eram ou não de confiança. Rønneberg decidiu ir até a cabana deles para uma conversa. Suas reiterações de que eram bons noruegueses e contrários à ocupação o convenceram de que não ofereciam ameaça. Ao ir embora, Rønneberg exclamou: "Deus salve o rei e a pátria!".[25] Podia muito bem ter acrescentado a esperança de que Deus cuidasse de sua equipe nessa noite.

17. A escalada

Às oito da noite, os trajes camuflados brancos cobrindo seus uniformes do Exército britânico, os nove homens partiram da cabana, esquiando em silêncio: Rønneberg, Strømsheim, Idland, Storhaug, Kayser, Poulsson, Helberg, Kjelstrup e Haukelid.[1] Estavam armados com cinco Tommy Guns, bem como pistolas, facas, granadas de mão e chumaços com clorofórmio. Nas mochilas, carregavam os explosivos para o ataque e todo o material necessário para sua retirada no Vidda: sacos de dormir, rações, mapas e outros equipamentos de sobrevivência. Comprimidos de cianeto iam escondidos em seus uniformes, para serem engolidos na eventualidade da captura. Os homens sabiam perfeitamente bem o que acontecia com quem era levado pela Gestapo para interrogatório.

Helberg liderou o caminho descendo o vale de Fjøsbudalen. A lua, escondida pelas nuvens baixas, brilhava fracamente, e Helberg se orientava mais pela memória e por uma percepção natural do terreno. Mantinha o avanço firme, contornando rochas e ziguezagueando pelos pinheiros e bétulas esparsos. Os outros o seguiam de perto, o deslizar de seus esquis quase um sussurro sobre a neve.

Rønneberg deixara claro que, acontecesse o que acontecesse, independentemente de qualquer um na equipe ser morto ou ferido, os que fossem capazes deviam "agir por iniciativa própria e consumar a operação".[2] Destruir a fábrica de água pesada era crucial. Todos os homens sabiam o que fazer quando chegassem ao alvo. Haviam praticado seu treinamento da SOE inúmeras vezes em estratégias contra alvos simulados.[3] Parar e escutar frequentemente. Dar passos curtos, erguendo bem os pés. Mover-se em silêncio. O destacamento de cobertura — o mais pesadamente armado — ia na frente. Para impedir tiros acidentais, nenhuma arma era carregada enquanto não fosse necessário. Duas equipes de demolição, duas séries de cargas. Pontos de encontro após a sabotagem, senhas para anunciar a presença. Agora a missão deles estava em andamento. Era finalmente sua oportunidade de desferir um golpe contra os invasores do país, e, por tudo que lhes fora dito, Vemork seria um golpe significativo.

A cerca de um quilômetro da cabana, o vale se tornava íngreme e coberto de rochas e arbustos. Os homens desafivelaram seus esquis e os penduraram no ombro. Prosseguiram a pé. Quando não estavam afundados em neve até a cintura, escorregavam e usavam as mãos para permanecer de pé, as pesadas mochilas e armas tirando seu equilíbrio.

Após descer por uma hora, chegaram à estrada de Møsvann. Saindo da floresta, avistaram Vemork, menos de quinhentos metros através do desfiladeiro — caso pudessem voar. Mesmo dessa distância, podiam escutar o zumbido dos geradores na usina de energia. Após meses pensando naquele leviatã, meses examinando cada faceta e recesso em plantas, fotografias e na imaginação, lá estavam. Todos ficaram hipnotizados pela fortaleza de inverno. Não era de admirar, pensou Haukelid, que os alemães acreditassem precisar de apenas trinta guardas a postos para defender o lugar.

Então se puseram em movimento, de volta aos esquis e rumando para leste ao longo da estrada para Våer. A temperatura amena e o vento quente mais abaixo no vale transformaram a superfície da estrada numa traiçoeira mescla de neve e gelo parcialmente derretidos, de modo que controlar os esquis era uma verdadeira luta. Eles também precisavam ficar de olhos abertos para faróis se aproximando à frente ou às costas. Rolf Sørlie contara a Helberg sobre o movimento recente de tropas alemãs na área e havia uma chance de que a Wehrmacht continuasse transportando soldados por essa estrada à noite. A despeito do risco de serem descobertos, usar a estrada era consideravelmente mais fácil e rápido do que tentar cobrir toda a distância pelo acidentado terreno da encosta.

Alcançaram a primeira curva abrupta no segmento em forma de Z da estrada sem incidentes. Para contornar Våer e evitar olhos espionando, Helberg os fez desviar de volta para a floresta. Por um tempo, acompanharam a estreita trilha aberta para postes telefônicos, que avançavam como sentinelas entre a mata fechada. Mesmo assim, em grande parte do tempo a caminhada ficava árdua, às vezes com a neve fofa e úmida chegando até o peito.

A encosta arborizada passava então quase a um precipício. As costas espremidas contra a neve, usando os pés como freio, prosseguiram na descida. O ângulo era tão íngreme que se dobrassem ligeiramente o corpo para a frente mergulhariam numa queda aos trambolhões, sem dúvida levando junto quem quer que estivesse em seu caminho.

Helberg finalmente alcançou a estrada a leste de Våer, seguido de alguns outros. Enquanto aguardavam o restante da equipe, faróis subitamente cortaram a escuridão. Eles correram para se esconder atrás de um monte de neve na beira da estrada enquanto dois ônibus vinham roncando em sua direção. Os que continuavam escorregando pela encosta tentaram desesperadamente se segurar, para não cair direto sobre a estrada. Dois homens por pouco não aterrissaram no teto do primeiro ônibus. Mas os veículos, transportando trabalhadores para o turno da noite, seguiram adiante, sem se dar conta de sua presença.

Assim que todos se reuniram outra vez, calçaram os esquis e foram para leste, afastando-se de Vemork e na direção de Rjukan, por cerca de um quilômetro. Quando se aproximaram de um campo aberto, Helberg sinalizou que o seguissem, e escalaram cerca de 75 metros até a trilha de postes elétricos paralela à estrada. Após percorrê-la por uma curta distância, pararam e descarregaram tudo de que não fossem precisar em Vemork dentro de um esconderijo escavado às pressas na neve, incluindo seus esquis e bastões de esquiar. Também despiram os trajes de camuflagem brancos — uniformes do Exército eram mais indicados para se esconder nas sombras. Além disso, era essencial que a sabotagem fosse vista como uma operação militar exclusivamente britânica, de modo a impedir qualquer retaliação contra a população norueguesa local.

Às dez da noite, fizeram sua última checagem. Rønneberg e Strømsheim carregavam cada um uma mochila com um conjunto de explosivos, detonadores e estopins, ambas contendo o suficiente para destruir a instalação de alta concentração. O destacamento de cobertura portava Tommy Guns, pistolas, pentes extras e granadas de mão. Kjelstrup tinha o fardo adicional de um pesado alicate para cortar qualquer cadeado que aparecesse no caminho. "Tudo bem, vamos embora", disse Rønneberg.[4]

Helberg foi na frente e eles desceram da trilha, atravessaram a estrada e seguiram desfiladeiro adentro. Agarravam-se a arbustos e galhos à medida que desciam rumo ao rio Måna. Repetidas vezes perderam o ponto de apoio, provocando pequenos deslizamentos de neve que corriam à sua frente. Então chegaram ao fundo do vale. O vento continuava a soprar e neve derretida pingava pelas rochas de ambos os lados da garganta. Havia o perigo de que o derretimento tivesse feito as águas do rio subir, levando embora quaisquer pontes de gelo que estivessem planejando usar para atravessá-lo. Caminharam ao longo da margem, procurando uma área ainda congelada. Os penhascos do desfiladeiro assomavam elevados de ambos os lados.

Após alguns minutos, encontraram uma ponte de gelo que parecia capaz de aguentar seu peso. Helberg foi na frente, atravessando-a com passos rápidos. Em fila única, os outros o seguiram. A ponte não se quebrou, mas eles sabiam que podia muito bem não estar mais ali quando voltassem — se voltassem.

Agora Helberg procurava o sulco na garganta que avistara mais cedo nesse dia, ao fazer seu reconhecimento, o ponto por onde achara que poderiam escalar. Não ficou nem um pouco aliviado quando o encontrou: a subida, quase duzentos metros até a ferrovia, era ainda mais íngreme do que a encosta por onde haviam acabado de descer, e, embora umas poucas e bravas árvores se agarrassem às fendas rochosas, a tarefa parecia quase inexequível no escuro, sem cordas e grampos. Mas esse era o modo de aproximação que haviam escolhido e não tinham como voltar atrás. Rønneberg sinalizou com a mão. *Vamos subir*.

Os homens começaram cada um sua escalada silenciosa pelo paredão rochoso, guiando mãos e pés pelos pontos de apoio, tateando ao longo do caminho.[5] Água pingava pelo penhasco, e com frequência escorregavam em acúmulos de gelo e crostas de neve. Em alguns trechos, lutavam por agarrar algum tronco de árvore ou afloramento de rochas para avançar menos de um metro. Em outros, cravavam os dedos das mãos e dos pés em fendas e moviam o corpo lateralmente, pressionados com força contra a parede da garganta para evitar o vento que soprava em volta, sempre tentando subir mais um pouco. O suor encharcava suas roupas conforme iam de saliência em saliência. De vez em quando, paravam para descansar, flexionando dedos adormecidos, massageando músculos com câimbras, esperando o batimento cardíaco diminuir, antes de se aventurar de novo na subida.

Após completar um quarto do caminho, Idland tentava prosseguir quando os dedos de sua mão esquerda escorregaram. Prendendo o ar no peito, ele procurou freneticamente alguma fenda ou projeção onde se agarrar, mas tudo que encontrou foi a rocha lisa e sem pontos de apoio. Espremeu-se ainda mais contra a parede, tomando o cuidado de firmar bem os pés, depois trocou a mão com que se segurava. Sua mochila e a submetralhadora de repente pareceram muito pesadas. Ele esticou a mão direita para cima, tateando em todas as direções, torcendo para encontrar algo em que se agarrar. Em vão.

Para aumentar o alcance, moveu o corpo num arco vagaroso, mas cada vez mais amplo, como um pêndulo, de um lado para o outro. Finalmente, as pontas dos dedos de sua mão direita rasparam no que parecia ser um punhado de raízes. Com a preensão da mão esquerda enfraquecendo, tinha de agir rápido — e realizar uma manobra ousada —, ou seria seu fim. Após algumas breves respirações para tomar fôlego, começou o movimento de pêndulo outra vez. Então, quando pegou embalo, forçou-se a fazer a coisa que seria menos natural no mundo: largou o corpo no ar. Nesse exato instante, esticou-se todo para agarrar as raízes com a mão direita. Houve um momento em que suas mãos não acharam coisa alguma, em que teve certeza de que mergulharia de volta ao fundo da garganta. Mas a seguir seus dedos envolveram as raízes. E aguentaram — por tempo suficiente para que a mão esquerda achasse outro ponto de apoio. Ele se comprimiu contra o paredão, uma rajada de vento sibilando em torno. Depois continuou a subir.

Meia hora após o início, a quase cem metros do chão, a linha ferroviária continuava sem ser avistada, e todos começavam a ficar cansados. Seus dedos doíam. A extremidade dos pés adormecera. Braços e pernas estavam doloridos. Haviam esquiado e caminhado por quilômetros em um terreno rude e coberto de neve antes de sequer atingir a base do desfiladeiro. Agora galgavam uma íngreme garganta montanhosa em plena escuridão, equilibrando mochilas pesadas e desajeitadas nas costas. Qualquer preensão em falso ou pé escorregando poderia significar uma queda fatal.

Quando em treinamento nas montanhas da Escócia, haviam sido instruídos a nunca olhar para baixo durante uma escalada, caso contrário arriscavam-se a perder a coragem. Mas alguns contrariaram a orientação e baixaram o rosto para o caminho de onde tinham vindo. A garganta parecia um terrível par de mandíbulas prontas para devorá-los. A visão deixou os homens paralisados até o som do esforço de seus companheiros tirá-los do terror momentâneo. Recuperando o controle, continuaram. Independentemente das batalhas individuais que cada um travava ali na parede, não estavam sós. Se um dos homens encontrava um caminho fácil, os outros o seguiam da melhor forma possível. Quando um deles afundou em um bolsão de neve, precisando de um forte empurrão por trás para continuar avançando, não teve de esperar muito. E quando alguém procurava sem sucesso encontrar um ponto de apoio, a ajuda vinha rapidamente, com algum outro sugerindo onde se segurar ou estendendo uma mão salvadora.

Finalmente, alguns minutos após as onze da noite, o primeiro homem rastejou sobre os últimos pedregulhos do penhasco e alcançou a ferrovia. Os demais vieram em seguida — zonzos, exaustos, aliviados de chegar ao topo. Por um tempo, ninguém falou. Ficaram descansando sobre os trilhos, olhando para a fortaleza no fim da linha.

No refúgio de sua cabana, a cinquenta quilômetros de Rjukan, Skinnarland e Haugland sentavam em suas camas conforme a nevasca uivava do lado de fora.[6] Nenhum dos dois quis ficar para trás, apenas informando sobre a operação. Queriam participar da missão; queriam ajudar. Mas esta era a maldição do operador de rádio: ser os olhos e ouvidos da missão, mas raramente ajudar a executá-la.

Havia uma quantidade limitada de operadores de rádio bem treinados na SOE, e eles eram considerados valiosos demais para que corressem risco nas operações de sabotagem.[7] Suas transmissões — e o fardo extra de um equipamento tão pesado — tornavam-nos alvos rastreáveis para os alemães. Na verdade, operadores de rádio representavam o maior número de baixas entre os agentes da SOE. No momento, porém, Haugland e Skinnarland estavam em mais segurança do que muitos de seus conterrâneos, lá no alto do Vidda, em pleno inverno.

Skinnarland não podia deixar de pensar em seu irmão, Torstein, e seu melhor amigo, Olav Skogen, ambos presos em Grini.[8] Quanta coisa haviam sofrido, enquanto ele continuava em liberdade. Tanto Skinnarland como

Haugland sabiam que suas famílias podiam sofrer represálias se a sabotagem de Vemork fosse bem-sucedida — ou mesmo que não fosse. Os alemães suspeitariam que os comandos teriam contado com ajuda local. Não havia nada a fazer exceto esperar, refletir e torcer para que toda a inteligência reunida e todos os preparativos feitos antes da chegada da equipe Gunnerside estivessem contribuindo para o sucesso da operação.

Com passos cuidadosos, Haukelid conduziu os demais pela ferrovia em direção a Vemork.[9] O vento soprara a neve dos trilhos junto à beirada do desfiladeiro e eles tomavam a precaução de caminhar pelo cascalho congelado de modo a não deixar pegadas. Havia muito pouco luar e Haukelid tinha certeza de que não seriam vistos avançando pela linha. Tinha mais certeza ainda de que ninguém os escutaria — mal podia ouvir a própria voz com o barulho do vento, das quedas-d'água e das enormes turbinas dos geradores de energia.

Do outro lado do vale, as luzes de um veículo serpenteavam pela estrada que haviam atravessado apenas uma hora antes. Quando Haukelid dobrou a curva, a equipe silenciosamente atrás dele, viu a ponte suspensa abaixo, à direita, e os vultos de dois soldados montando guarda. Quinhentos metros adiante, ficava o portão da ferrovia, e um pouco além deles viam-se as silhuetas enormes da usina de energia e da fábrica de hidrogênio. Espremida entre os edifícios gigantes havia a pequena caserna dos guardas alemães.

Às 23h40, Haukelid parou junto a um abrigo de transformador coberto de neve e esperou que os outros o alcançassem. Ali era um ponto perfeito para observar a ponte e aguardar a troca da guarda à meia-noite. Rønneberg queria que avançassem para o alvo meia hora depois disso. A estratégia daria tempo suficiente às novas sentinelas para iniciar seu turno e entrar na rotina de costume. Usando o abrigo como proteção contra o vento, os nove homens se acomodaram sobre os trilhos. Comeram chocolate e bolachas que traziam nos bolsos. Alguns se afastaram um pouco para se aliviar.

Rønneberg então reuniu todo mundo de modo a ser ouvido acima do elevado zumbido da usina de energia e perguntou se haviam entendido suas ordens. A despeito das cabeças balançando afirmativamente, repassou os pontos centrais mais uma vez: o destacamento de demolição entraria pela porta do subsolo e instalaria as cargas. Os homens do destacamento de cobertura ficariam em suas posições até a sabotagem estar completa. Acontecesse o que acontecesse, o alvo tinha de ser destruído. Se fossem capturados, a ordem de suicídio devia ser cumprida. Não podiam ser levados para interrogatório.

Alguns minutos antes da meia-noite, a nova guarda se dirigiu à ponte. Pouco depois, as sentinelas que haviam sido rendidas foram para a caserna. Embrulhados nos casacos, os quepes enterrados na cabeça, pareciam entediados, complacentes. Portavam suas armas ao modo relaxado de homens acreditando que nada os ameaçava.

Os sabotadores voltaram a esperar.[10] Estavam tensos, sem dúvida, mas à parte algumas piadas de humor negro sobre o que aconteceria se fossem pegos, guardavam seus medos para si. Em vez disso, observavam o vale circundante e falavam sobre qualquer assunto, exceto a operação em curso. Kjelstrup limpava os dentes com um palito de fósforo. Helberg gracejou sobre o xarope infestado de formigas que encontrara em Fjøsbudalen. Outros contavam histórias sobre peças que haviam pregado em alguém ou brigas com ex-namoradas. Pela conversa, podiam ser um bando de velhos camaradas jogando conversa fora após uma noite na cidade.

Os minutos se passaram, e ao consultar o relógio Rønneberg viu que finalmente se aproximavam da meia-noite e meia. A um aceno seu quase imperceptível, os homens se levantaram. Checaram as armas e os explosivos uma última vez. "Daqui a poucos minutos estaremos diante do alvo", disse Rønneberg.[11] E repetiu o espírito das palavras que Tronstad lhes dissera antes de partirem para a missão: "Lembrem-se: o que vamos fazer na próxima hora será um capítulo da história durante os próximos cem anos [...]. Juntos faremos com que seja digno de respeito". Então Rønneberg fez um gesto para Haukelid, que partiu primeiro com o destacamento de cobertura.

Agora, próximo ao campo minado, Haukelid dava passos ainda mais cuidadosos. Alguns metros adiante, encontrou pegadas na neve, provavelmente de um dos operários da fábrica. Ali era sua passagem segura.[12] Kjelstrup seguiu logo atrás, depois os outros sete, em fila única. A cem metros do portão, detiveram-se atrás de uma pequena fileira de galpões de armazenagem. Dessa proximidade, o zumbido dos geradores era agora um ronco.

À meia-noite e meia em ponto, Rønneberg sinalizou para Haukelid e Kjelstrup arrombarem o portão. "Boa sorte", sussurrou antes que avançassem de cócoras pelos últimos metros.[13] Com o alicate, Kjelstrup cortou o pesado cadeado como se fosse um graveto seco e Haukelid tirou a corrente e abriu o portão de quase quatro metros de largura. Os cinco homens do destacamento de cobertura entraram rapidamente em Vemork, Poulsson por último. O destacamento de demolição — Rønneberg, Kayser, Strømsheim e Idland — foi logo em seguida.

Em poucos instantes, Haukelid e sua equipe se espalharam para assumir suas posições, prontos para dominar os guardas se o alarme soasse ou se houvesse alguma abordagem contra o destacamento de demolição. A Tommy Gun de prontidão, Kjelstrup apagou seu rastro vindo dos canais das comportas. Helberg permaneceu no portão da ferrovia, protegendo a rota de saída deles. Storhaug se posicionou em uma encosta com vista desimpedida da estrada que levava à ponte suspensa.

Haukelid e Poulsson deslizaram para a posição atrás de dois grandes tanques de aço, a quinze metros da caserna. Enquanto Haukelid deixava preparada uma fileira de granadas de mão, Poulsson apontava o cano de sua submetralhadora para a porta da caserna. Também ficaram de olhos abertos para eventuais patrulhas. "Bom lugar", disse Poulsson.[14]

Nesse meio-tempo, o destacamento de demolição abria um buraco na cerca a quinze metros do portão da ferrovia. Então, um pouco mais além, quebraram o cadeado de outro portão, que levava a alguns armazéns. Ambos poderiam servir como rotas de fuga alternativas. Quando terminaram, Rønneberg ficou imóvel por um longo momento. Olhou em torno à procura de algum sinal de movimento no escuro; também mantinha os ouvidos bem atentos. O maquinário do lugar seguia trabalhando. Até lá, continuavam sem ser detectados. Com a aproximação de Kayser, Rønneberg atravessou o pátio descoberto até a fábrica de hidrogênio de oito andares. Strømsheim foi atrás, Idland lhe dando cobertura com uma Tommy Gun. Os dois com os explosivos tinham de ser protegidos mais do que todo mundo.

Os quatro sabotadores contornaram a lateral da fábrica.[15] Pequenas frestas de luz brilhavam nas janelas onde a tinta preta se lascara, nos pontos em que o vidro não estava completamente pintado. Rønneberg espiou pela falha de uma janela no canto nordeste do prédio. Um único indivíduo vigiava a sala.

A equipe de demolição contornou a parede leste da fábrica no nível do subsolo até chegarem a uma porta de aço perto do canto. Com a arma preparada, Rønneberg experimentou a maçaneta. A porta não abriu. "Trancada", ele disse.[16] Mandou Kayser subir uma escada de concreto adjacente e verificar se a porta do primeiro andar estava aberta. Voltando tão rápido quanto fora, Kayser avisou: "Negativo".

Rønneberg ficou tenso. Precisavam entrar na fábrica de algum modo que não envolvesse explodir as fortes portas de aço ou quebrar janelas, nada que alertasse os alemães.

18. Sabotagem

Rønneberg verificou pessoalmente as portas do subsolo da fábrica e do primeiro andar.[1] Kayser foi com ele, atento às sombras de qualquer patrulha se aproximando. Strømsheim e Idland procuraram outra maneira de entrar. Sabiam que era questão de tempo para um guarda cruzar seu caminho ou encontrar o destacamento de cobertura. No desespero, Rønneberg lembrou do túnel de cabeamento na parede norte. Descendo rapidamente os degraus, acenou para Kayser segui-lo.

Em Brickendonbury Hall, haviam discutido sobre pontos de entrada alternativos na fábrica, e Tronstad lhes contara sobre um túnel estreito cheio de tubulações e cabos que passava entre o teto do subsolo e o primeiro andar e dava em uma pequena abertura de acesso na parede exterior, de frente para a garganta.[2] Rønneberg achou que se o túnel não tivesse sido bloqueado durante o recente aprimoramento da segurança, podia fornecer um ponto de acesso.

Ele contornou o prédio rapidamente e procurou em meio à neve acumulada ao longo da parede pela escada que levava ao túnel. Após alguns minutos, suas mãos encostaram em um degrau. "Aqui está", disse para Kayser.[3] Os dois subiram pelo metal escorregadio, Rønneberg na frente. Quase cinco metros acima, ele encontrou a entrada do túnel, parcialmente coberta de neve. Não havia grades. Limpou a neve da abertura e rastejou para dentro. Mal havia espaço para seu corpo, e teve de puxar a mochila com os explosivos atrás de si. Kayser se enfiou no túnel em seguida.

Avançaram sobre os cabos e tubos por vários metros. Rønneberg tentou virar a cabeça para ver se os outros haviam entrado também, mas o espaço era apertado demais. Kayser confirmou que Strømsheim e Idland não estavam atrás deles. A única direção em que podiam ir era para a frente. Teriam de executar a sabotagem sozinhos.

Rønneberg continuou rastejando. Após alguns minutos, viu alguns canos de água que entravam por uma abertura no teto a sua esquerda. Pelo buraco, conseguiu enxergar algumas células de alta concentração da fábrica. Estavam perto.

Continuaram avançando. De repente, Rønneberg escutou o retinir penetrante de metal. Ficou paralisado. Às suas costas, Kayser deixara a Colt .45 cair do coldre em seu ombro. Embora presa ao seu corpo por um cordão, a pistola deslizara o suficiente para bater contra um cano. Por um longo tempo, os dois permaneceram completamente imóveis, receando que o som pudesse tê-los denunciado. Mas, quanto mais esperavam, maior era a certeza de que o ronco reverberante das máquinas de Vemork abafara o barulho. Kayser devolveu a pistola ao coldre e seguiram em frente.

Após vinte metros rastejando pelo labirinto de tubulações, Rønneberg chegou a uma abertura mais larga no piso do túnel. Olhou por ela para um salão cavernoso. Depois de se certificar de que não havia guardas no local, deslizou pelo vão e caiu por quase cinco metros até o chão. Lembrando de seu treinamento em paraquedismo, dobrou o corpo e rolou para atenuar a queda. Kayser veio logo em seguida.

Chegaram à sala com as dezoito células de alta concentração. Uma placa nas portas dizia: PROIBIDA A ENTRADA EXCETO EM SERVIÇO.[4] Colts na mão, Rønneberg e Kayser abriram as portas. O vigia da noite, um norueguês corpulento de cabelos grisalhos, girou em sua cadeira atrás da mesa. Kayser se aproximou dele num segundo. "Mãos ao alto", bradou em norueguês, o cano da pistola apontado para o peito do funcionário.[5]

O homem fez conforme ordenado. Claramente assustado, seus olhos iam e vinham de um sabotador para outro. "Nada vai acontecer com você se fizer o que estamos mandando", disse Kayser enquanto Rønneberg trancava as portas da sala. "Somos soldados britânicos." O funcionário olhou para a insígnia nos uniformes deles. "Qual é o seu nome?", perguntou Kayser.

"Gustav Johansen."

Enquanto Rønneberg punha mãos à obra, Kayser vigiava Johansen, fazendo pequenos comentários sobre a vida na Grã-Bretanha para reforçar o disfarce. Rønneberg tirou os explosivos e estopins de sua mochila. As duas fileiras de células de alta concentração em suportes de madeira pareciam exatamente com as réplicas que Tronstad e Rheam haviam montado em Brickendonbury Hall. Cada tanque de célula tinha cerca de 1,30 metro de altura por 25 centímetros de diâmetro e era feito de aço inoxidável. Um feixe serpenteante de tubos de borracha, fios elétricos e canos de ferro corria pelo topo deles.

Rønneberg não precisava saber exatamente como as células funcionavam — apenas como mandá-las pelos ares. As dezoito linguiças de Nobel 808 dispostas diante dele, com trinta centímetros de comprimento cada uma, dariam conta do recado. Podiam não pesar mais que cinco quilos no total, mas seria uma explosão poderosa.

Calçando luvas de borracha para evitar choques elétricos, Rønneberg passou à primeira célula e apertou o explosivo plástico em sua base. Assim que ficou seguro no lugar, passou ao segundo, depois ao terceiro, seus movimentos quase automáticos após tantas horas praticando em Brickendonbury.

As mãos ainda levantadas, Johansen foi ficando cada vez mais nervoso enquanto observava Rønneberg trabalhar. Finalmente, exclamou: "Cuidado. Isso aí pode explodir!".[6]

"A ideia é essa", retrucou Kayser, secamente.

Rønneberg acabara de prender a nona faixa de explosivo em sua célula quando um vidro se estilhaçou a suas costas. Ele levou a mão à arma conforme Kayser virava rapidamente na direção do barulho.

Do lado de fora, no pátio da fábrica, monitorando a caserna dos guardas, Haukelid olhava para o relógio. Vinte minutos haviam se passado desde que os homens entraram pelo portão da ferrovia. Pareceram horas. Ele se perguntava se a equipe de demolição conseguira penetrar na fábrica e se a operação corria de acordo com o plano. A qualquer momento, uma sentinela podia soar o alarme, atraindo holofotes, sirenes e metralhadoras. A única certeza de Haukelid era o que havia a sua volta. As trevas. O zumbido incessante dos geradores. A porta fechada da caserna. Seus olhos perscrutavam o escuro constantemente, atentos a qualquer sinal de guardas patrulhando o terreno.

Estava com as ampolas de clorofórmio à mão para derrubá-los. Até lá, não vira ninguém.

Lembrou-se das primeiras semanas de luta pela Noruega. Cerca de 150 quilômetros a norte de Oslo, fizera parte de um grupo de soldados noruegueses que cercaram uma casa de madeira ocupada por soldados alemães. Quando estes se recusaram a se render, Haukelid e os outros em seu destacamento abriram fogo. As finas paredes da estrutura eram uma frágil proteção, e não restou um único alemão com vida. Alguns tombaram pendurados nas janelas quebradas. Outros morreram numa poça de sangue sobre o assoalho. A guerra era uma coisa horrível e Haukelid sabia que os guardas no alojamento diante dele não sobreviveriam ao fogo cerrado de sua submetralhadora e suas granadas.

A cada vagaroso minuto que passava, ele se remoía com o medo de que algo pudesse ter dado errado. Cada homem do destacamento de cobertura mantinha a arma pronta para disparar ou o pino da granada preparado para ser puxado, conforme aguardavam a equipe de demolição fazer seu trabalho.

Com a coronha da arma, Strømsheim limpou mais alguns cacos de vidro da janela quebrada. Ainda se recobrando da surpresa, Rønneberg correu para ajudar. Strømsheim e Idland haviam decidido entrar à força na sala de alta concentração — e escaparam por um triz de serem baleados pelos próprios companheiros.

Rønneberg apressou-se em ajudar a limpar o vidro para que Strømsheim pudesse entrar. Na pressa, cortou os dedos da mão direita num estilhaço. Disse a Idland para ficar do lado de fora e bloquear a luz que brilhava pela janela quebrada. Se os guardas vissem, sem dúvida viriam correndo.

Então Rønneberg e Strømsheim voltaram a prender os explosivos nas células. Trabalhando juntos, terminaram rápido, depois fizeram uma nova verificação para ver se estava tudo no lugar antes de prender os estopins de 120 centímetros às cargas. Quando fossem acesos, queimariam a uma velocidade de um centímetro por segundo, o que lhes daria exatamente dois minutos para deixar a sala.

Strømsheim sugeriu que usassem um par de estopins de trinta segundos para acender os explosivos, assegurando que ninguém apagasse a bomba depois que saíssem. "Podemos acender os de dois minutos primeiro e verificar se está tudo o.k.", disse Rønneberg.[7] "Depois a gente acende os curtos e cai fora." Strømsheim concordou.

Quando fixavam os estopins de trinta centímetros, Johansen atrapalhou sua concentração. "Onde estão meus óculos? Preciso deles."[8] Rønneberg olhou para o sujeito. Johansen continuou: seria muito difícil encontrar outros óculos, por causa da guerra; precisavam deixar que procurasse por eles. Houve um breve instante em que os sabotadores se deram conta do ridículo da situação. Tantos haviam sofrido, arriscado suas vidas — ou de fato perecido — para que chegassem a esse momento crítico e agora essa conversa sobre óculos.

Rønneberg se levantou e vasculhou a mesa. Encontrou o estojo e o entregou a Johansen, depois voltou a sua tarefa, prendendo os estopins com fita isolante. Sua luva direita ficou encharcada com o sangue do corte no vidro da janela.

"Mas os óculos não estão no estojo", lamuriou-se Johansen.

Rønneberg virou para o homem, claramente irritado. "Onde estão então, droga?"

"Estavam ali", Johansen apontou a mesa, "quando vocês entraram."

Rønneberg mais uma vez foi até a mesa e encontrou os óculos entre as folhas do livro de registro de Johansen. O homem agradeceu humildemente.

Perto de terminar o trabalho, Rønneberg disse a Strømsheim para destrancar e abrir a porta do subsolo que dava para fora, de modo que pudessem executar uma rápida escapada.[9] Johansen apontou para a chave em seu cordão preso à cintura e Strømsheim a pegou e saiu da sala. Ao mesmo tempo, Kayser arrastou Johansen para fora da sala, a salvo da explosão. Quando os três atravessaram o amplo saguão, escutaram passos ecoando pela escada do lado de dentro. Um guarda alemão?

Kayser e Strømsheim apontaram suas pistolas para a escada. Um instante depois, viram-se fazendo mira não contra um guarda alemão, mas contra o assustado supervisor da noite, Olav Ingebretsen, que jogou as mãos para o alto e deu um pequeno grito de susto. Enquanto Kayser vigiava os dois cativos, Strømsheim abria uma fresta na porta do porão. Uma rajada de ar gelado soprou ali dentro.

Na sala de alta concentração, Rønneberg fez uma checagem final na cadeia de explosivos. Quase 45 minutos haviam se passado desde o momento em que atravessaram o portão da ferrovia. Estavam abusando da sorte. Confiante de que os explosivos estavam devidamente preparados, arrancou as luvas ensanguentadas e jogou um distintivo dos paraquedistas britânicos no chão. Então pegou uma caixa de fósforos e, com um rápido meneio de pulso, acendeu um palito.

Levou a chama primeiro aos estopins de dois minutos, depois aos de trinta segundos. Então gritou para Idland, que continuava do lado de fora bloqueando a janela, para se afastar. Rønneberg correu para o saguão de entrada, contando os segundos em sua cabeça. Para os dois prisioneiros, disse: "Vão lá para cima. Depois fiquem deitados com a boca aberta até escutarem a explosão. Do contrário seus tímpanos vão estourar".[10]

Enquanto os trabalhadores de Vemork subiam a escada correndo, os três sabotadores saíram pela porta de aço do subsolo. Kayser a fechou ao passar, e os homens fugiram em disparada da fábrica. Idland se juntou a eles na corrida.

Estavam a vinte metros de distância quando escutaram um estouro abafado e viram as chamas sendo cuspidas através das janelas quebradas da sala de alta concentração. Empolgados por terem cumprido sua missão, escaparam em direção à ferrovia.

Ao escutar um leve estampido surdo ao longe, Haukelid e Poulsson se entreolharam. "Foi para isso que viemos aqui?", perguntou Poulsson.[11] Da luz vazando do subsolo da fábrica, ficou claro que as janelas haviam estourado, mas isso não era garantia de que a sabotagem fora executada. Por outro lado, sussurraram entre si, os olhos agora dirigidos para a caserna, a sala de alta concentração ficava abrigada atrás de espessas paredes de concreto e a explosão teria sido abafada pelo vento e pelo zumbido da usina de força. Só haviam esperado algo mais poderoso. Será que alguma coisa dera errado?

Nesse instante de incertezas, a porta da caserna foi aberta, projetando um arco de luz sobre a neve. Um guarda parou no vão por alguns segundos, olhando para a esquerda e a direita, antes de sair para o frio. Usava um casaco pesado, mas estava desarmado e não tinha capacete. Mesmo assim, Poulsson engatilhou a Tommy Gun pela primeira vez nessa noite e Haukelid enfiou o indicador no anel do pino de segurança da granada.

Ambos aguardaram para ver o que o guarda faria a seguir.

Caminhando sem pressa, aparentemente nem um pouco alarmado, o guarda atravessou os cinquenta metros entre a caserna e a fábrica de hidrogênio.

Olhou para o prédio, depois para a área em volta. Se viu a luz saindo pelas janelas quebradas do subsolo, não reagiu. Segundos mais tarde, voltou à caserna e fechou a porta atrás de si. Talvez tivesse tomado o barulho por uma mina disparada por um animal selvagem ou pela queda de neve derretida.

Haukelid sabia que a equipe de demolição podia já ter batido em retirada para a ferrovia pelo buraco aberto na cerca. Não se via sinal deles agora, mas tempo suficiente se passara para que escapassem. Estava prestes a dizer a Poulsson para recuarem quando a porta da caserna foi aberta novamente.

Dessa vez o guarda saiu usando um capacete de metal e portando um fuzil. Avançando, passou o facho da lanterna perto de onde Haukelid e Poulsson estavam posicionados. Poulsson levou o dedo ao gatilho e fez mira. O guarda estava a apenas quinze metros de distância. Um único tiro o teria derrubado, talvez sem que sequer fosse ouvido. O guarda passou a lanterna num arco e lentamente se aproximou de seu esconderijo, atrás dos tanques de armazenagem.

Poulsson voltou a olhar para Haukelid, sua expressão claramente perguntando: *Atiro?* Haukelid sacudiu a cabeça com veemência e sussurrou: "Não".[12] Não deveriam matar a menos que fosse absolutamente necessário. Enquanto aquele facho de luz não os expusesse, esperariam. O guarda virou outra vez, a lanterna varrendo a neve, quase alcançando seus pés. Poulsson observava cuidadosamente o homem sob a mira da submetralhadora. Então o guarda girou nos calcanhares. Relanceando em torno mais uma vez, voltou à caserna.

Haukelid e Poulsson esperaram mais um minuto, depois correram em direção ao portão da ferrovia para se encontrar com os outros.

Ao chegar lá, escutaram uma voz chamando no escuro: "Piccadilly!".[13] Era para responderem com a contrassenha, "Leicester Square", mas, antes que pudessem falar, já topavam com Kjelstrup e Helberg.

"Piccadilly", insistiu Kjelstrup, à força do treinamento enraizado.

"Pelo amor de Deus, cala a boca", disseram em coro Haukelid e Poulsson, com uma risada, extasiados por terem chegado até aquele ponto. Helberg lhes disse que Rønneberg, Kayser, Strømsheim, Idland e Storhaug já avançavam pelo trilho do trem. Haukelid fechou o portão e enrolou a corrente no lugar. Ocultar dos alemães sua rota de fuga — ainda que por poucos segundos — podia fazer toda a diferença.

Os quatro seguiram pelos trilhos por cerca de duzentos metros quando as primeiras sirenes soaram. O alarme os fez acelerar e não demorou para alcançarem Rønneberg e os demais. Todos apertaram as mãos e trocaram tapinhas nas costas. A missão fora um sucesso, sem que uma única bala ou granada tivesse sido disparada. Mal conseguiam acreditar.

Mas não havia tempo para comemorações. As sirenes ecoando por todo o vale, lançaram-se a toda a velocidade garganta adentro, deslizando pela parede sul sem se preocupar muito em evitar os ferimentos. Tudo que queriam era escapar. Helberg encontrou uma encosta ligeiramente menos íngreme do que aquela pela qual haviam subido e eles pularam e se agarraram de saliência em saliência em meio aos acúmulos de neve pesada e úmida. Ainda havia alguns trechos em que precisavam usar técnicas de escalada, mas, na maior parte, era uma queda controlada no paredão do desfiladeiro.

Enquanto se movia, Rønneberg calculava suas chances de escapar.[14] Como os homens não haviam atravessado a ponte nem fugido pelos canais das comportas, os guardas talvez acreditassem que continuavam dentro da fábrica. Assim que descobrissem suas pegadas ou encontrassem o cadeado quebrado, perceberiam que não era o caso. Com quanta vantagem contavam? Os alemães tinham cães? Quando as tropas chegariam de Rjukan? Onde estariam estacionadas? No lado norte do vale? Ao pé do Krossobanen? Por que os holofotes da fábrica ainda não haviam sido acesos? Sem respostas para essas perguntas, tudo que podiam fazer era se deslocar o mais rápido possível, e para tão longe de Vemork quanto possível, antes que a caçada humana tivesse início.

Quando chegaram ao fundo do vale, encontraram grandes poças d'água na superfície da ponte de gelo sobre o rio Måna. Helberg atravessou primeiro. Os outros o seguiram. Após transpor o rio, suas botas ficaram encharcadas.

Chegaram ao outro lado da garganta e começaram sua escalada, agarrando qualquer ponto de apoio que conseguissem encontrar — uma raiz, uma pedra, uma árvore — para impelir o corpo para cima. Suas roupas mais uma vez ficaram empapadas de suor. A sede queimava suas gargantas, mas não pararam por nada.

Ao alcançar a estrada, viraram e viram o facho de lanternas percorrendo a linha de trem, a cerca de 150 metros de Vemork. A rota da fuga fora descoberta. Era bom se mexerem, e rápido.

Em Vemork, Alf Larsen, o engenheiro-chefe, aproximou-se da porta de ferro explodida em seus gonzos e passou a lanterna pela sala de alta concentração.[15] Estava tudo em ruínas. As duas fileiras de células de água pesada — o que restava delas — jaziam em um ângulo esquisito no chão, os suportes de madeira destruídos. As bombas se romperam, as paredes ficaram chamuscadas, as janelas se estilhaçaram e a rede de tubulações acima era uma confusão de coisas retorcidas. Fragmentos da explosão haviam perfurado os canos de cobre do sistema de resfriamento e a água espirrava por todo lado.

Meia hora antes, o engenheiro de 32 anos que substituíra Jomar Brun após seu misterioso desaparecimento acabava de disputar uma longa partida de baralho numa das moradias operárias entre a fábrica e a ponte suspensa quando escutou a explosão. Era exatamente 1h15. Ele ligou para a fábrica de hidrogênio e momentos depois falava com Olav Ingebretsen. Ainda recuperando o fôlego, o supervisor da noite explicou que três homens tinham invadido a fábrica e feito Johansen e ele prisioneiros. Falavam norueguês — "normal, como a gente" —, mas estavam usando uniformes britânicos.[16] "Mandaram a instalação pelos ares", contou Ingebretsen.

Com as sirenes uivando ao fundo, Larsen ligou para Bjarne Nilssen, o diretor da Norsk Hydro em Rjukan, e o informou dos acontecimentos.[17] Nilssen disse que iria para a fábrica imediatamente após alertar o comandante do Exército alemão e o oficial da SS locais. Assim que desligou, o próprio Larsen foi para a fábrica.

Agora Larsen, encharcado com a água que jorrava, caminhava pelo chão coberto de escombros até uma fileira das células de alta concentração e se abaixava para examinar o estrago. Todas as nove células revestidas de aço estavam arruinadas. Na outra fileira era a mesma coisa. Toda a valiosa água pesada dentro das dezoito células vazara e escorria pelos ralos. Fossem quem fossem os sabotadores, sabiam exatamente o que destruir, e seu trabalho fora bem-feito.

PARTE IV

19. O feito mais esplêndido

Os nove sabotadores se abaixaram atrás de um monte de neve quando um carro passou rápido vindo da direção de Rjukan.[1] O veículo desapareceu na curva e eles começaram a atravessar a estrada, que se tornara pouco mais que um regato gelado, com o degelo. Quando o último homem chegava ao lado oposto, outro carro veio velozmente pela estrada. Eles pularam na vala para fugir dos faróis. Caminhões carregados de soldados sem dúvida apareceriam em breve.

Depois de localizar o depósito de suprimentos, voltaram a vestir os trajes camuflados brancos e recolheram seu equipamento, em seguida esquiaram pela trilha dos postes elétricos congelada em direção a Rjukan. Poulsson e Helberg foram na frente. Ambos criados ali, estavam pensando em suas famílias na cidade.[2] O que os nazistas fariam em retaliação contra a operação? Como seria fácil entrar furtivamente em Rjukan, reunir-se para uma refeição com seus pais e irmãos, protegê-los, se necessário. Ninguém sabia que haviam participado da sabotagem. Não tinham sido vistos. Deixando esses devaneios de lado, continuaram esquiando em direção ao Krossobanen.

As sirenes continuavam a ecoar e um caminhão passou na estrada abaixo.[3] Os alemães enxameavam por Rjukan. Se até mesmo suspeitassem que os sabotadores realizavam sua fuga sob o funicular, seriam pegos. Não podiam se arriscar a pisar na estrada Ryes junto à estação-base. Mais de dois quilômetros após percorrer a trilha, tiraram os esquis, puseram-nos sobre os ombros e foram para a floresta. Após uma breve caminhada, chegaram à estrada íngreme, em zigue-zague. Cansados da longa operação e sofrendo com o peso do equipamento, ainda tinham cerca de um quilômetro de escalada vertical para alcançar o Vidda. Eram mais de duas da manhã e queriam chegar ao topo do vale do Vestfjord e ultrapassá-lo antes do amanhecer, em cinco horas. Cada nova rampa da estrada em zigue-zague era uma marcha arrastada de quinze minutos. Os homens iam em fila indiana, todos tentando seguir as pegadas do que ia na frente. Em alguns trechos, o chão estava escorregadio. Em outros, eles afundavam na neve. A cada curva, faziam uma breve pausa e continuavam penosamente.

Com três quartos do caminho ascendente pela parede norte do Vestfjord percorridos, os homens estavam mais do que exaustos. A pura força de vontade e o medo de serem capturados eram o que movia seus corpos agora. Quando alguém da equipe ficava para trás, outro diminuía o passo para animá-lo. Às vezes, uma fresta na mata possibilitava avistar Vemork ou a estação-base de Krossobanen. Inexplicavelmente, os holofotes ainda não haviam sido ligados para iluminar a área em torno da fábrica e a estação do funicular continuava às escuras. Os alemães podiam facilmente ter enviado um destacamento de soldados ao Krossobanen para interceptá-los no topo. Haveria uma acirrada batalha caso isso acontecesse.

Após quatro horas de subida, chegaram a uma das últimas rampas. Evitando a estação no topo, voltaram para a floresta, uma caminhada ainda mais difícil. Finalmente, chegaram ao cume. Comemoraram muito brevemente e calçaram outra vez os esquis. O vento começava a soprar em seus rostos e a temperatura caía rápido. Uma tempestade estava a caminho. Haviam alcançado as colinas abertas do Vidda. Então, quando o dia começava a raiar, Rønneberg ordenou uma pausa. Os homens sentaram na encosta e descansaram.[4] Comeram um pouco de chocolate, passas e bolachas e olharam em silêncio para o vale do Vestfjord. Nuvens azul-prateadas pairavam no alto e a sudeste a crista imponente do monte Gausta se recortava em vermelho ao sol nascente. Em algum lugar, um pássaro cantou.

Parados ali, os homens rememoraram sua missão. Com a operação realizada, houve uma sensação geral de perplexidade por terem escapado vivos daquilo tudo. E por agora terem a vida pela frente a considerar.

Helberg se preparou para esquiar de volta à cabana em Fjøsbudalen e buscar seu passaporte e as roupas civis que usara durante o reconhecimento em Rjukan.[5] Os outros haviam deixado suas coisas na Fetter, onde Helberg planejava se juntar a eles após terem feito uma parada no lago Langesjå para descansar. Se houvesse algum problema, ele se encontraria com Poulsson em um café em Oslo dali a uma semana.[6] Antes de qualquer despedida, ele se afastou esquiando.

Os outros homens fixaram um curso a noroeste pelo Vidda em direção ao lago Langesjå.[7] Por volta das sete da manhã, a tempestade finalmente veio, e os ventos sopravam com tal força que os homens mal conseguiam ficar de pé. Curvados sobre os bastões, era uma luta a cada passo. Às vezes, eram soprados para trás — quase sendo erguidos do solo. A neve ficou quebradiça e escorregadia no congelamento súbito, dificultando ainda mais seu progresso. Se havia alguma vantagem na tempestade, era que apagaria qualquer vestígio de seus movimentos. Hora após hora, os homens lutaram para avançar, até que finalmente avistaram a cabana à beira do lago.

Uma vez dentro, tiraram as mochilas e desabaram. Permaneceram acordados apenas o suficiente para erguer um brinde ao seu êxito com o uísque Upper Ten que haviam deixado guardado. Não havia necessidade de vigilância. Os nazistas jamais iriam se aventurar pelo Vidda durante uma tempestade. Deitado em seu saco, à espera de pegar no sono, Poulsson sentiu uma curiosa mistura de emoções.[8] Estava orgulhoso do sucesso da missão. Porém, durante cinco meses, praticamente não conhecera outra realidade que não a privação. Agora, em poucas horas, estava tudo encerrado, e sem uma luta de fato. Não podia deixar de sentir uma ponta de decepção por ainda não ter testado seu valor contra os invasores de seu país.

Os homens dormiram direto por quase dezoito horas, o vento em fúria uivando em seus sonhos. Pela manhã, com a tempestade ainda caindo, partiram para a Fetter, visando se aprofundar ainda mais no planalto. Conforme avançavam, o vento incessante arrancava punhados de gelo e neve das rochas e cumes, arremessando-os no ar, acertando seus rostos e corpos.[9] Até então, os nazistas não haviam sido nada, comparados à ira do Vidda.

Quando seu carro acelerava pela estrada para Vemork, trinta minutos após o alerta da explosão, o segundo-tenente da ss Muggenthaler passara sem se dar conta pelos nove sabotadores escondidos atrás do monte de neve na beira da estrada.[10] Ex-policial de Munique, Muggenthaler era o braço direito de Fehlis em Rjukan, responsável por colher inteligência e quebrar células de resistência. A sabotagem de uma importantíssima posição industrial era um enorme problema para ele.

Assim que Muggenthaler chegou à fábrica, Bjarne Nilssen e Alf Larsen o conduziram às instalações de hidrogênio no subsolo.[11] As bombas do sistema de refrigeração haviam sido desligadas, mas o chão continuava uma piscina. Larsen o informou que haviam perdido toda a água pesada das células e que a reconstrução dos aparelhos de alta concentração levaria meses.

Muggenthaler então se encaminhou à ferrovia com Nilssen e o sargento--mor Glaase, chefe da guarda alemã, para investigar como os sabotadores haviam entrado e saído. Um cadeado cortado e um alicate foram encontrados na neve junto ao portão e havia vestígios de sangue no trilho. Alguns guardas tentavam descobrir para onde os sabotadores tinham ido, mas a verdade era que podiam estar se deslocando em qualquer direção agora: subindo a parede leste do Vestfjord, atravessando para Rjukan, descendo a garganta e escalando a parede norte. A escuridão ainda duraria horas, e acordar os soldados em Rjukan para uma caçada pelas florestas nas colinas cobertas de neve sem dúvida seria um exercício de futilidade.

Quando voltaram à fábrica, Muggenthaler passou aos interrogatórios. Ele começou com Johansen e o supervisor que encontrara os sabotadores. Então questionou Larsen demoradamente. Ele mantinha a arma sobre a mesa, levando a mão a ela o tempo todo, deixando claro para os homens o que os aguardava caso mentissem.[12] Aparentemente, os eventos estavam claros: três homens pesadamente armados, trajando uniformes britânicos, mas falando norueguês impecável, se infiltraram na fábrica de alta concentração. Tinham um óbvio conhecimento das instalações. Montaram as cargas com eficiência e depois realizaram sua fuga sem disparar um único tiro. Não era obra de amadores, fato tornado ainda mais claro quando uma mochila com explosivos e detonadores foi encontrada por uma patrulha.

Quem os ajudara? Como? E onde estavam os sabotadores agora? Havia questões em aberto que Muggenthaler precisava ver respondidas. Ao final do dia, ele prendera vários trabalhadores de Vemork, incluindo Johansen e Ingebretsen, presentes durante o ataque. Dezenas de moradores locais foram levados a seu quartel-general no Grand Hotel de Rjukan, para interrogatório.

A melhor descrição que conseguiu obter — "três homens fortes que falavam norueguês" — era essencialmente inútil.[13]

Não obstante, as buscas de casa em casa começaram. Documentos de identidade foram checados. Estradas e estações de trem entrando e saindo do vale foram fechadas. As linhas telefônicas foram desligadas. Em todas as paredes e postes de Rjukan foram pendurados avisos instruindo os moradores a notificar as autoridades imediatamente se tivessem alguma informação que pudesse levar à prisão dos perpetradores. Haveria "duras medidas coercitivas" caso não obedecessem.[14]

Os soldados no encalço dos sabotadores haviam descoberto uma trilha descendo pela garganta, a cerca de um quilômetro da fábrica, e outra subindo para a trilha dos postes elétricos, do lado oposto, mas a tempestade que continuava a soprar pelo vale escuro e semicongelado apagara quaisquer outros rastros. Os sabotadores eram esquiadores claramente hábeis. Se tinham se retirado para o Vidda, não havia nada que os alemães pudessem fazer enquanto persistissem as presentes condições climáticas.

Muggenthaler notificou seus superiores em Oslo sobre a sabotagem e suas investigações. Um relatório foi enviado ao quartel-general da SS em Berlim, afirmando que "uma instalação importante para a economia de guerra foi destruída" por inimigos que pertenciam à inteligência britânica e à resistência norueguesa, provavelmente.[15] O relatório prosseguia para informar que tinham visado a "parte mais importante da fábrica". Enquanto Muggenthaler aguardava reforços e ordens, uma lista de cinco moradores-chave da cidade, incluindo Nilssen, foi elaborada e publicada por toda Rjukan.[16] Aqueles cujos nomes apareciam ali seriam fuzilados se algum novo ataque acontecesse.

No dia seguinte pela manhã, 1º de março, o general Von Falkenhorst em pessoa chegou, a despeito da nevasca.[17] Eram seus homens que haviam montado guarda na fábrica e ele também queria respostas. Tinha alertado seus superiores na Wehrmacht sobre os eventos e notificado seus oficiais por toda a Noruega a esperar novos ataques. Falkenhorst inspecionou a destruição da sala de alta concentração e comentou que foi "o feito mais esplêndido".[18] Os atacantes eram claramente militares.

Sua admiração pelo trabalho dos inimigos não minimizou a ira contra os que protegiam a fábrica. Mesmo com Larsen e diversos outros noruegueses presentes, repreendeu seus homens, sobretudo o sargento-mor Glaase e o capitão Nestler. "Quando você tem um baú de joias, não fica passeando em volta. Senta em cima da tampa com uma arma na mão!"[19] Depois caminhou pela trilha congelada até o ponto por onde os sabotadores haviam entrado, no portão da ferrovia. Virando para Glaase e seus homens, todos embrulhados em pesados casacos de pele, os quepes enterrados na cabeça para afugentar o frio, vociferou: "Você parece um Papai Noel. Como vai ver ou escutar os sabotadores com toda essa roupa?".

Glaase tentou se defender, dizendo que haviam feito a instalação de minas nos canais das comportas, mas que em torno da ferrovia o serviço não fora terminado.

"Por que não terminaram?", quis saber Falkenhorst.

"Não tínhamos homens suficientes para o trabalho."

"Homens? Sabia que na Rússia usam mulheres para esse tipo de serviço?"

Glaase tentou listar as muitas defesas da fábrica: as cercas de arame farpado; a guarda dobrada na ponte; o ninho de metralhadoras; os holofotes.

"Acenda, então", ordenou Falkenhorst.

Glaase mandou um guarda ligar a iluminação. Vários minutos se passaram e nada de luz. Falkenhorst batia os pés com impaciência. Glaase enviou um dos funcionários da fábrica para ver o que estava errado. O guarda não conseguira encontrar o interruptor.

Falkenhorst saiu furioso de Vemork. Ordenou que Glaase e parte de seus guardas fossem transferidos para o front russo e promoveu uma série de novas medidas de segurança. Em Rjukan, ordenou a liberação da maioria dos que haviam sido presos e advertiu que não deveria haver represálias contra a população local. A sabotagem de Vemork fora uma operação militar e assassinatos vingativos não mudariam esse fato. Uma caçada aos sabotadores e a qualquer um que os ajudara seria iniciada, e o tenente-coronel da SS, Fehlis, ficou encarregado de executá-la.[20] Quanto à fábrica, se ela seria demolida até não restar pedra sobre pedra ou reconstruída, a decisão cabia aos cientistas alemães que necessitavam dos materiais produzidos em Vemork.[21]

Na Kingston House nesse mesmo dia, tendo voltado de Oxford no trem do começo da manhã, Leif Tronstad recebeu um bilhete do Serviço de Monitoramento da BBC. Haviam perdido a primeira parte da transmissão da rádio sueca, mas o que conseguiram transcrever fornecia informação suficiente para fazer o escritório festejar: "... perpetrada contra as instalações da Norsk Hydro. Dizem que os danos são extensos, mas em um ponto onde o ataque foi feito dizem que a destruição é completa. O ataque foi realizado por três soldados falantes de norueguês, usando uniformes britânicos, que estão agora sendo procurados".[22]

O programa atômico nazista recebera um indubitável golpe, e Tronstad estava ansioso por descobrir mais.[23]

Seria um dia de comemorações. Uma mensagem de radiotelegrafia transmitida para Londres informava que Odd Starheim e sua equipe haviam capturado o vapor costeiro de setecentas toneladas *Tromøsund* e estavam a caminho de Aberdeen.[24] A Royal Navy despachara destróieres para escoltar o *Tromøsund* e um par de caças de longo alcance da RAF também estava a caminho para interceptar quaisquer aviões alemães que pudessem tentar obstruir a fuga. Agora, tudo que Tronstad queria era que os sabotadores de Vemork e os comandos de Carhampton voltassem em segurança.

Em meio à obscuridade da nevasca e do vento cortante, Poulsson conduziu sua equipe através do Vidda para a Fetter. Tiveram de voltar um pouco antes nesse dia devido à tempestade, mas, assim que ela amainou, partiram outra vez. Quando chegaram à cabana, os ventos tornaram a soprar com toda força. Ficaram ali por 36 horas. Helberg não apareceu, e, embora Poulsson sempre dissesse que ninguém era tão bom quanto ele em escapar de uma encrenca, havia a preocupação de que tivesse ficado preso na nevasca ou sido capturado.

Quando o tempo limpou, os oito homens partiram para o lago Skrykken ao norte. Como previamente combinado, Rønneberg deixou um recado para Haugland escondido numa choupana no caminho, para ser encontrado e enviado a Londres: "Fábrica de alta concentração totalmente destruída. Todos presentes. Sem luta".[25]

Na Jansbu, a cabana onde a Gunnerside passara suas primeiras noites na Noruega, a equipe ficou pronta para se dividir, separando provisões, armas, munição, roupas e outros suprimentos. Toda a Gunnerside, com exceção de Haukelid, partia para a marcha de dez dias até a fronteira sueca. Haukelid e Kjelstrup seguiriam para sudoeste a fim de organizar células de resistência.

Poulsson rumaria para leste, até Oslo, na esperança de que Helberg se encontrasse com ele por lá.

No dia seguinte, 4 de março, os cinco da Gunnerside foram primeiro. Continuavam a usar o uniforme britânico sob os trajes camuflados brancos, caso fossem pegos. Ao partir, os homens apertaram as mãos e desejaram sorte uns aos outros. Antes que Rønneberg se virasse para ir, Haukelid disse: "Levem nossas saudações para o coronel Wilson e Tronstad. Digam a eles que vamos dar um jeito, aconteça o que acontecer".[26] Qualquer dúvida que Rønneberg pudesse ter sobre a adequação de Haukelid para segundo em comando fora afastada havia muito tempo. Juntos, eles haviam conduzido uma operação irrepreensível.

Usando roupas civis e levando poucos suprimentos em sua mochila, Poulsson foi o próximo a partir. Ele apertou a mão de Haukelid e lhe desejou boa sorte. Então virou para Kjelstrup. Haviam passado meses juntos sob condições duríssimas e grande perigo. "Lembra aquele dia que você carregou aquelas baterias pesadas por quilômetros de neblina e neve?", disse Poulsson, a voz embargada de emoção. "Você parecia um boneco de neve, quando voltou."

"Eu me sentia como um", disse Kjelstrup.

"Bom, Arne", disse Poulsson, finalmente.[27] "Até logo e boa sorte. Se a gente não se encontrar em breve, vamos nos encontrar depois da guerra." Os esquis ajustados, ele se foi.

Haukelid e Kjelstrup o observaram desaparecer na brancura distante da paisagem. Sentiram uma terrível solidão e imaginaram que a de Poulsson fosse ainda maior.

Após esquiar por cinquenta quilômetros, pernoitar em uma cabana gelada e se alimentar de rações escassas, tudo que Poulsson queria era uma boa noite de sono numa cama macia.[28] As luzes acolhedoras diante de uma pequena hospedaria à beira da estrada eram demais para resistir. Ninguém o vira durante a operação em Vemork para fornecer uma descrição e ele tinha um passaporte falso — com o nome de Jens Dale. Uma refeição quente a sós valia o risco, decidiu.

Ele entrou. A lareira estalava com as chamas e um cheiro de peixe e batatas vinha da direção da cozinha, confortos que apaziguaram o pé atrás com que ficou ao ver o jornal de Quisling, *Fritt Folk*, aberto sobre o balcão da recepção.

"Passeando?", perguntou o estalajadeiro.

"Isso mesmo. Ótimo para esquiar", respondeu Poulsson. Parecia haver poucos hóspedes. Após o jantar, ele se retirou para um quarto no segundo andar. Tomou um banho, lavou algumas roupas e relaxou na cama, parcialmente vestido. Meses no Vidda tornavam o quarto simples uma experiência luxuosa. Então ele escutou vozes na recepção. Abrindo um pouco a porta, identificou dois homens perguntando quem se hospedava ali. Depois, passos, rápidos e pesados, subindo a escada. Poulsson fechou a porta, vestiu calça e camiseta e considerou pular a janela. Bateram com força em sua porta. Enfiando a pistola no bolso direito, ele a abriu. Um sargento de polícia com dentes grandes e rosto retraído entrou no quarto, seguido de um jovem alto e forte — seu ajudante. O sargento perguntou a Poulsson por sua identidade enquanto o rapaz dava uma boa espiada em torno do quarto. Poulsson acompanhou seu olhar, de suas roupas penduradas para secar até a mochila meio aberta no chão. Desajuizadamente, continha as rações Kreyberg, mapas impressos, chocolate e cigarros ingleses. Enquanto o sargento verificava o passaporte, Poulsson sentava na beirada da cama, a mão segurando a pistola no bolso. Se algum dos policiais se movesse para inspecionar a bagagem, atiraria em ambos.

O ajudante foi na direção do saco de dormir surrado no chão e comentou sobre sua alta qualidade. Costurada do lado de dentro havia uma etiqueta inglesa, mas ele não o examinou com tanto cuidado. "O que estão procurando?", perguntou Poulsson, a palma das mãos começando a suar.

"Aconteceu alguma coisa em Vemork. Sabotadores atacaram a hidrelétrica", disse o sargento, devolvendo o passaporte de Poulsson. Ele explicou que os alemães queriam quaisquer estrangeiros na área vistoriados.

"Espero que tenham sorte em encontrar esses homens", disse Poulsson.

"Eu não", disse o sargento. "Acho que estão armados... Prefiro nem encontrar." Os dois policiais se desculparam pelo incômodo e fecharam a porta ao sair. Poulsson largou a arma e tirou a mão do bolso.

Deixar a hospedaria agora só serviria para levantar suspeitas. Em vez disso, ele se vestiu, arrumou suas coisas e dormiu sob o edredom de plumas, a pistola ao alcance.

Com o aparelho de rádio e o sinalizador Eureka nas costas, Einar Skinnarland rumava para a Skårbu, uma cabana cerca de 25 quilômetros a noroeste da Fetter.[29] Ele precisava descansar. Em cada um dos últimos três dias, esquiara quase o equivalente a uma maratona pelo Vidda, indo e vindo para levar comida, equipamento e armas para a cabana, que serviria como base temporária para ele e Haugland. Ainda não havia nenhuma notícia da Gunnerside sobre a operação. Haugland fora verificar a mensagem que seria deixada em um lugar pré-combinado — uma *dead drop* —, mas se esse dia, 6 de março, fosse como os anteriores, não haveria bilhete algum.

Aproximando-se da Skårbu por um lago congelado, Skinnarland avistou um par de rastros na neve.[30] Ao chegar mais perto, viu esquis apoiados na parede. Então, pela porta, vieram Kjelstrup e outro homem, um estranho. Ele foi apresentado a Knut Haukelid — e recebeu a boa notícia sobre Vemork. Quase um ano se passara desde que Skinnarland começara sua vida dupla, espionando a fábrica. Quase um ano após ter levado tanto sofrimento a sua família e aos amigos que o haviam ajudado. Finalmente, a sabotagem estava consumada. Ele comemorou o momento em silêncio; os sacrifícios não tinham sido em vão.

Dentro da cabana, Skinnarland preparou café. Haukelid e Kjelstrup contaram como foi a noite da operação, após o que a conversa se voltou para o que os aguardava. Todos os três estavam determinados a permanecer na Noruega para promover a resistência.

Perto da meia-noite, Haugland voltou à cabana num terrível mau humor. Por várias horas escavara a neve no local da *dead drop*, procurando a caixa de lata com a mensagem que a Gunnerside deveria deixar sobre o resultado da missão. E pensar que todo esse tempo Haukelid e Kjelstrup haviam estado ali, na Skårbu. Ele ficou feliz de encontrar os amigos, mas queria saber o que acontecera, por que a demora, onde estavam todos os outros? "Não se preocupe, Knut, fique calmo", disse Haukelid, apoiando os pés em cima da mesa.[31] Ele fez uma pausa. "Foi tudo de acordo com o plano." A notícia fez Haugland sair dançando e batendo os pés pela cabana, e os demais se juntaram a ele.

Os homens então começaram a rascunhar uma mensagem para ser enviada à Home Station. Tronstad e Wilson deveriam estar desesperados por notícias. Haugland tentou obter uma conexão no transmissor de radiotelegrafia, mas alguma coisa devia ter quebrado quando Skinnarland o transportava.[32] Ele precisaria ser consertado — e se uma coisa era certa, era que uma caçada humana em breve estaria em curso, se é que já não começara. "Pode apostar que os alemães estão furiosos", disse Haukelid.[33] "Vão procurar em cada canto das montanhas."

"Aqueles camponeses e operários de lá não vão ser de grande ajuda neste lugar selvagem", disse Kjelstrup com desdém. Mesmo assim, teriam de se esconder — e bem.

Ao meio-dia de 7 de março, quarto dia de sua marcha para a Suécia, Rønneberg e seus homens estavam agachados na sala de uma casa de fazenda, esperando um esquiador deixar a área.[34] Os minutos passavam lentamente. Haviam observado o esquiador entrar numa cabana a não mais que dez metros de onde estavam; ele permanecera ali dentro por mais de uma hora. Só relaxaram quando seguiu seu caminho e sumiu. Às seis da tarde, foi a vez deles de se pôr a caminho — haviam esperado que a noite caísse para atravessar o longo vale do Hallingdal.

O primeiro trecho pela floresta foi bastante tranquilo. Um homem esquiava adiante do grupo como batedor, certificando-se de que não houvesse mais ninguém no caminho. Depois a inclinação das encostas dificultou o deslocamento. Rønneberg em particular sofreu bastante, sua mão machucada inchando muito. Ele não disse nada para os demais.

Chegaram a uma estrada madeireira e a seguiram até dar no fundo do vale, onde tentaram atravessar o rio Hallingdal em trechos de gelo firme. Mas o gelo se partiu e foram forçados a recuar para a margem. Encontraram um barco, mas pegá-lo poderia chamar a atenção, então seguiram em frente. Mais ao norte, avistaram uma ponte de gelo cobrindo toda a largura do rio e usaram-na para fazer a travessia.

Escalaram a parede leste do vale, perdendo-se em um labirinto de trilhas abertas por madeireiros, incapazes de se localizar na mata densa e no escuro. Continuaram a ziguezaguear encosta acima até chegarem ao topo do lado leste do vale. Então esquiaram mais alguns quilômetros antes de parar para descansar junto a um lago. Com as calças e botas encharcadas, exaustos pela longa marcha noturna, enfiaram-se em seus sacos de dormir.

Rønneberg sempre soube que a fuga para a Suécia seria uma provação durante vários dias.[35] Cinco homens em uniforme britânico, fortemente armados para a eventualidade de um confronto. Quatrocentos e cinquenta quilômetros de território ocupado e com o inimigo alerta de sua presença. Um terreno punitivo de vales íngremes e rios e lagos semicongelados que nenhum deles percorrera antes, a não ser por curtas distâncias. Estavam expostos a temperaturas de congelamento e nevascas, e quando não conseguiam encontrar cabanas ou casas de fazenda desocupadas tinham de dormir ao ar livre e sem fazer fogueira. Sua rota tinha de desviar de hospedarias, pequenas cidades e pontes e ficar longe de qualquer lugar com tropas alemãs aquarteladas.

Na Grã-Bretanha, Rønneberg se preparara exaustivamente para o que previu ser uma jornada tortuosa de dez dias: viajariam para o norte a partir do Vidda, através do vale Hallingdal, depois para nordeste, até contornar a cidade de Lillehammer (um reduto nazista). De lá, cortariam para sudeste por três compridos vales, após o que finalmente chegariam à fronteira sueca. Levavam bússolas Silva e 25 mapas topográficos. Mas seus mapas e bússolas não podiam prever pontes de gelo degeladas, patrulhas aleatórias, caçadores noruegueses e nevascas cegantes.

No dia seguinte, com ventos calmos e céu claro, fizeram bom progresso por colinas baixas e vales suaves.[36] Após o pôr do sol, as temperaturas caíram e um vento firme soprou, limpando a neve do caminho. O gelo exposto rangia sob seus esquis. Encontraram outra casa de fazenda vazia, dessa vez com farinha de trigo e pão armazenados. Na lareira, queimaram o mapa cobrindo a área que haviam atravessado durante o dia — uma celebração ritual.

No sexto dia, aceleraram a marcha, nunca se aventurando mais do que algumas centenas de metros da rota planejada. Cruzaram caminho, inevitavelmente, com dois esquiadores na encosta sem vegetação, e torceram para ser tomados por uma tropa de esquiadores alemães, em seus trajes camuflados brancos e com armas à mostra. Então chegaram a um lago que precisavam atravessar ou contornar. Partes do lago estavam descongeladas, mas encontraram um caminho que acreditaram que pudesse servir. Rønneberg experimentou o gelo, de quatro, machado na mão. Avançou palmo a palmo, os ouvidos atentos para qualquer estalo ou rachadura, testando a superfície com a cabeça do machado. O gelo era fino, mas provavelmente aguentaria seu peso.

20. A caçada

Na Møllergata, 19, Olav Skogen deitava imóvel em sua cama, o arco-íris de hematomas em seu corpo latejando com a dor.[1] Mesmo tendo se passado nove dias e noites desde a última visita de seus torturadores, vivia em constante apreensão com a sua volta. Conhecia a rotina: eles chegavam de noite. Uma porta se abria. O som de passos no corredor. O tilintar de chaves. Então a luz da cela era acesa, a porta era aberta e avançavam em sua direção.

Em sua última visita, 1º de março, quatro deles o haviam levado para o Victoria Terrasse. As vociferações começaram na mesma hora: o que sabia sobre a resistência em Rjukan? O que estava tentando esconder? A disposição deles era assassina, e Skogen sabia que havia algo importante acontecendo. Quando lhes disse que não sabia de nada, o líder, um sujeito grande como um urso, fechou o punho e deu um soco em seu rosto. O golpe o derrubou no chão, onde caiu quase inconsciente. Quando o puseram de volta no banquinho, jurou para si mesmo mais uma vez: *Nem uma palavra*.

Então prenderam uma prensa tipo sargento em sua canela direita. O ferro esmagou sua carne e seu osso e ele ainda assim não respondeu as perguntas, então prenderam outra prensa a sua perna esquerda. Skogen tentou não gritar conforme as prensas rasgavam sua carne, mas não conseguiu segurar os ruídos guturais que lhe escaparam pela boca. Em silêncio, para si mesmo, repetiu as palavras que escutara Churchill dizer no rádio antes da blitz alemã, como se o primeiro-ministro britânico lhe falasse diretamente: *this is your finest hour* — este é seu momento mais glorioso. Como a brutalidade em suas pernas não o convencera a falar, seus torturadores infligiram o mesmo tratamento a seus braços, que incharam como balões. Então ele desmaiou. Um balde d'água jogado sobre sua cabeça o fez voltar a si. Depois foi chutado nas laterais do corpo até apagar outra vez. Quando sua consciência voltava devagar, escutou os quatro alemães falando sobre Vemork, sobre como a fábrica fora pelos ares e que os sabotadores ainda não haviam sido encontrados. Um tênue sorriso se insinuou no rosto de Skogen antes que outro chute o levantasse do chão. Quando voltou a acordar, estava em sua cela.

Nessa noite, 10 de março, ainda sofrendo com os ferimentos — um olho meio fechado e os membros inchados —, escutou as familiares passadas. Seus torturadores exalavam a álcool. "Até agora, você recebeu tortura de primeiro e segundo graus", disse-lhe um deles.[2] Se não cooperasse, o terceiro grau começaria: arrancariam suas unhas e quebrariam seus ossos. Se resistisse mais, terminaria pendurado em um gancho na parede até falar ou morrer, o que viesse primeiro. Skogen ficou calado. "Você não está em condições de ser interrogado esta noite", disse outro. "Mas logo vai estar bem o bastante, e daí a gente vem buscar você pela última vez."

Nem uma palavra.

"Operação realizada com cem por cento de sucesso. Fábrica de alta concentração completamente destruída. Sem troca de tiros pois alemães não perceberam. Alemães parecem não saber de onde veio destacamento ou para onde foi."[3]

A 10 de março, Tronstad teve sua tão aguardada confirmação da Swallow. Mais mensagens seguiram para a Home Station ao longo do dia: a notícia da inspeção de Falkenhorst em Vemork; a série de prisões em Rjukan; a informação de que apenas três homens do grupo haviam sido avistados — e apenas três eram caçados; e o recado dos homens da Swallow que queriam uma ordem assinada para prosseguir com seu trabalho na Noruega, Haukelid entre eles.

Tronstad ficou comovido com este último pedido.[4] Ali estavam homens que já haviam arriscado tanta coisa e queriam ficar e fazer mais, independentemente da inevitável retaliação após a Gunnerside. Ele e Wilson enviaram uma mensagem: "Mais calorosas felicitações pelo excelente trabalho feito. Decisão de continuar seu trabalho aprovada. Saudações de e para todos".[5]

Dois dias depois, entregou seu relatório para a SOE em Chiltern Court.[6] Sua estimativa mais otimista era de que algo entre seiscentos e setecentos quilos de água pesada haviam sido destruídos (a produção de quatro meses) — e sem recorrer a um bombardeio aéreo, que teria causado consideráveis danos colaterais. Os alemães precisariam de pelo menos seis meses para reconstruir as células de alta concentração e de quatro a seis meses adicionais para devolver a produção aos níveis anteriores. No total, isso retardaria o fornecimento de água pesada da Alemanha em dez a catorze meses.

Tronstad enviou o mesmo relatório a Eric Welsh no SIS, escrevendo em um bilhete anexo: "É justificado afirmar que os alemães sofreram um grave revés em seu projeto de utilizar a energia atômica com fins bélicos ou de outra natureza".[7] Sir John Anderson, sua equipe no programa atômico britânico e Winston Churchill foram todos informados da mesma coisa.[8] A operação proporcionou tanto à SOE quanto à Kompani Linge uma grande vitória, elevando suas reputações.

Esse sucesso estava em gritante contraste com a sorte da Operação Carhampton. O *Tromøsund* jamais chegou a Aberdeen. Odd Starheim escapara de sérios apuros no passado, mas dessa vez Tronstad sabia que provavelmente estava morto. A RAF varreu o mar do Norte, mas não viu sinal do vapor. Os jornais alemães celebraram o naufrágio: "A outrora orgulhosa marinha da Inglaterra está tão acabada que precisa roubar navios da pequena Noruega [...] mas bem quando os piratas sentiam o ouro desonesto tilintar em seus bolsos criminosos, os caças nazistas chegaram ao local e mandaram os bandidos e seu butim para o fundo do mar".[9]

Em seu diário, Tronstad culpou os britânicos por fornecer cobertura insuficiente para o navio da fuga. Mais adiante, escreveu, "temos de aceitar essas perdas" — elas mostravam a brava luta sendo travada pelos noruegueses —, "austeros em nossa solidão", e que os noruegueses haviam "sacrificado bastante, por algum tempo".[10] O que mais o afetou foi a perda de Starheim. Conservava uma fotografia dele, os ombros embrulhados na bandeira nacional, sobre sua lareira.

Mas Tronstad sabia, acima de tudo, que tinham de seguir em frente. Providenciou o envio por mar e pelo ar de várias equipes de agentes da Kompani Linge para estabelecer redes de resistência com estações de radiotelegrafia em Oslo, Trondheim, Ålesund e outros lugares — tudo na expectativa de uma futura invasão Aliada.[11] Para fornecer sua segurança, também travava uma guerra política, pressionando o alto-comando e a SOE a manter essas células de resistência independentes, em vez de determinar um comando central da Milorg capaz de pôr em risco toda a rede, caso infiltrado.

Usando inteligência fornecida pelas células dirigidas por Tronstad, a RAF destruiu estruturas-chave nas minas de Knaben, que forneciam molibdênio para os alemães, usado em chapas de blindagem. A Operação Granard se encarregou de afundar um cargueiro transportando pirita. E uma missão batizada de Mardonius estava em curso, tendo por objetivo usar minas magnéticas para explodir navios de tropas e cargueiros no Oslofjord.

Durante todo esse tempo, Tronstad continuou a desenvolver sua rede de inteligência atômica.[12] Em 15 de março, ele e Eric Welsh se reuniram com Victor Goldschmidt, um professor nascido na Suíça mas educado na Noruega que recentemente fugira de Oslo para a Grã-Bretanha. Goldschmidt ofereceu algumas informações limitadas sobre o programa nazista e pediu que Niels Bohr, que era judeu, fosse trazido a Londres assim que possível. Um dos pais da física atômica, Bohr era importante demais para ser deixado na Dinamarca ocupada.

Na verdade, a proposta de Goldschmidt fora recusada pelo próprio Bohr, mas ele insistia que algo fosse feito para convencê-lo. O físico dinamarquês, que acreditava ser capaz de melhor servir seu país permanecendo em Copenhague, também dissera não a Welsh e Tronstad quando se aproximaram dele, no começo daquele ano.[13]

No meio desse trabalho, Tronstad esperava todo dia receber notícia de Rønneberg e seus homens — escutar seus "corações batendo" pelo telégrafo assim que chegassem à Suécia.[14] Com a caça aos sabotadores agora em andamento, precisavam se apressar, assim como os que haviam ficado para trás precisavam se manter longe de vista.

Em 13 de março, décimo dia de sua caminhada, Rønneberg e seus homens estavam um pouco ao norte de Lillehammer, ainda a cerca de 150 quilômetros da fronteira sueca.[15] Apesar de manter a média de trinta quilômetros por dia, haviam se deslocado mais devagar do que Rønneberg antecipara. A neve, a necessidade de viajar à noite e a dificuldade de atravessar vales e rios haviam atrapalhado seu ritmo. Estavam lutando por se manter nutridos, furtando comida das cabanas ao longo do caminho para suplementar o suprimento de dez dias de rações que haviam trazido para a viagem.

Seus músculos estavam exaustos do esforço contínuo e tinham assaduras na pele devido à umidade constante. Agora viam-se diante do movimentado vale de Gudbrandsdalen, que os separava da fronteira sueca. Partiram antes do amanhecer para evitar eventuais esquiadores de fim de semana hospedados num dos diversos hotéis da região. Quando o céu se iluminava, dois Junkers alemães passaram no alto. Os homens torceram para ser aviões de correspondência fazendo o trajeto entre Oslo e Trondheim. Não podiam ter certeza. Algumas horas depois, acomodaram-se em seus sacos de dormir, ainda sem ter deixado o vale, e se revezaram montando guarda.

À noite, quando se preparavam para seguir viagem, Idland chamou Rønneberg para uma conversa a sós. Ele tivera dificuldade para acompanhar a equipe e de fato houvera alguns trechos de terreno acidentado que o grupo teria atravessado de esqui se ele fosse capaz. "Vocês precisam acelerar e chegar à Suécia", disse Idland.[16] "Vou em seguida." Rønneberg, que achava que a disposição de cavalo de carga de Idland mais do que compensava qualquer falta de capacidade atlética, descartou a ideia. "Nem pense nisso", disse Rønneberg. "Você está imaginando coisas." Idland tentou protestar, mas Rønneberg o interrompeu. Chegariam juntos à Suécia.

Sob a luz da lua, começaram a cruzar o Gudbrandsdalen.[17] As estradas eram puro gelo, então se mantinham pelos campos, e havia pouco vento, mas fazia muito frio. As finas correias de suas mochilas cortavam seus ombros e suas pernas doíam após a escalada do vale. Após a meia-noite, Rønneberg sinalizou que parassem e prepararam seus leitos na floresta, espalhando agulhas de pinheiro e urze sobre a neve. Então se enfiaram em seus sacos de dormir feitos por encomenda, que estavam se provando a salvação da lavoura.

Durante as 72 horas seguintes, os homens marcharam para o sudeste através de matas e campos, com frequência lutando contra a neve forte e ventos repentinos. Passaram por inúmeros rastros de esquis, evidência de muita movimentação na área, possivelmente alemães. Com frequência tinham dificuldade de se localizar, incapazes de encontrar pontos ao longe ou no escuro para se orientar em seus mapas. Nesses momentos, Rønneberg avançava por instinto, apoiado em sua experiência ao ar livre e nos meses estudando a fuga. Com as rações perigosamente baixas, às vezes também se aventuravam longe da rota por opção, desesperados por encontrar cabanas com alimento armazenado. Em geral encontravam pouca coisa, ou nada.

Em 16 de março, à noite, após um desvio equivocado pelo vale errado, chegaram ao Glomma, o rio mais largo da Noruega. Para sua surpresa, não havia gelo. Rønneberg mandou Storhaug, que era da região, procurar um barco. O resto da equipe se abrigou em um barracão de feno para esperá-lo.

Depois de algumas horas, Storhaug voltou: havia localizado um bote a remo que podiam furtar. Nas horas escuras da manhã do dia 17, cruzaram o Glomma, e em seguida deixaram que a correnteza levasse o barco. Um repouso miserável e gelado em seus sacos veio a seguir. Pela manhã, continuaram sua jornada, evitando um grupo de lenhadores, depois atravessando um confuso emaranhado de florestas, estradas e regatos que por horas os deixaram sem fazer ideia de onde estavam. A neve pesada tornava cada passo uma luta.

Invadiram uma cabana que Storhaug sabia ser de um simpatizante nazista, convencido de que haveria um rico suprimento de comida. Ele se enganara: não havia provisões ali. Mais uma vez, dormiram ao ar livre nos sacos úmidos e em roupas encharcadas de suor, mas estavam fracos demais de exaustão e fome para se importar. Rønneberg sonhou com mesas rangendo sob o peso de travessas de comida.

Acordaram sob um manto de neblina. Fazia quinze dias que haviam partido do lago Skrykken e estavam a trinta quilômetros da fronteira sueca. Após algum tempo, aproximaram-se de uma estrada que cortava uma vasta extensão descampada. Atravessá-la agora iria expô-los em plena luz do dia. Teriam preferido esperar escurecer, mas estavam com pouquíssimas rações e muito próximos de chegar à segurança da Suécia. Rønneberg instruiu os homens a ficar abaixados e se mover em velocidade. Então: "Tudo bem, vamos".[18]

A equipe esquiou o mais rápido que pôde pelo descampado, sentindo-se como se estivessem sob ataque, os olhos dardejando para a esquerda e a direita, atentos a qualquer possível veículo. Chegaram à estrada, seu hálito pesado no ar. Depois de verificarem que ninguém se aproximava de nenhuma direção, atravessaram. Então se apressaram pelo outro lado do descampado, as costas expostas à estrada. Em minutos, com o coração martelando no peito, estavam na floresta e puderam diminuir o ritmo conforme passavam por um pântano semicongelado.

No meio da tarde, com o sol brilhando forte, finalmente fizeram um longo repouso. Tiraram as camisas e botas, puseram os sacos de dormir para secar e comeram o que restava das rações.

"Pessoal", disse Idland.[19] "Quando a gente chegar a Londres, quero passar duas semanas bem longe. Não aguento mais olhar pra cara de vocês." Os outros riram, à vontade pela primeira vez em semanas. Estavam tão perto da segurança agora.

Quando a noite caiu, deslocaram-se por um terreno baixo pontilhado de ravinas rochosas, moitas e árvores nodosas e retorcidas.[20] O avanço era penoso e orientar-se, igualmente difícil, mas não havia alemães à vista. Às 20h15, 18 de março, finalmente passaram pelo Marco de Fronteira nº 106 e pisaram na Suécia. Então fizeram uma fogueira, sentaram em volta e queimaram o último mapa. Em seguida, enfiaram-se nos sacos de dormir, divididos entre o alívio e a exaustão.

Pela manhã, enterraram tudo que pudesse identificá-los como soldados, incluindo as armas. Usando roupas civis, tiveram de caminhar vinte quilômetros além da fronteira até encontrar uma patrulha e se render. A história que contaram foi de que haviam escapado de uma prisão alemã, para onde tinham sido levados sob a acusação de atividade clandestina. Se os suecos acreditassem na história, os cinco seriam conduzidos a um campo de refugiados, de onde poderiam entrar em contato com oficiais noruegueses ligados à SOE.

Quando Knut Haukelid era pequeno, ele acreditava que havia *trolls* habitando a zona rural norueguesa, longe de olhares curiosos.[21] Agora, a praticamente um dia de viagem das montanhas e lagos onde passara boa parte da juventude, ele e Kjelstrup eram exatamente como esses *trolls*, escondendo-se muito acima das copas das árvores, numa choupana de paredes frágeis.

Mas não era uma vida despreocupada. Na verdade, estavam morrendo de fome. Não uma fome qualquer, mas o tipo de privação de alimento que deixava o corpo fraco e a mente vazia de determinação. Sabiam que precisavam caçar, mas que a tentativa, se não fosse bem-sucedida, sugaria o pouco que restara de suas forças. Limpando os farelos em seu prato após mais uma parca refeição, certa noite, Kjelstrup disse: "Quando essa guerra terminar, vou gastar todo meu dinheiro em comida".[22] Haukelid olhou para o rosto encovado do amigo sob a barba ruiva. Muito enfraquecido após meses no Vidda, Kjelstrup estava em péssimas condições.

Mais de duas semanas tinham se passado desde que deixaram a Skårbu.[23] Haviam marchado penosamente para oeste por oitenta quilômetros, arrastando um trenó carregado de armas, aparelho de rádio e outros equipamentos, até chegarem a uma cabana à beira do lago no terreno que abarcava o chalé montanhês de Haukeliseter. Os primos de Haukelid moravam a três horas dali, no pequeno vilarejo agrícola de Vågslid, e haviam estocado comida enlatada e aveia no lugar. Montando sua base na cabana, Haukelid e Kjelstrup planejavam iniciar uma célula de resistência na área.

Pouco após chegarem, ouviram dizer que o magistrado local estava à procura dos sabotadores de Vemork, ajudado por diversas patrulhas alemãs, então seguiram para sudoeste até uma choupana de montanha no distrito vizinho, para se esconder. Suas rações acabaram rápido e as primeiras caçadas de rena foram em vão. Com o bastão do esqui, Haukelid espetara um mirrado esquilo que ficara preso num monte de neve, mas a nutrição fornecida pelo bicho foi quase toda gasta no trabalho de esfolá-lo e cozinhá-lo. Acostumaram-se a comer crus quaisquer animais que pegassem com armadilhas ou atirando. Quando não estavam sonhando com comida, sonhavam com lenha para o fogo. O melhor que conseguiam encontrar eram arbustos de junípero enterrados sob a neve ou bétulas mirradas, que tomavam metade do dia para juntar e levar para a choupana.

Na última semana de março, Haukelid e Kjelstrup estavam em situação muito delicada e sabiam que precisavam voltar a Vågslid para arranjar comida. Depois seguiriam viagem para o lago Møs. Após deixar a Skårbu, Skinnarland e Haugland haviam planejado mudar para a Nilsbu. Ali, Haugland pensava em ensinar Skinnarland a codificar e transmitir mensagens para que ele pudesse operar sua própria estação de radiotelegrafia na área.

Haukelid e Kjelstrup partiram para Vågslid numa manhã cinzenta e nublada. Desceram esquiando de sua cabana, depois rumaram para leste pelas montanhas até chegarem à estrada Haukeli, que fora lavrada na pura rocha com picaretas, algumas décadas antes.

No fim da tarde, chegaram à fazenda do tio de Haukelid, perto de Vågslid. Haukelid esperou à beira da estrada, enquanto Kjelstrup foi até a casa para pegar pão e outras provisões. Haukelid era muito conhecido na área para correr o risco de se expor. Enquanto esperava, uma sensação funesta o dominou. Acreditando em seus instintos, foi se esconder atrás de uma bétula na encosta. Momentos depois, dois soldados alemães portando fuzis vieram pela colina em sua direção. Agachado, ele levou a mão ao cabo da pistola em seu cinto. Os soldados passaram a menos de dois metros de onde estava, mas não deram por sua presença. Tampouco notaram os rastros de seu esqui na estrada.

Na fazenda, Kjelstrup não recebeu uma boa acolhida. O primo de Haukelid lhe deu quatro filões de pão e insistiu que fosse embora. Uma imensa leva de tropas chegara ao distrito. "A vila não é segura", disse o primo.[24] "É proibido se deslocar de uma fazenda para outra e os alemães estão patrulhando a estrada de hora em hora." Kjelstrup partiu e desceu em direção à estrada em seus esquis.[25] Quando fazia a curva, avistou diversos soldados em patrulha. Parou abruptamente e se abaixou na neve, torcendo para Haukelid também ter se escondido. Haviam inadvertidamente se metido numa armadilha.

Depois que os relatórios apontaram para o Hardangervidda como a base dos sabotadores de Vemork, uma caçada humana foi iniciada em 24 de março e Fehlis em pessoa montou seu quartel-general temporário a sul de Rjukan.[26] Nenhum esforço seria poupado para capturar os responsáveis pelo ataque e todo aquele que os apoiasse. Fehlis enviou um exército para cumprir a tarefa: milhares de soldados da Wehrmacht, centenas de policiais alemães e noruegueses, investigadores da Gestapo, tropas de choque da SS e, finalmente, dezenas de pelotões do Jagdkommando. Estes eram soldados de elite especializados em destruir grupos guerrilheiros no local onde viviam e operavam. Somando perto de 8 mil homens no total, o exército de Fehlis era ajudado por moradores locais que conheciam a região e apoiado por patrulhas esporádicas de aviões de reconhecimento Fi-156 Storch.

Um caçador norueguês chamado Kristiansen, após uma excursão pelo planalto, voltara a seu vilarejo com um chocolate inglês e falando sobre soldados bem armados que o haviam feito refém no Vidda.[27] O chefe de polícia o prendera e entregara à Gestapo para interrogatório. Patrulhas haviam descoberto evidência para corroborar seu relato. Segundo seus depoimentos, "sete homens foram vistos em esquis no Hardangervidda, indo em direção a Rjukan. Dois deles em roupas civis; cinco de uniforme; e portando, entre outras coisas, submetralhadoras. Todos vestindo trajes camuflados brancos".[28] Os relatórios afirmavam que uma cabana no lago Skrykken fora arrombada e que "rastros de cinco pares de esquis e um trenó foram vistos deixando Rjukan e evitando áreas habitadas" após o ataque.

Se os comandos inimigos e a resistência norueguesa estavam convencidos de que o Vidda era a base ideal para suas missões, então Fehlis pretendia provar o contrário.[29] Suas tropas circundaram o planalto como um laço de forca, depois iniciaram a operação. Os soldados percorreram o território, dando busca em cada fazenda e cabana em busca dos fugitivos ou seus aliados. Também ficaram à procura de armas ilegais, explosivos, rádios, jornais e outros contrabandos. Viajar pelo Vidda passou a ser proibido e qualquer um que fosse encontrado vagando pela região seria preso imediatamente. Toda habitação usada para fins da resistência seria imediatamente incendiada. Em suas ordens operacionais, Fehlis advertiu seus homens de que os agentes estavam pesadamente armados e fariam todo o possível para escapar. As buscas deveriam ser efetuadas sempre com vários homens, e tinham de estar preparados para emboscadas. Todo esforço devia ser feito para capturá-los vivos, de modo a serem interrogados, mas, se eles se recusassem a se render, a ordem era atirar.

Embora o Vidda fosse o alvo principal, Fehlis sabia que não podia limitar sua busca ao platô.[30] Em Rjukan e nas cidades vizinhas, bloqueios foram montados nas estradas. Viajar, mesmo a pé, era restrito a quem tivesse um passe. Impuseram-se toques de recolher e cartazes informavam aos moradores de que qualquer um que violasse as novas restrições seria "executado sem aviso". Além disso, Fehlis ordenou buscas intensivas nas regiões adjacentes a sul e oeste do lago Møs. O serviço de inteligência revelara que essas áreas eram nichos da resistência. Ele ordenou que suas tropas expulsassem quem estivesse escondido nas montanhas, de modo a serem capturados nas estradas, que eram fáceis de patrulhar. Outra força foi enviada à fronteira sueca, caso os fugitivos tivessem tomado essa direção.

Levou semanas para montar seu exército, mas Fehlis usou os homens ao máximo. A sabotagem de Vemork e o crescente movimento de resistência tinham de ser combatidos e a tarefa coubera a ele. Terboven e Falkenhorst estavam de olho, e Berlim certamente aguardava a notícia de seu sucesso.

21. Os fantasmas do Vidda

Assim que os soldados alemães sumiram de vista, Kjelstrup desceu a encosta, seus esquis deixando um rastro denunciador na neve.[1] Quando encontrou Haukelid, disse: "O distrito todo está empesteado de hunos".[2]

"Dois deles acabaram de passar. Estão mesmo determinados."

Haukelid sabia que deviam se livrar do pão — um indício seguro de que alguém no vilarejo os ajudara —, mas precisavam desesperadamente da comida.[3] Correram para o lago Vågslid, depois atravessaram a superfície congelada. Havia mais alemães na estrada para o norte, mas os dois avistaram-nos primeiro. Esconderam-se em um arbusto até o perigo passar.

Podiam tanto se juntar a Haugland e Skinnarland na Nilsbu, uma longa viagem rumo leste, ou voltar os cerca de trinta quilômetros por onde tinham vindo e torcer para que a ação alemã não se estendesse tão longe. Decidiram voltar para as montanhas, esperando que os ventos fortes apagassem qualquer vestígio de seus movimentos antes que fossem percebidos por uma patrulha. Um bom rastreador podia dizer se marcas de esqui haviam sido deixadas um minuto, um dia ou uma semana antes.[4] Sempre que possível, deslizavam por trilhas e cumes em que a neve fora soprada, para reduzir a chance de deixar rastro.

Continuaram sua fuga no dia seguinte, até os ventos ganharem tamanha força que tiveram de parar. Deitaram para descansar sob uma ligeira saliência rochosa em uma encosta, certos de que agora a ventania era suficiente para apagar seus rastros. Durante a noite, caiu uma tempestade, transformando-os em dois montículos de neve na paisagem. Ao longo dos dias seguintes, continuaram em seu esconderijo, a umidade penetrando em seus sacos de dormir. Comeram o pão que tinham, derreteram neve com uma vela para beber água e guardaram o último bocado de pemmican até não conseguirem mais resistir.

Quando a nevasca se aplacou, rumaram para oeste. Conforme viajavam cada vez mais longe da caçada humana, outro sabotador ia direto para o coração do perigo.

No fim da tarde de 25 de março, Claus Helberg esquiava através do lago Skrykken para a Jansbu.[5] Ele precisava buscar algumas armas e explosivos, que estavam enterrados em um depósito perto da cabana. Depois planejava seguir para Notodden, a sudeste de Rjukan, a fim de entrar em contato com a célula clandestina de lá. Ao chegar à Jansbu, percebeu que a porta estava entreaberta, porém não havia esquis do lado de fora nem marcas levando à cabana. Tirou os esquis, enfiou a pistola no bolso e entrou, sua mochila na mão.

O lugar fora revistado, a mobília estava de pernas para o ar, os colchões rasgados, armários quebrados. Pensar no inimigo penetrando tão longe no Vidda — território que Helberg considerava seu — deixou-o profundamente perturbado. Então ficou com medo de que os alemães pudessem continuar por perto, talvez até escondidos, à espreita. Aproximou-se da janela para esquadrinhar a área circundante.

Após se separar de seus colegas da Gunnerside e da Swallow, Helberg voltara ao Fjøsbudalen para buscar suas roupas civis e seus documentos.[6] Estavam no nome de um funcionário de escritório em Oslo. Ele fora ao encontro dos demais, mas, com a tempestade que caíra, perdera seu mapa, levado pelo vento. Suas opções eram sombrias: voltar para a cabana ou se perder na tempestade. Quando a nevasca amainou, pôs-se em marcha novamente, mas a essa altura seus compatriotas já haviam se espalhado por diferentes direções do Vidda.

Finalmente, conseguiu chegar a Oslo. Em 8 de março, foi ao café Majorstua, o local pré-combinado para se encontrar com Poulsson. Estar na capital foi uma experiência atordoante, o burburinho da multidão, os bondes guinchando, soldados alemães por toda parte. Helberg bebericou seu café, tentando agir como se não tivesse nenhuma preocupação neste mundo.

Minutos mais tarde, Poulsson chegou. Os dois ficaram em júbilo de se rever, mas disfarçaram a emoção com um cumprimento casual. Poulsson informou a Helberg que em breve partiria para Estocolmo. Havia muito alvoroço nos arredores de Rjukan para se arriscarem a trabalhar juntos. Helberg estava determinado a ficar e sua primeira incumbência era mudar o depósito de Skrykken. Então se despediram e partiram em direções opostas.

No dia 22 de março, após passar duas semanas numa *safe house*, Helberg recebeu um bilhete de Rolf Sørlie informando-o de que as coisas haviam se acalmado em Rjukan e que era seguro voltar para a área. O que Sørlie não sabia, e não tinha como saber, era que trens e ônibus de Oslo carregados de soldados chegavam à região nesse mesmo dia. Helberg regressou ao Vidda no pior momento possível.

Espiando pela janela da Jansbu, Helberg não avistou vivalma.[7] Ainda inquieto, aventurou-se do lado de fora. Então, perto do lago, viu três soldados da Wehrmacht esquiando em direção à cabana. Estavam a cerca de quatrocentos metros e se aproximando rápido. Helberg tinha apenas a Colt .32 consigo. Inferiorizado em número e muito provavelmente em armas, sabia que sua única chance era fugir. Entrou correndo, pegou sua mochila, voltou para seus esquis e saiu a toda.

Um soldado gritou em alemão que parasse; o estrépito de tiros se seguiu. A sua volta, cogumelos de neve brotavam conforme os tiros erravam o alvo. Olhando por cima do ombro, calculou que seus perseguidores eram esquiadores habilidosos. Teria de ser ainda mais. Fez uma curva para oeste, em direção ao sol poente — a luz direta sem dúvida o tornaria um alvo mais difícil de acertar.

Durante a hora seguinte, Helberg contornou colinas, desceu ravinas, subiu pequenos vales e passou por afloramentos rochosos. Esperava encontrar algum modo de mascarar uma mudança na direção, mas os alemães estavam próximos demais. Conhecia o terreno melhor do que eles, mas já esquiara por muitos quilômetros nesse dia. A quinze quilômetros, talvez mais, do lago Skrykken, finalmente começou a deixar seus perseguidores para trás, com exceção de um deles, um sujeito gigante. Por mais que Helberg forçasse o ritmo, o soldado continuava a uma distância de cerca de cem metros. Por mais uma hora, Helberg ficou nisso, relanceando por cima do ombro de vez em quando para ver se finalmente escapara. O homem continuava em sua cola, a perseguição facilitada pelos sulcos que Helberg riscava na neve intocada.

Nas subidas de encosta, Helberg conseguia deixá-lo para trás. Nas descidas, seu perseguidor voltava a ganhar terreno. Cedo ou tarde, provavelmente cedo, ele o alcançaria. As pernas de Helberg acabariam cedendo ou seus esquis, com a cera ruim e desajeitadas laterais revestidas de metal, o deixariam em desvantagem. Num esforço hercúleo, dirigiu-se a todas as colinas ao alcance, subindo cada vez mais alto, ganhando distância do outro até não restar mais aonde ir senão para baixo. Mas, toda vez que o terreno ficava plano, o soldado voltava a se aproximar. E então praticamente o alcançou.

"Parado aí! Mãos ao alto!", gritou o alemão.[8]

Nesse instante, Helberg tomou sua decisão. Tirando a pistola Colt do bolso, parou e virou. O soldado freou abruptamente quando Helberg disparou um único tiro de quarenta metros.

Ele errou.

O soldado sacou sua Luger. Se fosse uma submetralhadora, teria sido o fim. Agora Helberg sabia como o confronto ia se desenrolar: quem esvaziasse a arma primeiro seria o perdedor, a menos que conseguisse acertar o outro.

Helberg calculou que o soldado não estava na melhor posição para fazer mira. O sol poente batia direto em seu rosto, haveria suor em seus olhos e seus músculos deviam estar queimando. Helberg manteve sua posição.

O soldado disparou seus tiros em rápida sucessão, oito no total. Errou todos. Sabendo que não teria tempo de recarregar a arma, fez meia-volta e fugiu. Seus bastões se cravavam na neve com rapidez e força conforme subia a colina.

Helberg o seguiu, a Colt na mão, os dois bastões na outra. Não podia permitir que o soldado escapasse, recarregasse e voltasse a persegui-lo outra vez. Quando o homem se aproximou do topo da colina, Helberg diminuiu a velocidade. Estava a 25 metros. Era perto o suficiente. Ergueu a arma e disparou. O soldado cambaleou ligeiramente para a frente, depois ficou pendurado sobre os bastões espetados na neve. Era como se estivesse fazendo um tão necessário repouso.

Helberg virou na mesma hora e desceu a encosta velozmente. Dentro de uma hora estaria escuro, mas ele sabia que no dia seguinte seus perseguidores tentariam seguir seu rastro. Precisava chegar o mais longe possível e atravessar alguns lagos congelados para despistá-los.

Por pelo menos mais duas horas, seguiu no rumo sul. Não dava para enxergar quase nada, mas o terreno era plano, na maior parte, e seus instintos o orientavam bem. Então, subitamente, sentiu que estava caindo. Esquiara direto por um penhasco.

Aterrissou em um monte de neve muito compacto. Quando recuperou o fôlego e percebeu que continuava vivo, uma onda de dor o envolveu. Rolou para o lado, seu ombro e braço esquerdos inutilizados. Olhando para o precipício delineado contra o céu estrelado, imaginou que caíra por cem metros ou mais. Inspecionou o braço esquerdo e percebeu que estava quebrado, e que o ombro também parecia arruinado. Sabia que não conseguiria permanecer por muito tempo nas montanhas nesse estado. Ficou de pé. Pelo menos seus esquis continuavam intactos. Com um bastão, pôs-se em movimento.

Desde aquela manhã, já percorrera cerca de cem quilômetros. Ainda tinha muito terreno a cobrir, só que agora ferido, exausto e faminto. A um ritmo lento e constante, o braço esquerdo seguro junto ao corpo, continuou em direção à ponta do lago Møs. Se conseguisse chegar à fazenda de Jon e Birgit Hamaren, sabia que o ajudariam. Às oito da manhã, finalmente apareceu cambaleante à porta do casal. Birgit atendeu. Deu-lhe alguma comida, mas advertiu que cerca de cinquenta *hirdsmen* e soldados da Gestapo haviam sido mobilizados em uma fazenda vizinha — a cinco minutos de caminhada. O irmão dela também estava lá, recrutado como guia pelos alemães. "Você precisa sumir daqui", ela lhe disse.[9]

Partindo rápido, Helberg esquiou às margens do lago Møs, depois em direção a Rauland, um vilarejo trinta quilômetros ao sul, onde possuía outro contato. Trinta e seis horas haviam se passado desde que dormira pela última vez. Dados sua exaustão e ferimentos, sabia que se encontrasse alguma tropa não teria muitas forças para lutar.

A um quilômetro de Rauland, topou de frente com uma patrulha. Os soldados alemães lhe pediram os documentos e ele os apresentou: "Sverre Haugen". Disseram-lhe que ninguém devia se deslocar pela área. Disfarçando o braço ferido, Helberg alegou ignorância, afirmando ser apenas um funcionário do correio indo visitar um amigo. Os soldados o deixaram passar.

Às nove, chegou à casa de seu contato. Quando a porta abriu, um par de alemães flanqueava o dono. Helberg viu que só restava uma coisa a fazer: usar sua lábia para sair daquela. Ele sorriu e mentiu, explicando que se machucara guiando os alemães pelas montanhas e que agora precisava de tratamento médico. Quando um deles se ofereceu para pôr seu braço numa tipoia, Helberg tirou o casaco, revelando a pistola. Sem se alterar, afirmou que a companhia que o usara como guia permitira-lhe portar uma arma para o caso de haver problemas. Os soldados engoliram sua história. Jogaram baralho com ele e até se ofereceram para levá-lo a um caminhão médico na cidade vizinha, de onde poderia prosseguir para um hospital em Oslo. Helberg sorriu e lhes agradeceu. E, cumprindo o que disseram, no dia seguinte levaram Helberg 35 quilômetros ao sul, passando por um posto de controle após o outro, até Dalen. *"Auf Wiedersehen"*, disse ele, acenando para os soldados quando se afastaram.

Havia dezenas de alemães na cidade à beira d'água, mas o lugar ficava fora da zona de restrição e Helberg sentiu-se em segurança ali. O barco para Oslo partia na manhã seguinte, assim ele se hospedou no Dalen Hotel, todo construído em madeira: cabeças de dragão entalhadas, balcões arredondados e pequenas torres elaboradas.[10] Após uma refeição de truta frita, cenoura temperada e grossas fatias de pão com geleia de morango, ele se retirou, saciado, para seu quarto no segundo andar. Escondeu a pistola no peitoril externo da janela e deitou com cuidado na cama, o braço e o ombro latejando.

Pouco depois de pegar no sono, acordou com o som de batidas nas portas, passos pesados no corredor e ordens bradadas em alemão. Soldados da ss esvaziavam todos os quartos e mandavam os ocupantes para o saguão. Os hóspedes sonolentos foram informados de que o *Reichskommissar* Terboven, acompanhado de seu chefe de segurança, Heinrich Fehlis, assumia controle do hotel como quartel-general temporário. Com os soldados cercando as dependências e vigiando cada entrada, Helberg sabia que não havia escapatória. Apresentou seus papéis falsos, mentiu outra vez sobre o ferimento e foi um dos poucos a receber permissão de voltar a seu quarto em vez de passar a noite no saguão. Uma vez ali, não ousou mais pôr o pé para fora.

Enquanto Helberg repousava preocupado em seu quarto, o *Reichskommissar* e seus oficiais de patente sentavam em compridas mesas perto do fogo. Mandaram trazer o jantar e algumas garrafas de vinho. A conversa girou em torno da melhor forma de recompor as forças de segurança na Noruega para se defender de uma invasão Aliada.[11]

Ao ver que entre os desalojados pela chegada deles havia duas atraentes jovens norueguesas, Terboven as convidou para sentar à mesa. Uma delas, Aase

Hassel, falava alemão fluente e recebeu indesejada atenção de Terboven. Mais tarde, após muitas garrafas de vinho esvaziadas, Terboven perguntou a Hassel sobre sua família. Ela lhe disse que seu pai era um oficial do Exército norueguês. Então ele devia estar feliz, disse Terboven, por estar a salvo e ser parte da força compulsória recém-instituída pelos alemães. "Não", disse Hassel.[12] "Ele está na Grã-Bretanha e eu tenho orgulho disso."

Todo mundo na mesa ficou imóvel. Furioso com o comentário, Terboven voltou suas atenções para a amiga dela. Não demorou muito para pôr as manguinhas de fora outra vez, criticando os alunos das universidades que equivocadamente se achavam "patriotas".

Hassel não resistiu. "Todo bom norueguês é um patriota."

Mais uma vez a mesa ficou em silêncio. Terboven não disse nada. Lidaria com ela mais tarde.

Às 10h30 na manhã seguinte, o braço na tipoia, Helberg lentamente deixou seu quarto e desceu a escada, escoltado por um soldado. A Gestapo estava enviando quase todos os hóspedes do hotel para Grini, como retaliação pelo "mau comportamento" demonstrado para com Terboven na noite anterior. Uma vez no campo de concentração, Helberg sabia que não conseguiria mais livrar sua cara só na base da conversa. Seus documentos seriam checados mais de uma vez e os alemães descobririam que eram falsos. Então o interrogatório teria início — se não engolisse sua cápsula de cianeto antes.

O soldado deu um chute em suas costas por não se mover rápido o bastante. Ele tropeçou nos degraus e a Colt caiu, com estardalhaço, de sua cintura. A pistola foi parar entre as botas de outro soldado. Helberg mal pôde crer em sua má sorte. O soldado apanhou a arma. "Como podem ver, está descarregada", disse Helberg, em seu alemão estropiado, lutando para ficar de pé.[13] Tinha certeza de que era seu fim agora.

Uma discussão se seguiu, vários soldados falando rápido entre si sobre o que fazer. Como Terboven e sua comitiva já haviam partido, não havia ninguém ali para cancelar a ordem de levar Helberg para Grini.

Que os oficiais do campo se virassem, resolveram eles. Helberg foi empurrado para a fila de prisioneiros que deixava o hotel em direção a um ônibus velho com janelas pintadas de preto. Foi um dos últimos a subir e encontrou um lugar no chão na traseira do ônibus. Um único soldado da SS, com capacete de metal e armado com um fuzil e granadas, vigiava-os ali da frente.

O ônibus deixou Dalen para a viagem de mais de duzentos quilômetros até Oslo, escoltado na frente e atrás por motocicletas com *side-cars*. Helberg estava determinado a fugir, em algum ponto do caminho, de algum modo.

A tarde se passou em silêncio, o ônibus gemendo na travessia das montanhas, seus ocupantes tremendo de frio. Duas jovens sentavam no banco ao lado de Helberg. Uma delas o admoestou por colocar em risco a vida de todos ao tentar entrar no ônibus armado com uma pistola. Faminto, e um pouco como provocação, Helberg pegou a caderneta dela, rasgou pedaços do papel e comeu. Ela pegou uma pastilha para garganta e lhe deu para ajudar a engolir. Apresentou-se como Aase Hassel e falou com orgulho de seu pai e seu tio que estavam na Grã-Bretanha.

No meio da conversa, o guarda veio pelo corredor. "Você, sente ali", disse para Helberg, apontando a frente do ônibus.[14] Helberg foi se acomodar perto do motorista. Se o guarda queria flertar com as jovens, ótimo — isso lhe daria uma chance. Ficou junto à porta e observou a alavanca que a abria. Pelos locais que reconheceu, deviam estar a uns cinquenta quilômetros de Oslo. Com alguma sorte, conseguiria chegar à floresta. O ônibus começou a subir uma colina e a velocidade caiu bruscamente. Helberg se levantou, agarrou a alavanca, puxou e pulou.

Ele desabou na estrada, batendo o braço quebrado. O guarda dentro do ônibus começou a gritar para o motorista parar. Antes que o homem pudesse obedecer, Helberg já corria tropegamente pelo campo coberto de neve em direção à floresta. Ele caiu repetidas vezes, sempre acreditando que os alemães estavam prestes a pegá-lo.

O campo terminava numa sebe espessa e alta que o deteve. Não podia prosseguir. "Pare!", gritou o guarda.

Helberg sabia o que devia fazer. Tinha certeza de que levaria um tiro, mas não viu outra escolha. Virou e saiu correndo de volta pelo campo na direção do soldado na estrada. Uma granada explodiu na neve às suas costas. Escapando ileso, ele continuou. Vários tiros soaram. Nenhum o atingiu. Pelo menos, não que pudesse sentir. Atravessou velozmente a estrada entre o ônibus e uma motocicleta, ziguezagueando para evitar ser interceptado pelos soldados alemães, momentaneamente confusos com sua abordagem direta. Então atravessou o campo do outro lado da estrada. Outra granada explodiu ao seu lado, longe demais para causar algum mal. Então alguma coisa bateu com força em suas costas: uma terceira granada. Jamais teria escapado ileso.

A explosão não aconteceu. A granada falhou.

Continuou em disparada para a floresta escura. Vários novos tiros se seguiram, mas os alemães só podiam estar disparando às cegas. Helberg diminuiu para recuperar o fôlego, depois avançou entre as árvores, o braço queimando de pura agonia. Uma chuva mansa começou a cair, mas ele sabia que seu rastro continuaria evidente na neve pela manhã. Finalmente, após uma longa caminhada pela floresta, chegou a um longo edifício retangular iluminado por dentro. Transpôs o alambrado que cercava o terreno e cambaleou até a porta de entrada.

Um homem idoso atendeu. Helberg não tinha mais como omitir a verdade. Seu braço estava em frangalhos. Estava ensanguentado e entorpecido. Suas roupas tinham virado farrapos. Certamente não poderia mais prosseguir nessa noite. Se aquele homem fosse um bom norueguês, ele ajudaria. Se não, Helberg estava perdido. O homem acolheu Helberg e lhe disse que ali era um hospital psiquiátrico. Tinha comida, médicos, roupas e camas. Helberg estava salvo.

Às nove da manhã em ponto, no dia 8 de abril, Heinrich Fehlis parou nos degraus do Dalen Hotel perante quatro batalhões. Após dezesseis dias percorrendo o Vidda, seus homens precisavam de descanso. Estavam exaustos. Alguns tinham sofrido geladura nas mãos e nos pés; outros apresentavam fraturas; todos estavam castigados pela intempérie, com bolhas no rosto. Suas condições eram péssimas. Haviam caminhado centenas de quilômetros pelas montanhas e arredores do lago Møs. Tinham desbravado nevascas para penetrar no planalto, dando busca nas cabanas à medida que avançavam. Um deles fora baleado por um norueguês durante uma caçada no lago Skrykken.

Fehlis visitara seus alojamentos nos dias anteriores, fazendo questão de que tivessem conhaque e vermute para preparar suas bebidas quentes. Agora ele os agradecia pelo esforço. "Todos os dias, vocês rapazes suportaram longas marchas e mesmo assim se apresentaram com o moral elevado, sem se queixar. Entre minhas tropas, ganharam distinção."[15] Então os dispensou. Outros batalhões tomariam seu lugar.

Até lá, as ações não haviam resultado em muita coisa. Alguns estoques de explosivos e armas foram encontrados e as cabanas onde tinham ficado escondidos foram incendiadas.[16] Prisões foram feitas — uma delas, de um operador de radiotelegrafia —, mas nada digno de nota. Não havia sinal dos sabotadores. Se a caçada fracassasse em obter rápido progresso para encontrar os responsáveis — os relatórios de inteligência indicavam que eram provavelmente membros da chamada Norwegian Independent Company No. 1 —, Fehlis teria de cancelar a busca.

Nas elevadas montanhas Hamrefjell, Skinnarland e Haugland se prepararam para a segunda noite numa caverna que haviam escavado na neve.[17] O vento sudoeste soprava do lado de fora da estreita abertura e o frio penetrava em seus ossos como uma enfermidade. Tendo passado quase um mês escondidos desde que a *razzia* alemã começara, estavam acostumados a essas condições.

Haviam ficado na Nilsbu quando, em 24 de março, Jon Hamaren veio apressado de sua fazenda para alertá-los de que uma batida estava sendo realizada. O irmão de Skinnarland, Olav, fora um dos primeiros a ser preso, informou Hamaren, e os soldados que tinham levado Olav agora ocupavam seu hotel junto à represa, onde sua esposa, Ingeleiv, era obrigada a servi-los o tempo todo enquanto também cuidava do jovem filho e da filha recém-nascida.

Skinnarland e Haugland haviam tirado as armas, o aparelho de rádio e demais equipamentos da Nilsbu e enterrado longe da cabana.[18] Depois esquiaram e subiram pelas gargantas estreitas e penhascos íngremes de Hamrefjell até um ponto a 1500 metros de altura. Aí eles ficaram por dez dias e noites, apenas com uma barraca, um fogão a querosene e seus sacos de dormir para mantê-los aquecidos. Pelos binóculos, observavam as patrulhas alemãs se deslocando perto do lago Møs e as colinas adjacentes. Ocasionalmente um avião de busca Storch sobrevoava. Embora expostos na encosta montanhosa, sabiam que era pouco provável serem encontrados.[19] Se alguém se aproximasse de sua barraca, seria avistado de longe. Considerando a inclinação do terreno, seus perseguidores teriam dificuldade até de chegar onde eles estavam. O melhor de tudo, os noruegueses que haviam sido conscritos como guias locais incluíam Hamaren e outros fazendeiros da região e sabiam como manter os alemães longe de seu esconderijo.[20]

Em 1º de abril, quando a busca dos nazistas se distanciara do lago Møs, Skinnarland e Haugland voltaram à Nilsbu. Embora os alemães houvessem instalado uma estação D/F móvel perto do lago para detectar eventuais transmissões, eles a posicionaram num lugar tão baixo que ela era incapaz de captar o sinal da Nilsbu. Haugland continuava a treinar Skinnarland para operar um rádio e ele aprendera o suficiente para enviar sua primeira mensagem para a Home Station uma semana depois, mencionando a *razzia*, a falta de notícia de Haukelid, Kjelstrup ou Helberg e a necessidade urgente de receber suprimentos por paraquedas. Tronstad respondeu com a notícia de que Poulsson chegara à Suécia com Rønneberg, Strømsheim, Idland, Kayser e Storhaug. Esses membros da equipe estavam a salvo, pelo menos.

Em 16 de abril, Hamaren advertira Skinnarland e Haugland sobre a atividade inimiga renovada nos arredores do lago. Os dois fugiram correndo de volta para as montanhas Hamrefjell e construíram sua caverna na neve. No dia seguinte, Skinnarland desceu à Nilsbu para investigar e encontrou dois pares de esquis encostados na parede da cabana. Temendo que pertencessem a alemães, ele se refugiou de volta nas montanhas para se esconder na neve.

Na manhã seguinte, sem sinal de patrulhas mais abaixo, ele e Haugland esquiaram outra vez até a Nilsbu.[21] Quando se aproximavam cautelosamente da cabana, viram quem eram os invasores: Haukelid e Kjelstrup. Após abraços calorosos por se verem reunidos outra vez, os quatro contaram como haviam escapado por um triz. Também falaram sobre o cruel desperdício de rebanhos de renas mortas pelas metralhadoras alemãs quando a *razzia* estava em execução. Mais tarde nesse dia, o fazendeiro Hamaren veio à cabana para contar que Claus Helberg fora baleado e morto quando tentava fugir de uma patrulha alemã. Havia pouca esperança de que o informe fosse falso. Eles transmitiram a notícia a Londres e prantearam a perda do amigo.

Chegara o momento de iniciar o trabalho de resistência. Skinnarland estava transmitindo a uma velocidade rápida o bastante para dirigir sua própria estação de radiotelegrafia.[22] Haugland estava a caminho de Notodden, depois para Oslo, de modo a criar uma rede de operadores de rádio para a Milorg. Haukelid e Kjelstrup construiriam as células de resistência no distrito. Para todos os quatro, sua missão original fora cumprida. Até onde sabiam, não teriam mais nada a ver com Vemork.

22. Um passatempo nacional

Em meados de abril de 1943, um caminhão militar atravessou a ponte suspensa para Vemork.[1] Preso à carreta ia o que parecia ser um tambor metálico de potassa cáustica comum, ingrediente do processo eletrolítico. O que o tambor continha na verdade eram 116 quilos de água pesada quase pura de Berlim. Ela fora produzida originalmente em Vemork.

Pouco após a sabotagem, em 28 de fevereiro, um grupo de homens da Norsk Hydro e oficiais alemães foram à fábrica para decidir seu destino. Alguns defenderam que todo o equipamento aproveitável fosse enviado para a Alemanha, uma vez que destruir a fábrica se tornara virtualmente um "passatempo nacional norueguês".[2] Outros, como Bjarne Eriksen, o diretor-geral da Norsk Hydro, queriam recomeçar em Vemork.[3] Solicitou-se a Esau e ao Departamento de Equipamentos Militares do Exército uma "pronta decisão", coisa que fizeram: as células deviam ser consertadas e a fábrica expandida assim que possível.[4] As instalações de água pesada em Såheim e Notodden também deviam ser completadas. O comando alemão forneceu todo o material e mão de obra necessários (incluindo trabalho escravo de estrangeiros) e advertiu que, se o serviço não fosse completado rápido o bastante, haveria severas represálias.[5]

Assim que o carregamento secreto de água pesada de Berlim chegou a Vemork, o trabalho 24 horas na fábrica estava quase terminado.[6] A remessa foi usada para encher as novas células de alta concentração, contornando o lento processo de acumular a substância valiosa gota a gota, e acelerando a volta à produção em vários meses. Com três novos estágios e ainda uma quantidade de células acrescentadas ao processo eletrolítico preliminar, os alemães projetavam que a produção diária em breve atingiria 9,75 quilos. Dados os planos de dobrar o tamanho da fábrica de alta concentração mais uma vez, a produção diária podia chegar a quase vinte quilos em um ano.

Enquanto isso acontecia, o oficial da SS Muggenthaler e o tenente Wirtz, novo chefe da guarda em Vemork, finalizavam as medidas de segurança.[7] Outro guarda foi colocado na ponte suspensa e mais dois no portão da ferrovia. Outros patrulhavam a propriedade com pastores-alemães dia e noite. Sapadores acrescentaram mais minas em cada ponto de aproximação. Cercas de arame farpado foram levantadas. Para se defender de um ataque aéreo, esticaram-se arames extras pelo vale e instalaram-se máquinas produtoras de névoa na região. Os canais de comporta receberam camuflagem e redes antitorpedo foram montadas para proteger a represa do lago Møs. Uma guarda permanente foi posicionada do lado de fora da fábrica de alta concentração reforçada. Todas as portas, com exceção de uma, reforçada com aço, foram lacradas com tijolos ou tábuas. As janelas foram bloqueadas do mesmo modo ou receberam barras de ferro e tela de arame. Dentro da fábrica, uma equipe de guardas portava submetralhadoras.

Muggenthaler se livrou de quaisquer empregados tidos como ameaça e técnicos alemães assumiram funções dentro da companhia para espiar qualquer atividade ilícita. Vemork podia ter sido uma fortaleza antes, mas agora era uma fortaleza dentro da fortaleza. E em 17 de abril de 1943, às duas da tarde, a água pesada começou a fluir com segurança pela cascata de células.

Três semanas mais tarde, em 7 de maio, o Clube do Urânio se reuniu no Instituto Físico e Técnico do Reich, em Berlim.[8] A pressão sobre os cientistas por resultados atingira um patamar sem precedentes. Com a sina alemã na guerra indo de mal a pior, os Aliados prestes a retomar o norte da África e o soviéticos continuando a derrotar a Wehrmacht no Front Oriental, o alto-comando nazista ficou desesperadamente ávido por qualquer coisa que fizesse a maré virar rápido a seu favor. Um relatório afirmava que "abundam rumores na população alemã em geral sobre uma bomba inédita. Doze dessas bombas, projetadas com o princípio de destruir átomos, são supostamente suficientes para arrasar uma cidade de milhões".[9] Pior ainda, inteligência obtida pela Abwehr revelara que os americanos estavam em vias de criar "bombas de urânio".[10] O programa atômico alemão estava dividido por facções e seus cientistas e centros de pesquisa, agora expostos ao ataque do bombardeio Aliado. Eles precisavam de uma nova descoberta para concentrar seus esforços.

O primeiro item na agenda para a reunião de 7 de maio foi a água pesada. Ainda no dia anterior, em uma conferência de Pesquisa Aeronáutica da Academia Alemã, Abraham Esau depositara parte da culpa pelo vagaroso progresso atômico do país na recente escassez de água pesada.[11] Ele queria apressar a produção na Alemanha, cujos planos haviam sido protelados por muito tempo devido ao fornecimento barato vindo da Noruega.[12] Paul Harteck informou que, após mais alguns experimentos, a fábrica-piloto de Leuna, usando seu processo de troca catalítica, podia provavelmente ser expandida para produzir cinco toneladas por ano, se alimentada com a água levemente enriquecida de Vemork ou de duas fábricas eletrolíticas italianas. Sugeriu também que tentassem outro método, inventado por Klaus Clusius, que tirava proveito do ponto de ebulição ligeiramente mais elevado da água pesada para produzir quantidades enriquecidas. Esau deu o sinal verde para o trabalho preliminar em Leuna e incumbiu Harteck de determinar se o método de Clusius fazia sentido em escala industrial. Mas com Vemork de volta à linha de produção, e esses projetos adicionais, Esau ficou confiante de que em breve teriam toda a água pesada de que necessitassem.

Diebner não tinha tanta certeza assim de que fosse o suficiente para resolver o problema. Ele deixou claro que precisava de cada gota para seus dois experimentos seguintes. A mais recente máquina de urânio de sua equipe (a G-II), que usava cubos metálicos de urânio suspensos em água pesada congelada, mostrava uma produção de nêutrons 150% maior do que a de qualquer experimento alemão até então.[13] A máquina provou que um projeto em cubo era muito superior a qualquer outro para promover uma reação em cadeia, disse, e, com o tamanho correto, provavelmente seria autossustentável.

Heisenberg discordou. No seu entender, o melhor projeto ainda era uma questão em aberto. Ele alegou que sua máquina mais recente, uma esfera com camadas alternadas de metal de urânio e água pesada, era "pequena demais para fornecer valores absolutamente seguros".[14] Mas acrescentou que a companhia que produzia metal de urânio para eles já o estava produzindo em placas, como ele precisava, em vez de cubos, como Diebner pedia. Assim, seus experimentos — e a água pesada que exigiam — deviam ocupar o primeiro lugar da fila. "Isso não descarta um experimento de cubo subsequente, se for necessário", sugeriu Heisenberg com condescendência.

A tensão na sala era palpável. Diebner tinha seu grupo de apoio, incluindo Harteck, que acreditava que Heisenberg estava cego para o valor de qualquer experimento que não se originasse de sua própria mente.[15] Esau, que se apropriara da água pesada de Heisenberg para o mais recente experimento de Diebner, disse que precisava pensar melhor sobre qual trabalho merecia a precedência. No fim, os dois homens receberam uma parcela da água pesada e do urânio para proceder a experimentos em pequena escala, mas ambos deixaram a reunião insatisfeitos.

O general Leslie Groves ficou preocupado. E não era do tipo que deixava uma preocupação fermentando por muito tempo. Graduado em West Point e no MIT, tinha cerca de 1,80 metro de altura, uma cabeça que parecia um bloco maciço, cabelos castanhos e um peito largo para acomodar suas medalhas. Groves era conhecido como um "dínamo, um capataz, e aferrado ao dever".[16] Incumbido de chefiar o Projeto Manhattan, era também encarado por parte de seu Estado-Maior como "o maior filho da puta" para quem já haviam trabalhado: crítico, abrasivo e egocêntrico.[17] Essas mesmas pessoas não teriam desejado nenhum outro para liderar o projeto americano de derrotar os alemães na corrida pela bomba.

Do modo como Groves via a questão, havia duas maneiras complementares de atingir esse fim: primeiro, acelerar o esforço americano e, segundo, retardar o inimigo. Para acelerar o esforço americano, conduziu uma campanha a todo vapor que empregou dezenas de milhares de cientistas, engenheiros e trabalhadores e exigiu centenas de milhões de dólares. Nas colinas de Tennessee, fábricas monumentais estavam sendo construídas para separar o raro isótopo U-235 do U-238 usando dois métodos diferentes.[18] À beira do rio Columbia, no estado de Washington, já começara a construção de reatores que usavam duzentas toneladas de urânio moderadas por 1200 toneladas de grafite. Trabalhando com seus aliados canadenses, os americanos estavam construindo uma gigantesca fábrica de água pesada em uma estação hidrelétrica em Trail, Colúmbia Britânica. Na Los Alamos Ranch School, Novo México, uma pequena cidade de físicos trabalhava para construir uma bomba de fissão que funcionasse. Todos esses esforços eram motivo de preocupação, mas ao menos estavam sob o controle direto de Groves.[19]

Retardar o inimigo, não. Primeiro, ele dispunha de inteligência limitada sobre os avanços alemães. Segundo, não tinha autoridade sobre forças operacionais ou bombardeiros para direcioná-los contra alvos inimigos. No fim de março, ficou sabendo — por um jornal sueco, ainda por cima — do sucesso da operação de sabotagem britânica contra Vemork, na Noruega, uma fábrica que havia muito se sabia que alimentava o programa alemão com recursos críticos.

Pelo chefe de Estado-Maior do Exército, o general George Marshall, e o marechal de campo John Dill, principal representante militar britânico em Washington, Groves pediu para saber os detalhes da operação. Em abril lhe disseram que a fábrica ficaria inoperante por dois anos.[20] Depois, apenas dias mais tarde, era informado de que esse período fora reduzido para um ano.

Um pouco mais tarde, Michael Perrin lhe disse que os alemães não terminariam a bomba antes do fim da guerra. Perrin, um dos líderes do Comitê do Tube Alloys britânico, visitava Washington na época. "Talvez tenha razão", respondeu Groves.[21] "Mas eu não acredito." Mesmo que Perrin estivesse certo, Groves sabia que havia outros perigos — um dos quais era um ataque radioativo.

De um relatório detalhado produzido por seus cientistas, ele ficou sabendo que se os alemães fossem bem-sucedidos em iniciar um reator de água pesada, podiam facilmente produzir "quantidades colossais" de substâncias radioativas que poderiam ser lançadas sobre uma cidade.[22] Embora o relatório concluísse que havia desafios à criação de uma bomba radioativa eficaz, os alemães podiam, no mínimo, "incapacitar completamente" uma cidade como Londres, forçando grandes áreas a serem evacuadas.

Na manhã de 24 de junho de 1943, Groves se reuniu com Vannevar Bush, o varapau de olhos azuis natural da Nova Inglaterra que servia no comitê supervisor do Projeto Manhattan.[23] Os dois revisaram o progresso do programa, incluindo a probabilidade de que tivessem ao menos uma bomba pronta para ser utilizada no início de 1945. Também examinaram uma lista de alvos a serem atacados de modo a retardar o projeto alemão, indicados com a ajuda da inteligência britânica — e de Leif Tronstad. Entre eles, Vemork e vários centros de pesquisa alemães. Groves e Bush concordaram que não fazia sentido gastar meio bilhão de dólares para produzir uma bomba se não "pressionassem cada nervo no setor da contramedida".[24]

Algumas horas mais tarde, Bush almoçou na Casa Branca com o presidente Roosevelt. Disse que avançavam "muito agressivamente" e estavam programados para entregar uma bomba em 1º de janeiro de 1945.[25] Roosevelt queria saber em que pé estavam os alemães. Bush respondeu que os cientistas nazistas estavam "realizando trabalho sério nisso antes de nós e desse modo podem estar na nossa frente". Porém, havia "arranjos encaminhados" para atingir os poucos alvos alemães que tinham em sua lista.

Quando Roosevelt deu seu consentimento, Groves pôs todo seu empenho de rolo compressor para assegurar que isso fosse concretizado.

Um pouco antes no verão, Knut Haukelid estava no apartamento em Oslo de Trond Five, líder da resistência e velho amigo da família, quando bateram na porta.[26] Trond foi abrir e Haukelid escutou a voz inconfundível de seu pai, Bjørgulf. Rapidamente, escondeu-se no quarto, atendo-se a uma das regras fundamentais do trabalho clandestino: nunca fazer contato com a família. Até onde sabiam, ele continuava na Grã-Bretanha. Em quase dois anos, não vira nem falara com ninguém de sua família, incluindo sua esposa, Bodil. O envolvimento dela na resistência a forçara a partir para a Suécia em meados de março.

Agora que seu pai estava a poucos passos de distância, separado apenas por uma porta, Haukelid ficou tentado a jogar as regras para o alto, ir até a sala e lhe dar um grande abraço. Podiam não ter sempre partilhado da mesma visão de mundo, mas continuavam sendo pai e filho. Resistindo ao impulso, Haukelid continuou escondido. Após algumas breves palavras, Trond se despediu da visita surpresa.

Haukelid e Kjelstrup passaram várias semanas na capital, descansando e aguardando novos documentos de identificação com os nomes de membros da Nasjonal Samling.[27] Quando estavam por lá, ficaram sabendo que Helberg na verdade não fora morto tentando escapar, e a boa notícia de que continuava vivo foi enviada a Londres. Os problemas do amigo foram um lembrete para eles de como deviam ser cuidadosos o tempo todo — e que pernoitar em hotéis estava proibido.

Em junho, partiram de Oslo para começar sua organização clandestina para valer. Voltaram a Vågslid em bicicletas compradas no mercado negro, passando-se por turistas aproveitando o verão, e dormiram na floresta, evitando hotéis.

Seu plano era criar uma base de operações segura, então Haukelid recrutaria diversos comandantes de distrito para liderar suas próprias células e reunir combatentes da resistência. Como esses comandantes seriam os únicos a saber de sua existência, tinham de ser absolutamente confiáveis. Uma vez treinada e armada, a organização clandestina permaneceria em compasso de espera, pronta para perpetrar ataques de guerrilha que minassem a força do inimigo e inibissem seus movimentos pelo importante corredor leste-oeste distrital de Oslo ao mar do Norte.

Haukelid e Kjelstrup construíram sua base no alto das montanhas a sudoeste de Vågslid, acima do lago Holme. Juntaram pedras cobertas de musgo para fazer uma cabana de parede dupla que de longe parecesse apenas mais uma pilha de pedras, socando terra e turfa entre as paredes para torná-la à prova de vento. Como porta e vigas de telhado, aproveitaram madeira de uma mina abandonada ao sul. Quando precisavam comer, pescavam truta no lago. Quando estavam cansados, banhavam-se ao sol, felizes por estar finalmente livres do inverno. Haukelid comprou um filhote de *elkhound* com um fazendeiro local; chamaram-no de Bamse (Ursinho) e a cabana que construíram foi batizada em homenagem ao cão, Bamsebu.

Haukelid fez uma pausa na construção para se encontrar com um de seus novos comandantes de pelotão.[28] Então viajou para uma aldeia alguns quilômetros a nordeste de Dalen. Em 18 de junho, como planejado, encontrou Skinnarland na casa de fazenda de um de seus contatos. Skinnarland estava péssimo. Duas semanas antes, sua sobrinha bebê morrera, sufocada no berço. O pai dela, Olav, que estava em Grini devido a sua ligação com Einar, não pôde sequer comparecer ao enterro. A trágica perda era mais do que o pai idoso deles, agora também nas últimas, podia suportar, e não havia como Skinnarland visitá-lo com os alemães estacionados tão perto da represa. Ele vinha vivendo sozinho na Nilsbu, sofrendo de um dente incisivo quebrado que era fonte de dor constante. Viajando como "Einar Hansson", inspetor de seguro de vida, deixara o esconderijo para se submeter a vários procedimentos com um dentista nos arredores de Dalen. O de Rjukan certamente o identificaria — e poderia entregá-lo à Gestapo.

Haukelid fez o que pôde para consolar Skinnarland, e nas noites seguintes tentaram esquecer que eram homens em fuga. "Bonzo estava esperando — reunião muito agradável", escreveu Skinnarland no dia 18 em seu abreviado diário.[29] "Grande festejo com creme de *eggnog* — muito chique", escreveu no dia seguinte. "Comecei no dentista — brincadeiras e diversão", foi sua anotação no dia 20. Num dos dias que passaram juntos, Haukelid mostrou a Skinnarland uma lista de nomes femininos noruegueses que encontrou em um livro.[30] Os nomes haviam saído de moda muito tempo antes, mas Haukelid gostou de um em particular: Kirvil. Se um dia tivesse uma filha, disse, era como se chamaria. Por um momento, Skinnarland também pensou no futuro, em que talvez tivesse esposa, filhos, toda uma vida além daquela. Prometeu a Haukelid que, se tivesse uma filha, ela também se chamaria Kirvil. Pouco depois, Haukelid voltou para a Bamsebu. Skinnarland permaneceu por quase duas semanas para várias outras sessões com o dentista.[31]

Após uma dessas consultas, quando voltava do lago Møs para sua cabana, Jon Hovden, fazendeiro que era um de seus principais apoios, o visitou. Lillian Syverstad entregara um bilhete do irmão dela, Gunnar, para que Hovden o repassasse. A notícia contida na mensagem, Skinnarland se deu conta ao ler, teria de ser enviada a Londres imediatamente.

No dia 8 de julho, Tronstad recebeu a preocupante mensagem de Skinnarland: "Vemork calcula entregar água pesada a partir de 15 de agosto aproximadamente".[32] Wilson lhe pediu para obter confirmação sobre o informe. John Anderson e o Gabinete de Guerra precisariam ser alertados.

Até esse ponto, a Gunnerside fora um sucesso absoluto. Seu alvo fora destruído. Nenhum tiro fora disparado. Não ocorreram grandes represálias. Todos os membros da equipe haviam fugido e estavam em segurança, suas identidades desconhecidas dos alemães. Tronstad não poderia ter sonhado com resultado melhor. Os elogios vinham de todo lado, do alto-comando norueguês e de ninguém menos que Churchill, que perguntara simplesmente: "Que recompensas devemos dar a esses homens heroicos?".[33] O sucesso elevara o status da SOE e sua Kompani Linge, proporcionando-lhes mais oportunidades para futuras missões na Noruega.

Se o informe de Skinnarland era verdadeiro, os alemães retomariam a produção plena muito antes do que Tronstad originalmente pensara. A

Gunnerside podia ter impedido suprimentos de água pesada alemã da ordem de duas toneladas, metade do que precisavam para um reator operante, mas Tronstad sabia que quaisquer entregas renovadas para Berlim não seriam toleradas, particularmente depois das recentes revelações feitas por Niels Bohr.[34] Após a visita de dois físicos alemães a seu laboratório em Copenhague, o físico dinamarquês afirmou acreditar que bombas de átomos eram exequíveis no futuro imediato, sobretudo se houvesse suficiente água pesada à disposição para fabricar os ingredientes necessários. Quando lhe perguntaram se a produção de água pesada tinha "importância bélica" e se tais fábricas deviam ser destruídas, Bohr respondeu afirmativamente para ambas as coisas. Vinda de Bohr, um dos pais da física atômica, que em breve seria enfim tirado da Dinamarca, clandestinamente, essa declaração punha o foco de volta em Vemork.

Tronstad enviou ordens a Skinnarland para investigar o progresso na fábrica. Em 19 de julho, Tronstad escreveu um longo relatório à SOE sobre como "lidar com o problema do suco" outra vez, como anotou em seu diário.[35] Mais do que tudo, queria impedir um bombardeio maciço contra as instalações, como os americanos estavam pedindo. Ele duvidava que as bombas pudessem destruir a fábrica de alta concentração no subsolo, que era protegida pelas toneladas de aço e concreto acima. Além disso, um ataque desse tipo quase certamente infligiria enormes danos colaterais, tanto em termos de vidas de noruegueses comuns que moravam em torno da fábrica como da economia norueguesa do pós-guerra. Além do mais, duvidava que os alemães estivessem buscando a bomba com o fervor sugerido pela declaração de Bohr. Pelo que Brun descobrira de seu tempo em Vemork, para não mencionar a inteligência recente que Tronstad e Welsh haviam recebido de seus informantes na Suécia, Noruega e Alemanha, as chances de os nazistas desenvolverem uma "máquina demoníaca" eram limitadas.

Em seu relatório, Tronstad aconselhava cautela, mas também dava várias opções para interromper a produção em Vemork e retardar o esforço atômico nazista.[36] Podiam destruir uma das represas que forneciam água para seus geradores de energia. Podiam visar o transporte de água pesada de Vemork para a Alemanha. Podiam sabotar de dentro a fábrica de alta concentração. Podiam atacar lugares em Berlim onde o trabalho experimental era executado ou de onde era comandado. Ele até forneceu os endereços. Não incluiu um bombardeio sobre Vemork ou sobre as duas outras fábricas em Såheim e Notodden, que já estavam produzindo água pesada ou em breve produziriam.

Por coincidência, quando circulava dentro da SOE a lista de opções para um segundo ataque contra a água pesada de Vemork, ele e seus homens foram agraciados com prêmios britânicos reconhecendo seus serviços no ataque inicial. Em 21 de julho, em Chiltern Court, perfilaram-se de uniforme.[37] Em nome do rei George VI, Lord Selborne, ministro da Economia de Guerra que supervisionava a SOE, premiou Rønneberg e Poulsson com a Ordem de Serviços Distintos, e os demais presentes (Helberg, Idland, Kayser, Storhaug e Strømsheim) receberam a Cruz Militar ou Medalha Militar. Tronstad recebeu a Ordem do Império Britânico.

Mais tarde, Selborne deu um jantar para todos eles no Ritz Hotel.[38] Apropriadamente, o cardápio era tetraz, e comeram até limpar os ossos. Havia muito sobre o que refletir — suas lutas no Vidda, os momentos de tensão durante e após a sabotagem —, mas ainda mais motivos para rir. Lembraram o tempo passado em um hospital de Estocolmo, onde uma dupla de enfermeiras suecas tirara seus piolhos e os escovara até ficarem limpos. Depois, assim que foram libertados do campo, haviam assistido a *La Traviata* na ópera de Estocolmo, como pessoas devidamente civilizadas. Após o jantar, Tronstad levou os homens para a cidade, o grupo alegre entoando canções no caminho para Piccadilly. Tronstad não disse nada do que ficara sabendo por Skinnarland. Não queria estragar a noite.

Nem 72 horas depois, o ronco de uma esquadra de bombardeiros americanos da 8ª Força Aérea ecoou no céu ao sul da Noruega.[39] Devido à neblina acima da Alemanha, os bombardeiros haviam sido desviados de um ataque sobre Hamburgo. Em vez disso, deslocaram-se para atingir vários alvos industriais na Noruega, incluindo a gigantesca nova fábrica de alumínio da Norsk Hydro em Herøya. Lançaram mais de 1650 bombas, arrasando a área e matando 55 pessoas, a maioria trabalhadores locais. Tronstad temia que Vemork pudesse ser a seguinte.

23. Lista de alvos

Em 4 de agosto, Bjarne Eriksen correu para Rjukan depois de visitar o local coberto de escombros e mortos do bombardeio aliado em Herøya.[1] Em seguida ao ataque, Vemork fora fechada. O raide também destruíra a fábrica de fertilizante da Norsk Hydro, adjacente à fábrica de alumínio. O fim da produção de fertilizante significava o fim da necessidade de amônia e, portanto, a inutilidade da fábrica de hidrogênio de Vemork. No prédio da administração em Rjukan, Eriksen enfrentava um grupo de oficiais nazistas que exigia a retomada das operações exclusivamente para continuar sua produção de água pesada. Eriksen se recusou e, sendo o advogado que era, expôs suas objeções ponto por ponto.

Primeiro, a água pesada tinha significado comercial menor para a Norsk Hydro — entre outras coisas porque os alemães nunca haviam pago uma coroa pelo suprimento desde a invasão. Segundo, se continuassem a manter a fábrica de hidrogênio de Vemork para alimentar as cascatas de água pesada, o volátil gás de hidrogênio produzido teria de ser liberado no ar, algo claramente perigoso. Terceiro, ele não podia compreender a necessidade de recomeçar, uma vez que fora repetidamente informado de que a água pesada não era importante para os propósitos de guerra da Alemanha, apenas para as investigações científicas. Quarto, e principalmente, a produção de deutério aumentava o risco de um bombardeio aéreo Aliado, pondo grande número de vidas em perigo, para não mencionar um parque industrial de valor inestimável para sua companhia, bem como para a agricultura e exportação norueguesas.

A despeito dos argumentos de Eriksen, o representante de Terboven na reunião, dr. Albrecht, ficou inabalável. Ele insistia que a produção de deutério fosse restabelecida a todo vapor, e depois ampliada. Em junho, 199 quilos de água pesada, um recorde para Vemork, foram obtidos com as instalações de alta concentração reconstruídas.[2] Julho ficara abaixo desse patamar, quando mais não fosse pelo bombardeio de Herøya. Albrecht deixou claro que Terboven esperava uma produção recorde em agosto. Eriksen respondeu que sua "convicção pessoal" o levava a insistir não que a produção de água pesada fosse adiada, mas sim permanentemente encerrada.[3] Ele faria essa mesma recomendação para sua diretoria.

Eriksen tinha uma história mista como patriota. Antes da invasão, vazara a informação para o espião francês Jacques Allier de que os alemães estavam interessados em Vemork. Por outro lado, encorajara o rei Haakon a renunciar após a invasão de abril de 1940, por questão de "política prática", e assinara um cheque de 25 mil coroas para o partido Nasjonal Samling em nome de sua companhia, pouco depois. Agora se insurgia contra os alemães outra vez.

Albrecht não ficou impressionado. Tinha ordens de tomar as providências para que "a maior produção possível de SH-200 seja mantida a despeito dos riscos envolvidos". Uma última vez, perguntou a Eriksen se ele tinha certeza de que queria continuar a objetar. Eriksen reiterou sua posição e afirmou que estava "totalmente preparado para acatar as consequências". Então que seja, respondeu Albrecht. As exigências de seu país seriam cumpridas, estivesse Eriksen encarregado ou não.

Em alguns dias, Fehlis recebeu o aviso de mandar a Gestapo prender Eriksen.[4] Ex-oficial do Exército norueguês, foi preso junto com mil outros oficiais, teoricamente por representar uma ameaça dentro da Noruega. Mas na prática Eriksen foi levado de sua casa e enviado a um campo de concentração na Alemanha por um motivo bem diferente: ninguém rejeitava uma ordem direta de Terboven.

Na Nilsbu, nessa mesma manhã em que Eriksen pleiteava que Vemork fosse encerrada, Skinnarland enviou uma série de mensagens para a Home Station. Elas detalhavam como, em 1º de junho, os alemães haviam começado a extrair a "produção usual" de água pesada outra vez.[5] A fábrica de Såheim agora também estava operacional, com as concentrações chegando a 15,7% de pureza. Seus engenheiros esperavam começar a entregar lotes em "condição finalizada" em outubro. A instalação de Notodden também se aproximava do início das atividades. Skinnarland concluiu: "Podemos arranjar para reduzir a produção em Vemork, enquanto Såheim e possivelmente Notodden podem ser desaceleradas. Nossos homens estão dispostos, mas gostariam de ordens suas".

Em sua resposta, Tronstad queria saber como Skinnarland planejava retardar a produção e deixava claro que nenhuma ação devia ser tomada sem aprovação prévia. Gunnar Syverstad já estava contaminando as células de alta concentração com gotas de óleo de fígado de bacalhau, diminuindo a produção em 1,5 quilo por dia. "Com cuidado", respondeu Skinnarland numa mensagem codificada, "ela pode ser reduzida pela metade sem perigo direto para nossa gente."[6] Ao longo das duas semanas seguintes, ele sugeriu outras maneiras de impedir os alemães de obter mais água pesada.[7] Vemork era muito bem protegida, mas uma pequena força, cinco homens no máximo, podia atacar os carregamentos para Oslo, tanto por transporte ferroviário como rodoviário. Suas ordens, porém, eram para observar e esperar.

Para se virar até que as noites de outono, mais longas, permitissem à SOE lançar suprimentos por paraquedas, Skinnarland caçava, pescava e juntava lenha.[8] Era maravilhoso passar tanto tempo em liberdade nas montanhas, mas o isolamento começou a pesar. Embora precisasse viajar às fazendas Skindalen, Hamaren e Hovden para obter escassa comida extra, recarregar as baterias do aparelho e pegar uma ou outra mensagem trazida por Lillian Syverstad, ele também fazia isso pela necessidade de calor humano.

Algumas noites, pernoitava fora, depois passava a manhã seguinte trabalhando nos campos para estender suas visitas com as famílias. Elas eram seu elo vital e sua proteção, também. Longe da civilização, subsistindo da terra, esses isolados fazendeiros da montanha podiam não conhecer muita coisa do mundo, mas eram astutos quando se tratava do trabalho clandestino. Sempre que uma patrulha alemã se aproximava de suas terras, pareciam saber com muita antecedência e enviavam um aviso para Skinnarland na Nilsbu. Assim que a barra estava limpa, levavam-lhe a notícia nas montanhas de que podia voltar a sua cabana, e muitas vezes ficavam por algum tempo em sua companhia. Ocasionalmente, caçavam juntos; por mais hábil que Skinnarland fosse, eles eram bem melhores. Como observou em seu diário certa noite: "Olav matou um pequeno macho. Eu atirei numa pedra".[9]

Durante esse período, Skinnarland também se arriscou a ver Gudveig, sua namorada em Bergen, pela primeira vez desde que entrara para a clandestinidade.[10] No decorrer do ano anterior, mandara alguns presentes pelo correio: um pouco de carne de rena, uma faca cujo cabo de osso de rena ele entalhara com um desenho intrincado. Em meados de agosto, foi caminhando até o chalé na montanha de Haukeliseter, onde, por meio de um contato, convidara Gudveig para encontrá-lo. Em seu diário, simplesmente escreveu: "Gudveig veio. Quanto carinho!". Passaram quase uma semana juntos antes que Skinnarland tivesse de voltar para seu esconderijo.

Ele continuava completamente sem contato com a família e não havia nada que pudesse fazer para ajudá-los quando, em 11 de julho, seu pai morreu.[11] Einar não ousou comparecer ao enterro, que ocorreu uma semana mais tarde. A Gestapo continuava a sua procura e teria sido uma oportunidade óbvia de pegá-lo. Contaram-lhe que fora um consolo para seu pai em suas horas finais saber que o filho estava a salvo nas montanhas, mas teria sido muito melhor se pudesse ter ficado a seu lado. Além do mais, embora Skinnarland soubesse que seus irmãos mais velhos, Olav e Torstein, e seu melhor amigo, Skogen, que sobrevivera aos torturadores na Møllergata, nunca teriam aceitado sua rendição em troca da libertação deles de Grini, isso não atenuou sua culpa.

Nenhum deles, nem mesmo o próprio Skinnarland, podia ter imaginado que o que era transmitido da velha cabana de caçador de rena naquela remota região norueguesa estava sendo conversado pelos corredores do poder em Londres e Washington, D.C.

Em 9 de agosto, A. R. Boyle, chefe do Diretório de Inteligência do Ministério do Ar, enviou para a SOE um bilhete sugerindo que Vemork voltasse a ser considerada um alvo. Ele vinha recebendo relatórios de que os alemães estavam fazendo "todo o necessário" para produzir uma "arma secreta" que utilizava a água pesada de Vemork para vencer a guerra.[12]

Wilson informou a Tronstad que a fábrica estava mais uma vez sendo vista como alvo. Tronstad escreveu uma mensagem para Skinnarland dando instruções precisas sobre onde, quanto e com que regularidade introduzir óleo de rícino nas células de alta concentração para contaminar a água pesada de um modo que pudesse ser naturalmente explicável. Antes que a mensagem pudesse ser enviada pelos operadores de Grendon Hall, porém, Tronstad foi informado de que ficaria arquivada até nova ordem. Anderson estava proibindo qualquer "ação local" até obter o consenso entre as autoridades militares britânicas e americanas sobre o melhor curso a seguir.[13] Agora, mais do que nunca, Tronstad temia que Vemork estivesse na "lista de alvos".[14]

No fim de 1942, numa reunião entre o general norueguês Wilhelm Hansteen e o general americano Dwight Eisenhower, os dois chegaram a um acordo de que qualquer local na Noruega considerado para destruição, fosse pela RAF, fosse pela Força Aérea dos Estados Unidos, devia ser sancionado pelo Ministério do Ar britânico e colocado em uma lista de alvos, de modo que o alto-comando norueguês pudesse aconselhar contra ou a favor da medida.[15]

Sendo um dos que examinavam essa lista para o governo, Tronstad sabia que certos alvos eram mais fáceis de atingir pelo ar. Ele próprio havia sugerido que as minas de molibdênio de Knaben fossem incluídas na lista de ataque da RAF, e isso foi executado em março de 1943. Herøya era diferente. Embora a fábrica de alumínio e magnésio fosse essencial para o esforço de guerra alemão, Tronstad sempre considerou que o modo mais seguro e eficaz de paralisar sua produção fosse a sabotagem, não um bombardeio à luz do dia. Na lista de alvos, o lugar era classificado como de baixa prioridade, primeiro porque ainda não funcionava com plena produção e segundo porque havia uma operação de comando em andamento contra ele. Não obstante, sem aviso, os americanos haviam lançado seu bombardeio no meio do verão.

No alvoroço que se seguiu, Hansteen e Tronstad pressionaram por uma revisão mensal da lista de alvos e por uma consulta mais direta de quais locais deviam ser designados para sabotagem ou bombardeio. Mais especificamente, Tronstad usou toda sua influência para pedir a exclusão de Vemork dessa lista.[16] Segundo suas fontes, era pouco provável que os nazistas obtivessem uma bomba nos próximos anos. Njål Hole, o jovem espião de Tronstad na Suécia, transmitira conversas recentes entre Lise Meitner e alguns cientistas alemães em visita indicando que suas máquinas de urânio estavam focadas em produzir energia, não bombas.[17] Um executivo da Norsk Hydro que escapara recentemente para a Grã-Bretanha confirmou isso. De seus inúmeros contatos com esses mesmos cientistas alemães, ele acreditava ser improvável que os nazistas considerassem a água pesada "de vital importância para o prosseguimento da guerra".[18] Tronstad, assim, achava que um bombardeio era desproporcional ao nível da ameaça. Em vez disso, uma simples contaminação das células de alta concentração executada por agentes infiltrados na fábrica era o modo mais prudente de seguir adiante.

Enquanto Tronstad aguardava uma resposta para seus esforços, outro programa alemão — sobre o qual ele também fornecia inteligência — foi atacado pelos Aliados. Na noite de 18 de agosto, bombardeios atingiram Peenemünde, no litoral do mar Báltico, local do centro de foguetes V-1/V-2 dos nazistas. Nessa mesma noite, Tronstad estava em sua mesa, escrevendo uma carta para a filha Sidsel, com uma foto da menina de dez anos a sua frente. Ele perguntava se ela havia gostado do relógio que lhe enviara, elogiava sua carta recente (embora advertindo sobre alguns erros de ortografia) e perguntava sobre o irmão mais novo dela, Leif. Mas Tronstad dedicou a maior parte da carta para explicar por que precisava ficar longe dela: "Temos de fazer tudo para que nosso país seja livre outra vez. Quando dizemos 'nossa pátria', não estamos nos referindo apenas ao país, que é lindo e que também amamos, mas também a tudo mais que amamos em casa: a mamãe, o menininho e você, e todos os outros pais, mães e filhos. Refiro-me também a todas as maravilhosas lembranças da época em que éramos pequenos, e de mais tarde, quando tivemos nossos próprios filhos. Nossos vilarejos com as colinas, montanhas e florestas, os lagos e lagoas, os rios e regatos, as cachoeiras e os fiordes. O cheiro do feno novo no verão, das bétulas na primavera, do mar e da grande floresta, e até do inverno gelado. Tudo... as canções e a música norueguesas, e muito, muito mais. Essa é nossa pátria e é por isso que temos de lutar para consegui-la de volta".[19] Seus esforços para proteger Vemork eram um dos modos de Tronstad lutar pelo futuro da Noruega, quando os alemães fossem expulsos. Dois dias após escrever para Sidsel, ele se reuniu com o Ministério do Ar e saiu acreditando ter obtido um acordo para proteger Vemork e outros locais na Noruega e impedir o acontecimento de uma nova Herøya.[20]

Mais tarde, porém, Michael Perrin distribuiu um relatório secreto afirmando que ele e os colegas do Tube Alloys acreditavam que a produção em Vemork precisava ser interrompida e que na opinião da inteligência britânica um bombardeio era o único modo de eliminar a produção a longo prazo. "Eu proporia", concluiu Perrin, "que os americanos fossem informados da posição e consultados para saber se a discutiriam com a Força Aérea dos Estados Unidos. Nesse caso, seria provavelmente aconselhável que nenhuma decisão fosse, no presente momento, comunicada por nós às autoridades norueguesas."[21]

"Meu nome é Knut. É só o que vão saber. Venho da Inglaterra e represento o rei."[22] Isso era o que Haukelid dizia a mais um potencial recruta. Os governos podiam ir e vir, mas o rei Haakon era o símbolo da luta norueguesa pela liberdade. "Ele quer que você inicie e lidere um grupo de resistência militar em seu país [...]. Vou instruí-lo sobre a organização. Vou lhe dar o que for preciso financeiramente e tomar as providências para que as armas cheguem por avião ou pelo mar, quando e onde você decidir." Durante todo o mês de setembro, seu quartel-general da Bamsebu agora construído, ele e Kjelstrup continuaram desenvolvendo células clandestinas por todo o oeste de Telemark. Enfatizavam a segurança acima de tudo para seus cerca de 75 recrutas: usem *dead drops*; nunca ponham seu comandante em contato com um estranho; e "lembrem-se: mantenham a boca fechada".[23]

Viajando de bicicleta, com documentos falsificados e passes de alta qualidade, apenas raramente se deparavam com problemas. Certa vez, em uma casa de barcos à beira de um lago, Kjelstrup foi confrontado por um xerife local e seu assistente.[24] O xerife era um conhecido simpatizante nazista. Quando exigiram seus documentos, Haukelid, que ficara escondido, aproximou-se sorrateiramente da casa de barcos e se preparou para atirar nos dois policiais com sua Colt. Antes que chegasse a tanto, porém, os policiais deixaram Kjelstrup passar.

Eles estabeleceram uma estação de radiotelegrafia em uma fazenda na montanha e o fazendeiro concordou que o operador morasse ali sob disfarce — apenas mais um lavrador trabalhando a terra. Também determinaram a localização de posições alemãs por toda a área e ao longo da estrada Haukeli, como preparativo para o momento em que os Aliados invadissem a Noruega — ou quando suas células fossem convocadas para operações de sabotagem. Os suprimentos britânicos eram a necessidade mais premente: suas botas tinham buracos nas solas e as roupas estavam aos farrapos. Também precisavam de barracas, mapas, bússolas, impermeáveis, fósforos, lâminas de barbear, cigarros, mochilas e, como anotado na lista de coisas a serem jogadas de paraquedas, "seis donas de casa".[25] Considerando que o inverno se aproximava, também pediram alimentos. Acima de tudo, estavam desesperados por armas — fuzis com mira telescópica, submetralhadoras Sten, metralhadoras leves Bren e pistolas Colt —, para treinar e armar suas células.

Após a meia-noite de 22 de setembro, o final do primeiro período enluarado em que a RAF podia jogar uma leva de suprimentos, Haukelid estava sozinho na Bamsebu quando escutou um avião.[26] Descalço e vestindo apenas calça, saiu correndo da cabana com nada além de uma lanterna para sinalizar. Como o som dos motores diminuiu e ele não avistou nenhum paraquedas, voltou depressa à cabana para se vestir. O avião fez a volta e mais uma vez Haukelid sinalizou freneticamente para os pilotos. Ainda, sem entrega. Mais duas vezes escutou o zumbido dos motores do avião. E nada. Frustrado, voltou para a cabana, temendo ter de esperar ainda várias semanas pelos suprimentos.

Dias depois, quando estava à beira do lago Holme, puxando redes de pesca, Kjelstrup voltou de uma visita a Skinnarland. "Como foi?", perguntou a Haukelid.[27]

"O quê? Não aconteceu nada, pelo que eu sei."

"Londres informou que um avião esteve aqui e jogou suprimentos."

Haukelid e Kjelstrup deram ampla busca na área em torno da cabana até encontrarem dois recipientes nas margens do lago.[28] Cinco outros estavam semissubmersos ou haviam afundado completamente. Tirando a roupa, mergulharam nas águas geladas e começaram a trazer tudo para o seco.

Após fazer uma inspeção, viram que as armas e a maior parte do conteúdo haviam escapado incólumes e apenas uma pequena parte da munição estava arruinada — mil cartuchos para seus rifles Krag. Nessa noite, os homens comemoraram com um grande jantar. Pela primeira vez em meses, tinham mais no prato do que eram capazes de comer: bolachas, carne enlatada, chocolate, frutas em calda, geleia, uvas-passas. Na manhã seguinte, banquetearam-se com mais um pouco.

Mas as refeições fartas em nada ajudaram a rigidez e o inchaço que atormentavam Kjelstrup desde o inverno anterior.[29] Um médico em Oslo diagnosticara o problema como beribéri — doença causada pela carência crônica de vitamina B1 —, consequência de ter se alimentado apenas de carne de rena por tanto tempo. Seus dentes também estavam em péssimas condições, rachados e quebrando devido à mesma dieta pobre. Kjelstrup sabia que não seria capaz de suportar outro inverno numa região selvagem. Decidiu atravessar a fronteira sueca e seguir para a Grã-Bretanha.

Os amigos se despediram no fim de setembro e Kjelstrup partiu de bicicleta. Duas semanas depois, com a neve começando a cair, Haukelid fechou a Bamsebu.[30] Uma mochila pesada às costas, partiu a pé na direção do lago Møs, o cão a seu lado. No caminho, ele se deu conta de que a neve estava muito mais funda do que nos arredores da cabana e de repente avançava com neve até a cintura. Foi forçado a passar uma noite nas montanhas, dormindo com Bamse na clareira sob um rochedo. No dia seguinte, levou doze horas para caminhar por uma distância que devia ter exigido um quarto desse tempo. Ao se aproximar da Nilsbu, oculto em parte por uma neblina, ficou aliviado ao ver que não havia nenhuma pá sobre o telhado da cabana, sinal combinado para alertá-lo, em caso de problema.

Skinnarland lhe deu as boas-vindas — e a Bamse.[31] Os dois planejaram passar o inverno juntos. Era bom ter alguém com quem pudesse contar — para não mencionar a companhia — durante os meses longos e escuros. Acomodaram-se em sua nova rotina e continuaram a suprir Londres com serviço de inteligência sobre a produção de água pesada em Vemork. Estavam preparados para retardá-la ou interrompê-la se lhes pedissem. Mas a ordem para agir nunca veio.

"Os chefes querem que consideremos se é possível realizar nova tentativa contra a fábrica de Vemork", escreveu um oficial da SOE para outro em 5 de outubro de 1943.[32] Esses "chefes" eram Anderson e seu equivalente americano, o general Groves, que acreditavam que seus cientistas teriam uma bomba operante em doze a dezoito meses, e que os alemães talvez não estivessem tão atrás. Mas, mesmo que não fosse esse o caso, os nazistas podiam estar em posição de infligir um ataque radioativo contra Londres ou outra grande cidade. Fosse lá o que "nova tentativa" implicasse, decidiram os dois oficiais da SOE em uma série de correspondências, os noruegueses deviam ser excluídos de todo envolvimento devido a sua clara oposição a qualquer ataque.

Usando a inteligência fornecida por Skinnarland, Wilson e seu Estado-Maior britânico redigiram um relatório com três opções: (1) interferência interna contra a produção; (2) ataques surpresa nas linhas da Gunnerside; e (3) bombardeio aéreo.[33] A primeira foi considerada uma solução apenas temporária. A segunda era um tiro no escuro, levando em conta as novas defesas na fábrica. A terceira, se efetuada durante um ataque de precisão à luz do dia, oferecia provavelmente "o melhor e mais efetivo curso de ação". Munido do relatório, Anderson propôs um bombardeio sobre Vemork ao marechal da RAF, Sir Charles Portal.[34] Portal entregou o dossiê ao comandante da 8ª Força Aérea americana, o general Ira Eaker, que já estava plenamente ciente do alvo.

De sua base na abadia Wycombe, a uma hora de carro de Londres, Eaker comandava uma força de 185 mil homens e 4 mil aviões.[35] Suas ordens eram para atacar até deixar a Alemanha de joelhos, principalmente destruindo a capacidade de combate do país. O americano de fala mansa, com um eterno charuto na boca, que no início de seu serviço afirmara à RAF, "A gente bombardeia de dia. Vocês bombardeiam de noite. Vamos atacar sem trégua 24 horas", duvidava da importância do alvo e era contra a missão.[36]

Groves continuou a fazer pressão em favor do ataque por intermédio do general George Marshall, chefe de Estado-Maior do Exército, e do principal representante britânico em Washington, o marechal de campo Sir John Greer Dill.[37] Em 22 de outubro, Eaker consentiu, informando seus homens: "Quando o tempo estiver favorável aos ataques na Noruega, [Vemork] deve ser destruída".[38]

Ao longo de todas essas maquinações, Tronstad e o alto-comando norueguês foram deixados de fora das conversas.[39] Haviam sido informados de que seus esforços por influenciar a lista de alvos tinham sido bem-sucedidos, que havia um asterisco junto ao nome de Vemork, indicando que deveria ser atacada "de uma maneira especial e portanto não ser bombardeada".[40] Todo mundo, de Eric Welsh à RAF, tranquilizou Tronstad de que nada seria feito sem que ele fosse avisado com antecedência.

Em 11 de novembro de 1943, numa reunião conjunta entre os altos-comandos britânico e norueguês, Tronstad pediu por uma nova política em relação a alvos industriais em seu país, uma política que, considerando a situação da guerra, "seja distanciada tanto quanto possível de ofensiva e destrutiva para defensiva e preservadora".[41] O mesmo oficial que entregara a Anderson a recomendação de bombardear Vemork sem dar satisfação aos noruegueses agora prometia a Tronstad levar o caso aos comandantes de Estado-Maior. Uma rematada mentira.

24. A missão do Caubói

Às três da madrugada de 16 de novembro de 1943, quando o sargento em serviço acordou o piloto Owen Roane em sua cama, a Station 139, a gigantesca base aérea americana na costa do mar do Norte, já fervilhava com os preparativos para a missão iminente.[1] Ordens do comando da 8ª Força Aérea, quase duzentos quilômetros a sudoeste, haviam chegado à base por teletipo, identificando o alvo, a previsão do tempo, a força necessária e o plano de ataque. O oficial da operação, major John "Jack" Kidd, e seu Estado-Maior vinham trabalhando desde a chegada da ordem. Eles determinavam tonelagem das bombas, carregamentos de combustível, rotas, hora zero para o início e quais grupos e esquadrilhas participariam do ataque.

Enquanto o primeiro-tenente Roane barbeava o rosto juvenil, de olhos brilhantes — para melhor ajustar a máscara de oxigênio —, equipes de armamento estavam no depósito de bombas, carregando os reboques com explosivos de quase meia tonelada cada. Ao mesmo tempo, caminhões-tanque roncavam pela pista de decolagem para abastecer uma fileira de bombardeiros B-17, enquanto os mecânicos checavam os motores e compartimentos de bombas.[2] No refeitório, os cozinheiros e a equipe de ajudantes preparavam o desjejum de panquecas, ovo em pó e mingau de aveia. E nos prédios do grupo de operações especiais, mapas e fotografias do alvo eram preparados para as tripulações.

Trajado para as temperaturas de trinta graus negativos em alta altitude (roupa de baixo de lã, dois pares de meias de lã, suéter de lã, jaqueta de couro marrom forrada com lã de carneiro e calça grossa), Roane atravessou o campo aéreo gelado, coberto pela neblina, e se reuniu com os demais pilotos e as tripulações no imenso barracão Nissen usado para as instruções. Uma cortina cobria o mapa mostrando a rota e o alvo deles. Assim que as portas foram fechadas, o major Kidd, oficial de operações, se posicionou diante deles, e um ajudante puxou a cortina. Estavam a caminho da Noruega, um lugar chamado Rjukan.

Dadas a distância e a brevidade do dia, em novembro, teriam de partir logo após as seis horas.[3] O alvo era Vemork, uma usina hidrelétrica e fábrica de hidrogênio, onde os alemães preparavam um "explosivo especial".[4] Para limitar a mortalidade entre os civis, atacariam o local na hora do almoço. O major Kidd não esperava grande resistência do inimigo, fosse baterias antiaéreas, fosse caças, e afirmou que o ataque era uma moleza, uma missão rotineira.[5] Roane ficou com a nítida impressão de que Vemork era um alvo prioritário, mesmo que ninguém tenha dito tal coisa.

Embora Roane houvesse acabado de completar 22 anos, era algo como um "veterano" — faltavam apenas duas missões para ingressar no Lucky Bastards Club, o "clube dos filhos da mãe sortudos".[6] Seus membros tinham de superar as probabilidades e chegar com vida à marca de 25 missões. Apelidado de Caubói, chapéu de vaqueiro e tudo, Roane era de Valley View, Texas, com 640 habitantes, uma cidadezinha ao norte de Dallas que era pouco mais que uma avenida poeirenta ladeada por algumas construções. Roane era um dentre nove filhos (oito deles meninos). Sua família tinha uma pequena fazenda, cultivando algodão, trigo e milho, e seu pai também criava gado em um rancho próximo. Owen adorava ajudar após as aulas todos os dias. Quando terminou os estudos, entrou para o corpo aéreo do Exército, tendo por objetivo tornar-se mecânico. Depois de alguns voos, foi seduzido e se matriculou na escola de aviação. Em pouco tempo foi designado para o B-17. O bombardeiro de quatro motores e longo alcance tinha um arsenal de metralhadoras, e podia aguentar inúmeros ataques e mesmo assim lançar seu carregamento de bombas — mais de quatro toneladas. Tripulado por dez homens, o B-17 era conhecido como Flying Fortress, a Fortaleza Voadora, e era um gigante dos céus.

Em junho de 1943, após dez meses de treinamento, Roane chegou à Grã-Bretanha, onde foi designado para o 100º Grupo de Bombardeiros. Durante os meses seguintes, receberiam sua própria alcunha: Bloody Hundredth — o Centésimo Sanguinário. Eles atingiram bases de submarinos, campos de aviação e fábricas por toda a Europa ocupada e dentro da Alemanha. Com o tempo, Roane viu B-17s que voavam a seu lado conhecendo seu fim na guerra, destruídos por caças inimigos, explodindo em pleno ar, caindo no mar, inclinando-se abruptamente rumo ao solo ou simplesmente desabando no céu, seus motores parando de funcionar, pilotos e tripulações se lançando de paraquedas em território inimigo.

A expectativa de vida média na 8ª Força Aérea era de onze missões; seus colegas de tripulação, muitos deles amigos pessoais, eram mortos ou desapareciam a um ritmo preocupante.[7] Com doses iguais de sorte e habilidade, Roane sempre conseguiu regressar. Em uma missão em Stuttgart, com a asa pegando fogo e perseguido por caças Messerschmitt, Roane fez o avião mergulhar girando a quase quinhentos quilômetros por hora para apagar as chamas e tirar o inimigo de sua cola.[8] Sobrevoando Bremen e Schweinfurt, atravessou uma chuva de fogo antiaéreo, determinado a soltar suas bombas sobre o alvo. Em agosto de 1943, após um ataque contra uma fábrica da Messerschmitt, foi forçado a aterrissar o avião, crivado de 212 balas e buracos de artilharia antiáerea, no norte da África. Enquanto ficou por lá, adotou um filhote de jumento com pouco mais de dez quilos que batizou de Mo, uma abreviatura de Mohammed. Mo voltou para a Grã-Bretanha com ele, enfrentando o voo atrelado a uma máscara de oxigênio na cabine de rádio, agasalhado com uma jaqueta de pelo de carneiro. Quando se aproximava da base, Roane disse para a torre de controle: "*I'm coming with a frozen ass*" — um trocadilho: "Chegando com o traseiro/um asno congelado".[9]

Às cinco horas, Roane procedeu à checagem do avião.[10] Circulando-o, inspecionou tudo, dos pneus e entradas de combustível às hélices e revestimentos antigelo das asas. O chefe da equipe de solo avisou que o avião fora carregado com bombas de quase três toneladas e uma sobrecarga de gasolina de alta octanagem, totalizando o peso de trinta toneladas (mais de cinco toneladas acima do máximo estipulado).[11] Decolar no escuro e através do teto enevoado exigiria toda a sua perícia.

"Pronto para a decolagem", informou Roane ao chefe da equipe, em seguida se dirigiu ao vagão de comida, onde aguardou com seus homens e tomou um pouco de chá, depois fumou um último cigarro.[12]

A eles se juntou o major John Bennett, seu novo comandante de esquadrilha. O pragmático major de 36 anos integraria a missão no avião de Roane, o *Bigassbird II*.

Após checarem as correias nos coletes salva-vidas e paraquedas uns dos outros, a tripulação de dez membros entrou no avião pela fuselagem traseira e todos assumiram suas posições.[13] Dois membros da tripulação, o engenheiro de voo e o operador de rádio, estavam um pouco mais tensos do que o normal, por ser essa sua 25ª missão — um voo notoriamente de má sorte. Roane repassou sua lista de checagem e, ao ver um sinalizador verde brilhando no céu matinal, ligou os motores. O rugido percorreu o aparelho, tornando qualquer conversa fora do interfone numa disputa de quem gritava mais alto. A equipe de solo removeu os calços dos pneus e Roane taxiou o avião para a pista. A sua volta, luzes piscavam, freios gemiam e o ar reverberava com o rugido dos motores.

Com um minuto de atraso, o *Bigassbird II* estava posicionado para alçar voo. Roane soltou os freios e partiu. Mil metros adiante na pista, os manetes em potência máxima, a aeronave ganhou os céus escuros a 190 quilômetros por hora e Roane recolheu o trem de pouso.

Quase imediatamente o avião foi engolido pelas nuvens. O intervalo entre as partidas era de trinta segundos, mas se o aparelho da frente tivesse problemas de motor ou se o piloto errasse o curso, o avião de trás poderia voar direto contra o outro e os tripulantes não saberiam de nada até que fosse tarde demais.

A mil metros de altitude, emergiram das nuvens. Uma meia-lua pairava acima de suas cabeças. Para entrar em formação com os outros vinte B-17 em seu grupo, Roane descreveu um amplo círculo à esquerda em torno da Station 139. Ele manteve os olhos colados no enxame de aviões espiralando no céu, tanto para evitar uma colisão em pleno ar com as demais aeronaves voando a várias altitudes como para avistar os luminosos coloridos correspondentes a sua própria formação.

Trezentos e oitenta e oito B-17 Flying Fortress e B-24 Liberator das três divisões da 8ª Força Aérea rumavam para a Noruega nessa manhã.[14] Praticamente a metade deles dirigia-se a Vemork, os outros incumbidos de destruir um campo de pouso ao norte de Oslo e operações de mineração em Knaben.

Depois de passar um tempo circulando, Roane se encontrou com os demais no 100º.[15] Como Bennett estava a bordo, o *Bigassbird II* assumiu a liderança do grupo. Houve uma certa dose de caos, os pilotos gritando em seus rádios conforme os B-17 e B-24 procuravam encontrar suas posições à luz da lua. Assim que ficaram todos juntos, Roane ordenou à tripulação que pusessem as máscaras de oxigênio e subiu a uma altitude de 4 mil metros para a travessia do mar do Norte. A armada esperava um número limitado de caças e desse modo não entraram em formação de combate, mas se ajuntaram em grupos de cerca de vinte aviões.

Atravessaram o mar do Norte em um curso nordeste a uma velocidade de cruzeiro de 250 quilômetros por hora.[16] O sol nasceu acima do horizonte à direita, iluminando um panorama hipnotizante: acúmulos de nuvens plumosas pairando abaixo deles, o céu azul límpido acima e centenas de bombardeiros em volta. O aquecedor da cabine mantinha Roane e Bennett num calor aconchegante.

Quando se aproximaram da costa, Roane e a tripulação vestiram o colete à prova de balas e o capacete de metal. Teriam de descer para 3500 metros acima do nível do mar, uma distância perfeita para o fogo antiaéreo.

Ao avistarem a Noruega, Roane olhou seu relógio e descobriu que estavam 22 minutos adiantados na programação. As primeiras bombas não deveriam ser lançadas senão às 11h45, quando os trabalhadores da fábrica estariam almoçando nas cantinas do subsolo. Tinham uma escolha: jogar as bombas antes e arriscar maior número de baixas civis ou fazer uma volta de 360 graus na costa para adiar o bombardeio, o que daria tempo aos alemães para preparar uma defesa.

"Vamos fazer um círculo amplo sobre o mar do Norte", decidiu Bennett.[17]

Quando os bombardeiros se aproximaram outra vez, os alemães já estavam a postos. Dois barcos de patrulha costeira equipados com canhões antiaéreos dispararam. Um B-17 foi abatido.[18] O resto dos bombardeiros continuou através da artilharia, na maior parte escassa e imprecisa. Então caças alemães riscaram o céu, Messerschmitts e Focke-Wulfs. Eles atacaram esporadicamente mas eram em número reduzido demais e as Fortalezas Voadoras estavam bem armadas demais com metralhadoras para que conseguissem atingi-los. Um B-17 de outro grupo foi atingido. A tripulação saltou de paraquedas, depois o avião desgovernado realizou uma série de curvas abruptas, estóis e espirais antes de cair no mar. Mesmo assim, não havia nada que o inimigo pudesse fazer para deter o ataque de bombardeiros.

Tendo sobrevivido a missões na Alemanha onde centenas de caças atacaram por horas a fio e onde a 8ª Força Aérea perdeu sessenta bombardeiros num único dia, Roane tinha consciência de que essa incursão pela Noruega continuava sendo praticamente uma moleza. Ao passar pela linha costeira, a temperatura na cabine registrando quarenta graus negativos, ele observou a monótona paisagem de picos nevados, desfiladeiros abruptos e lagos congelados. A visão pareceu ominosa. O navegador, capitão Joseph "Bubbles" Payne, tinha poucos marcos — cidades, ferrovias ou estradas — para guiá-lo até o alvo. Não obstante, mapeou um curso preciso para Vemork.

O 95º Grupo de Bombardeiros estava à frente do 100º na aproximação. Roane teve de descer ligeiramente para escapar do rastro de condensação e o *Bigassbird II* sacudia e estremecia sob o turbilhão de ar. Minutos mais tarde, as portas do compartimento de bombas se abriram. A 3500 metros de altitude, finalmente livre da turbulência, a tripulação do avião se preparou para lançar sua carga. Algumas nuvens baixas pairavam no céu à frente, mas não interfeririam com a precisão do bombardeio. No total, 176 aeronaves Flying Fortress e Liberator rumavam contra Vemork.[19]

Em uma fazenda a oeste de Vemork, Einar Skinnarland recém-terminara de transmitir uma mensagem para Londres por radiotelegrafia.[20] Enquanto aguardava no celeiro por uma resposta, escutou um ronco distante. Ao sair, encontrou Haukelid com o rosto erguido para o céu. Lá no alto, um desfile infindável de bombardeiros voava na direção leste, sem caças alemães ou bateria antiaérea para detê-los em seu curso. Tudo que os dois podiam fazer era apenas conjecturar sobre o alvo do ataque. Havia uma boa chance de que fossem a usina de energia e a fábrica de hidrogênio em Vemork. Os bombardeiros eram uma visão impressionante.

Às 11h33, sirenes de ataque aéreo soaram por toda Vemork.[21] O gerente de transporte Kjell Nielsen desceu correndo a escada da fábrica de hidrogênio para o abrigo no subsolo. Apenas alguns meses antes, estivera trabalhando em Herøya, na produção de magnésio, quando bombardeiros americanos atacaram. Na época, Nielsen fornecera inteligência e fotografias do parque industrial para a resistência — e, por extensão, para o alto-comando norueguês.

Lá embaixo, no abrigo, o engenheiro-chefe, Fredriksen, recebeu uma ligação da telefonista em Vâer, a aldeia do outro lado da ponte. Ela informou que vinte aeronaves tinham sobrevoado o vale, depois mais cinquenta, e então exclamou: "Tem mais aviões vindo!".[22] Fredriksen não teve dúvida quanto ao propósito deles.

Em pânico, as famílias de trabalhadores e engenheiros que moravam no lado de Vemork do vale do Vestfjord foram conduzidas aos abrigos antiaéreos perto de suas casas. Essas estruturas de concreto, construídas na superfície, destinavam-se a ser utilizadas como garagem quando a guerra terminasse. Considerando a limitada proteção que forneciam a seus ocupantes, seria melhor que já estivessem sendo usadas para esse fim.

Em Rjukan, abaixo, voluntários civis orientavam os moradores a se abrigar numa série de estruturas preparadas para ataques como esse. Na escola local, professores correram com cerca de sessenta alunos para um abrigo de concreto tubular, com piso composto por uma camada de areia. Quatro alemães que estavam morando no primeiro andar da escola se juntaram a eles. Todos escutaram o ruído das aeronaves trovejando no céu. A despeito do medo, um dos professores se aventurou do lado de fora. Vendo a formação de bombardeiros se aproximar diretamente, ele gritou: "A gente está no centro do círculo! Vão para suas casas!".[23] As crianças saíram em disparada do abrigo e se espalharam em todas as direções.

O 95º, grupo na liderança do ataque, passou direto por Vemork sem soltar suas bombas.[24] Roane calculou que suas tripulações não conseguiam enxergar a fábrica devido à massa de nuvens baixas que pairava sobre a área. Ninguém duvidava que fariam a volta para um segundo sobrevoo. Ele queria que o *Bigassbird II* ficasse com os louros pelo 100º ser o primeiro a atingir o alvo. Para isso, dependia da perícia de seu piloto, o capitão Robert Peel, que estava agora encarregado dos controles de voo do avião.

Às 11h43, Peel avistou a fábrica por uma ligeira fresta no manto de nuvens. Os alemães haviam ligado os geradores de fumaça para criar uma cortina sobre o vale, mas isso não foi suficiente para ocultar o alvo. "Soltem as bombas", bradou Peel, liberando seu arsenal. Com a perda de peso súbita, o *Bigassbird II* deu um pinote no ar. Peel observou seus "ovos" de 1800 quilos acertarem o alvo. O choque sacudiu o avião conforme prosseguia num curso direto por dez segundos, proporcionando às demais Fortalezas Voadoras atrás dele tempo para liberar suas cargas ao longo da fila.

Esquadrilha após esquadrilha se seguiu. Durante os vinte minutos seguintes, os aviões, com nomes como *Hang the Expense* [pendura a conta], *Raunchy Wolf* [lobo safado] e *Slow Joe* [Joe devagar], levaram a destruição aos prédios. Os que erraram suas bombas no primeiro sobrevoo circularam de volta para nova tentativa em meio à névoa de rastros de condensação e fumaça das explosões. Houve disparos ocasionais vindos do solo. Causaram tão pouco efeito quanto os míseros caças que continuavam a mordiscar a esquadra pelas beiradas.

No total, 711 explosões devastaram Vemork e a área em torno.[25] Algumas bombas caíram no vale e na floresta, sem causar estragos. Outras atingiram os canais das comportas, rompendo nove tubulações e fazendo jorrar toneladas de água pela encosta. A ponte suspensa foi partida ao meio e ficou pendurada sobre a parede sul do despenhadeiro. Três choques diretos sobre a usina de energia arrancaram parte do telhado, destruindo dois geradores e danificando outros. As bombas varreram os dois andares superiores do canto oeste da fábrica de hidrogênio. Várias construções em Vemork e Våer ficaram arrasadas e as casas que não ficaram evisceradas pela explosão foram destruídas por pedras e estilhaços voando e pelo fogo que se seguiu. As chamas — vermelhas, verdes e laranja — se espalharam pela região.

No momento em que o grupo principal de bombardeiros se afastava da fábrica de hidrogênio, um grupo de 29 B-24 Liberator sobrevoava o vale do Vestfjord.[26] A esquadrilha fora incumbida de lançar as bombas nos arredores de Oslo, mas se deparara com seu alvo coberto por nuvens e desse modo percorreu os 160 quilômetros até Vemork. Às 12h03, os B-24 tomaram a fábrica de nitrato em Rjukan pelo alvo e soltaram suas bombas de mais de duzentos quilos. A maior parte atingiu a fábrica, derrubando um par de torres de tijolos e demolindo uma série de prédios pequenos. Algumas atingiram o populoso centro da cidade, a poucas centenas de metros dali.

Roane e os outros viraram seus aviões para a costa da Noruega a 3500 metros de altura, Roane a uma missão de integrar o Lucky Bastards Club. Enquanto viajavam de volta a salvo, os moradores e trabalhadores de Vemork e Rjukan emergiam do esconderijo para ver o que restara.

"Meu Deus, o que aconteceu com minha família?" Um engenheiro, coberto em pó de concreto, verbalizou o medo de todos ao se aproximar da porta do abrigo sob a fábrica de hidrogênio.[27] Nielsen tentou acalmar o homem a seu lado, que estava à beira da histeria, sem saber se sua esposa e filhos haviam alcançado o abrigo antiaéreo a tempo.

Ex-membro da Cruz Vermelha norueguesa, Nielsen cuidara de soldados feridos durante a guerra finlandesa contra a Rússia.[28] Agora ia direto até o abrigo para ver se alguém precisava de sua ajuda. As sirenes de ataque aéreo continuavam a ecoar e toda Vemork engasgava com a fumaça. As pessoas corriam pelos escombros apagando incêndios e carregando feridos de edifícios prestes a desabar. Alguns trabalhadores conseguiram interromper o vazamento de água das comportas e também fecharam as válvulas das tubulações de hidrogênio e oxigênio rompidas que atravessavam o vale. Gritos e gemidos soavam de todas as direções.

Não havia sobreviventes no abrigo antiaéreo de Vemork. Ninguém precisava da ajuda de Nielsen. No local, abriram-se duas crateras, resultado de dois bombardeios em cheio dos aviões. As paredes e o teto de concreto haviam sido pulverizados e as dezesseis pessoas que se refugiaram ali estavam mortas: onze mulheres, duas crianças, três homens. Seus corpos estavam praticamente irrecuperáveis: um braço, uma cabeça sem feições, um torso desmembrado. Repulsivos nacos de carne e osso cobriam o concreto quebrado e as barras de aço retorcidas. Pais, maridos e amigos se ajoelhavam nos buracos, seus gritos soando em uníssono numa macabra canção de luto.

Em Rjukan, a seis quilômetros dali, colunas de uma fumaça densa e escura enchiam o céu.[29] A fábrica de nitrato e uma série de construções haviam ficado em ruínas. Quis o destino que os professores e alunos que fugiram do bunker durante o ataque conseguissem se salvar. O abrigo fora arrasado, assim como o de Vemork. Quando as chamas foram debeladas e os feridos receberam tratamento, fizeram a contagem de mortos: no total, 21 noruegueses haviam perdido a vida.

O oficial da SS Muggenthaler se refugiou em Rjukan durante o bombardeio, mas mesmo assim sofreu lacerações no rosto, causadas por estilhaços.[30] Em seus primeiros despachos para Oslo e Berlim, ele pintou um retrato sombrio da devastação que testemunhara no ataque e posteriormente. Em Vemork, muita coisa precisava de reparo urgente: as tubulações, a ponte suspensa e os geradores, bem como o equipamento e a fábrica de hidrogênio. Mas depois que ele e outros inspecionaram cuidadosamente o local, as investigações revelaram que a "fábrica de alta concentração SH-200" estava ilesa.[31] Apenas um curto período de tempo e uma quantidade limitada de material seriam necessários para fazer as coisas funcionarem outra vez. Em resumo, o bombardeio representou muita tempestade e fúria para o que foi, com efeito, um golpe limitado à máquina de guerra alemã.

PARTE V

25. Nada vem sem sacrifício

No dia do ataque americano, Leif Tronstad estava onde se sentia mais em casa em seu exílio: na Escócia.[1] Mais precisamente, na STS 26, supervisionando seus homens e tomando parte numa semana de treinamento especial. Era um bom descanso dos corredores do alto-comando, onde às vezes sentia passar mais tempo lidando com burocracia do que combatendo pela Noruega. Ele passou a tarde detonando pequenas cargas explosivas, o sol brilhando forte na neve compactada. Pela primeira vez em longo tempo, sentia-se despreocupado e alegre.

De volta ao Drumintoul Lodge no início da noite, escutou um boletim de rádio sobre a Força Aérea americana sobrevoando a Noruega. Não forneceram detalhes. Em seu diário nessa noite, simplesmente escreveu: "Espero que as baixas norueguesas tenham sido reduzidas e que essa crueldade acabe logo".[2] Nos dias seguintes, ficou sabendo da história completa.

Os Aliados não cumpriram com a palavra.[3] Sem consultar o governo norueguês, haviam mandado uma frota de bombardeiros atacar Vemork. Muitos civis morreram. Houvera grande destruição desnecessária, sobretudo na fábrica de nitrato em Rjukan. Esse local nunca figurara em nenhuma lista de alvos e apenas produzia fertilizante para a agricultura norueguesa. O mais duro de aceitar era o fato de que o alvo principal, a fábrica de água pesada, não fora sequer danificado, exatamente como Tronstad advertira que aconteceria. A situação toda — a traição, as mortes desnecessárias e sua impotência para impedi-las — deixou Tronstad com um gosto amargo na boca. Mas não fazia seu estilo ficar se remoendo por causa disso. Queria apenas ser assegurado de que nada assim aconteceria outra vez.

Em Londres, Jomar Brun levou a história para o lado pessoal. Furioso, desolado e dominado pela culpa por sentir que de algum modo desempenhara um papel no ataque, protestou junto aos governos norueguês e britânico e ofereceu uma carta de demissão para o Directorate of Tube Alloys. "Quando deixei a Noruega há cerca de um ano", escreveu, "achei que seria capaz de contribuir para o esforço de guerra Aliado, ao mesmo tempo ajudando a poupar vidas e propriedades norueguesas. Hoje vejo que minha missão foi em vão."[4]

Quando Tronstad voltou da Escócia, acalmou Brun e o convenceu a não pedir demissão.[5] Então foi ao trabalho, cobrando o general Hansteen e o ministro do Exterior norueguês para que protestassem com as autoridades britânica e americana. Investigações foram iniciadas e desculpas apresentadas, mas nenhuma oferta foi feita para buscar a aprovação norueguesa com antecedência em eventuais ataques futuros. Os Aliados deixaram claro que precisavam de carta branca para empreender a guerra contra os alemães.

Tronstad ficou sabendo que a decisão de bombardear Vemork veio de fora dos canais normais que determinavam a lista de alvos; na verdade, as autoridades Aliadas mais elevadas haviam ordenado o ataque. Elas avaliavam que mesmo que os alemães fossem incapazes de obter uma bomba de fissão como as que os Aliados estavam desenvolvendo, ainda assim poderiam produzir armas radioativas capazes de arruinar cidades inteiras. Enquanto não obtivessem uma inteligência clara e inequívoca de que os alemães não estavam mais envolvidos em pesquisa de fissão nuclear, os Aliados tinham de agir com determinação inabalável.

De mensagens recebidas em dezembro de Njål Hole, Tronstad sabia que os alemães não haviam abandonado o interesse por artefatos atômicos.[6] Seus estudos e experimentos prosseguiam e eles continuavam ansiosos por produzir água pesada. Houve outros relatos vindos da Alemanha de que Hitler estava anunciando "armas secretas", a serem em breve usadas contra o mundo. Um deles, de um correspondente da Reuters que entrevistara diversos fugitivos da Alemanha, alertava sobre uma bomba nazista "cheia de gases explosivos com poder destrutivo fantasticamente elevado [...] que será em breve utilizada contra a Grã-Bretanha".[7] Para não esquecer contra o que estava combatendo, Tronstad enfiou o artigo em seu diário.

A inteligência Aliada logo recebeu informes de que a Norsk Hydro havia "decidido abandonar totalmente a produção de água pesada".[8] Essa inteligência não confirmada não serviu para satisfazer Tronstad.[9] Os americanos haviam demonstrado que estavam dispostos a lançar vastos ataques sobre Vemork para interromper a produção. Agora, avisou ele, mesmo se Vemork fosse fechada, os alemães poderiam desmontar a fábrica de alta concentração e recomeçar a produção em outro lugar — em algum local desconhecido pelos Aliados. Se tivesse conseguido levar adiante a sabotagem com óleo de rícino, poderiam ter retardado a produção quase a ponto de paralisá-la sem levantar suspeitas.

Debatendo-se emocionalmente com as consequências do raide aéreo, Tronstad também sofria por mais um Natal longe da família. Embora soubesse que Bassa estava aguentando firme em sua ausência, suas cartas ao longo do ano falavam sobre o efeito dessa ausência neles todos. Numa, ela escreveu: "Foi um período duro para mim depois que você partiu e ainda tenho os pesadelos mais terríveis quando durmo, então provavelmente isso deixou uma marca profunda".[10] Ela também temia por ele: "É como se você estivesse vivendo apenas meia vida dessa forma. As crianças estão crescendo sem você, é tão triste, nosso menininho é tão engraçado, ele vai ser um rapaz crescido quando você voltar para casa".

Tronstad temia o mesmo e se perguntava de que outros modos a guerra o transformara. Em uma carta para Bassa, escreveu: "Desejo ardentemente que nós dois encontremos um caminho nessas trevas e voltemos a ter uma vida juntos de um modo tão franco e confiável quanto antes".[11] Todo aquele sofrimento era o preço que tinham a pagar. Pouco antes do Natal, ele escreveu: "Sem sacrifício nada se consegue neste mundo [...] e talvez, menos do que tudo, liberdade e independência".[12] Era a natureza de sua própria contribuição que mais preocupava Tronstad. Enquanto enviava seus homens, um após outro, para o perigo — e muitas vezes para a morte —, ele mesmo sempre ficava para trás. "É duro passar meu tempo tranquilamente aqui para decidir sobre a vida e a morte dos outros", lamentou em seu diário.[13] Queria estar na Noruega, travando combate cara a cara contra os alemães.

Durante novembro e dezembro de 1943, com os bombardeios Aliados castigando a Alemanha noite e dia, Kurt Diebner e sua equipe de jovens físicos continuaram obstinadamente a trabalhar na montagem de máquinas de urânio.[14] Para seu experimento G-III, a equipe construiu uma esfera oca com toneladas de parafina e despejou dentro dela 592 quilos de água pesada à temperatura ambiente.[15] Então prenderam 106 cubos de urânio em arames finos (oito ou nove cubos em cada fio) e ataram os arames a uma tampa, cada cubo na treliça espaçado a igual distância. O arranjo todo foi baixado na água pesada com um guincho. A máquina apresentou resultados impressionantes.

A equipe de Gottow então repetiu o experimento, usando a mesma esfera e a mesma água pesada, mas dessa vez com cubos de urânio 240. O projeto foi eficaz o bastante para ser montado em um dia e os resultados revelaram um aumento de nêutrons de 106%. Como Diebner informou a seus colegas físicos: "Considerando o tamanho relativamente pequeno do dispositivo, esses valores de aumento de nêutrons são extremamente elevados".[16] Na mesma hora sua equipe começou a construir a terceira iteração do projeto de cubos em fios.[17]

Seu sucesso chegou num momento oportuno: os altos funcionários envolvidos em supervisionar o grupo atômico — Speer e Göring entre eles — estavam prestes a tirar Abraham Esau da chefia do programa.[18] Era verdade que sob Esau houvera uma série de avanços: o projeto de cubo de Diebner, a ultracentrifugação de Harteck, o enriquecimento de U-235 de Erich Bagge usando uma "eclusa de isótopos", inúmeros artigos teóricos publicados por uma legião de físicos lançando as bases para o progresso prático. Mas continuava não havendo um reator operante, nenhuma perspectiva de uma bomba.

Além do mais, o programa continuou a carecer de um suprimento firme desse moderador essencial, a água pesada, a despeito de muita experimentação e do estabelecimento de fábricas-piloto para produzi-la. A construção de uma fábrica em larga escala em Leuna foi estorvada pelos altos custos e pelas negociações postergadas com a IG Farben. O recente bombardeio Aliado em Vemork deixou claro o erro que haviam cometido ao depender do fornecimento norueguês.

Göring enviou a Esau a exoneração oficial em 2 de dezembro. Seu substituto era Walther Gerlach, cientista que fizera a fama estudando campos magnéticos subatômicos. Gerlach lecionava física experimental na Universidade de Munique e passara a maior parte da guerra trabalhando em projetos de estopim de torpedo para a marinha. Alto, de rosto estreito e nariz proeminente, Gerlach era muito benquisto entre os físicos alemães e era considerado alguém que lidava de maneira suave, embora hábil, com os canais de poder.[19] Alguns o viram como uma escolha curiosa, tendendo mais a levar o programa adiante apenas como um modo de poupar os cientistas envolvidos de serem mandados para o front.

Mas não tardariam a descobrir que era um homem ambicioso. Na verdade, ele planejava ser o "imperador da física".[20] Embora não fosse membro do Partido Nazista, Gerlach era um militarista que desejava a permanência de Hitler no poder. No fim de 1943, ele tinha dúvidas se a Alemanha sairia vitoriosa na guerra, mas estava certo de que se possuíssem um reator ou bomba operante, poderiam assegurar quaisquer termos de tratado de paz que desejassem. Como afirmou a um dos ajudantes de Speer: "Na minha opinião, qualquer político em posse de um dispositivo desses pode conseguir o que bem entender".[21]

Antes de ser oficialmente nomeado em 1º de janeiro de 1944, Gerlach se reuniu com Diebner várias vezes.[22] Ele admitia que o físico do Departamento de Equipamentos Militares do Exército demonstrava grande progresso em seus experimentos e o tranquilizou de que receberia quaisquer recursos de que precisasse para triunfar em seus esforços. Além do mais, Gerlach prometeu indicar Diebner como seu assistente administrativo e voltar a sua sala na Harnack-Haus, sede do Instituto Kaiser Wilhelm. Gerlach não estava interessado em acalmar os ânimos de lado a lado como fora com Esau. Heisenberg, que continuava reticente quanto à superioridade do projeto de cubos de Diebner em relação a suas placas, simplesmente teria de se adequar.

Em 11 de dezembro de 1943, Diebner foi à Noruega para dar um jeito nos contínuos obstáculos à produção de água pesada.[23] Na sede da Norsk Hydro, em Oslo, ele convocou uma reunião com Axel Aubert, o diretor-geral de setenta anos que retomara sua posição após a prisão de seu sucessor. Embora a mesma postura tivesse levado à prisão de Eriksen, Aubert agora contava a Diebner que a Norsk Hydro estava interrompendo toda a produção de água pesada, já que não podiam "expor os trabalhadores da companhia a novo ataque, tampouco investir outra fortuna na reconstrução de uma fábrica que seria perdida na eventualidade de um novo ataque aéreo".[24]

Diebner concordou com ele. Se a produção continuasse, os Aliados muito provavelmente atacariam Vemork outra vez. Ele queria mudar o equipamento de alta concentração da fábrica — incluindo todos os estoques existentes de água pesada em cada nível de concentração — para a Alemanha, onde uma nova fábrica seria construída. Aubert tentou argumentar contra isso — sem dúvida era melhor estocarem tudo na Noruega até o final da guerra. Entretanto, Diebner estava determinado. Ele precisava da aprovação de Berlim, mas estava confiante de que a teria. Então, quando uma nova fábrica fosse construída, teria todo moderador que pedisse para um reator produzir plutônio.

Ao mesmo tempo, Diebner estava forjando um segundo caminho para um tipo de explosivo atômico completamente diferente.[25] Ao longo do mês de dezembro e no início do ano novo, ele devotara uma equipe de cientistas e engenheiros do Departamento de Equipamentos Militares do Exército para isso. Quase uma década antes, os físicos haviam demonstrado que quando dois átomos de deutério colidiam a altas velocidades, pulsos de energia eram liberados. Em Kummersdorf, alguns cientistas alemães haviam aperfeiçoado as cargas ocas capazes de provocar essas colisões a temperaturas muito elevadas. Diebner e sua equipe começaram a preparar uma série de experimentos para comprimir átomos de deutério por meio do uso de ondas de choque explosivas dentro de uma bola de prata oca, com o objetivo de desencadear uma reação em cadeia — e criar uma bomba. De um modo ou de outro, Diebner objetivava dar à Alemanha a arma de que ela precisava para reverter os infortúnios contra os Aliados.

"Estamos mandando para todos nossos amigos nossos melhores votos de um Feliz Natal", batucou Skinnarland em código Morse, enviando em seguida saudações especiais a Kjelstrup, Poulsson e Helberg.[26] Logo receberam a resposta: "Todos os seus amigos aqui lhe enviam seus melhores votos para o ano novo, com a esperança de que em breve voltemos a nos encontrar". Escondidos na Bamsebu, tentaram se animar como dava.[27] Fizeram uma pequena árvore de Natal com ramos de abeto, comeram rena e tocaram o punhado de discos que haviam trazido junto com um gramofone, o *elkhound* cinzento de Haukelid a seus pés. Tentaram encontrar sinal para escutar um pouco de música natalina, esgotando o pouco que restava de sua preciosa carga de bateria, mas o melhor que conseguiram foi uma transmissão da BBC, com o Big Ben ressoando as badaladas da meia-noite na véspera do Ano-Novo, anunciando 1944.

Os dois tinham muito sobre o que refletir à medida que 1943 se aproximava do fim. Skinnarland perdera o pai e a sobrinha nesse ano. Embora a Gestapo finalmente tivesse libertado seu irmão, Olav, Torstein continuava em Grini.

Skogen fora mandado para um campo de prisioneiros na Alemanha no início de outubro. Seu destino era ignorado.

Haukelid também estava num estado de espírito sombrio.[28] Descobrira pela Milorg que seu pai fora preso no fim de setembro e levado para as salas de tortura na Møllergata, 19. Bjørgulf Haukelid sabia muita coisa sobre a atividade de seu filho antes que ele tivesse partido para a Grã-Bretanha, mas não sabia nada sobre os aparelhos de radiotelegrafia escondidos nos depósitos de sua companhia em Oslo, que foram descobertos durante uma *razzia*. Haukelid escondera os aparelhos ali em 1941, achando que não convinha contar para o pai. Agora temia que a Gestapo lhe infligisse tortura ainda pior, presumindo que mentia ao dizer que não tinha ideia dos rádios.

Depois do Ano-Novo, Haukelid continuou a preparar sua rede de resistência e Skinnarland, a reunir inteligência sobre Vemork. Os dois homens, embora fossem agora tão próximos como dois irmãos, não combinavam.[29] Emotivo e explosivo, Haukelid agia rápido. Skinnarland era reservado por natureza, paciente e deliberativo, sempre planejando as coisas antes de tomar uma atitude.

Essas diferenças, e o fato de viverem tão apertados numa cabana de três por três, criaram tensões. Certa noite, cansado de ouvir Skinnarland tocar o mesmo disco pela enésima vez, Haukelid o tirou do gramofone e quebrou em pedaços. A reação de Skinnarland foi fazer o mesmo com o disco favorito de Haukelid. Em outro dia, Haukelid voltou após uma caçada longa e frustrada, com fome e irritado. Ele acreditara que as condições estivessem perfeitas para espreitar um rebanho e mesmo assim voltara de mãos abanando. "Não entendo, numa neblina espessa era para ser mais fácil", queixou-se Haukelid.[30] "Desse modo você pode se aproximar sem que vejam você."

"Realmente — e sem que você as veja", disse Skinnarland, nada solidário. "Todo mundo sabe que é impossível encontrar renas na neblina. Só serve para espantá-las."

"Acha que eu não sei onde elas estão?", disse Haukelid.

Skinnarland lançou-lhe um olhar irônico. "Só um tolo sai por aí atirando na neblina."

"Ah, vai pro inferno!", gritou Haukelid. Ele saiu bruscamente da cabana e passou boa parte da noite espumando de raiva na neve.

Apesar dessas rusgas, ambos eram patriotas leais que amavam a vida nas montanhas e duros e hábeis o suficiente para suportar as piores condições.[31]

Enquanto Haukelid podia ser volúvel, a equanimidade de Skinnarland servia como ponto de equilíbrio. Mais do que tudo, confiavam um no outro para sobreviver.

Em 29 de janeiro de 1944, Skinnarland recebeu um recado urgente de Tronstad. Ele acabara de obter uma inteligência preocupante de Estocolmo e precisava que Skinnarland confirmasse a veracidade. "Fui informado de que os equipamentos de água pesada em Vemork vão ser desmontados e transportados para a Alemanha. Se for verdade, existe alguma possibilidade de impedir o transporte? É assunto da maior importância."[32]

Nesse mesmo dia em Vemork, o engenheiro civil Rolf Sørlie dava sua contribuição ao esforço de guerra empreendendo uma operação tartaruga na reconstrução da fábrica. À tarde, foi visitado por Thor Viten, líder da Milorg em Rjukan. Sørlie ficou empolgado com a visita: talvez sua chance tivesse chegado, enfim.

Embora o ataque americano houvesse custado inúmeras vidas, Sørlie e muitos outros em Rjukan compreendiam a sua necessidade.[33] Com efeito, os alemães estavam profundamente envolvidos no que Vemork vinha produzindo e, em tempos de guerra, você atingia o inimigo no ponto onde doía mais. Contava-se também que os cientistas nazistas andavam usando água pesada como catalisador para dividir o átomo e, potencialmente, criar uma bomba. Esses rumores foram alimentados por uma série de artigos bombásticos nos jornais suecos contrabandeados para o país, que descreviam Vemork como uma "forja de armas secreta" para a criação de uma "única bomba atômica que arrasaria Londres".[34]

Como Sørlie, a maioria dos trabalhadores incumbidos da reconstrução acreditava que quanto antes completassem o serviço, mais cedo os Aliados enviariam outra leva de bombardeiros.[35] O próximo ataque talvez visasse a represa no lago Møs, inundando Rjukan em menos de uma hora, o que seria uma catástrofe. As novas baterias antiaéreas e redes de torpedo na represa preparadas pelos alemães só reforçavam esse medo. Como resultado, nenhum trabalhador local estava interessado em terminar a reconstrução. Embora esse tipo de resistência passiva fosse importante, Sørlie queria tomar parte na luta maior, como seu amigo Helberg. Editar alguns jornais ilegais, esconder aparelhos de rádio, repassar alguma inteligência — isso já não era mais suficiente. Ele queria receber treinamento. Queria combater. Nunca permitira que sua incapacidade física o impedisse de se aventurar pelas florestas quando era menino. Não era isso que iria atrapalhá-lo agora.

Viten disse a Sørlie para ir ao lago Møs com ele e levar seus esquis.[36] Depois do trabalho, pegaram um ônibus até o lago, em seguida começaram a atravessar a superfície congelada. O vento soprava com tamanha força que Sørlie tinha de desviar o rosto para respirar.[37] Ansioso por mostrar para Viten que podia se virar nas montanhas tão bem quanto qualquer um, Sørlie lutou para manter o ritmo.

Alguns quilômetros depois, chegaram à fazenda dos Hamaren. Fizeram uma refeição gratificante antes de serem levados para uma cabana a poucas centenas de metros do local, para passar a noite. Nem os Hamaren nem Viten explicaram a Sørlie por que ele estava ali, mas ele suspeitava que fosse para encontrar Einar Skinnarland, que sabia estar escondido em algum lugar na área. Nas primeiras horas da manhã, suas suspeitas se revelaram corretas quando Skinnarland chegou à cabana. Ele queria saber se uma mensagem recente que recebera de Londres era verdadeira: os alemães estavam planejando desmontar a fábrica de alta concentração e transportá-la para fora do país? Sørlie confirmou que isso era verdade, mas que primeiro mandariam os estoques existentes de água pesada. Skinnarland instou Sørlie a descobrir o máximo que pudesse sobre o transporte iminente: talvez precisassem impedi-lo. Mais tarde nessa manhã, Sørlie voltou para Rjukan, o trajeto tornado mais leve por sua empolgação em finalmente tomar parte numa missão importante. Mal fazia ideia de que estaria de volta à fazenda muito mais cedo do que havia esperado.

26. Cinco quilos de peixe

Em 1º de fevereiro de 1944, um mensageiro da Milorg chegou a Rjukan com a notícia de que o ministro-presidente Quisling queria mobilizar 75 mil noruegueses para combater pelos alemães no Front Oriental.[1] A Milorg ordenou que todos os seus membros na área, jovens e velhos, buscassem refúgio nas montanhas. Já nos últimos três meses, uma série de prisões da Gestapo em Rjukan, Notodden e Kongsberg havia dizimado a organização clandestina. Ela não podia se dar ao luxo de perder mais combatentes.

Nessa noite, Sørlie, que acabara de voltar da fazenda dos Hamaren, encontrou-se com outros membros da resistência em uma casa na cidade. Ficou decidido: pela manhã, iriam para cabanas nas montanhas, levando comida suficiente para aguentar pelo menos uma semana. O perigo era claro. Os alemães não deixariam de notar o desaparecimento de cerca de duzentos a trezentos homens, muitos dos quais trabalhavam para a Norsk Hydro. Patrulhas sem dúvida seriam enviadas para encontrá-los. Se houvesse combate, suas armas estariam limitadas a um punhado de pistolas e granadas caseiras recheadas de vidro e pregos.

As ordens de Oslo eram evidentes, mas havia uma chance de ser um truque nazista para tirar as células clandestinas de seus esconderijos. Viten pediu a Sørlie para procurar Skinnarland e obter confirmação da ordem junto a Londres. Sørlie ficou feliz em ir; tinha mais informação para fornecer a Skinnarland sobre Vemork. Alguns operários haviam descoberto gordura flutuando nas células de alta concentração — resultado da adulteração de Gunnar

Syverstad com óleo de rícino.[2] Novas sabotagens como essa ofereceriam um risco grande demais. Além disso, Sørlie ainda não sabia quando, ou como, os tambores de água pesada seriam levados da fábrica, mas Syverstad e Kjell Nielsen, o gerente de transporte, que Sørlie recrutara para a resistência local de Rjukan, em breve descobririam.

No dia seguinte, Sørlie voltou para a fazenda Hamaren, chegando no fim da tarde. Como antes, Jon Hamaren o convidou para uma refeição, depois conduziu Sørlie pela escuridão das colinas.[3] O terreno ficava cada vez mais íngreme e irregular a cada instante. Finalmente, chegaram a uma casa de fazenda. Sørlie achou que Skinnarland estaria ali, mas foi cumprimentado por Olav Skindalen. Skindalen lhes ofereceu café e, após uma breve pausa, continuaram a avançar pela paisagem bravia.

Finalmente, chegaram no escuro à cabana de um velho caçador. Hamaren bateu com firmeza e uma luz bruxuleou do lado de dentro. Skinnarland apareceu na porta e recebeu Sørlie e Hamaren na Nilsbu. O chão estava forrado de peles de rena; havia uma fileira de rifles na parede e um aparelho de radiotelegrafia ocupava o centro da sala. Sørlie forneceu seu relatório sobre a Milorg e a água pesada.[4] Em breve Skinnarland enviava uma mensagem a Tronstad e Wilson. Com sorte, iriam responder em breve.

Hamaren os deixou e voltou descendo pela encosta, e Sørlie não demorou a pegar no sono, exausto da viagem. Quando acordou na manhã seguinte, Skinnarland estava barbeado e vestido com roupas limpas. "Você sempre mantém o lugar arrumado desse jeito?", perguntou o visitante, admirando a cabana organizada.[5]

"Sempre", respondeu Skinnarland. "Se isso virasse um chiqueiro, eu ficaria louco. Se você for negligente e desorganizado, perde a capacidade de ver as coisas com clareza." Skinnarland a seguir falou sobre os Hamaren e os Skindalen, como haviam sido essenciais para sua sobrevivência. "Por gerações", disse, "esses fazendeiros aprenderam como os homens são pequenos diante das forças da natureza. Ser prestativo, sem se preocupar com traições, é necessário quando você vive num lugar como esse. Está no sangue deles."

Finalmente, chegou uma resposta sobre a ordem de mobilização.[6] Ninguém em Londres sabia de ordem alguma para se refugiar nas montanhas que tivesse sido emitida pela liderança da Milorg em Oslo. Devia ter havido algum equívoco; ou os alemães estavam tentando atraí-los para fora dos esconderijos. Tronstad instruiu Skinnarland a revogar imediatamente a ordem. Uma segunda mensagem enfatizava como era importante descobrir tudo sobre o transporte da água pesada.

Sørlie voltou os trinta quilômetros para Rjukan o mais rápido que foi capaz.

Três dias mais tarde, no domingo, 6 de fevereiro, Knut Haukelid regressava à Nilsbu vindo das montanhas a oeste, furioso porque uma manada de renas escapara após seu rifle falhar. No caminho do lago Møs, viu uma série de rastros de esqui, muito mais do que deveria haver naquela época do ano. Cautelosamente, voltou pela encosta e seguiu por uma crista montanhosa até chegar perto da fazenda Hamaren. "Encontrou com eles?", foi logo dizendo Jon Hamaren ao abrir a porta.[7]

"Tivemos quinze homens aqui não faz muito tempo", explicou Hamaren. "Soldados alemães, dando uma busca nas colinas."

Haukelid esquiou rapidamente de volta à Nilsbu, atento contra possíveis alemães. Quando chegou à cabana, sua barba escura estava quase congelada. Lá dentro, Skinnarland estava com um estranho, um homem magro que apresentou como Rolf Sørlie, um engenheiro civil de Rjukan. Ele ajudara Helberg antes da Operação Gunnerside.

Skinnarland preparou uma refeição e um pouco de café enquanto os homens conversavam. Sørlie informou que a ordem da Milorg fora revogada, mas não antes que muitos na resistência tivessem partido para as montanhas.[8] O comunicado inicial fora válido, mas o mensageiro da Milorg deixara de informar que a evacuação deveria ser efetuada somente se a ordem de mobilização entrasse em vigor. A patrulha alemã que Haukelid evitara por um triz era provavelmente uma resposta a essa fuga. Até onde Sørlie sabia, porém, os alemães deviam estar pensando não que se tratasse de uma retirada organizada, mas antes de uma fuga precipitada para as montanhas efetuada por homens de Rjukan receando serem enviados para o Front Oriental.

Haukelid estava menos preocupado com patrulhas nazistas no Vidda do que com a inteligência fornecida por Sørlie sobre a atividade recente em Vemork. Os nazistas pretendiam levar todos os estoques de água pesada, em todos os níveis de concentração, dentro de uma semana. Os tambores seriam transportados de Vemork por trem, depois balsa. Haukelid e Skinnarland sabiam que tinham de fazer todo o possível para impedir. Com tempo limitado e sem equipe de comando de prontidão, uma operação não seria fácil. Skinnarland enviou uma mensagem para Tronstad: "Provavelmente vamos ser capazes de explodir o transporte, mas, como o tempo é curto, devem nos dizer quanto antes o que fazer".[9]

Sørlie voltou a Rjukan para obter mais informação sobre o transporte.[10] Nesse meio-tempo, Haukelid e Skinnarland começaram a juntar explosivos e a selecionar uma equipe de homens para ajudar. O que precisavam mais do que tudo era da ordem para ir em frente.

Após uma semana de longos dias na Kingston House, seguidos de longas noites em seu quarto escutando os bombardeiros alemães trovejar sobre Londres, Leif Tronstad só queria passar sua tarde de domingo descansando.[11] Quem sabe pusesse um pouco de leitura em dia, fizesse uma caminhada por Hampstead Heath ou escrevesse uma carta para a família. Então recebeu um telefonema de um membro de seu Estado-Maior. Sua presença no escritório era da maior urgência. Lá, recebeu a mensagem codificada de Skinnarland, pedindo sinal verde para sabotar a operação de transporte de Vemork.

Ao longo da semana anterior, ele enviara inúmeras perguntas para Skinnarland: qual equipamento seria desmontado? Quanta água pesada seria levada? De qual concentração? Seriam capazes de contaminá-la antes? Para quando o transporte estava planejado? Poderia ser detido? E nesse caso, como?[12]

Agora Tronstad tinha todas as suas respostas. O momento propício para a contaminação passara e quaisquer oportunidades de adulterar a água pesada já haviam sido perdidas. O transporte era iminente e incluía até as concentrações mais diluídas. O carregamento pesaria muitas toneladas e exigiria cerca de quarenta tambores. Na mesma hora, Tronstad alertou o coronel Wilson e Eric Welsh. Um ataque contra o transporte precisava ser aprovado pelo mais elevado escalão.

No fim, todo mundo, do general Hansteen, no alto-comando norueguês, ao Gabinete de Guerra britânico, concordou que um ataque devia ser realizado.[13] Quando Welsh trouxe a notícia para Michael Perrin e seu chefe, John Anderson, eles ficaram chocados com a quantidade de água pesada remanescente em Vemork e julgaram vital para o esforço de guerra impedir os alemães de obter tanto os estoques como o equipamento necessário para produzir mais. No final, o próprio Anderson deu a ordem para interceptar o carregamento, custasse o que custasse.

Em 8 de fevereiro, Tronstad escreveu um bilhete para ser enviado aos operadores da Home Station na transmissão seguinte programada para a Swallow. "Estamos interessados em destruir a maior quantidade de água pesada possível. A explosão ou perfuração dos tambores, sobretudo contendo altas concentrações, é da maior importância [...]. Deixem pertences britânicos onde a ação tiver lugar e se possível usem uniforme como antes [...]. Tentem realizar a operação com o mínimo dano para a população civil."[14]

Em seu diário, Tronstad se perguntava qual seria o desfecho daquilo: "Vamos fazer o melhor que pudermos, mas com um peso no coração para as consequências em nosso país. Receio que resulte em muito sofrimento, mas precisamos ter esperança de que isso irá nos salvar de coisas piores. Os rapazes são admiráveis. Estão felizes em dar tudo de si".[15]

"Einar, está acordado?", perguntou Haukelid tarde da noite, em 7 de fevereiro.[16] Continuavam à espera da ordem de Londres para realizar o ataque, e pensar nisso estava tirando seu sono.

"Não estava, até você abrir a boca", respondeu Skinnarland.

"Você é tão rápido quanto qualquer outro da Noruega no aparelho britânico agora."

Skinnarland grunhiu.

"Vai ter que ficar nas montanhas enquanto o rádio faz o contato com Londres."

"De jeito nenhum", disse Skinnarland. Era verdade que ele não tinha tanto treinamento de comando quanto Haukelid, mas ainda assim era bem mais do que qualquer um que fossem encontrar para ajudar com a missão.

"Se a gente *buy it*, como eles gostam de dizer na Inglaterra", disse Haukelid, "você vai ter que descer até lá e dar um jeito para que a água pesada nunca chegue à Alemanha."

"Vou pensar nisso", disse Skinnarland.

No dia seguinte, receberam a mensagem crítica de Tronstad para "realizar a ação" contra o carregamento.

Sørlie chegou à cabana outra vez pouco depois, com informação detalhada de Nielsen sobre a rota de transporte.[17] Além do mais, Syverstad recrutara seu superior, o engenheiro-chefe da fábrica, Alf Larsen, para o grupo. Pelo que Larsen dizia, a Gestapo já estava sabendo que o carregamento podia ser visado. A segurança do transporte seria alta. Syverstad e Larsen transfeririam a água pesada para os tambores o mais lentamente possível para proporcionar mais tempo aos preparativos de uma operação.

Sentados em torno da mesa na Nilsbu, Haukelid, Skinnarland e Sørlie começaram o que batizaram de "conselho de guerra". Da inteligência recebida, sabiam que um trem partiria de Vemork com cerca de quarenta tambores de ferro a bordo. Os tambores estariam rotulados como "potassa cáustica", mas conteriam água pesada com vários níveis de concentração (de 3,5 a 99,5%). Levando em conta os preparativos de segurança alemães e os esforços internos em retardar a operação de encher os tambores, esse trem dificilmente partiria antes de 16 de fevereiro. Quando partisse, desceria para Rjukan, depois seguiria para Mæl, no extremo noroeste do Tinnsjø. Então uma balsa transportaria os vagões pela superfície do lago comprido e estreito. Na margem oposta, a trinta quilômetros de distância, outro trem os carregaria por uma curta distância até Notodden, depois para o porto de Menstad, onde embarcariam em um navio para a Alemanha.

Os três conversaram sobre suas opções. Primeiro, podiam tentar explodir os tambores enquanto ainda estavam em Vemork.[18] Com todas as defesas extras acrescentadas após a Gunnerside — campos minados, portas de aço, janelas lacradas com tijolos e soldados em todas as entradas —, e mais guardas esperados para breve, era improvável que os comandos conseguissem entrar na fábrica. Também podiam atingir o trem conforme seguia em seu caminho sinuoso descendo o desfiladeiro até Rjukan. Havia um barracão ao longo da rota onde a Norsk Hydro guardava explosivos usados para construção. Quando o trem passasse, podiam usar sensores de pressão no trilho para realizar uma imensa detonação que faria os vagões despencarem pela garganta. Mas os tambores de água pesada eram grossos e alguns podiam sobreviver intactos à queda. Um ataque desses também mataria quaisquer alemães guardando o transporte — mortes que seriam vingadas contra o povo de Rjukan.

Uma outra possibilidade era esperar até os vagões serem carregados na balsa, depois afundá-la. Dada a profundidade do Tinnsjø, era improvável que algum tambor fosse recuperado. Mas a balsa também transportava passageiros civis e alguns sem dúvida se afogariam, junto com os alemães que guardavam os vagões. Eles podiam ainda atacar o trem na margem oposta, rumo a Notodden, mas isso apresentava os mesmos riscos do trajeto entre Vemork e Rjukan. Ou uma operação podia ser realizada perto de Menstad, ou no mar, a caminho de Hamburgo, na Alemanha. Essas duas últimas opções, porém, eram longe de sua base e envolviam muitas incógnitas.

No fim de seu conselho de guerra, chegaram à decisão de que afundar a balsa era a melhor forma de impedir o transporte, a despeito da potencial perda de vidas. Também concordaram que Skinnarland ficasse na Nilsbu para manter contato com Londres caso a operação não tivesse êxito. Haukelid e Sørlie ficariam em uma cabana perto de Rjukan para organizar e levar a cabo a operação.

Na manhã seguinte, Sørlie partiu para a cidade, encarregado de descobrir o máximo que conseguisse sobre o transporte: horários, logística e quaisquer medidas de segurança. Na Nilsbu, Skinnarland enviou uma mensagem pedindo aprovação para uma operação contra a balsa.[19] Ele se sentia culpado pelo pensamento de que a decisão deles significaria a perda de vidas para noruegueses inocentes. Enquanto esperavam a resposta, Haukelid saiu para buscar os explosivos guardados na Bamsebu, e Skinnarland foi recrutar alguns moradores locais para ajudar no transporte de suprimentos e quem sabe participar da operação.

Quando os três se reuniram outra vez, na noite seguinte, a autorização de Tronstad já chegara. "De acordo sobre afundar balsa [...]. Se as válvulas do casco forem abertas, isso deve ser combinado com uma explosão para insinuar um ataque com mina do lado de fora [...]. O motor deve ser inutilizado, de modo que a balsa não possa ser impulsionada para águas rasas [...]. A sabotagem não pode falhar [...]. Boa sorte."[20]

Graças aos esforços de Syverstad e Larsen em retardar a transferência de água pesada das células para o transporte, a balsa definitivamente não partiria antes do dia 16, provavelmente depois disso. Agora que dispunham de algum tempo, Haukelid decidiu dar para Sørlie um curso intensivo em treinamento de comando. Durante dois dias límpidos e ensolarados, ele o ensinou a disparar com a pistola e a metralhadora. Sørlie praticava até escurecer, usando bonecos de neve como alvo. Haukelid também lhe mostrou como lançar granadas e os princípios básicos do combate corpo a corpo. "Você precisa conhecer de tudo", afirmava sempre que o pupilo hesitava.[21] "Precisa ser duro." Para frisar isso, jogou Sørlie sobre um monte de neve.

O treinamento ajudou Haukelid a manter a cabeça longe da esposa, Bodil, que estava na Suécia. Sørlie trouxera consigo uma carta dela. Aparentemente, fazia meses que ela tentava entrar em contato, mas ninguém no governo norueguês ou na embaixada britânica quisera ajudar. Acreditando que ele fosse tomar parte na operação em Rjukan, ela mandou a carta pela Milorg. Haviam passado tempo demais sem contato, dizia. A ausência era demais, e o casamento deles fora um negócio apressado, além disso. Estava envolvida com outro homem em Estocolmo — e queria o divórcio.

A carta foi um golpe para Haukelid.[22] Em nenhum momento lamentara sua decisão de combater os alemães, mas sua vida de soldado cobrara um preço. Havia enfrentado muitos perigos. Passara fome, quase morrera congelado, por pouco não dera um tiro no próprio pé. Muitos de seus amigos — alguns próximos — estavam mortos. Sua própria mãe fora levada pela Gestapo para interrogatório; seu pai estava nas mãos deles e, até onde Haukelid sabia, continuava sob tortura. E agora isso.

Quando recebeu a carta, pediu a Skinnarland para enviar uma mensagem a Londres, requisitando três semanas de licença após a missão da balsa para que pudesse viajar para Estocolmo e tentar uma reconciliação com Bodil. Mesmo que concordassem, ainda teria de sobreviver à operação, uma aposta difícil, na melhor das hipóteses.

Durante a missão Gunnerside, agora quase um ano antes, Haukelid ficara numa equipe com nove outros calejados comandos. Haviam treinado por meses e conheciam cada detalhe de seu alvo, bem como suas defesas. Nessa nova operação, contra a balsa, teria de se virar com o corajoso mas inexperiente Sørlie e fosse lá o punhado de homens que conseguisse juntar. Os alemães estavam em alerta máximo e ele teria provavelmente de improvisar um plano à medida que os eventos se desenrolassem. Haveria apenas uma curta janela de tempo para destruir o alvo e também restringir as baixas, e se pessoas inocentes fossem mortas, ele carregaria esse fardo pelo resto da vida — isto é, se ele próprio sobrevivesse.

Em 13 de fevereiro, Haukelid e Sørlie deixaram a Nilsbu em seus esquis sob um cortante vento sudoeste.[23] Skinnarland acenou da porta. Queria ter ido com eles, mas todos sabiam que era mais valioso como linha vital de contato com Londres durante a operação — e depois dela, se as coisas dessem errado.

Olav Skindalen encontrou-os em sua fazenda com dois moradores locais: Karl Fehn, que ajudara Poulsson e sua equipe Swallow a transportar as baterias e o equipamento durante o longo inverno de 1943, e Aslak Neset, um fazendeiro solteiro, forte como um touro.[24] Temendo as patrulhas alemãs, os quatro esperaram até depois da meia-noite para atravessar o lago Møs e escalar o Vidda. Sua pesada carga de suprimentos incluía explosivos, detonadores e víveres suficientes para dez dias.

Sørlie os conduziu pela escuridão negra como breu. Olhava alternadamente para a bússola e o relógio, de modo a calcular em que ponto da rota estavam. Quatro horas mais tarde, topou com uma parede e soube que haviam chegado ao destino: a cabana de Ditlev Diseth à beira do lago Langesjå. A porta estava trancada e Haukelid usou uma serra de arco para arrombá-la. Um granizo gelado começava a cair. Acordaram ao meio-dia no dia seguinte e viram o sol brilhando com força na neve recente, lá fora.

Haukelid acreditava que a operação demandava três homens: um como vigia e dois para colocar as bombas-relógio na balsa. Fehn se ofereceu para ser o terceiro e Neset voltou para sua fazenda. Ao anoitecer, com Sørlie mais uma vez encontrando o caminho, mudaram-se para uma cabana próxima à estação superior do Krossobanen, aninhada na ravina estreita e densamente arborizada. Era um esconderijo ideal para ir e vir de Rjukan.

No dia seguinte, 15 de fevereiro, Haukelid e Sørlie desceram o paredão norte do vale do Vestfjord e foram à cidade, onde se encontraram com Diseth.[25] O aposentado participara da resistência desde o início e passara algum tempo numa prisão da Gestapo após o fracassado ataque de paraquedas em novembro de 1942. Ele se ofereceu para ajudar da melhor forma que pudesse.

No início da noite, Haukelid e Sørlie seguiram para um apartamento onde se reuniram com Gunnar Syverstad e Kjell Nielsen. Os quatro decidiram que o melhor dia para atacar a balsa seria no domingo, 20 de fevereiro. Havia uma única travessia nessa data, o que significava que saberiam exatamente onde estava a água pesada, e quando. Além disso, haveria menos passageiros a bordo. Nielsen e Syverstad não podiam garantir que seriam capazes de atrasar o transporte até lá, mas prometeram tentar.

Também advertiram Haukelid e Sørlie de que vários agentes da Gestapo haviam chegado à cidade e que um batalhão de tropas de assalto de elite era aguardado. Um bando de outros soldados acabara de chegar a Rjukan, teoricamente para treinamento em montanhismo, e dois aviões alemães varreriam a área todos os dias antes do transporte.

Nielsen e Syverstad insistiram que a operação fosse cancelada. Era provável que noruegueses perecessem e a população local sofreria represálias. A despeito dos milhares de litros de água pesada sendo transportados, nenhum dos dois acreditava que os alemães fariam qualquer avanço em purificá-la sem eletrólise. Haukelid escutou os homens e concordou em comunicar suas reservas aos chefes em Londres. A eles caberia a palavra final.

Quando a reunião terminou, Haukelid e Sørlie enviaram uma carta codificada para Skinnarland por intermédio de um mensageiro. Ela continha um breve relato da reunião e mais uma vez pedia a Tronstad para confirmar que as "consequências da operação" valiam os muitos riscos.[26] Voltaram a seu esconderijo na ravina e descobriram que Fehn sumira.[27] Sørlie saiu para procurá-lo mas logo concluiu que seu terceiro homem os abandonara, fosse por medo, fosse por contrariedade em participar da missão. Ele e Haukelid sabiam que não seria nada fácil encontrar algum outro apto para a tarefa.

Após o jantar nessa noite, Sørlie apareceu com uma garrafa de *aquavit*.[28] Diseth o presenteara com a aguardente um pouco antes e ele sabia que Haukelid estava precisando de uma bebida. Sentaram junto ao fogo e viraram um copo atrás do outro. Haukelid contou a Sørlie a história de seu namoro com Bodil, a longa ausência e sua convicção de que, se conseguisse vê-la, seria capaz de salvar seu casamento. Perto do fim da noite, a garrafa estava vazia. O sofrimento de Haukelid foi um pouco aliviado; e ele e Sørlie passaram cada vez mais a entender um ao outro, bem como a determinação que cada um tinha de ver a missão concretizada.

Uma pesada neve caía em torno da Nilsbu em 16 de fevereiro quando Skinnarland fez contato com a Home Station e enviou a mensagem de Haukelid.[29] A resposta veio a seguir: "A questão foi considerada e ficou decidido que é muito importante destruir o suco. Torcemos para que possa ser feito sem grande infortúnio. Nossos melhores votos de sucesso na empreitada".[30] Skinnarland não gostou da ordem: significava que noruegueses morreriam.[31] Com a consciência pesando, passou uma mensagem em código para Hamaren, que a levou para Jon Hovden, que a transmitiu para o refúgio de Haukelid acima de Rjukan. A frase "Dez quilos de peixe" significava que não haveria operação. "Cinco quilos" era o sinal verde.

Não tendo outra escolha, Skinnarland enviou: cinco quilos de peixe.

27. O homem do violino

No dia seguinte, depois que escureceu, Haukelid e Sørlie desceram de seu esconderijo na montanha.[1] Ficaram atentos para os soldados alemães que praticavam suas manobras de inverno no planalto, a menos de meio quilômetro de sua cabana. Ambos conheciam a floresta íngreme como a palma da mão, tantas vezes tendo feito o trajeto até Rjukan.

Foram para a majestosa casa de hóspedes da Norsk Hydro. Sørlie apertou a campainha e uma empregada atendeu. Ela os levou para o quarto de Alf Larsen, no andar de cima — ele passara a morar ali desde que o bombardeio o expulsara de sua própria casa, perto de Vemork. Larsen, acamado com uma gripe, permaneceu deitado, mas assegurou aos dois homens que estava comprometido em ajudar na sabotagem, a saber, tomando as providências para que os alemães não pudessem transportar nada até domingo.

Pouco depois, Syverstad e Nielsen se juntaram a eles no quarto e Haukelid informou ao grupo reunido que Londres enviara a ordem para dar prosseguimento ao ataque da balsa. "Sei que é duro", disse.[2] "Sem dúvida é — mas Londres diz que não tem outro jeito."

Uma coisa era mandar um grupo de soldados para uma posição inimiga, sabendo que alguns deles morreriam.[3] Mas essa missão, por mais bem executada que fosse, deixava seus compatriotas em perigo. Eles deviam aceitar esse risco em nome da esperança de que suas ações fossem salvar muitas outras vidas. Com ar sombrio, todos assumiram a responsabilidade.

Haukelid continuou.[4] Havia três opções: uma era persuadir a tripulação na casa das máquinas a abrir as válvulas e desligar o motor. Com a balsa inutilizada e incapaz de chegar à margem, uma pequena explosão faria com que afundasse vagarosamente na água, dando tempo para que mais passageiros escapassem em segurança. Uma segunda opção era que ele próprio subisse a bordo, para inutilizar o motor quando estivessem no meio do lago e depois usar uma carga limitada para afundar o navio. A terceira opção era "pôr uma bomba-relógio a bordo e afundar a embarcação rapidamente antes que pudesse chegar à margem".[5]

A primeira opção não era viável. Os demais, todos naturais de Rjukan, admitiam não conhecer ninguém da tripulação bem o bastante para confiar neles. A segunda opção não era factível. Considerando que o navio estaria tão bem vigiado, era improvável que escapassem de ser notados pelas sentinelas alemãs quando desligassem o motor e pusessem a carga explosiva. A terceira opção era de longe a melhor, contanto que Haukelid conseguisse subir escondido a bordo para instalar os explosivos, e contanto que a balsa seguisse o programado.

A operação ainda precisava de outro homem. Além de Sørlie, cujo treinamento era limitado, para dizer o mínimo, nenhum deles tinha qualquer experiência com o trabalho de comando. Coisas davam errado. Talvez tivessem de passar por um confronto para sair. Além do mais, levantaria muitas suspeitas se Larsen, Syverstad ou Nielsen fossem vistos espreitando perto da balsa na noite anterior à partida. Sørlie prometeu recrutar alguém de confiança em breve.

Em seguida precisavam fazer planos para o que fosse acontecer após a operação.[6] Haukelid disse a Larsen para fugir com eles para a Suécia. De outro modo, os alemães continuariam a tirar proveito de seu know-how em água pesada. Larsen concordou. Sørlie se mudaria para a Nilsbu e ficaria ao lado de Skinnarland, dando prosseguimento ao trabalho da resistência. Syverstad queria permanecer em Rjukan. Tinha esposa e filhos que não queria deixar para trás, e achava pouco provável que alguma suspeita recaísse sobre ele. Nielsen também preferia ficar, mas, como era o gerente de transporte, era óbvio para todos que precisava arranjar um álibi a toda prova para o dia da ação. Prometeu que pensaria em alguma coisa.

Após a reunião, Haukelid e Sørlie foram visitar Diseth. O aposentado tinha uma pequena oficina recheada de ferramentas, rádios desmontados e caixas de fios, dobradiças, molas, parafusos.[7] Haukelid precisava de algum tipo de detonador precisamente cronometrado, já que não tinha um jeito fácil de preparar uma explosão com um longo retardamento. Diseth propôs que usassem um relógio-despertador. Em vez de acionar a campainha no alto do relógio, o martelinho fecharia um circuito elétrico ligado a um detonador e dispararia o explosivo. Diseth se ofereceu para aprontar o dispositivo em 24 horas.

No dia seguinte, Haukelid caminhava por Rjukan vestindo terno azul e sapatos de couro emprestados e carregando um estojo de violino.[8] Podia ser um membro qualquer da orquestra que iria se apresentar na cidade nessa noite. O maestro era um famoso compositor e violinista, Arvid Fladmoe. Parecia haver alemães por toda parte: parados nas esquinas, sentados em restaurantes, andando de carro. Em diversas ocasiões, Haukelid presenciara moradores sendo abordados para mostrar documentos de identidade. A submetralhadora Sten em seu estojo ou as granadas de mão e a pistola em sua mochila não seriam de grande ajuda se fosse parado. Na estação ferroviária, comprou uma passagem para Mæl e aguardou o trem.

Agora que o plano estava em execução, Haukelid queria verificar tudo pessoalmente. Ele sabia do horário para a balsa no domingo e Nielsen lhe fornecera um diagrama da embarcação, mas queria determinar exatamente quando a balsa atingiria o ponto mais fundo do lago e o melhor lugar para fixar a carga explosiva.[9] Se alguém perguntasse sobre sua presença na balsa de volta, diria simplesmente que estava fazendo um pouco de turismo antes do concerto da noite.

O trem chegou e Haukelid viajou os treze quilômetros pelo vale do Vestfjord até o terminal da balsa, em Mæl. Apenas com uma cerca em volta e um único atendente no guichê de passagem, o terminal estava longe de ser uma fortaleza, como Vemork. Em dois dias, porém, quando o carregamento chegasse, Haukelid sabia que haveria uma forte guarda no local.

A balsa, a D/F *Hydro*, estava no porto, preparando-se para partir. Uma das três que realizavam a travessia, também era a embarcação programada para o transporte no domingo. No passado, anos antes da invasão alemã, Haukelid tomara a balsa para Rjukan a fim de comprar filhotes de truta e levar para a fazenda de sua família na montanha. Ele lembrava agora que a *Hydro* não tinha nada de particularmente bonito. Lançada em 1914, a balsa de cerca de cinquenta metros tinha uma proa ampla em ângulo capaz de quebrar o gelo. Um par de trilhos corria de ambos os lados do convés principal. Juntos, acomodavam uma dúzia de vagões com fosse lá o que estivesse sendo transportado através do lago — em geral, fertilizante e nitrato de potássio. Sob esse convés havia espaço para 120 passageiros. A ponte de comando, flanqueada por duas altas chaminés pretas, se projetava acima do convés.

Quando Haukelid subiu a bordo, essas chaminés cuspiam fumaça para o céu triste e nublado.[10] Ele observou alguns vagões sendo manobrados por um ramal e entrarem numa rampa que ia do cais ao convés. Elos de corrente os seguravam na posição. Olhando o relógio e tomando notas de cabeça, Haukelid cronometrava tudo, dos passageiros subindo a bordo ao momento exato da partida em que deixavam o terminal. De seu estudo de mapas do Tinnsjø, e usando os marcos em ambas as margens, sabia que atingiam o local mais fundo no lago trinta minutos após o início da travessia de duas horas. O lago tinha quatrocentos quilômetros de profundidade nesse ponto. Recuperar qualquer coisa submersa nesse abismo era praticamente impossível.

Pelo restante da viagem de bate e volta, Haukelid se manteve ocupado. Subiu na ponte e papeou com o piloto sobre a navegação no lago. Percorreu a balsa de proa a popa e de uma amurada à outra, procurando quaisquer compartimentos que conseguisse acessar. Deixou seu cachimbo cair por uma grade de metal na casa das máquinas, arrumando um pretexto para descer e dar uma olhada nos dois motores de 250 HP que impulsionavam o barco. Depois de recuperar seu cachimbo, ofereceu ao engenheiro-chefe um pouco de tabaco. Falaram sobre a construção da *Hydro* e o engenheiro até lhe mostrou parte do barco. O tempo todo Haukelid permaneceu à procura do melhor local para instalar seus explosivos. E tentou manter fora da mente o pensamento de que esse mesmo engenheiro pudesse morrer no naufrágio.

No momento em que se aproximavam de Mæl outra vez, tinha razoável segurança quanto a seu plano. Podia explodir um rombo na balsa com duas cargas presas à proa. A água invadiria os porões de vante e o peso faria com que a proa da embarcação afundasse no lago primeiro. Isso talvez fizesse os vagões rolarem para a frente, acelerando o naufrágio. Mesmo que os vagões não saíssem do lugar, os lemes e as hélices na popa se ergueriam para fora d'água, paralisando a balsa.

A pergunta crucial era qual o tamanho do buraco necessário. O Tinnsjø era tão estreito que levava apenas cinco minutos para ir do centro a qualquer uma das grandes margens. Haukelid precisava pesar o risco de o capitão conseguir levar a balsa incapacitada para o atracadouro contra o desejo de proporcionar tempo suficiente para o máximo de passageiros possível escapar.

Ainda com isso em mente, Haukelid voltou de trem para Rjukan. Por acaso, cruzou com Nielsen na rua. Os dois fingiram que não se conheciam. De todo modo, Haukelid estava com pressa de conhecer o novo recruta de Sørlie.

Como viria a descobrir, Knut Lier-Hansen, um ex-sargento do Exército norueguês de 27 anos de idade, com queixo de ferro e expressão impassível, era um espírito independente como o próprio Haukelid.[11] Natural de Rjukan, seu pai trabalhava como eletricista na Norsk Hydro. Lier-Hansen se formara na escola de infantaria e cursava uma escola técnica em Oslo quando ocorreu a invasão alemã. Após travar alguns combates, foi capturado, mas quando o caminhão que o levava para o campo de prisioneiros quebrou, ele pulou da traseira e fugiu para a floresta. Depois, livrou-se do uniforme e se juntou à luta contra o avanço alemão.

Quando a Noruega se rendeu, Lier-Hansen pegou carona em um caminhão de leite para a fronteira sueca. Uma vez ali, ficara indo e vindo entre Estocolmo, Oslo e Rjukan, trabalhando para a Milorg como instrutor de armas, operador de rádio e espião. Nas últimas semanas voltara a sua cidade natal para trabalhar na manutenção da Norsk Hydro. A maioria das pessoas em Rjukan sabia que era da resistência, o que fazia dele um alvo da Gestapo, embora continuasse a se evadir à prisão.

Haukelid gostou de Lier-Hansen na mesma hora.[12] O homem estava ansioso pelo trabalho. Sabia usar uma arma. Estivera no meio da ação. E podia indicar seus próprios contatos, se fossem necessários. Menos de 48 horas antes da realização da missão, Haukelid estava com a equipe pronta.

De tantas em tantas semanas, Fehlis e seu Estado-Maior enviavam um "Relatório de disposição na Noruega" para os líderes militares e de segurança em Berlim, relatando seu sucesso em "destruir" e "esmagar" uma célula clandestina da Milorg ou comunista após outra.[13] Do fim de 1943 a fevereiro de 1944, seus homens desmontaram uma imensa organização liderada por bombeiros de Bergen. Em Trondheim, descobriram um grande esconderijo de armas e explosivos. Em Oslo, bandos de "socialistas radicais", na maior parte estudantes, foram detidos. Em Kongsberg e Notodden, prenderam inúmeros líderes importantes da clandestinidade, incluindo o irmão de Knut Haugland. Por toda parte, prisões aconteciam. E execuções, também.

Nesses relatórios, Fehlis também mencionava sem meias palavras os contínuos atos de sabotagem e resistência, tanto ativos como passivos. Os norugueses, que Fehlis e seus superiores esperavam que viessem a apreciar seu lugar no Reich nazista, estavam mais recalcitrantes do que nunca. Fehlis reproduzia um trecho de um jornal ilegal que sintetizava a atitude de muitos noruegueses: "Qualquer coisa que possa contribuir para a resistência contra os alemães deve necessariamente ser feita. Ninguém pode fornecer voluntariamente mão de obra, perícia ou atividade comercial para os alemães. O fazendeiro norueguês, por exemplo: cada litro de leite, cada pedaço de manteiga ou bacon que deixe de cair em mãos alemãs é uma derrota para eles e uma vitória para nós [...]. Nem a mais leve tentativa de nazificação, nem um único pensamento ou som deve penetrar na alma de nosso povo. Estamos combatendo não só pela destruição do nazismo, mas também pela reconstrução de nosso país democrático. Essa ideia deve estar a serviço de todas as nossas ações".[14]

Os esforços para destruir Vemork foram mais um exemplo da intransigência norueguesa. O bombardeio americano forçara Berlim a desmontar a fábrica e enviar seus estoques para a Alemanha. Entretanto, nas últimas semanas, transmissões radiotelegráficas sugerindo uma sabotagem haviam sido interceptadas, e Muggenthaler, o homem de Fehlis em Rjukan, fazia mudanças de última hora no plano de transporte. Fehlis enviara seu SS Polizei-Regiment-7 de elite a Rjukan para proteger a água pesada em sua rota a Menstad, e o próprio Himmler enviara um par de aviões Fieseler Storch para guardar o trem e identificar qualquer tentativa de atacá-lo.[15]

Em 18 de fevereiro, Tronstad caminhava pelas Highlands escocesas nos arredores do vilarejo de Spean Bridge.[16] Ele olhava para Ben Nevis e Aonach Mòr se projetando ao longe, a água pesada e o ataque iminente contra a *Hydro* em nenhum momento longe de seus pensamentos. Segundo um relatório recente da Swallow, os alemães estavam extraindo quase 15 mil quilos de água pesada de concentração variada e 100 quilos de água pesada com 97% a 99,5% de pureza em Vemork.[17] Ele calculava que se os cientistas alemães conseguissem concentrar todo esse suprimento, teriam 633 quilos de moderador puro. Somado ao que já haviam recebido da fábrica, e fosse lá que produção própria tivessem em mãos, podiam dispor do suficiente para iniciar um reator operante.

Quando Einar Skinnarland comunicara que o plano era explodir a balsa, Tronstad percebeu que era uma solução drástica mas inevitável para o problema.[18] Ele se consolou com o pensamento de que não havia maneira de destruir o suprimento de água pesada sem perda de vidas. Brun suplicou que impedisse isso, mas Tronstad sabia que se se recusasse a mandar Haukelid cuidar da balsa, os Aliados bombardeariam Vemork outra vez antes que o carregamento deixasse a fábrica ou enquanto o trem ou a balsa estivessem em movimento.[19] Muito mais civis inocentes pereceriam nesses cenários.

Não obstante, Tronstad e os britânicos prepararam planos B caso o carregamento conseguisse ser desembarcado da balsa. Wilson enviou instruções para uma equipe de dois homens da Kompani Linge que operava na região de Oslo.[20] Eles preparariam um ataque de minas magnéticas contra o cargueiro em Menstad. Afundariam o navio antes que a água pesada deixasse o porto. Caso isso falhasse, os bombardeiros da RAF lançariam um ataque aéreo contra o navio enquanto ele estivesse no mar. Muita coisa podia dar errado nessas operações. Atacar a *Hydro* continuava sendo a melhor opção.

Após sua caminhada, Tronstad regressou a Spean Bridge para supervisionar um exercício de treinamento para uma nova leva de comandos da Linge.[21] Eles entraram em formação para atacar um prédio equipado como quartel-general da Gestapo cheio de armadilhas. Tronstad só esperava que Haukelid e sua equipe reunida às pressas estivessem igualmente preparados para surpresas.

Dois estalos tiraram Haukelid de seus sonhos.[22] Ele tinha certeza de que eram tiros de rifle. De pé num instante, arma na mão, aproximou-se da porta da cabana acima de Rjukan. Sørlie já estava na janela, sua Sten apontando para qualquer ameaça que pudesse estar se aproximando. Levou um momento para a bruma do sono passar antes que ambos se dessem conta da origem dos sons. "Pelo menos funcionam", disse Sørlie, referindo-se aos dois relógios despertadores no chão.[23]

Os dispositivos temporizadores de explosão feitos por Diseth eram engenhosos.[24] Ele removera as campainhas de alarme dos dois relógios, depois aparafusara pedaços de baquelita no lugar, tirados de um telefone quebrado que tinha em sua oficina. Sobre esses pedaços prendeu placas de cobre, que foram então conectadas por fios a cápsulas de detonação furtadas da Norsk Hydro. As cápsulas eram acionadas por corrente elétrica, suprida por quatro baterias de lanterna de 9 volts. Diseth soldou os terminais para maior segurança.

Haukelid e Sørlie haviam ajustado os relógios para "tocar" ao meio-dia e acordá-los após a visita no sábado de manhã cedo à oficina de Diseth. No preciso minuto, os martelos dos despertadores fechavam o circuito elétrico e as cápsulas eram acionadas. Cápsulas desse mesmo tipo dispariam os estopins detonadores conectados à comprida linguiça cor de ferrugem do explosivo plástico Nobel 808 que haviam preparado — quase nove quilos. Assim que o dispositivo fosse instalado na proa da *Hydro*, no porão, Haukelid calculou que abriria um buraco de mais de três metros quadrados, capaz de afundar a balsa em quatro minutos. Ele baseou seus cálculos em sua própria experiência como engenheiro e no que aprendera na STS 17. Quatro minutos dariam aos passageiros tempo suficiente para escapar, fosse nos botes salva-vidas, fosse pulando na água com os coletes salva-vidas, mas não permitiria à embarcação chegar à margem.

Voltando para a cama, Haukelid e Sørlie repassaram o que os aguardava. Em poucas horas, quando caísse a escuridão, desceriam a Rjukan para se encontrar com os outros. Então, após a meia-noite, viajariam a Mæl para plantar os explosivos.

Enquanto isso, em Vemork, Larsen e Syverstad supervisionavam o engate de uma locomotiva a dois vagões carregados com 43 tambores de quatrocentos litros e cinco recipientes de cinquenta litros rotulados "POTASSA CÁUSTICA" (cerca de 4 mil galões no total).[25] Dezenas de soldados com metralhadoras rodeavam o trem, esquadrinhando as colinas próximas e o vale, atentos a uma eventual ameaça. Haviam vigiado os vagões durante a noite sob o clarão dos holofotes. Em algumas horas, o trem desceria para Rjukan, onde passaria a noite na estação, igualmente vigiado, até a viagem de domingo para Mæl.

Antes que o trem partisse de Vemork, o diretor local da Norsk Hydro, Bjarne Nilssen, veio de Rjukan para se certificar de que tudo estava em ordem. Depois de inspecionar o carregamento, Larsen lhe pediu para voltar a sua sala e preencher a papelada necessária para o despacho. Tinha de ser feito nesse dia, explicou Larsen, porque ele precisava tirar o dia seguinte de folga.

Quando estava na sala de Larsen, Nilssen deu um telefonema para a fábrica da Norsk Hydro em Notodden, solicitando que um caminhão estivesse à espera na estação ferroviária local quando o trem chegasse no dia seguinte. O homem na outra ponta da linha perguntou para onde o caminhão seguiria e Nilssen respondeu que era um "destino anônimo".[26] Quando desligou, Larsen perguntou a seu chefe por que ele pedira o caminhão. Nilssen lhe disse que os alemães queriam enviar as concentrações mais elevadas de água pesada, que estavam nos cinco recipientes de cinquenta litros, num transporte separado.

Os nazistas estavam claramente esperando um ataque. Se a balsa chegasse a seu destino no extremo sul do Tinnsjø e os vagões cobrissem os trinta e poucos quilômetros até a estação ferroviária de Notodden, a parte mais valiosa de seu carregamento desapareceria de vista.

28. Despertador para as 10h45

Pouco antes da meia-noite, Haukelid e Sørlie estavam em Rjukan, sob uma ponte do rio Måna, olhando na direção da estação de trem.[1] Eles podiam ver dois vagões--plataformas carregados com tambores e recipientes e banhados por holofotes. Soldados com metralhadoras aboletavam-se sobre a carga, seu hálito condensando no ar gelado, claramente seguindo, ao pé da letra, o conselho de Falkenhorst após a primeira sabotagem de Vemork: "Quando você tem um baú de joias, não fica passeando em volta. Senta em cima da tampa com uma arma na mão!".

Os dois sabotadores deixaram seu local de observação na ponte e caminharam cautelosamente pelas vielas de Rjukan até a garagem atrás de uma casa.[2] A porta da garagem estava trancada. Um ladrão tarimbado a essa altura, Haukelid abriu a fechadura com facilidade. Dentro da garagem havia um carro antigo. O dono o oferecera a Lier-Hansen para usar nessa noite e fora aconselhado de que seria melhor que parecesse um roubo.

Lier-Hansen e um sujeito chamado Olav, que ele recrutara para ser o motorista, encontraram-no na garagem pouco depois. Então Larsen chegou, trazendo uma mochila e esquis para a viagem até a Suécia e parecendo muito nervoso. Syverstad estava em Vemork e Nielsen em um hospital de Oslo, aguardando uma apendicectomia que sua irmã, uma enfermeira ali, arranjara para ele fazer no domingo — o álibi perfeito. Olav abriu o afogador do carro e então girou a manivela para dar partida. O carro engasgou e morreu. Ele tentou novamente. Dessa vez, o motor nem sequer deu sinal de vida. "Seu traste inútil!" Haukelid chutou a lateral do carro.[3]

Seria uma árdua caminhada de treze quilômetros até Mæl no frio e no escuro se não conseguissem fazer o carro pegar. E não podiam se atrasar: quanto mais perto ficavam da chegada do trem, maior era a segurança que esperavam na estação de Mæl. Abriram o capô e inspecionaram o motor. A bateria tinha carga. Havia gasolina no tanque. As bombas de combustível não estavam congeladas. Tudo parecia em ordem. Tentaram pela terceira vez. Nada. "Lamento", disse Olav, "mas não pega."[4]

Já haviam tentado obter carros com os dois médicos na cidade, que eram os únicos autorizados a usar veículos em tempos de guerra.[5] Nenhum estava funcionando. Os alemães haviam tomado a maior parte dos restantes.

Mais uma vez, Haukelid e Olav verificaram o motor. Agora, abriram o carburador e descobriram que estava entupido de fuligem. Após uma cuidadosa limpeza, que enegreceu mãos e rostos, tentaram novamente. Olav puxou o afogador, girou a manivela e finalmente o motor pegou. Era quase uma da manhã, uma hora mais tarde do que haviam planejado para a partida.

O carro solitário deixou Rjukan no rumo sul ao longo da estrada coberta de neve, as correntes em seus pneus revolvendo o chão e criando um rastro branco-sujo por onde passavam.[6] Se topassem com algum bloqueio, passariam por maus bocados para conseguir se livrar só na base da conversa. Cinco homens num carro roubado sem passes de viagem no meio da noite já era bastante ruim; suas armas e um fardo com explosivos seria fuzilamento na certa, mas não sem antes passarem por tortura. O curto trajeto até Mæl pareceu longo, pelo temor que todos sentiam. Haukelid sabia que a responsabilidade pela instalação das cargas recaía sobre ele, como líder da operação. Pelo que Larsen lhe contara, não teriam nova chance de atacar o carregamento completo uma vez que chegasse ao outro lado do Tinnsjø.

A cerca de um quilômetro do terminal da balsa, Haukelid disse ao motorista para encostar na beira da estrada e desligar os faróis. Quando o carro parou junto a umas árvores, Haukelid deu uma pistola para Larsen. O engenheiro não se sentiu à vontade com aquilo na mão. "Espera pela gente", disse Haukelid. Se não estivessem de volta em duas horas, ele e Olav deveriam ir embora, e ele teria de achar um jeito de ir para a Suécia. Então Haukelid virou para o motorista. Se escutassem tiros, era para "cair fora dali o mais rápido possível". Todos ficaram de acordo. Haukelid, Sørlie e Lier-Hansen desceram do carro.

"Boa sorte para vocês", disse Larsen antes que as portas fossem fechadas. Iam precisar, e muito. Acima, a meia-lua pairando no céu limpo mal fornecia luz suficiente para enxergarem o caminho até a estação. O frio de inverno queimava a pele e o gelo sob seus pés rachava e estalava a cada passo. Se houvesse algum guarda de ouvidos afiados adiante, ele os escutaria chegando muito antes que o avistassem. Na verdade, o gelo pipocava de tal forma que podia achar que um exército estava a caminho.

Andando um pouco à frente dos demais, Haukelid mantinha os olhos cravados na estação, atento a qualquer movimento. Uma única lâmpada iluminava a prancha de embarque levando ao vulto escuro da *Hydro*. De resto, não havia luzes. Pelo que ele podia ver, não havia soldados patrulhando a área em torno da balsa. Algumas noites antes, no reconhecimento, ele vira entre quinze e vinte homens na sede da estação. Eles raramente tinham se aventurado a sair no frio, mas ele imaginou que seriam significativamente mais cuidadosos nessa noite, antes da chegada do carregamento. Se de fato estavam vigiando atentamente, faziam isso de forma discreta.

A cem metros da estação, Haukelid fez um sinal para que os outros parassem e lhe dessem cobertura conforme se arriscava a chegar mais perto. Os bolsos estufados com granadas e os relógios-despertadores, uma Sten escondida sob a parca e um maço de explosivos de quase nove quilos enrolado em torno de seu pescoço e sua cintura, ele se sentia como um gigante desajeitado. Avistou um punhado de soldados dentro da sede, mas, outra vez, ninguém do lado de fora. A despeito de todas as suas medidas defensivas, os alemães aparentemente não haviam pensado em proteger a balsa na noite anterior ao transporte.

Gesticulando para Sørlie e Lier-Hansen o seguirem, Haukelid rastejou pela doca em direção à balsa. Novamente, nada de guardas ou sentinelas. O medo percorria sua espinha. Não podia acreditar que os alemães fossem tão tolos.

Sem problemas, os três chegaram enfim à balsa. Haukelid ouviu vozes fracas sob o convés principal. Vagarosamente, começou a descer a escada para o convés inferior. Próximo à porta que levava aos alojamentos da tripulação, escutou atentamente. Parecia que a tripulação estava no meio de um disputado jogo de baralho. Continuou em frente, captando brevemente os noruegueses sentados em torno de uma mesa comprida, jogando pôquer.

Ele então chegou ao compartimento de passageiros da terceira classe. Agora precisava encontrar uma escotilha sob os conveses onde colocariam os explosivos. Enquanto ele e Sørlie procuravam a escotilha, Lier-Hansen dava cobertura. Nesse exato instante, escutaram o som de passos no corredor. Antes que pudessem se esconder, o vigia entrou no compartimento. Se desse o alarme, estariam perdidos. "Knut, é você?", perguntou o homem.[7]

"É", disse Lier-Hansen, com frieza, reconhecendo o outro, John Berg, um colega do Clube Atlético de Mæl. "Com uns amigos." Haukelid e Sørlie deram um passo à frente. Houve mais um momento de tensão conforme o vigia tentava conciliar o motivo de estarem a bordo no meio da noite. "Droga, John", disse Lier-Hansen. Berg sabia que ele era da resistência. "A gente está esperando uma batida e temos um negócio pra esconder. Coisa ilegal. Só isso."

"Por que não disseram?", respondeu Berg. "Sem problema." Ele apontou uma escotilha no piso que levava ao convés de baixo. "Não vai ser a primeira vez que escondem alguma coisa aí embaixo."

Lier-Hansen continuou conversando com o vigia enquanto Haukelid e Sørlie desciam ao porão. De gatinhas, com uma lanterna para guiá-los, avançaram pelo fundo coberto de água gelada até chegarem à proa da balsa. O espaço baixo e escuro parecia um túmulo. Se os alemães subissem a bordo e os descobrissem ali, podia muito bem ser o fim deles. Sørlie segurou a lanterna enquanto Haukelid punha mãos à obra.

Os minutos passavam rapidamente conforme ele preparava as cargas com toda delicadeza. Ele prendeu os explosivos sob a água no piso de ferro corrugado. A linguiça de Nobel 808 ficou enrolada em um círculo quase completo. Haukelid fixou dois estopins detonadores às extremidades da linguiça. Tirou as outras pontas da água e as juntou com fita isolante. Então conectou as cápsulas detonadoras elétricas a esses estopins e as fixou nas balizas do casco. Após conectar os dois despertadores a seus pacotes de baterias, verificou se os fios vindos dos relógios já não estavam eletrificados, em seguida deu corda nos relógios, acertando-os para despertar às 10h45. Eles também foram presos às balizas da balsa.

Com as mãos dormentes, os olhos ardendo de suor, Haukelid começou a parte mais perigosa da montagem das cargas, prendendo os fios dos relógios às cápsulas de detonação. Com menos de um centímetro separando os martelos em cada despertador das placas que completariam o circuito e disparariam as cápsulas, Haukelid tomou cuidado redobrado. Se balançasse os relógios, se caíssem de suas mãos, se perdesse o equilíbrio no chão escorregadio, ocorreria

347

um desastre — a 9 mil metros por segundo, a taxa de queima dos estopins. Ele e Sørlie estariam mortos antes que o pensamento sequer cruzasse suas mentes.

Suas mãos permaneceram firmes e ele terminou o trabalho. Haukelid e Sørlie voltaram até a escada e emergiram pela escotilha, sujos e encharcados. Lier-Hansen e Berg continuavam no bate-papo. Berg não fez perguntas sobre o motivo da demora — e Haukelid tampouco teria respondido. Ele simplesmente apertou a mão de Berg e o agradeceu por ser um bom norueguês. Então os três saíram furtivamente da balsa e sumiram na noite.

Chegaram ao carro poucos minutos antes do prazo final de duas horas e rodaram por uma curta distância antes de Olav parar na beira da estrada. Sørlie desceu. Ia voltar às montanhas para fazer novo contato com Skinnarland. Depois de calçar os esquis, despediu-se dos outros. "Volto logo, não demoro", prometeu Haukelid.[8] Então Sørlie desapareceu na floresta. Olav levou o restante deles na direção sul para Kongsberg, onde planejavam pegar um trem para a capital. Na balsa, os relógios tiquetaqueavam.

No domingo de manhã, 20 de fevereiro, às oito em ponto, os apitos soaram na estação de trem de Rjukan.[9] Os soldados guardando os recipientes de água pesada assumiram suas posições nos dois vagões-plataformas. O trem também puxava sete tanques de amônia e dois vagões de bagagem, na maior parte suprimentos da Wehrmacht, para a balsa.

Nunca um carregamento da cidade fora tão bem protegido. Soldados estavam postados também ao longo de toda a ferrovia, protegendo contra qualquer ataque no trajeto até as docas.

Em sua casa de infância, em Rjukan, Gunnar Syverstad cuidava da mãe doente.[10] Era para ela tomar o trem de passageiros das nove horas para Mæl, depois a balsa para Notodden, onde iria a uma consulta no hospital. Mas na noite anterior tivera uma súbita dor de barriga e ficara acamada e agora estava fraca demais para viajar. Não fazia ideia de que seu filho acrescentara uma generosa dose de laxante ao seu jantar na noite anterior.

Mas dezenas de outros moradores de Rjukan — homens, mulheres e crianças —, bem como muitos mais, incluindo o compositor Arvid Fladmoe, não tiveram nenhum impedimento para subir a bordo do trem de passageiros e iniciar a viagem a Mæl e à balsa que aguardava.

Na estação de Kongsberg, a cem quilômetros de Rjukan, Haukelid e Larsen compraram duas passagens de trem para Oslo. Olav os deixara a cerca de quinze quilômetros da cidade e haviam esquiado o resto do caminho através da floresta. Lier-Hansen deveria estar com ele, mas no último minuto desistiu da ida para a Suécia. Quando aguardavam a partida do trem para Oslo, um trem de tropas alemãs chegou do leste. Em alguns minutos, a estação enxameava de soldados.

Haukelid sabia que não haveria problemas para eles se ficassem calmos. Então Larsen agarrou seu braço. "Aquele é o chefe da Gestapo em Rjukan", disse, ao ver Muggenthaler descer do trem.[11] "E eu não deveria estar saindo da cidade." Os dois foram depressa para o banheiro e Larsen se trancou num cubículo, de onde não saiu enquanto o trem com Muggenthaler a bordo não partiu e puderam subir em seu próprio trem.

Na colina dominando Mæl, Lier-Hansen observou o trem cargueiro se aproximar no horário.[12] Ao longo da hora seguinte na doca, os vagões-plataforma e de carga foram transferidos para a *Hydro* e presos no lugar. Então os passageiros começaram a chegar. O funcionário verificou suas passagens antes de cruzarem a plataforma de embarque e se dirigirem a seus lugares. Os que tinham passagens mais baratas sentavam mais longe do convés principal. Lier-Hansen olhava o tempo todo para seu relógio. Alguns minutos após as dez, hora programada da partida, os trabalhadores do cais soltaram os cabos de ancoragem e a *Hydro* se afastou do píer, suas hélices agitando as águas plácidas do Tinnsjø em sua esteira.

Era uma manhã fria, mas límpida, e o sol brilhava com força no céu. O capitão Erling Sørensen fizera essa travessia centenas de vezes.[13] Ele vinha de uma família de capitães. Seu irmão fora torpedeado — duas vezes — navegando pelo Atlântico norte. No Tinnsjø, ninguém se preocupava com tais coisas. Lá em cima, do passadiço, Sørensen conduzia a balsa rumo ao centro do lago.

Pouco antes das 10h45, Sørensen deixou a casa do leme para fazer uma anotação no diário de bordo.[14] Sob o convés, os 38 passageiros matavam o tempo no salão social e em outros compartimentos. Alguns jogavam baralho, outros conversavam ou liam seus livros, em silêncio. Uma senhora de idade folheava um álbum de fotos. Na casa das máquinas, três tripulantes faziam um café da manhã atrasado, fugindo um pouco do frio. A não ser pela presença de oito soldados alemães mantendo guarda cuidadosa em torno dos vagões, tudo estava normal.

Quando Sørensen desceu da ponte de comando, um estalo forte soou sob o convés e a balsa estremeceu. Se não estivessem no meio do lago profundo, ele poderia ter imaginado que haviam encalhado. Mas não, isso era algo completamente diferente. Subindo às pressas de volta, viu a fumaça cobrindo o convés. "Vire para a terra!", gritou para o timoneiro.[15] Antes que a balsa pudesse mudar de curso, começou a adernar violentamente. Nos compartimentos abaixo, o terror dominou os passageiros. As luzes se apagaram e a água inundou o piso. Um vapor quente sibilava pelos canos rachados. O salão social da terceira classe não tinha vigias e a escuridão virou quase um completo breu. "Uma bomba!", gritou um dos passageiros.[16] "Fomos bombardeados!" Todo mundo lutava para encontrar a porta.

Na ponte de comando, Sørensen sabia que a balsa estava condenada. A proa ficara submersa e estavam longe da margem. Ele gritou para os passageiros entrarem nos bote salva-vidas e, com um membro de sua tripulação, conseguiu liberar um dos botes. Alguns passageiros já estavam se atirando na água. Então ele disse ao timoneiro para abandonar o navio e assumiu o leme. Virou o timão para direcionar a *Hydro* para a direita, mas a balsa continuou adernando a bombordo. Um membro da tripulação quase foi esmagado entre dois vagões prestes a tombar.

Os passageiros fugiram de seus compartimentos para o convés principal. Alguns conseguiram encontrar coletes salva-vidas antes de pular na água. Outros simplesmente tiraram os pesados casacos e pularam pela amurada, Arvid Fladmoe entre eles. Os que não sabiam nadar ficaram entre a cruz e a espada: uma embarcação indo a pique ou as águas traiçoeiramente geladas. Na terceira classe, abaixo, os passageiros finalmente encontraram a porta e a saída, mas na escuridão ficaram confusos sobre o caminho a seguir. A água invadia o corredor como uma torrente.

Uma jovem chamada Eva Gulbrandsen socava uma vigia, na esperança de passar pela abertura em direção à luz do dia, do lado de fora. O vidro era forte demais para quebrar. Um homem passou correndo e ela pediu ajuda, mas ele estava em pânico. "Não posso fazer nada. Nem sei nadar."[17] Gritos e gemidos pedindo socorro eram ouvidos em todas as direções. O chão sob seus pés inclinou-se até virar um escorregador. Finalmente Eva conseguiu chegar ao convés superior. Ela tirou o casaco de lã e subiu na grade da amurada. Ainda com suas pesadas botas, pulou do navio.

Sørensen deixou a casa do leme. A proa estava agora completamente submersa e à popa as hélices giravam a uma distância cada vez maior da água. A balsa adernava tão fortemente para um lado que ele pôde quase rastejar pelo estibordo do casco. Nesse momento, ocorreu outro enorme estouro, e ele viu os onze vagões de trem se soltarem e afundarem no lago. Tinha poucos segundos antes que a embarcação inteira afundasse e o levasse junto consigo, se não se mexesse rápido. Ele pulou.

Quatro minutos após a explosão, a *Hydro* era tragada pelo lago.

O único bote salva-vidas logo ficou apinhado de passageiros. Fladmoe foi içado a bordo, o estojo de violino encharcado em sua mão. Assim como Eva Gulbrandsen. Outros se agarraram aos destroços deixados pela embarcação naufragada, incluindo malas e quatro tambores meio vazios de "potassa cáustica".

Os que haviam conseguido pular da balsa agora lutavam para chegar à margem antes que a água gelada os engolisse. Alguns pescadores e fazendeiros locais que haviam testemunhado o desastre correram para os botes, remando com tanta força que suas mãos sangraram. Das 53 pessoas que subiram a bordo da balsa, 27 sobreviveram, incluindo o capitão e quatro soldados alemães.[18] Todos os onze vagões afundaram no Tinnsjø, e os tambores e recipientes de água pesada foram junto.

Rolf Sørlie passou a maior parte do domingo escondido numa pequena cabana no Vidda.[19] Não ousava se reunir com Skinnarland na Nilsbu enquanto ainda havia luz do dia. Embora exausto da noite anterior, permaneceu acordado, temendo que os soldados alemães realizando exercícios pudessem topar com ele. Ansioso, ele se perguntava o que teria acontecido com a balsa: afundara? Houvera perdas de vidas? Quando o sol se pôs, ele saiu. Soprava um vento feroz e o frio penetrava em seus ossos.

Após várias horas esquiando, seus braços e pernas queimando com o esforço, chegou à fazenda Hamaren. Havia pensado em repousar ali, mas pareciam ter visitas, então continuou em frente. O vento estava uivando agora, mas não podia parar. Seus braços estavam tão fracos que não tinha certeza se conseguiria continuar. O pensamento *O que eu fiz?* não saía da sua cabeça, atormentando-o.[20] Ele sabia que, se a sabotagem fora bem-sucedida, noruegueses haviam pago com suas vidas. No momento em que chegou à conclusão de que não podia avançar nem mais um metro, o vento subitamente cessou. Pela primeira vez, não se sentiu mais castigado pela intempérie, e o alívio momentâneo lhe deu vigor renovado.

Finalmente, quando ergueu o rosto, viu a silhueta da Nilsbu ao luar. Aproximando-se da cabana, a porta foi aberta, e Skinnarland saiu na neve para recebê-lo. Sørlie sentiu como se voltasse para casa. Skinnarland preparou café e serviu comida. Enquanto comia, Sørlie lhe contou sobre a noite anterior. Skinnarland prometeu descer à fazenda dos Hamaren no dia seguinte para ver se havia alguma notícia. Então Sørlie foi deitar. O sono chegou em instantes.

Quando acordou, de manhã, a cabana estava vazia. Com os Hamaren, Skinnarland ficou sabendo que a *Hydro* afundara, com toda a sua valiosa carga, e que os primeiros informes diziam que catorze noruegueses e quatro alemães haviam morrido.[21] Assim que voltou à Nilsbu, ele transmitiu essa informação para a Home Station.[22] Agora ele e Sørlie precisavam arrumar um esconderijo ainda mais distante do lago Møs. Carregaram consigo o peso da responsabilidade pelo que tiveram de fazer.

Na segunda de manhã, pouco depois de Gunnar Syverstad aparecer para trabalhar, Bjarne Nilssen lhe pediu para descer até os escritórios em Rjukan. Quando chegou lá, ele encontrou soldados alemães e policiais da Gestapo enxameando pelos corredores. Nilssen queria saber onde o engenheiro-chefe Larsen fora parar. Ele não estava em casa. Não aparecera em sua sala. Syverstad alegou não saber. Nilssen o advertiu de que a Gestapo em breve o submeteria a um interrogatório.

Syverstad soube na mesma hora que precisava fugir. Após deixar a sala de Nilssen, encontrou outro engenheiro de Vemork que já fora interrogado por um enfurecido Muggenthaler. Com o rosto vermelho, o alemão pusera a arma sobre a mesa diante do engenheiro, ameaçando: "Se você desaparecer, vou explodir sua casa com sua esposa dentro".[23] Syverstad voltou para casa, juntou suas coisas e se despediu da esposa e dos dois filhos pequenos. Precisava chegar à Suécia antes que Muggenthaler fosse à sua procura. Quando a Gestapo chegou, ele já sumira.

Knut Lier-Hansen continuou na cidade, pouca gente tendo alguma ideia de que ele participara do afundamento da balsa. A Gestapo apareceu no quarto onde Kjell Nielsen estava internado, em Oslo. Ele ainda se recuperava de sua cirurgia do apêndice e disse aos policiais que não sabia nada sobre a sabotagem. Afinal, estava no hospital desde sábado. Não fizeram mais perguntas. Quando a Gestapo interrogou John Berg, o vigia, ele admitiu que deixara três homens subirem a bordo na noite anterior à partida da balsa.[24] Isso era uma prática comum, alegou, uma vez que alguns passageiros chegavam cedo das montanhas e precisavam de um lugar quente para dormir. Berg disse que não conhecia os homens e sua descrição deles foi vaga, quando muito.

Outra caçada no Vidda começou, concentrando-se mais uma vez no lago Møs e na casa de Skinnarland, mas a busca pelos sabotadores terminou sendo tão infrutífera quanto a que ocorrera cerca de um ano antes. Era como se caçassem fantasmas.

Knut Haukelid estava em algum lugar ao norte de Oslo, na cabana de um membro da resistência, quando leu a manchete na edição vespertina de segunda do jornal: "Balsa ferroviária *Hydro* afunda no Tinnsjø".[25] Às 10h45, domingo de manhã, no trem de Kongsberg para Oslo, ele havia olhado seu relógio, imaginando o que estaria acontecendo no lago. A explosão. O barco adernando. Mais vidas norueguesas adicionadas à lista de baixas necessárias para pôr um fim ao fornecimento de água pesada de Vemork. Tanta morte e sacrifício. Tanto sofrimento. Agora estava com a notícia na mão. A *Hydro* afundara com toda a sua carga. Ele cumprira suas ordens, por mais duro que isso fosse, até as últimas consequências.

Com a ajuda da rede de fuga clandestina, ele e Alf Larsen atravessaram a fronteira alguns dias mais tarde e chegaram à capital sueca. Em um hotel, Haukelid tomou banho e trocou de roupa. Após muitos meses nas regiões selvagens da Noruega, achou estranho sentar em um restaurante e comer até se fartar ou passar por vitrines exibindo mercadorias. Pouco após sua chegada, encontrou-se com Bodil, numa tentativa de reconciliação. Mas havia muita coisa a separá-los agora e receava que seu casamento fosse mais uma baixa da invasão alemã. Depois de duas semanas em Estocolmo, Haukelid estava pronto para voltar ao trabalho de resistência. Era a única vida que fazia sentido para ele.

Em 26 de fevereiro de 1944, Tronstad deixou Londres e voltou à Escócia, desembarcando na Euston Station.[26] A caminho do escritório, passou por um grande edifício de apartamentos isolado pela polícia. O prédio fora atingido em cheio doze horas antes, durante uma nova blitz dos bombardeiros alemães. Nas últimas noites, bombas incendiárias e explosivas haviam demolido laterais de prédios e arrasado residências e lojas. Uma escola fora atingida em Tavistock Crescent e um convento, destruído em Wimbledon — as freiras tiveram de procurar irmãs entre os escombros. Por toda a cidade, centenas haviam morrido, e muitos mais estavam desabrigados.

Nesse dia, Tronstad voltou para sua casa e passou a noite toda escutando os caças no céu e o crepitar de artilharia. Pensou novamente na sabotagem da *Hydro* e se consolou com o pensamento de que a operação ao menos impediria outro bombardeio Aliado sobre Vemork. O número de mortos de um ataque desses teria sido muito pior do que a sabotagem da balsa.

A verdade era que havia muito mais gente morrendo em Londres todas as noites. Se os alemães conseguissem construir uma bomba atômica, deixariam a capital inglesa — e talvez outras cidades também — em ruínas, uma paisagem calcinada repleta de mortos. Tronstad compreendia que, na guerra, os líderes tinham de pesar suas decisões fazendo esse tipo de comparação, fosse no campo de batalha, fosse ao planejar as estratégias. Mesmo assim, quando leu os nomes e as idades dos que pereceram na balsa, sentiu-se terrivelmente oprimido.

Em alguns dias, Tronstad recebeu a confirmação final pelos espiões de Skinnarland de que todo o carregamento de água pesada de Vemork — a não ser por alguns tambores de uma concentração quase inofensiva — estava no fundo do lago Tinn. Em seu diário, anotou o encerramento desse "bravo capítulo" na luta contra os alemães. Ele pediria a Winston Churchill para recompensar Haukelid e os demais envolvidos na missão da balsa. Quanto a Vemork, quando a guerra terminasse, esperava ser capaz de reconstruir a fábrica, torná-la melhor do que antes.[27] Até lá, teria de se contentar com o pensamento de que seus homens haviam triunfado na destruição da fonte nazista de água pesada — e possivelmente impedido a Alemanha de construir uma arma que o mundo nunca vira antes.

29. Vitória

No fim de março de 1944, Walther Gerlach, diretor do Clube do Urânio, e Kurt Diebner, seu diretor administrativo, enfrentavam reveses incessantes, sobretudo com os raides aéreos Aliados que destruíam um centro de pesquisa após o outro.[1] Apenas dias antes do naufrágio da *Hydro*, frotas de bombardeiros atacaram o Instituto Kaiser Wilhelm, devastando muitos departamentos, a não ser, por acaso, o de física. Sem um fim à vista para os ataques, Gerlach e Diebner começaram a evacuar seus cientistas e equipamentos para o sul.

Em um relatório enviado a Göring em 30 de março, Gerlach detalhou o estado de seu programa: os avanços nas ultracentrífugas que separavam o U-235, os sucessos no projeto da máquina de urânio, os novos métodos de concentrar a água pesada. Devido aos ataques Aliados, o suprimento do valioso moderador estava numa "situação delicada", mas Gerlach tinha esperança de que investimentos significativos nas fábricas alemãs resultassem em um fornecimento regular num futuro próximo.[2] Além do mais, afirmava, os ataques contra os estoques de Vemork deixavam claro que os próprios Aliados davam a "máxima importância" para a pesquisa de fissão como um caminho para obter novos explosivos. Era essencial que suas equipes fizessem o mesmo.

Diebner embarcou em um novo experimento de máquina de urânio, enquanto prosseguia com seu projeto de cargas ocas para uma bomba de fusão. Harteck estimulou a IG Farben a seguir em frente com as fábricas de água pesada em Leuna. Heisenberg continuava tentando obter um novo grande reator e outros cientistas alemães no programa também seguiam com sua pesquisa, ao mesmo tempo que fugiam de bombardeios, evadiam-se a recrutamentos e transportavam seus laboratórios para bunkers ocultos.

Em meados de 1944, Hitler, cada vez mais iludido e desesperado, proclamava que a vitória do Eixo era iminente. "Muito em breve usarei minhas armas triunfais e a guerra terminará de forma gloriosa [...]. Então esses homens não saberão o que os atingiu. Essa é a arma do futuro e com ela igualmente o futuro da Alemanha está assegurado."[3] Poucos acreditaram nele. A Alemanha era atacada por terra, ar e mar. As forças Aliadas abriam caminho até Berlim do oeste e os russos avançavam do leste. Em julho, uma missão de bombardeio de 567 Fortalezas Voadoras destruiu as instalações industriais em Leuna e com elas a possibilidade de um suprimento renovado de água pesada.[4] Outros ataques interromperam a produção de urânio e a separação de U-235. No fim de 1944, o máximo que Diebner — ou quem quer que ele houvesse chamado para fazer pesquisa nuclear em 1939 — podia almejar construir era uma máquina de urânio autossustentável.

Os Aliados sabiam disso. Em agosto, o coronel Boris Pash, oficial de inteligência do Exército americano, encontrou Frédéric Joliot-Curie no Collège de France, em Paris.[5] Joliot-Curie contou a Pash sobre seu contato com uma série de físicos alemães, incluindo um certo dr. Kurt Diebner. Joliot-Curie acreditava que o programa alemão estava longe de fazer algum avanço. Em novembro, Pash e seu chefe, o dr. Samuel Goudsmit, descobriram uma grande quantidade de documentos secretos em um hospital de Estrasburgo que fora requisitado para o programa atômico alemão. Enquanto as forças americanas combatiam a Wehrmacht nos arredores da cidade, Goudsmit mandou soldados carregarem a papelada e, por quatro dias e noites de muito frio, ele e Pash leram tudo à luz de velas, comendo pouco e dormindo menos ainda. No fim, havia uma única conclusão a tirar: "A Alemanha não tinha bomba atômica alguma e era pouco provável que conseguisse uma num período de tempo razoável".[6]

Mas no início de 1945, com o inevitável fim da guerra, Gerlach e Diebner continuaram a ter esperança de que seu trabalho tivesse algum impacto. Eles percorreram a Alemanha, muitas vezes sob risco de bombardeios Aliados, distribuindo os itens necessários e dirigindo experimentos em um esforço desesperado de obter ao menos uma máquina de urânio operante.[7] Em uma adega de vinhos escavada na rocha em Haigerloch, um vilarejo de colina no sudoeste da Alemanha, Heisenberg montara um laboratório e construíra uma treliça de cubos de urânios submersos em água pesada, similar à que fora feita por Diebner antes da evacuação de Berlim. Usando 1,5 tonelada de urânio e água pesada, a máquina produziu o mais elevado nível de multiplicação de nêutron já alcançado. Pelos cálculos de Heisenberg, ele tinha certeza de conseguir um reator autossustentável se pudesse ao menos obter 50% a mais de urânio e água pesada. Não conseguiria uma coisa nem outra.

Em 15 de junho de 1944, Leif Tronstad estava em casa, observando o aguaceiro que caía em Hampstead Heath e esboçando um plano para o que intitulara de Operação Sunshine.[8] Desde o ataque Aliado na França apenas uma semana antes, ficara claro que não haveria nenhuma invasão para libertar a Noruega.[9] Seus conterrâneos teriam de cuidar disso por si mesmos. Tronstad, recém-promovido a major, estava determinado a participar pessoalmente. Havia o risco de que os alemães implementassem sua política de terra arrasada quando retirassem seus 350 mil soldados, como fizeram ao deixar a Itália.

Wilson e Brun queriam que ficasse em Londres, mas Tronstad não se deixou dissuadir. Acabara de realizar um curso de três semanas na escola de sabotagem STS 17 de Rheam, recebendo notas altas ("excelente em todos os aspectos").[10] Não iria mais enviar outros homens para combater em seu lugar.

Pouco antes da meia-noite, escutou um tremendo rugido passar acima de sua casa. Momentos depois, uma explosão. Os ataques de foguete V-1 com propulsão a jato haviam começado. Dia após dia, centenas de mísseis alemães caíram na cidade. Entrementes, Tronstad continuou com sua elaboração de uma estratégia para a Operação Sunshine. No fim de julho, recebeu aprovação do general Hansteen e montou sua equipe. Jens-Anton Poulsson lideraria uma divisão, com seu melhor amigo, Claus Helberg, operando o rádio.[11] Arne Kjelstrup ficaria encarregado de outra. Einar Skinnarland, que estava na Noruega, seria o operador de rádio de Tronstad. Uma série de outros membros da Kompani Linge, incluindo Gunnar Syverstad, que fora à Grã-Bretanha para receber treinamento após a sabotagem da balsa, também se juntaria a ele. Tronstad ficaria incumbido de proteger "os principais objetivos industriais" na área, incluindo as usinas de energia, que forneciam quase 60% da eletricidade no sul da Noruega.[12]

Em 27 de agosto, ele terminou sua carta de despedida para Bassa, a ser entregue na eventualidade de sua morte.[13] Embora ele estivesse finalmente voltando para a Noruega, ela não podia saber de sua presença ali. Tronstad deu para Gerd Vold Hurum, sua fiel secretária, a pequena chave do cofre em seu escritório. "Por favor, cuide dos meus diários", disse.[14] Dominada pela emoção, ela ficou com a chave. "Quando a guerra terminar", ele continuou, "quero que vá conhecer minha família." Dizendo isso, deixou a Kingston House, seu escritório por quase quatro anos.

Finalmente, em 5 de outubro, Tronstad voltou à Noruega, descendo de paraquedas no Vidda. Seu "longo exílio" terminara.[15] Quando os demais paraquedistas se reuniram, Tronstad fez um brinde e todos beberam de suas garrafas de bolso.[16] Em seguida, montaram as barracas.

Durante os cinco meses seguintes, Tronstad recrutou um pequeno exército de combatentes da resistência da Milorg que no final somavam 2200 homens.[17] Seu quartel-general era uma choupana de três metros de largura enterrada na neve funda perto do lago Møs. Como comandante da Operação Sunshine, esquiava por toda Telemark e as regiões vizinhas: Kongsberg, a leste, Notodden, ao sul, Rjukan, a norte, Rauland, a oeste, fazendo a coordenação com Londres e a Milorg e certificando-se de que ambas trabalhassem em perfeita harmonia. Reuniu-se secretamente com a diretoria da Norsk Hydro e outras companhias norueguesas para assegurar que podiam contar com sua participação quando chegasse a hora de expulsar os alemães.

Poulsson, Kjelstrup e outros estabeleceram bases de operação separadas; Haukelid e seu grupo de combatentes também se juntaram à operação. Eles coordenavam entregas de armas e suprimentos por paraquedas, treinavam células de resistência no uso de armas de fogo e explosivos e realizavam sabotagens em pequena escala contra arsenais. Também se infiltravam em usinas de energia, represas e instalações industriais, ensinando os trabalhadores a frustrar quaisquer tentativas alemãs de destruir seus prédios, incluindo implodir os telhados de modo que o valioso maquinário permanecesse operável assim que o entulho fosse retirado.

Tronstad comia, dormia, caçava e esquiava ao lado de seus homens. A maioria deles já o tinha em alta conta quando era seu chefe em Londres. Nos ermos de Telemark, sua lealdade e respeito aprofundaram-se em algo ainda maior.

Na primavera de 1945, o momento de agir parecia iminente. A Alemanha nazista estava entrando em colapso e a marcha sobre Berlim iria em breve cortar a cabeça da serpente. Por toda a Noruega, a sabotagem de transportes ferroviários, portos, navios e linhas de comunicação dificultava as ações da Wehrmacht e obstruía a remoção de seus soldados para reforçar as defesas dentro da própria Alemanha. Na noite de 11 de março, Tronstad e dois de seus homens, Syverstad e Jon Landsverk, interrogaram Torgeir Longnvik, um xerife norueguês nomeado pelos nazistas.[18] Tronstad queria saber sobre suas atividades e as de outros simpatizantes nazistas, e eles queriam impedi-lo de informar a Gestapo sobre suas atividades clandestinas no distrito de Rauland. Os três discutiram se deviam ou não matá-lo, e Tronstad decidiu que Haukelid devia mantê-lo prisioneiro na Bamsebu.

Skinnarland ajudara a capturar Longnvik e apagou os rastros até a localização deles, uma cabana de dois cômodos no interior, não muito longe do lago Møs. Quando deu o serviço por encerrado, saiu para uma reunião numa fazenda vizinha. Tronstad terminou de interrogar Longnvik e estava se preparando para sair e se juntar a Skinnarland quando subitamente a porta da cabana foi arrombada. O irmão do xerife, Johans, entrou armado e começou a atirar. Syverstad foi baleado na cabeça e, ao cair de costas, empurrou Landsverk para fora da linha de fogo. Tronstad tentou se atracar com Johans Longnvik e na luta ferrenha que se seguiu mais dois tiros foram disparados.

Tronstad caiu no chão, morto pelos tiros disparados por Johans ou pelos golpes com a coronha de um rifle que Torgeir Longnvik pegara na confusão. Os irmãos escaparam, trancando a porta por fora. Landsverk conseguiu enfim sair da cabana e correu em busca de Skinnarland. Quando os dois voltaram juntos, Syverstad estava por um fio; não havia como salvá-lo. Olhando do rosto desfigurado de Tronstad para Syverstad, Skinnarland ficou profundamente abalado. Todo aquele sangue. Então se controlou. O xerife voltaria, com alemães.

Skinnarland e Landsverk agiram rápido. Embrulharam todos os documentos e equipamento, qualquer coisa que pudesse levar a outras prisões. Quando terminaram, Syverstad, que como Tronstad era casado e pai de duas crianças pequenas, estava morto. Eles levaram os corpos em trenós até o lago, abriram um buraco no gelo e os mergulharam antes que os alemães pudessem pôr as mãos neles. Então partiram para alertar os outros, inclusive Haukelid, advertindo-os de que qualquer tentativa de vingar as mortes podia provocar

360

uma guerra com o quartel alemão local, briga que a Milorg não estava preparada para travar.

Suas ações rápidas impediram quaisquer detenções de suspeitos ou vazamentos de inteligência, mas não levou muito tempo para os alemães encontrarem os corpos. Tronstad e Syverstad foram tirados do lago e levados a um vilarejo próximo para serem inspecionados e fotografados. Os alemães então encharcaram seus corpos com gasolina, atearam fogo e jogaram os restos queimados em um rio. Skinnarland avisou Londres sobre os trágicos eventos e Poulsson ficou encarregado da Operação Sunshine. Ele conservou o posto até o fim da guerra, algo que Leif Tronstad não pôde ver por si mesmo.

A ordem de mobilização foi dada em 8 de maio de 1945, dia em que Churchill anunciou a vitória sobre a Alemanha de um balcão elevado em Whitehall para uma multidão em júbilo.[19] As forças por toda a Noruega, inclusive no profundo coração de Telemark, entraram em ação. Após anos combatendo como um exército clandestino, os homens vestiram uniformes e simples braçadeiras e retomaram a posse de Rjukan e das cidades nos arredores. Eles ocuparam Vemork e outras usinas na região, assumiram o controle das linhas de comunicação e dos principais edifícios públicos e ficaram responsáveis pela manutenção da lei e da ordem, incluindo a prisão de traidores noruegueses e de oficiais da SS. Os soldados nos quartéis alemães renderam suas armas e fizeram o que lhes foi ordenado.

Cenas semelhantes tiveram lugar por toda a Noruega. Os invasores eram quase 400 mil, a Milorg contava com cerca de 40 mil membros. Poderia ter havido um confronto feroz, mas isso não aconteceu. Finalmente a Noruega estava livre e os festejos tomaram conta das ruas de Oslo e de todo o país. Nessa noite, na propriedade real de Skaugum, o *Reichskommissar* Terboven comeu um sanduíche e leu um romance policial inglês.[20] Depois, resignado em seguir Hitler na morte, às onze da noite, entrou em um bunker, onde bebeu meia garrafa de brandy e acendeu um estopim de cinco metros que levava a uma caixa de explosivos. O estopim estava calculado para queimar por oito minutos e vinte segundos. Às 11h30 em ponto, a explosão ecoou pela propriedade.

Heinrich Fehlis tentou fugir.[21] Ele foi preso em Porsgrunn, uma cidade portuária do sul, trajando o uniforme de um tenente da Wehrmacht. Antes que pudesse ser interrogado e ter sua identidade revelada, tomou veneno e deu um tiro na própria cabeça. Outros oficiais da Gestapo, incluindo Siegfried Fehmer, tentaram escapar. Foram pegos e levados a julgamento por seus crimes. Vidkun Quisling e o general Nikolaus von Falkenhorst também foram presos e julgados.

Um mês após a rendição alemã, seu país a salvo, o rei Haakon VII pisou em território norueguês: o píer diante da prefeitura de Oslo.[22] A despeito da garoa incessante, 50 mil noruegueses deram vivas e acenaram com bandeiras para celebrar seu regresso. Entre os presentes a homenageá-lo estavam o coronel John Wilson e mais de cem membros da Kompani Linge, a maioria deles usando capacetes ou distintivos com o nome de suas operações. A Grouse e a Gunnerside também estavam bem representadas. "Muitas vezes, pode ter parecido não haver luz no fim do túnel", disse Haakon com sobriedade para a multidão.[23] "Mas nunca duvidei que a Noruega retomaria a posse de seus direitos."

Na Véspera de São João, 23 de junho de 1945, uma comemoração pela liberdade, menor mas não menos jubilosa, tinha lugar no hotel de Skinnarland, perto do lago Møs.[24] A fachada do hotel fora decorada com paraquedas de seda e havia um cronograma ilustrado para o evento de três dias. Em meio a refeições de truta e filé de rena, garrafas de champanhe, *aquavit* e cerveja, os que lutaram pela resistência nos arredores de Rjukan falaram das batalhas passadas e também de seu futuro.

Entre os hóspedes homenageados estavam os Hamaren, os Hovden e os Skindalen, Poulsson, Helberg, Haukelid, Kjelstrup, Sørlie, Lillian Syverstad, Ditlev Diseth e Kjell Nielsen. Einar Skinnarland comemorava com seus irmãos Torstein e Olav e voltou a se reunir a Gudveig. Alguns lugares ficaram vazios. Olav Skogen, que sobrevivera à prisão em Dachau, ainda não voltara para Rjukan. Leif Tronstad e Gunnar Syverstad nunca voltariam.

Uma semana após a comemoração, em 28 de junho, 187 membros da Kompani Linge, com Poulsson e Rønneberg à testa, desfilaram uniformizados diante do rei Haakon.[25] De sua seleta unidade, 51 haviam morrido no decorrer da guerra. O rei prestou tributo aos homens e a seu trabalho clandestino. No dia seguinte, o coronel Wilson licenciou a companhia, dizendo-lhes que servissem o país na paz assim como haviam feito na guerra.

No início de agosto, a Noruega começava a se recuperar após uma longa ocupação e Bassa Tronstad estava de volta a sua casa alugada perto de Oslo.[26]

Os restos mortais de seu marido haviam sido resgatados do rio e enterrados no fim de maio numa cerimônia emocionada no cemitério de Oslo. Agora, ela tentava compreender sua perda. Quanto às circunstâncias da morte ela já sabia, mas tinha muitas perguntas sobre o período dele em Londres e o que o levara a voltar para a Noruega. Foi então que Gerd Vold Hurum apareceu em sua casa. Depois de lhe oferecer suas condolências, Gerd presenteou Bassa com oito diários. Havia também uma carta. Os diários precisariam de tempo para ser lidos, mas a carta de despedida era breve e direta, e informou a Bassa tudo que precisava saber.

"Querida Bassa [...] Tenho a honra de liderar uma importante expedição em nosso país que será de grande importância para o futuro da Noruega. Isso está de acordo com o curso de ação que escolhi em 9 de abril de 1940, de pôr todo meu empenho e capacidades em prol do bem-estar de nosso país [...]. A guerra está entoando seu derradeiro verso e exige o esforço máximo de todos que almejam chamar a si mesmos de homens. Entende isso, não? Tivemos muitos anos mágicos e felizes e meu maior desejo é continuar a ter essa vida feliz juntos. Mas se o Todo-Poderoso tiver outro destino reservado para mim, saiba que meu último pensamento foi em você [...]. O tempo é curto, mas, se as coisas não terminarem bem, não lamente por mim. Estou absolutamente feliz e agradecido pelo que tive na vida, ainda que queira muito viver para ajudar a Noruega a se reerguer."[27] Mandava lembranças para Sidsel e Leif. Estava ansioso para vê-los novamente. A carta era assinada, "Seu amado".

Em Farm Hall, uma tranquila casa rural nos arredores de Cambridge, dez cientistas do Clube do Urânio aguardavam que uma decisão fosse tomada sobre seu destino.[28] Estavam sendo mantidos ali desde 3 de julho de 1945, levados para lá quando o regime nazista caiu, junto com seus artigos científicos, equipamentos de laboratório e suprimentos de urânio e água pesada. Entre eles estavam Otto Hahn, Werner Heisenberg, Walther Gerlach, Paul Harteck e Kurt Diebner. Passavam seu tempo lendo na biblioteca, cuidando das rosas no jardim, jogando bridge e imaginando se algum dia voltariam a ver suas famílias. Sem que fizessem ideia, todos os cômodos da casa estavam grampeados e cada palavra que diziam ficava registrada em discos de metal e goma-laca para serem examinados pela inteligência britânica.

Às seis da tarde do dia 6 de agosto de 1945, um breve boletim da BBC informou que uma bomba atômica fora lançada sobre o Japão pelo bombardeiro B-29 americano *Enola Gay*. O major Terence Rittner, encarregado da segurança em Farm Hall, foi ao quarto de Hahn para informá-lo. Como Rittner transmitiu a seus superiores, o homem que descobriu a fissão ficou "arrasado" com a notícia e "se sentiu pessoalmente responsável pelas mortes de centenas de milhares de pessoas".[29] Rittner o acalmou com um copo de gim.

A notícia abalou também os demais cientistas em Farm Hall. A descrença deles foi seguida pelo cinismo. Certamente era um blefe dos Aliados para forçar os japoneses a se render. Claro que os americanos e britânicos não eram capazes de construir uma bomba atômica. O choque e desconfiança gerais foram em pouco tempo de encontro a outra transmissão da BBC, horas depois: "A principal notícia do momento é a tremenda realização dos cientistas Aliados — a produção de uma bomba atômica".[30]

Então se seguiu uma declaração de Churchill: "O maior poder destrutivo criado pelo homem entrou em ação esta manhã [...]. A bomba, lançada hoje sobre a base de guerra japonesa em Hiroshima, foi projetada para uma detonação igual à de 20 mil toneladas de altos explosivos [...]. Pela graça de Deus a ciência inglesa e americana superou os esforços alemães [...]. A posse desses poderes por parte dos alemães em algum momento talvez tivesse alterado o resultado da guerra [...]. Todo o empenho foi feito por nosso serviço de inteligência e pela Força Aérea para localizar na Alemanha alguma coisa que se parecesse com as fábricas sendo criadas nos Estados Unidos. No inverno de 1942-3, os ataques mais corajosos foram realizados na Noruega em duas ocasiões por pequenos grupos de voluntários dos comandos britânicos e das forças norueguesas, com terrível perda de vidas, contra estoques do que é chamado de 'água pesada', um elemento em um dos possíveis processos. O segundo desses dois ataques foi totalmente bem-sucedido". Churchill concluía: "Essa revelação dos segredos da natureza, por muito tempo misericordiosamente negados ao homem, deve motivar a mais solene reflexão na mente e na consciência de todo ser humano dotado de algum entendimento".

Os cientistas tiveram uma conversa acalorada. "Eles só podem ter feito isso se tiverem separação de isótopo de urânio", disse Hahn.[31]

Harteck retrucou: "Isso não é necessário, de jeito nenhum. Se deixarem um motor de urânio funcionar, eles separam [o plutônio]".

"Um negócio extremamente complicado, porque precisam ter um motor que funciona por longo tempo", disse Hahn. "Se os americanos têm uma bomba de urânio, então vocês são todos uns medíocres."

Heisenberg continuava perplexo com o anúncio. "Eles usaram a palavra 'urânio' para falar dessa bomba atômica?" Seus colegas cientistas responderam: não.

Diebner interrompeu: "A gente sempre achou que ia precisar de dois anos para uma bomba".

Até tarde da noite, os dez homens continuaram sua conversa na sala de jantar grampeada. Alguns expressaram horror com o uso de tal bomba pelos Aliados. Outros lamentaram como seu próprio programa estivera atrasado. Discutiram a ciência e a mecânica de como exatamente a bomba era produzida — e o tremendo investimento que devia ter sido realizado pelos americanos.

Por um tempo, ficaram no jogo de empurra. Suas equipes haviam sido pequenas demais. Não tiveram apoio ou suprimentos suficientes, sobretudo água pesada. Houvera picuinhas demais entre os cientistas, sem colaboração suficiente. Concentraram-se demais em máquinas de urânio e moderadores, pouco em separação de isótopo. A reunião com Speer em junho de 1942 dera um fim a qualquer esperança de um programa industrial. O "pessoal oficial", disse Diebner, "só estava interessado em resultados imediatos". Seus institutos foram arrasados por bombardeios. Não tiveram a menor chance.

Também discutiram a moralidade de usar uma arma de poder tão devastador e se haviam ou não tido a intenção de produzir uma. Alguns, como Heisenberg, já preparavam o terreno para sua própria defesa, convenientemente justificando o fracasso de seus esforços como uma estratégia calculada para impedir Hitler de obter a bomba.

Epílogo

Em 3 de janeiro de 1946, os dez cientistas do Clube do Urânio foram soltos, liberados para voltar à Alemanha e a suas pesquisas científicas. Nos anos e décadas subsequentes, eles deram muitas entrevistas, escreveram suas memórias e contribuíram com biografias e outros livros sobre seu trabalho na guerra. A isso vieram se juntar os milhares de relatórios secretos, cartas e documentos reunidos após o colapso do Terceiro Reich.

Muitas histórias foram escritas.

No início de 1942, os alemães e os Aliados estavam praticamente cabeça com cabeça em termos de teoria e pesquisa atômicas. Então os americanos deram andamento ao Projeto Manhattan, enquanto o Departamento de Equipamentos Militares do Exército da Alemanha, e depois Speer, recusou se comprometer com um programa tão extenso.

R. V. Jones, um importante oficial de inteligência britânico cujo trabalho na guerra se concentrou em combater a tecnologia alemã, escreveu: "Um experimento ruim de um lado ou do outro era com frequência o motivo da divergência".[1] Se os alemães não tivessem descartado logo o grafite como moderador, será que teriam sido os primeiros a concretizar um reator autossustentável? Isso teria convencido as autoridades a alocar recursos numa bomba atômica, em vez do programa V-1 e V-2? Deveriam ter investido mais tempo e esforço na separação do isótopo U-235, em vez de um reator de água pesada para produzir plutônio para uma bomba?

Alguns historiadores concluíram que a campanha contra o fornecimento de Vemork — a contaminação com óleo de fígado de bacalhau feita por Brun e outros, a Operação Gunnerside, o bombardeio aéreo americano, o afundamento da balsa D/F *Hydro* — fora toda em vão. Mas se os alemães *tivessem* fabricado um reator autossustentável com água pesada, o que teria acontecido? Diebner havia acreditado que no fim de 1943 teria água pesada suficiente para um reator. Ele não teria parado por aí. "A obliteração da produção de deutério na Noruega", escreveu posteriormente em suas memórias, "é um dos principais motivos para a Alemanha jamais ter obtido um reator."[2]

Fazer história nunca fora o objetivo dos sabotadores noruegueses, tampouco dos sapadores britânicos enviados antes deles. Após a guerra, o sacrifício dos Royal Engineers britânicos e das equipes da RAF na malfadada Operação Freshman não foi esquecido. Trinta e sete corpos foram recuperados e enterrados na Noruega. A lápide de Bill Bray diz: "Viver nos corações daqueles que me amam é não morrer".[3] Os quatro sapadores mortos em Stavanger, cujos corpos haviam sido jogados no mar, foram homenageados com um memorial próximo ao local onde morreram. Na cerimônia, o poema de Laurence Binyon, "For the Fallen" [Para os mortos], foi lido em inglês e na tradução norueguesa. "Eles não vão envelhecer, como envelhecemos os que ficamos:/ A idade não os vai fatigar, tampouco os anos, condenar./ Ao poente e pela manhã,/ Nós nos lembraremos deles."[4] Memoriais foram realizados também para os homens, mulheres e crianças noruegueses que pereceram no bombardeio americano em Vemork e no afundamento da *Hydro*.

À medida que o tempo passou, aqueles que haviam participado das sabotagens de água pesada receberam medalhas de muitas nações agradecidas: Noruega, Grã-Bretanha, Dinamarca, França e Estados Unidos. Mas sempre que lhes perguntavam sobre sua ação mais significativa e decisiva durante a guerra, a maioria mencionava outras operações, não Vemork.[5]

Para Joachim Rønneberg e Bierger Strømsheim, seu maior orgulho foi a Fieldfare, a operação lançada em março de 1944 como preparativo para a destruição das linhas de suprimento alemãs no vale do Romsdal, culminando na explosão de uma ponte ferroviária crucial. Knut Haugland achava que o trabalho em estabelecer ligações de radiotelegrafia com Londres era sua maior realização. Jens-Anton Poulsson considerava suas ações na Operação Sunshine as mais importantes de sua guerra contra os alemães. Poderíamos alegar que Leif Tronstad também teria minimizado a importância de Vemork, caso tivesse sobrevivido, sobretudo porque em seus diários não há menção ao "suco" mais do que duas dúzias de vezes, entre as muitas outras operações planejadas por ele que enchem suas páginas. A despeito da percepção coletiva de que suas outras operações durante a ocupação alemã mereceram tanta atenção quanto, se não mais, foram as ações dos comandos contra Vemork que atraíram os maiores louvores. Eles eram heróis noruegueses, heróis internacionais.

Além das medalhas e memoriais, a guerra marcou os homens da Grouse e da Gunnerside de outras formas, algumas sombrias. Eles viram amigos morrer. Alguns haviam se tornado assassinos. Todos tinham vivido sob a constante ameaça de serem descobertos e mortos. Às vezes, nos anos subsequentes à paz, acordavam no meio da noite, imaginando o inimigo na porta, tentando pegar armas que não estavam lá. Os filhos de Einar Skinnarland não cometiam o erro de se aproximar do pai de surpresa.[6] Alguns instintos nunca morrem. Houve os que se apegaram ao copo para embotar as lembranças indesejadas. Muitos simplesmente buscaram consolo no lugar onde haviam lutado para sobreviver. A "pequenez de ser um homem na natureza" apaziguou Rønneberg.[7] "Você podia sentar numa pedra e deixar os pensamentos voar." Knut Haugland passou 101 dias em 1947 como operador de rádio da *Kon-Tiki*, a famosa jangada que atravessou o oceano Pacífico com uma tripulação de seis homens.[8] Além de representar uma grande aventura, a jornada exorcizou seus próprios demônios. O que a natureza e o tempo não conseguiram reparar, a amizade os ajudou a superar. Até o fim de suas vidas, os membros da Kompani Linge se reuniam com frequência para compartilhar experiências que pouca gente podia compreender.

Knut Haukelid dedicou seu livro de memórias da guerra ao pai, que morrera em 1944 como resultado das privações a que fora submetido enquanto prisioneiro em Møllergata e depois em Grini. A dedicatória dizia: "Ele morreu sem saber por quê…".[9] Embora tivesse sido preso por ter equipamento de rádio ilegal em seu depósito, a verdade é que Bjørgulf foi perseguido devido às ações de seu filho, todas as quais Knut tivera de manter em segredo do pai.

Skinnarland não combateu pelos louros, tampouco pela pilha de medalhas recebidas, que guardava numa gaveta de ferragens no porão.[10] As mortes de Tronstad e Syverstad foram um pesado fardo para ele. Só em seus últimos anos Skinnarland reviu seu diário de guerra e a longa série de telegramas que enviara do Vidda, e só então se permitiu sentir algum orgulho do que sofrera em nome de seu país — e do mundo. Ele confidenciou isso a sua família, entre outras pessoas a sua filha, Kirvil. Ele e Haukelid, que acabou por se reconciliar com a esposa, Bodil, cumpriram ambos a promessa que haviam feito um ao outro no verão de 1943, de dar esse nome para suas filhas.

Finalmente, Rønneberg, o líder da Gunnerside e último sobrevivente entre o grupo de sabotadores, que completou 96 anos em 2016, falou muitas vezes com eloquência sobre o motivo de ter desbravado o mar do Norte para receber treinamento na Grã-Bretanha e de ter voltado, duas vezes, de paraquedas, para a Noruega. "Você tem de lutar por sua liberdade", disse.[11] "E pela paz. Você tem de lutar por elas todos os dias, para mantê-las. É como um barco de vidro; é fácil de quebrar. É fácil de perder."

Agradecimentos

De vez em quando os leitores me perguntam quanto tempo leva para pesquisar e escrever um livro. Calculo cerca de três anos, dependendo da disponibilidade de fontes e da complexidade da narrativa. Essa quantidade de tempo soa apropriada para alguns, rápida para outros. A verdade, porém, é que qualquer um dos meus livros levaria muito mais tempo para ser publicado não fosse a comunidade de pessoas que contribui para o trabalho final. E a qualidade cairia demais sem elas.

Primeiro, gostaria de bater palmas para meus assistentes de pesquisa, que lideraram meus esforços na Noruega (Windy Kester e Arne Holsen) e na Alemanha (Almut Schoenfeld). Eles foram incansáveis em me ajudar a vasculhar arquivos e rastrear indivíduos para entrevistar.

Antes de começar minha pesquisa, apenas um dos sabotadores (Joachim Rønneberg) não havia falecido. Contei com o benefício das lembranças deles em inúmeras entrevistas, livros de memórias e diários, mas mesmo esse tesouro não forneceu o tipo de retrato rico que eu esperava pintar de cada um. Felizmente, suas famílias se ofereceram para falar comigo, partilhando as histórias pessoais, bem como diversos documentos nunca vistos antes. Minha enorme gratidão aos Haukelid (Kirvil, Bjørgulf, Knut), Skinnarland (Marielle, Kirvil, Ron, Inger-Berit Bakke), Haugland (Trond, Torfinn, Torill), Poulsson (Unni, Mia), Tronstad (Leif Jr., Sidsel) e Finn Sørlie. Em particular, gostaria de agradecer a ajuda de Leif Tronstad, filho, que partilhou muitas e muitas horas de seu tempo comigo, bem como documentos da família, e ainda leu o manuscrito final do livro. Também a Marielle Skinnarland por sua generosa atenção a minha exaustiva lista de perguntas. E aos Haugland, que me instalaram em sua cabana nos arredores de Vemork e me levaram para um passeio de esqui pela área (até mesmo oferecendo alguns equipamentos de seu pai para que eu usasse). Meus agradecimentos também pelas informações do ex-membro da Kompani Linge, Ragnar Ulstein, e um punhado de noruegueses que conhecem bem essa história e me forneceram grande orientação, entre os quais Bjørn Iversen, Svein Vetle Trae, Berit Nøkleby, Asgeir Ueland e Tor Nicolaysen. Particularmente, Svein Vetle me concedeu um maravilhoso fim de semana em sua cabana, para não mencionar os mapas deste livro.

Um trabalho de história geralmente é tão bom quanto as fontes primárias disponíveis para o autor. Neste caso, elas foram abundantes e ricas. Uma delas foi o Norges Hjemmefrontmuseum (NHM). É um arquivo precioso e conta com uma equipe de especialistas de primeira na resistência norueguesa no front doméstico. Meu reconhecimento aos guias de lá: Frode Faerøy, Ivar Kragland, Benjamin Geissert e Arfinn Moland (que me forneceu uma entrevista inédita com o líder da Gunnerside, mais de cem páginas de ouro puro). O Norsk Industriarbeidermuseum (VM) de Rjukan também guardava um grande tesouro e eu teria ficado perdido sem seu diretor, Kjetil Djuve, e Ingelinn Kårvand. Também um enorme obrigado às equipes dos National Archives (Reino Unido), que atenderam inúmeros pedidos meus, bem como às do Imperial War Museum, da Niels Bohr Library e do Rensselaer Institute, entre outros. Sem meus tradutores, Carl Stoll e Mark McNaught, grande parte desse material teria sido indecifrável.

Assim que minha pesquisa termina — e o primeiro rascunho fica completo —, outra comunidade vem em minha ajuda. Uma saudação aos meus primeiros leitores, Carl Bartoli, Henry Bartoli, John Tuohy e Mike Faley, que esclareceram a física atômica e os detalhes intrincados dos bombardeiros B-17. Como sempre, minha editora inicial, Liz O'Donnell, da Little Red Pen, moldou, modificou e refinou quase todos os parágrafos do livro. Meus elogios jamais serão suficientes. Agradeço ao meu agente literário — e conselheiro em tudo que diz respeito a edição — Eric Lupfer, da William Morris Endeavor, e seus colegas Ashley Fox, Simon Trewin e Raffaella De Angelis. Eric me trouxe de volta para minha antiga casa, a Houghton Mifflin Harcourt, e minha soberba editora lá, Susan Canavan. Ela é uma grande defensora de meu trabalho — e minha amiga. Felicitações também à sempre maravilhosa Megan Wilson, à maga do marketing Carla Gray, a Jenny Xu e a Melissa Dobson.

E, finalmente, obrigado a Diane e a nossas preciosas meninas, Charlotte e Julia, que vivem entre os altos e baixos, e meios, da vida de um autor. Vocês fazem tudo isso valer a pena.

Notas

ABREVIATURAS

National Archives, Kew, Reino Unido (TNA)

National Archives, College Park, MD (NA)

Niels Bohr Library and Archives, College Park, MD (NB)

Norges Hjemmefrontmuseum, Oslo (NHM)

Norsk Industriarbeidermuseum, Rjukan (VM)

Leif Tronstad Archive, NTNU, Dorabiblioteket, Trondheim (DORA)

Bundesarchiv-Militärchiv, Freiburg (Barch-MA)

Documentos de Dan Kurzman, Howard Gotlieb Archival Research Center, Universidade dc Boston (KA)

Imperial War Museum (IWM)

Documentos de David Irving, German Atomic Bomb, British Online Archives (DIA)

Documentos de Leif Tronstad, cortesia de Leif Tronstad Jr. (LTP)

Diário de Leif Tronstad, Documentos de Leif Tronstad, cortesia de Leif Tronstad Jr. (LTD)

Documentos de Einar Skinnarland, cortesia da família Skinnarland (ESP)

Diário de Einar Skinnarland, cortesia da família Skinnarland (ESD)

Entrevista com Joachim Rønneberg feita por Arfinn Moland, NHM (Entrevista com Rønneberg, Moland)

Jens Poulsson, "General Report on Work of Advance Party by Swallow", NHM: caixa 25 (Relatório de Poulsson)

Knut Haugland, "Wireless Service in the Grouse Group", NHM: SOE, caixa 23 (relatório de Haugland)

Joachim Rønneberg, "Operation Gunnerside Report", NHM: FOIV, caixa D17 (relatório de Rønneberg)

Rolf Sørlie, Memórias não publicadas, cortesia da família Sørlie (memórias de Sørlie)

Jomar Brun, Algumas impressões de meu trabalho com Z, 30 nov. 1942, TNA: HS 8/955/DISR (relatório de Brun)

PRÓLOGO [pp. 19-21]

1. Rascunho de fala na BBC do tenente Rønneberg, TNA: HS 7/181; Knut Haukelid, *Skis Against the Atom*, pp. 105-8; Jack Rostøl e Nils Helge Amdal, *Tungtvannssabør*, pp. 86; relatório de Rønneberg; Kjell Harald Lunde, *Sabotøren*, pp. 99-101; Thomas Gallagher, *Assault in Norway*, pp. 96-7.

2. Relatório: Usina de energia de Vemork e fábrica eletrolítica, 30 out. 1942, TNA: DEFE 2/219; Adamson e Klem, p. 138; rascunho de fala na BBC do tenente Rønneberg, TNA: HS 7/181.

3. Entrevista com Haukelid, DIA: DJ 31; John Berg, *Soldaten*, p. 128; entrevista com Poulsson, IWM: História oral 27189.

4. Entrevista com Poulsson, IWM: 26625; Gunnar Myklebust, *Tungtvannssabotøren*, p. 108.

5. Ragnar Ulstein, entrevista com o autor.

6. Discurso no Imperial War Museum, 1978, DORA: L-0001.

1. A ÁGUA [pp. 25-39]

1. Nota biográfica, Papiers de Jacques Allier. Archives Nationales, Paris; Maurice Goldsmith, *Frédéric Joliot-Curie*, pp. 84-8.

2. Carta de Rjukan, Vedr. Tungt Vann, 11 jan. 1940, VM: caixa 4FD17-98; discussão da água pesada da Norsk Hydro com Bjarne Eriksen, 24 maio 1945, TNA: CAB 126/171.

3. Relatório confidencial de J.C.W., 6 mar. 1946, TNA: CAB 126/171.

4. Maurice Goldsmith, *Frédéric Joliot-Curie*, p. 86.

5. Norsk Hydro, panfleto promocional, TNA: DEFE 2/221.

6. Usina de energia de Vemork e fábrica eletrolítica, NHM: FOIV, caixa 78; relatório da Norsk Hydro, 14 set. 1942, TNA: HS 2/184.

7. Richard Rhodes, *Making of the Atomic Bomb*, p. 270; Jomar Brun, *Brennpunkt Vemork*, p. 9; relatório de D. R. Augood, dez. 1954, VM: JBrun, caixa 17.

8. Per Dahl, *Heavy Water*, p. 41.

9. P. M. fra konferanse i Trondheim julen 1933, VM: caixa 4F-D17-99; Jomar Brun, *Brennpunkt Vemork*, p. 10-3.

10. Família Tronstad, entrevista com o autor.

11. Jomar Brun, *Brennpunkt Vemork* pp. 14-20; "Interrogation of G. Syverstad", TNA: HS 2/188; Per Dahl, *Heavy Water*, p. 41-8.

12. Olav Njølstad, pp. 60-1, 77-9; Jomar Brun, *Brennpunkt Vemork*, p. 9.

13. Kristofer Anker Olsen, *Norsk Hydro*, p. 399; anúncio para "Schweres Wasser", VM: JBrun, caixa 2.

14. Jomar Brun, *Brennpunkt Vemork*, p. 15.

15. Richard Rhodes, *Making of the Atomic Bomb*, p. 29.

16. Ibid., p. 44.

17. Entrevista com o dr. Alan Morton, IWM: 26662; Per Dahl, *Heavy Water*, p. 62; Bertrand Goldschmidt, "The Supplies of Norwegian Heavy Water to France and the Early Development of Atomic Energy", em Ole Grimnes, *The Allied Heavy Water Operations at Rjukan* (IFS Info, 1995).

18. Richard Rhodes, *Making of the Atomic Bomb*, pp. 251-4.

19. Ibid., p. 256-60.

20. Rainer Karlsch, *Hitlers Bombe*, p. 32.

21. Richard Rhodes, *Making of the Atomic Bomb*, p. 275.

22. Richard Hargreaves, *Blitzkrieg Unleashed*, p. 11; William Shirer, *The Rise and Fall of the Third Reich*, p. 599.

23. Richard Langworth, *Churchill by Himsef*, p. 270.

24. Rainer Karlsch, *Hitlers Bombe*, p. 34.

25. "Notes on Captured German Reports on Nuclear Physics", TNA: AB 1/356; Erich, Bagge, Kurt Diebner e Kenneth Jay, *Von der Uranspaltung*, p. 157; Rainer Karlsch, *Hitlers Bombe*, p. 32.

26. Erich Bagge, Kurt Diebner e Kenneth Jay, *Von der Uranspaltung*, p. 21.

27. Ibid., p. 23; Thomas Powers, *Heinsenberg's War*, p. 15.

28. Carta de Harteck ao Ministério da Guerra do Reich, 24 abr. 1939, Paul Harteck Papers, Rensselaer Institute.

29. Entrevista com Heisenberg, DIA: DJ 31.

30. Erich Bagge, Kurt Diebner e Kenneth Jay, *Von der Uranspaltung*, p. 23; Thomas Powers, *Heisenberg's War*, p. 16.

31. Thomas Powers, *Heisenberg's War*, p. 14.

32. Relatório de Heisenberg, "Die Möglichkeiten der technischen Energiegewinnung aus der Uranspaltung", NB: G-39 (relatórios alemães sobre energia atômica); David Cassidy, *Uncertainty*, p. 422; entrevista com Heisenberg, DIA: DJ 31; Per Dahl, *Heavy Water*, pp. 52-4.

33. Relatório de Heisenberg, NB: G-39.

34. Ibid.; David Cassidy, *Uncertainty*, p. 422.

35. Entrevista com C. F. von Weizsäcker, História oral, NB; relatório de Rosbaud, NB: Goudsmit Papers, III, B27, F42.

36. Michael Schaaf, "Der Physikochemiker Paul Harteck", p. 108; carta de Heisenberg a Harteck, 18 jan. 1939, DIA: DJ 29; carta a Rjukan Saltpeterfabriker, 11 jan. 1940, VM: caixa 4F-D17-98; carta de Harteck a Heisenberg, 15 jan. 1940, DIA: DJ 29; Mark Walker, German National Socialism, pp. 18-27.

37. Kristofer Anker Olsen, Norsk Hydro, pp. 399-400.

38. Carta de Jomar Brun a Erik Lunde, 28 out. 1968, VM: JBrun, caixa 4; Jomar Brun, Brennpunkt Vemork, pp. 16-8.

39. Maurice Goldsmith, Frédéric Joliot-Curie, p. 87.

40. Carta de Jomar Brun a Erik Lunde, 28 out. 1968, VM: JBrun, caixa 4; Per Dahl, Heavy Water, p. 108.

41. Maurice Goldsmith, Frédéric Joliot-Curie, pp. 86-9; relatório confidencial de J.C.W., 6 mar. 1946, TNA: CAB 126/145.

2. O PROFESSOR [pp. 40-53]

1. Geirr Haarr, German Invasionf of Norway, pp. 290-7; Åke Fen, Nazis in Norway, p. 34.

2. Geirr Haarr, German Invasionf of Norway, p. 294.

3. Família Tronstad, entrevista com o autor; Olav Njølstad, pp. 15-7. O autor tem um profundo débito para com Olav Njølstad, cuja maravilhosa e informativa biografia traz quase tudo que sabemos de Leif Tronstad.

4. Entrevista com Haukelid, DIA: DJ 31.

5. N. A. Sørensen, "Minnetale over Professor Leif Tronstad", LTP; Njølstad, pp. 15-7.

6. Olav Njølstad, p. 15.

7. Geirr Haarr, German Invasionf of Norway, p. 64.

8. Família Tronstad, entrevista com o autor.

9. Richard Petrow, The Bitter Years, pp. 70-80.

10. Åke Fen, Nazis in Norway, pp. 50-1.

11. N. A. Sørensen, "Minnetale over Professor Leif Tronstad", LTP; Njølstad, pp. 18-9.

12. Olav Njølstad, pp. 18-20.

13. Família Tronstad, entrevista com o autor.

14. N. A. Sørensen, "Minnetale over Professor Leif Tronstad", LTP; Jomar Brun, "Leif Tronstad", Det Kongelige Norske Videnskabers Selskab, DORA: L-0001.

15. Carta de Tronstad a Josefine Larsen, 8 nov. 1924, LTP.

16. Carta de Tronstad a Bassa, 27 out. 1925, LTP.

17. Carta de Tronstad a Bassa, 10 maio 1928, LTP.

18. Família Tronstad, entrevista com o autor.

19. 23 jul. 1943, LTD.

20. Olav Njølstad, p. 55.

21. Família Tronstad, entrevista com o autor.

22. Ibid.; Håkon Flood, "Falt for Sitt Land", DORA: L-0001; "Professor Leif Tronstad" (*Nature*, 1945), LTP.

23. Relatório – "P. M. fra konferanse på Rjukan November 11, 1940 angående kapaciteten av tungtvannsanlegget", 11 nov. 1940, VM: caixa 4F-D17-98; carta de A. Enger a Aktieselskabet Rjukanfos, 19 nov. 1940, VM: caixa 4F-D17-98.

24. Carta a Aktieselskabet Rjukanfos, 11 jun. 1940, VM: caixa 4FD17-99; relatório de Brun.

25. Relatório – "P. M. fra konferanse på Rjukan November 11, 1940 angående kapaciteten av tungtvannsanlegget."

26. Jan Reimers, "Leif Tronstad slik jeg kjente ham", NHM: caixa 10B; Jomar Brun, *Brennpunkt Vemork*, pp. 19-21; Olav Njølstad, pp. 30-2.

27. Relatório de Brun.

28. Jomar Brun, *Brennpunkt Vemork*, pp. 21-3; carta a Aktieselskabet Rjukanfos, 27 fev. 1941, VM: caixa 4F-D17-98.

29. Relatório de Brun.

30. Carta de Bjorn Rørholt a Jomar Brun, 3 mar. 1985, VM: JBrun, caixa 17; Jan Reimers, "Leif Tronstad slik jeg kjente ham", NHM: caixa 10B.

31. Jomar Brun, *Brennpunkt Vemork*, p. 22.

32. Olav Njølstad, pp. 36-40; Jan Reimers, "Leif Tronstad slik jeg kjente ham", NHM: caixa 10B.

33. Carta de Bjorn Rørholt a Jomar Brun, 3 mar. 1985, VM: JBrun, caixa 17; entrevista com Bjorn Rørholt, NHM: caixa 16.

34. Entrevista com Haakon Sørbye, NHM: caixa 16.

35. "Fortalt av Hans Kone, Edla Tronstad", fev. 1992, DORA: L-0001; família Tronstad, entrevista com o autor.

36. 22 set. 1941, LTD.

37. 23 set. 1941, LTD; Olav Njølstad, p. 41.

38. Família Tronstad, entrevista com o autor.

39. 23-4 set. 1941, LTD.

40. Carta de Tronstad a Bassa, 22 set. 1941, LTP.

41. Passaporte de Leif Tronstad, DORA: L-0001.

42. 19-21 out. 1941, LTD.

43. Carta de Bjorn Rørholt a Jomar Brun, 3 maio 1985, VM, JBrun, caixa 17.

44. 21 out. 1941, LTD.

45. 26 out. 1941, LTD.

46. Arnold Kramish, *The Griffin*, pp. 91-6; Thomas Powers, *Heisenberg's War*, p. 282; Stephen Dorril, *MI6*, p. 134.

47. Thomas Powers, *Heisenberg's War*, pp. 53, 94.

48. Anotação manuscrita, TNA: AB 1/355.

49. 21 out.-1º dez. 1941, LTD.

50. Carta não assinada, 23 out. 1941, TNA: AB 1/355.

51. Relatório de Urey, 1º dez. 1941, NA: Bush-Conant Papers.

52. Reunião do Comitê Técnico, Tube Alloys, 11 dez. 1941, TNA: CAB 126/46; relatório de Rjukan, 20 dez. 1941, TNA: HS 2/184; memorando sobre a Operação Clairvoyant, 1º jan. 1942, TNA: HS 2/218; carta de Tronstad a Perrin, 30 nov. 1943, LTP.

53. 6 nov. 1941, LTD.

3. BONZO [pp. 54-68]

1. TNA: HS 8/435, pp. 14-7, 163-73; Erling Jensen, *Kompani Linge*, pp. 37-45; Kjell Harald Lunde, *Sabotøren*, pp. 55-7.

2. Arquivo pessoal de Haukelid, TNA: HS 9/676/4.

3. *Life*, 18 abr. 1938.

4. John Drummond, *But for These Men*, p. 56.

5. Família Haukelid, entrevista com o autor.

6. Knut Haukelid, *Skis Against the Atom*, p. 43.

7. Erling Jensen, *Kompani Linge*, p. 41.

8. Roderick Bailey, *Forgotten Voices*, p. 44.

9. Erling Jensen, *Kompani Linge*, p. 42.

10. História da Seção de Treinamento da SOE 1940-45, TNA: HS 8/435.

11. Ibid.

12. Gunnar Myklebust, *Tungtvannssabotøren*, p. 54.

13. Arquivo pessoal de Haukelid, TNA: HS 9/676/4.

14. Família Haukelid, entrevista com o autor.

15. Carta a Dan Kurzman, KA.

16. Família Haukelid, entrevista com o autor.

17. Knut Haukelid, *Skis Against the Atom*, pp. 16-20.

18. Família Haukelid, entrevista com o autor.

19. Amanda Johnson, *Norway*, p. 47.

20. Knut Haukelid, *Skis Against the Atom*, pp. 21-5.

21. Åke Fen, *Nazis in Norway*, p. 63; Amanda Johnson, *Norway*, pp. 129-34, 285-7; Richard Petrow, *The Bitter Years*, pp. 99-124; entrevista com Ivar Kragland, IWM: 26660.

22. Berit Nøkleby, *Gestapo*, pp. 49-53, 165-9; Sverre Kjelstadli, *Hjemmestyrkene*, pp. 118-24.

23. Berit Nøkleby, *Josef Terboven*, pp. 171-2.

24. Sverre Kjelstadli, *Hjemmestyrkene*, pp. 124-6.

25. Família Haukelid, entrevista com o autor.

26. Relatório/Interrogatório de Fehmer, NHM: FII, Fehmer.

27. Resumo do interrogatório de Tor Gulbrandsen, 10 out. 1942, TNA: HS 2/129.

28. Família Haukelid, entrevista com o autor; Knut Haukelid, *Skis Against the Atom*, p. 31.

29. Knut Haukelid, *Skis Against the Atom*, p. 42.

30. Ibid., pp. 40-1; Ragnar Ulstein, entrevista com o autor; Gunnar Myklebust, *Tungtvannssabotøren*, pp. 46-8; Jack Rostøl e Nils Helge Amdal, *Tungtvannssabotør*, pp. 50-3; Kjell Harald Lunde, *Sabotøren*, pp. 54-6. Em suas memórias, Haukelid detalha rapidamente seu encontro com Linge, principalmente contando como ficou impressionado que estivesse com o capitão do Exército. As memórias dos recrutas da Kompani Linge trazem, quase em todos os casos, uma recordação similar da primeira reunião com o oficial.

31. Gunnar Myklebust, *Tungtvannssabotøren*, pp. 46-8.

32. História da Seção de Treinamento da SOE 1940-5, TNA: HS 8/435; TNA: HS 2/188; Erling Jensen, *Kompani Linge*, pp. 48-71; Knut Haukelid, *Skis Against the Atom*, pp. 43-4; Rodapé, p. 80.

33. Denis Rigden, *How to Be a Spy*, p. 362.

34. Knut Haukelid, *Skis Against the Atom*, p. 44.

35. Arquivo pessoal de Haugland, TNA: HS 9/676/2. Parte do arquivo pessoal de Haukelid foi misturada por engano no arquivo de Haugland; daí a referência.

36. Hugh Dalton, *Fateful Years*, p. 368.

37. Rodapé, p. 4-9; David Stafford, *Secret Agent*, pp. 11-3.

38. Arquivo pessoal de Haugland, TNA: HS 9/676/2.

39. Erling Jensen, *Kompani Linge*, p. 47; Gunnar Myklebust, *Tungtvannssabotøren*, pp. 66-7.

40. História da Seção Norueguesa, TNA: HS 7/174, p. 27; John Wilson, "Great Britain and the Norwegian Resistance", NHM: caixa 50A; Richard Petrow, *The Bitter Years*, pp. 127-9.

41. Entrevista com Rønneberg, Moland; "Minute to Minister", fev. 1942, TNA: HS 8/321.

42. Relatório de progresso da SOE para o encerramento da semana em 28 jan. 1942, TNA: HS 8/220.

43. Arquivo pessoal de Poulsson, TNA: HS 9/1205/1; Jens-Anton Poulsson, *Heavy Water Raid*, p. 59.

44. Knut Haukelid, *Skis Against the Atom*, pp. 44-5.

45. 31 jan.-3 fev. 1942, LTD; Olav Njølstad, pp. 102-3; Sverre Kjelstadli, *Hjemmestyrkene*, pp. 176-81.

46. Svein Sæter, *Operatøren*, p. 41; "Special Confidential Report", TNA: HS 9/1605/3.

47. John Skinnar Wilson, *Memoirs of a Varied Life*, pp. 1-76.

48. 1º fev. 1942, LTD; Olav Njølstad, p. 103.

4. O FILHO DO ZELADOR [pp. 69-81]

1. 1º-17 mar. 1942, ESD; E. O. Hauge, *Salt-Water Thief*, pp. 82-3.

2. ESP.

3. Ole Johan Sagasfos, *Progress of a Different Nature*, p. 24.

4. Berit Nøkleby, *Josef Terboven*, p. 38.

5. "Norsk Hydro", TNA: DEFE 2/220; Joar Tranøy, *Oppvekst i samhold og konflikt*, p. 15.

6. Anotações de Skinnarland, ESP; família Skinnarland, entrevista com o autor; Marielle Skinnarland, entrevista com o autor.

7. Skinnarland, *Hva Som Hendte*, ESP.

8. *Bergens Tidende*, 1º fev. 2015.

9. Anotações de Skinnarland, ESP. Em muitas historiografias da ação em Vemork, Skinnarland é descrito como dispondo de inteligência sobre as atividades de água pesada dos alemães em Vemork na época em que viajou para a Grã-Bretanha. Isso está claramente errado, como o próprio Einar Skinnarland afirmou. Ele partiu para a Inglaterra com a intenção de iniciar um local de transmissão de radiotelegrafia para fornecer inteligência sobre a atividade alemã na área, sem dúvida centrando-se na Norsk Hydro.

10. "Cheese's Report", 30 jul. 1941, TNA: HS 2/150; John Wilson, "On Resistance in Norway", NHM: caixa 50A.

11. "Preliminary Report on Cheese's Return Journey", 18 mar. 1942, TNA: HS 2/151; E. O. Hauge, *Salt-Water Thief*, pp. 90-3.

12. E. O. Hauge, *Salt-Water Thief*, p. 94.

13. Teletipo, 15 mar. 1942, TNA: HS 2/151.

14. Anotações de Skinnarland, ESP; carta, 29 maio 1942, NHM: SOE, caixa 25; "Preliminary Report on Cheese's Return Journey", 18 mar. 1942, TNA: HS 2/151.

15. E. O. Hauge, *Salt-Water Thief*, p. 108.

16. H. G. Wells, *The World Set Free* (Nova York: Dutton, 1914), p. 222.

17. 24 jan. 1942, LTD. Tronstad registrou em seu diário que finalmente recebera uma "incumbência de grande importância para o país e o povo" do ministro da Defesa.

18. 3 jan. 1942; 13 fev. 1942; 17 fev. 1942; 21 fev. 1942; 7 mar. 1942, LTD.

19. 1º jan. 1942, LTD.

20. 12 jan. 1942; 4 mar. 1942, LTD; família Tronstad, entrevista com o autor.

21. 7 mar. 1942, LTD.

22. John Drummond, *But for These Men*, pp. 19-20.

23. "Clairvoyant", 1º jan. 1942, TNA: HS 2/218.

24. Rjukan, 20 dez. 1941, TNA: HS 2/184. Houve também um esboço de plano para seis homens explodirem as tubulações e válvulas acima da fábrica, mas isso foi claramente rejeitado em favor do bombardeio, como confirmado pelas lembranças de Poulsson (Jens-Anton Poulsson, *Heavy Water Raid*, p. 75).

25. Operação Grouse, 28 mar. 1942, NHM: SOE, caixa 22.

26. Ibid. Nas instruções operacionais originais, não havia menção a Skinnarland fornecer inteligência sobre a água pesada. Não obstante, desde o momento em que ele aterrissou, isso foi parte de sua atividade. Isso é confirmado por todo mundo, do coronel Wilson ("Heavy Water Operations in Norway", NHM: caixa 50A) ao próprio Skinnarland (carta de Einar Skinnarland a Dan Kurzman, ESP).

27. 20 mar. 1942, LTD.

28. "Report on Operation Undertaken by 138 Squadron", 29 mar. 1942, TNA: HS 9/1370/8; John Drummond, *But for These Men*, pp. 21-6.

29. Kjell Harald Lunde, *Sabotøren*, p. 77.

30. "Operation Grouse", 28 mar. 1942, NHM: SOE, caixa 22.

31. "Sergeant Einar Skinnarland", 6 mar. 1944, TNA: HS 9/1370/8.

32. Erling Jensen, *Kompani Linge*, pp. 94-5.

33. Kjell Harald Lunde, *Sabotøren*, pp. 73-4.

34. Erling Jensen, *Kompani Linge*, p. 99.

35. Arquivo pessoal de Skinnarland, TNA: HS 9/1370/8.

36. John Drummond, *But for These Men*, p. 21.

37. "Report on Operation Undertaken by 138 Squadron", 29 mar. 1942, TNA: HS 9/1370/8.

38. Entrevista com Einar Skinnarland, KA.

39. Marielle Skinnarland, entrevista com o autor.

5. UMA ESTRADA ABERTA [pp. 82-97]

1. "Minutes of 4th Meeting of Technical Committee", 23 abr. 1942, TNA: CAB 126/46.

2. Arnold Kramish, *The Griffin*, p. 59.

3. Ronald Clark, *Tizard*, pp. 210-4.

4. Ibid., pp. 214-7.

5. Winston Churchill, *Their Finest Hour*, p. 338.

6. Ata de Lord Cherwell para o primeiro-ministro, 27 ago. 1941, TNA: AB 1/170.

7. Texto da declaração de Churchill, NA: Harrison-Bundy Papers.

8. Carta do general Ismay ao Lord presidente do Conselho, 4 set. 1941, TNA: CAB 126/330.

9. Carta ao dr. Pye, 11 set. 1941, TNA: AB 1/651.

10. Entrevista com Fritz Reichl, NB: História oral.

11. Telex de R. Sutton Pratt, 10 nov. 1941, TNA: AB 1/651.

12. Thomas Powers, *Heisenberg's War*, p. 124. A famosa reunião Heisenberg-Bohr exerce uma atração permanente tanto para historiadores como para dramaturgos. O que foi dito, quem disse, o que quiseram dizer — essas questões permanecem em aberto. O autor as deixa para livros ótimos como *Heisenberg's War* de Thomas Powers destrinchar a verdade, mas, como Powers sugere, os britânicos muito provavelmente ficaram sabendo dessa conversa na primavera de 1942.

13. Margaret Gowing, *Britain and Atomic Energy*, p. 43.

14. Edward Jablonski, *Double Strike*, pp. 93-5.

15. H. D. Smyth, *Atomic Energy*, p. 38; Mark Walker, *German National Socialism*, pp. 22-3.

16. Atas da 4ª Reunião do Comitê Técnico, 23 abr. 1942, TNA: CAB 126/46.

17. Carta de Wilson a Tronstad, 1º maio 1942, NHM: caixa 10/SIS A; discussão com o professor Tronstad, 1º maio 1942, VM: JBrun, caixa 4; 11-4 maio 1942, LTD.

18. Carta de Tronstad a Brun, 15 maio 1942, LTP.

19. Carta de Tronstad a Wergeland, 15 maio 1942, LTP.

20. 14 maio 1942, LTD.

21. Berit Nøkleby, *Josef Terboven*, p. 202; relatórios sobre Televåg, TNA: HS 2/136; Ian Herrington, "The Special Operations Executive in Norway 1940-45", p. 336.

22. Berit Nøkleby, *Josef Terboven*, p. 202.

23. Lillian Gabrielson, entrevista com o autor, ESP.

24. Einar Skinnarland, Rapport avgitt I Oslo, 6 set. 1942, NHM: SOE, caixa 23B; Olav Skogen, *Ensom krig mot Gestapo*, p. 45; ESP; *Bergens Tidende*, 1º fev. 2015.

25. Carta a Paul Harteck de Erhard Schöpke, 30 out. 1951, Paul Harteck Papers, Rensselaer Institute; Sobre a viagem à Norsk Hydro em Oslo e Rjukan, relatório de Paul Harteck, NB: G-341.

26. Finn Sørlie, entrevista com o autor.

27. Carta a Paul Harteck de Erhard Schöpke, 30 out. 1951, Paul Harteck Papers, Rensselaer Institute; Sobre a viagem à Norsk Hydro em Oslo e Rjukan, relatório de Paul Harteck, NB: G-341; relatório de Brun; relatório de Schöpke, 3 ago. 1943, NB: G-341.

28. Relatório de Brun; Jomar Brun, *Brennpunkt Vemork*, pp. 24-8.

29. Atas de uma reunião com a Norsk Hydro, 27 maio 1942, NB: G-341; carta de Erhard Schöpke a Paul Harteck, 30 out. 1951, Paul Harteck Papers, Rensselaer Institute.

30. John Drummond, *But for These Men*, p. 25.

31. Relatório enviado a Londres, verão de 1942, VM: JBrun, caixa 6A; Jomar Brun, *Brennpunkt Vemork*, pp. 28-31.

32. Albert Speer, *Inside the Third Reich*, pp. 269-71; Erich Bagge, Kurt Diebner e Kenneth Jay, *Von der Uranspaltung*, pp. 29-31; David Cassidy, *Uncertainty*, pp. 455-7; Kristie Macrakis, *Surviving the Swastika*, pp. 173-5; Thomas Powers, *Heisenberg's War*, pp. 142-50; Owen Roane, *A Year in the Life*, pp. 48-9, 78.

33. David Irving, p. 72; Mark Walker, *German National Socialism*, pp. 26-7. Muito se escreveu sobre os cálculos errôneos de Walther Bothe sobre o grafite como moderador, a saber, que as descobertas de Bothe contribuíram para os alemães terem se concentrado exclusivamente na água pesada. Dando uma explicação bem fundamentada e exaustiva do porquê de o programa alemão supostamente ter insistido na água pesada em detrimento do trabalho de Bothe, Mark Walker escreve que Heisenberg imaginava que um reator usando grafite exigiria "muito mais urânio e muito mais moderador do que um dispositivo de água pesada" e que o Departamento de Equipamentos Militares do Exército determinou que "boro e carbono livre de cádmio com suficiente pureza podiam ser produzidos, mas somente a custos proibitivos".

34. Werner Heisenberg, "Research in Germany on the Technical Application of Atomic Energy", *Nature* (16 ago. 1947), NB: Goudsmit Papers, III, B10, F94; C. F. von Weizsäcker, "A Possibility to Produce Energy from U-238", 1940, NB: Goudsmit Papers, III, B10, F95; Walther Bothe, "Die Diffusionslänge für thermische Neutronen in Kohle", 1940-1, Deutsches Museum Archiv.

35. Entrevista com Werner Heisenberg, DIA: DJ 31.

36. Erich Bagge, Kurt Diebner e Kenneth Jay, *Von der Uranspaltung*, pp. 28-9; Günter Nagel, p. 77.

37. Erich Bagge, Kurt Diebner e Kenneth Jay, *Von der Uranspaltung*, pp. 29-32.

38. Vortragsfolge, 26 fev. 1942, NB: Goudsmit Papers, III, B25, F13.

39. Josef Goebbels, *The Goebbels Diaries*, p. 140.

40. Rainer Karlsch, *Hitlers Bombe*, pp. 87-9. Por muitos anos essa declaração de Heisenberg se perdeu para os historiadores. Em 2005, Rainer Karlsch encontrou uma cópia em um arquivo russo, revelando de fato que Heisenberg encorajara uma bomba de plutônio, mas não a via como exequível num futuro próximo.

41. Mark Walker, *German National Socialism*, p. 32.

42. Celia Sandys, *Chasing Churchill*, pp. 149-51; Jon Meacham, *Franklin and Winston* , pp. 180-4; Charles Moran, *Winston Churchill*, pp. 50-7.

43. Memorandum Report on Proposed Experiments with Uranium, NA: Bush-Conant Papers.

44. H. D. Smyth, *Atomic Energy*, pp. 72-84.

45. Carta a Vannevar Bush de Leó Szilárd, 26 maio 1942, NA: Bush-Conant Papers; carta a Compton de Leó Szilárd, 1º jun. 1942, NA: Bush-Conant Papers.

46. Carta ao presidente Roosevelt de Vannevar Bush, 17 jun. 1942, NA: Bush-Conant Papers.

47. Jon Meacham, *Franklin and Winston*, pp. 183-4.

48. Winston Churchill, *Hinge of Fate*, p. 380.

49. Anotação sobre Norman Brooke, vice-secretário do Gabinete de Guerra, 3 jul. 1942, TNA: HS 2/184; discussão de Akers com Norman Brooke, 30 jun. 1942, NHM: caixa 16.

6. ORDEM DE COMANDO [pp. 101-11]

1. Jens-Anton Poulsson, *Heavy Water Raid*, p. 76.

2. SOE Group B Training Syllabus, TNA: HS 7/52-54.

3. "Opening Address", TNA: HS 7/52-54a.

4. Arquivo pessoal de Poulsson, TNA: HS 9/1205/1.

5. Família Poulsson, entrevista com o autor; entrevista com Poulsson, IWM: 27189.

6. Jens-Anton Poulsson, *Heavy Water Raid*, p. 31; entrevista com Poulsson, IWM: 27189.

7. Jens-Anton Poulsson, *Heavy Water Raid*, pp. 49-59. As citações nessa passagem são do diário de Poulsson, inseridas em suas memórias sobre o ataque de Vemork.

8. Entrevista com Poulsson, IWM: 27189; Jens-Anton Poulsson, *Heavy Water Raid*, pp. 80-5.

9. Carta de Malcolm Munthe a Poulsson, Haukelid, Helberg e Kjelstrup, 13 jun. 1942, TNA: HS 2/172.

10. Arquivo pessoal de Knut Haukelid, TNA: HS 9/676/4. Não fica claro a partir dos registros exatamente quando esse acidente ocorreu — e quando Haukelid foi removido do serviço. Um relatório médico está datado de meados de agosto; outro, de meados de julho. Poulsson afirma que Helberg substituiu Haukelid. Outro membro do grupo, Gjestland, também foi removido da lista.

11. Estoques prontos para serem embalados para a Grouse I, NHM: SOE, caixa 22; Thomas Gallagher, *Assault in Norway*, p. 19.

12. Instruções de operação para a Grouse, 31 ago. 1942, NHM: caixa 25.

13. 31 ago. 1942, LTD.

14. Carta de Keyes ao primeiro-ministro, 14 out. 1941, DEFE 2/698.

15. Matthew Mann, "British Policy and Strategy Towards Norway, 1941-44.", pp. 104, 146, 165-8.

16. Lurgan Report, 3 set. 1942, TNA: HS 2/184.

17. 3 set. 1942, LTD.

18. 24 out. 1942, LTD.

19. 27 mar.-30 ago. 1942, LTD.

20. Berit Nøkleby, *Josef Terboven*, pp. 197-9; William Warbey, *Look to Norway*, pp. 140-4.

21. 7 ago. 1942, LTD.

22. Cartas de Poulsson a Haukelid, 10 set. 1942, TNA: HS 2/172.

23. Carta de Munthe a Gjestland, 8 ago. 1942, TNA: HS 2/172.

24. Carta de Poulsson/Helberg a Haukelid, 29 set. 1942, TNA: HS 2/172.

25. Relatório da Freshman, 14 nov. 1942, NHM: FOIV, caixa D17.

26. Pessoal de Falkenhorst, PERS 6-24, Barch-MA; Bericht des Genraloberten v. Falkenhorst, ZA1-1749, Barch-MA; Richard Petrow, *The Bitter Years*, pp. 31-4.

27. Relatório da Freshman, 14 nov. 1942, NHM: caixa 10B.

28. Berit Nøkleby, *Josef Terboven*, p. 212.

29. Ibid., p. 213.

30. Sverre Kjelstadli, *Hjemmestyrkene*, pp. 166-8; Berit Nøkleby, *Gestapo*, pp. 175-7.

31. Sverre Kjelstadli, *Hjemmestyrkene*, pp. 154-6; Berit Nøkleby, *Josef Terboven*, pp. 215-6.

32. Ordem alemã para matar comandos e paraquedistas Aliados capturados, relatório FF--2127, TNA: WO 331/7. Embora datado de 18 de outubro de 1942, esse relatório afirma que "a ordem foi distribuída para comandantes regimentais e oficiais de Estado-Maior de patente

correspondente em 10 de outubro". Havia também um comunicado oficial para a Werhrmacht em 7 de outubro que basicamente dizia a mesma coisa.

7. FAÇAM UM BOM TRABALHO [pp. 112-19]

1. Entrevista com Haugland, IWM: 26624.
2. Svein Sæter, *Operatøren*, p. 45.
3. Ibid., p. 56.
4. Freshman — Apêndice A, 17 out. 1942, NHM: caixa 25.
5. Svein Sæter, *Operatøren*, pp. 56-7; entrevista com Haugland, IWM, 26624.
6. Freshman — Apêndice A, 17 out. 1942, NHM: caixa 25.
7. Nota tang Freshman, 30 jun. 2003, NHM: caixa 25; entrevista com Poulsson, IWM: 27189; Gunnar Myklebust, *Tungtvannssabotøren*, pp. 88-9.
8. Svein Sæter, *Operatøren*, p. 57.
9. Entrevista com Rønneberg, Moland.
10. Ibid.
11. Ibid.
12. Ibid.
13. Gunnar Myklebust, *Tungtvannssabotøren*, p. 21.
14. Entrevista com Rønneberg, Moland; entrevista com Rønneberg, IWM: 27187.
15. Gunnar Myklebust, *Tungtvannssabotøren*, p. 12.
16. Entrevista com Rønneberg, Moland.
17. Relatório da Operação de Transporte Aéreo, 18 out. 1942, TNA: HS 2/185; Thomas Gallagher, *Assault in Norway*, pp. 20-1.
18. Relatório Topografia do Hardangervidda, 13 out. 1942, TNA: HS 2/184; Ray Mears, *The Real Heroes of Telemark*, pp. 47-9; Hans Christian Adamson e Per Klem, *Blood on the Midnight Sun*, pp. 141-2.
19. Relatório de Poulsson; Thomas Gallagher, *Assault in Norway*, p. 22; Jon Berg, *Soldaten som ikke ville gi seg*, p. 104.
20. Equipamento Grouse, NHM: SOE, caixa 22; Gunnar Myklebust, *Tungtvannssabotøren*, p. 86; Per Lauritzen, *Claus Helberg* p. 32.
21. Odd Halvorsen, *Den Norske Turistforening årbok 1947*.
22. Svein Sæter, *Operatøren*, p. 59.
23. Jens-Anton Poulsson, "General Report", VM: JBrun, caixa 4; relatório de Haugland; entrevista com Haugland, IWM: 26624; Thomas Gallagher, *Assault in Norway*, pp. 24-5.

8. LOUCOS PARA ENTRAR EM AÇÃO [pp. 120-33]

1. Relatório de Skinnarland, 1º nov. 1942, NHM: SOE, caixa 23; Asgeir Ueland, *Tungtvann-saksjonen*, pp. 60-1; mensagem de Estocolmo, 15 jun. 1942, TNA: HS 2/172.

2. Instrução da Operação Grouse, NHM: SOE, caixa 22.

3. Recordações de Tomy Brun, LTP; carta de Brun ao Comandante Thorsen, 8 set. 1984, VM: JBrun, caixa 17; Per Dahl, *Heavy Water*, pp. 167-9.

4. 3-7 nov. 1942, LTD.

5. Pessoal para o capitão Tronstad, 28 out. 1942, NHM: caixa 10/SIS A; relatório da Freshman, 14 nov. 1942, NHM: FOIV, caixa D17.

6. Ion Drew, *Tause helter*, pp. 84-5; Mark Henniker, *Memoirs of a Junior Officer*, pp. 1, 22-188. Com respeito à Operação Freshman, o livro de Drew et al. serviu como inestimável fonte e deve ser consultado por qualquer um à procura de mais informação sobre essa parte da história.

7. Bilhete escrito por Mark Henniker, entregue a Peter Yeates, 1983, KA.

8. Atas de reunião na COHQ, 26 out. 1942, TNA: DEFE 2/224; bilhete escrito por Mark Henniker, entregue a Peter Yeates, 1983, KA.

9. Notas, KA; *Yorkshire Evening Post*, 15 ago. 1984; Ion Drew, *Tause helter*, pp. 113-25.

10. Mark Henniker, relatório sobre a Operação Freshman, 23 nov. 1942, TNA: DEFE 2/224.

11. Relatório do capitão de grupo Tom Cooper, 1942, TNA: AIR 20/11930; Ion Drew, *Tause helter*, pp. 87-9; anotações de entrevista, KA.

12. Ion Drew, *Tause helter*, pp. 87-9.

13. Tim Lynch, *Silent Skies*, pp. 8-21.

14. Ibid., pp. 196-7.

15. Relatório do capitão de grupo Tom Cooper, 1942, TNA: AIR 20/11930; John Wilson, *Memoirs of a Varied Life*, p. 84.

16. Plano Freshman, 14 out. 1942, TNA: DEFE 2/224; notas sobre a exequibilidade da Operação, 30 out. 1942, TNA: DEFE 2/224; plano preliminar da Freshman, 13 out. 1942, TNA: DEFE 2/224; notas sobre a Operação Freshman, 17 out. 1942, TNA: DEFE 2/224; Mark Henniker, relatório sobre a Operação Freshman, 23 nov. 1942, TNA: DEFE 2/224. Os registros dos relatórios e atas dessas reuniões revelam o fascinante processo iterativo pelo qual os planejadores das Operações Combinadas passaram como preparativo para a Operação Freshman. A visão em retrospecto é perfeita, mas não se pode culpar esses homens por falta de consideração ou preparação.

17. Atas da reunião sobre a Operação Freshman, 14 out. 1942, TNA: DEFE 2/224.

18. Operação Freshman, plano preliminar, 14 out. 1943, NHM: caixa 10C; relatório sobre ordem nº 5 da Operação 38 Wing — "Operation Freshman", 8 dez. 1942, TNA: DEFE 2/219.

19. Relatório especial sobre rotas de fuga de Vemork para a fronteira sueca, 12 out. 1942, NHM: caixa 10/SIS C.

20. Relatório Freshman de Barstow, 3 nov. 1942, TNA: DEFE 2/224; carta de A.P.1 a C.A.P., 31 out. 1942, TNA: DEFE 2/219; carta do coronel Gubbins para o general de divisão Haydon, 30 out. 1942, TNA: DEFE 2/219.

21. Carta de Mountbatten a A.O.C.-in-C., 29 out. 1942, TNA: DEFE 2/219.

22. Notas sobre a Operação Freshman, 17 out. 1942, TNA: DEFE 2/219.

23. Treinamento da Freshman, 27 out. 1942, TNA: DEFE 2/219; Ion Drew, *Tause helter*, p. 92.

24. Instalação da fábrica e demolição proposta, 16 nov. 1942, TNA: DEFE 2/224; Usina de energia de Vemork e relatório da usina de eletrólise, 30 out. 1942, TNA: DEFE 2/219; Operação Lurgan, relatório técnico preliminar, TNA: HS 2/185.

25. Relatório de Poulsson; relatório de Haugland; entrevista com Haugland, IWM: 27212; entrevista com Poulsson, IWM: 26625; entrevista com Haugland, IWM: 26624; Jens-Anton Poulsson, *Heavy Water Raid*, pp. 91-9; Thomas Gallagher, *Assault in Norway*, pp. 24-7; Svein Sæter, *Operatøren*, pp. 57-62.

26. Relatório de Poulsson.

27. Família Haugland, entrevista com o autor; Svein Sæter, *Operatøren*, pp. 9-40; entrevista com Haugland, IWM: 26624.

28. Svein Sæter, *Operatøren*, p. 26.

29. Arquivo pessoal de Haugland, TNA: HS 9/676/2.

30. Ibid.

31. Relatório de Haugland; entrevista com Haugland, IWM: 27212.

32. Knut Haukelid, *Skis Against the Atom*, pp. 97-9.

33. Relatório de Poulsson.

34. Claus Helberg, "Report About Einar Skinnarland", 30 jul. 1943, NHM: SOE, caixa 23.

35. Olav Njølstad, p. 99; John Berg, *Soldaten som ikke ville gi se*, p. 114.

36. Relatório; Svein Sæter, *Operatøren*, pp. 45, 62; entrevista com Haugland, IWM: 27212; entrevista com Haugland, IWM: 26624.

37. Mensagem da Grouse, 9 nov. 1942, TNA: HS 2/172.

9. UM DESTINO INCERTO [pp. 134-45]

1. Gerd Vold Hurum, *En Kvinne ved navn Truls*, pp. 114-6.

2. Mensagem para a Grouse, 2 nov. 1942, NHM: SOE, caixa 22. No texto, o autor faz referência a Tronstad respondendo essa mensagem. Nos arquivos, há poucas referências indicando quem redigiu as respostas para serem transmitidas pelos operadores da Grendon Hall Home Station, mas as que existem mencionam Tronstad ou Wilson.

3. Criptograma particular de Estocolmo, 8 nov. 1942, TNA: HS 2/172.

4. Mensagem da Grouse, 9 nov. 1942, TNA: DEFE 2/220.

5. Do coronel Wilson para a Grouse, 9 nov. 1942, TNA: HS 2/184.

6. Mensagem da Grouse, 10 nov. 1942, TNA: DEFE 2/220.

7. Carta de Jomar Brun a Arnold Kramish, 6 ago. 1986, VM: JBrun, caixa 6A; carta de Jomar Brun a Bjørn Rørholt, 25 maio 1985, VM: JBrun, caixa 17; 12 nov. 1942, LTD.

8. Niederschrift — Besuch von Regierungs-Baurat Dr. Diebner, 2 set. 1942, VM: caixa 4F/D17/98.

9. Hans Suess, "Virus House: Comments and Reminiscences", *Bulletin of Atomic Scientists*, jun. 1968; Jomar Brun, *Brennpunkt Vemork*, pp. 29-30.

10. Relatório da Freshman, 17 nov. 1942, TNA: DEFE 2/219.

11. 12 nov. 1942, LTD.

12. Ronald Clark, *Tizard*, p. 215.

13. Relatório de progresso para a Seção SN, 3 nov. 1942, NHM: SOE, caixa 3A.

14. Carta de Bassa a Leif, 11 out. 1942, LTP.

15. Carta de Leif a Bassa, 4 out. 1942, LTP.

16. Atas da reunião realizada em Chiltern Court, 154, 15 nov. 1942, TNA: DEFE 2/224; 15 nov. 1942 e 20 nov. 1942, LTD; Freshman — traduções de mensagens, 15 nov. 1942, TNA: HS 2/184.

17. 15 nov. 1942, LTD.

18. Relatório da Freshman, 17 nov. 1942, TNA: DEFE 2/219.

19. Entrevista com Haugland, IWM: 26624; Gunnar Myklebust, *Tungtvannssabotøren*, pp. 100-1.

20. Relatório de Poulsson; Claus Helberg, "Report about Einar Skinnarland", 30 jul. 1943, NHM: SOE, caixa 23.

21. Entrevista com Haugland, IWM: 26624; Svein Sæter, *Operatøren*, pp. 65-6.

22. Mensagem da Grouse, 17 nov. 1942, TNA: DEFE 2/219.

23. Arquivo pessoal de Haukelid, TNA: HS 9/676/4.

24. Bilhete escrito por Mark Henniker, entregue a Peter Yeates, 1983, KA; Mark Henniker, *Image of War*, pp. 95-8.

25. Mark Henniker, *Image of War*, pp. 95-8.

26. Bilhete do C.C.O., Operação Freshman, 18 nov. 1942, TNA: DEFE 2/224.

27. Memorando ao primeiro-ministro, 17 nov. 1942, TNA: DEFE 2/224.

28. Petterssen, previsão para a Operação Freshman, 22 nov. 1942, NHM, FOIV, caixa D17. Vale notar que Petterssen foi o meteorologista que o general Eisenhower chamou para determinar a data do desembarque no dia D. Sua decisão de adiar a invasão em um dia devido ao tempo provavelmente poupou inúmeras vidas.

29. Ion Drew, *Tause helter*, pp. 93-103; entrevista com Michael Douglas, IWM: 31404; relatório do capitão de grupo Tom Cooper, 1942, TNA: AIR 20/11930.

30. Ion Drew, *Tause helter*, p. 97.

31. Carta de Wallis Jackson, 18 nov. 1942, KA.

32. Ion Drew, *Tause helter*, pp. 118-9.

33. Relatório do capitão de grupo Tom Cooper, 1942, TNA: AIR 20/11930.

34. Relatório da Freshman — Apêndice A — Equipamento padrão, TNA: DEFE 2/219.

35. Ion Drew, *Tause helter*, p. 103.

36. Ibid., p. 105.

37. Lista de mensagens da Freshman, 18-20 nov. 1942, TNA, DEFE 2/219; relatório sobre a ordem nº 5 da Operação 38 Wing, 8 dez. 1942, TNA, DEFE 2/219.

38. Bilhete escrito por Mark Henniker, entregue a Peter Yeates, 1983, KA. Há uma disparidade nos arquivos com respeito aos fusos horários usados pela Freshman e Grouse. Para evitar confusão, o autor usou o fuso norueguês, mesmo quando se referindo à decolagem dos aviões de Skitten.

39. 19 nov. 1942, LTD.

40. Freshman — Apêndice A, 17 out. 1942, NHM: caixa 25; entrevista com Haugland, IWM: 27212; entrevista com Poulsson, IWM: 27189; relatório de Poulsson.

10. PERDAS [pp. 146-57]

1. Entrevista com Knut Haugland, IWM: 26624; entrevista com Poulsson, IWM: 26625; TNA: HS 2/190; Svein Sæter, *Operatøren*, pp. 66-7; relatório de Poulsson.

2. Relatório de Poulsson.

3. Relatório sobre a ordem nº 5 da Operação 38 Wing, 8 dez. 1942, TNA: DEFE 2/219; carta do coronel Wilson ao coronel Head, 21 jan. 1943, TNA: DEFE 2/224; Ion Drew, *Tause helter*, pp. 127-31.

4. Relatório sobre a ordem nº 5 da Operação 38 Wing, 8 dez. 1942, TNA: DEFE 2/219; relatório de testemunha ocular — Os aviões que foram destruídos no distrito de Egersund, abr.--jun. 1943, NHM: SOE, caixa 23; relatório de Johannes Mukejord, KA; Jostein Berglyd, *Operation Freshman* pp. 59-61. Embora o curso exato do Halifax B seja desconhecido, está claro que o avião chegou ao local, uma vez que Haugland escutou o tom do Eureka/Rebecca e o do Halifax A estava quebrado. Além do mais, houve relatos de noruegueses perto de Egersund que disseram que o avião fez a volta várias vezes antes de cair, obviamente à procura do planador perdido.

5. Relato de Anne Lima, 13 mar. 1944, NHM: SOE, caixa 23; informe ao chefe de polícia Rogaland de Lensmann em Helland, 21 nov. 1942, TNA: WO 331/18; depoimento de Lensmann Trond Hovland, 1945, TNA: WO 331/18; depoimento de Tellef Tellefsen, jun. 1945, TNA: WO 331/18; pasta nº UK-G/B. 476, United Nations War Crime Commission Against Von Behrens and Probst, TNA: WO 331/387.

6. Lista de mensagens da Freshman, 18-20 nov. 1942, TNA: DEFE 2/219; Ion Drew, *Tause helter*, p. 169.

7. 20 nov. 1942, LTD.

8. John Drummond, *But for These Men*, pp. 51-2.

9. John Wilson, "On Resistance in Norway", NHM: caixa 50A.

10. Ibid.

11. Carta de Gubbins a Haydon, 20 nov. 1942, TNA: DEFE 2/219.

12. Carta de Hansteen a Mountbatten, 21 nov. 1942, TNA: DEFE 2/219.

13. Mensagem à Grouse, 20 nov. 1942, NHM: SOE, caixa 22.

14. Serviço de monitoramento da BBC — Freshman, 21 nov. 1942, TNA: DEFE 2/224.

15. 21 nov. 1942, LTD.

16. Ata do primeiro-ministro, 22 nov. 1942, TNA. DEFE 2/219.

17. Depoimento de Lensmann Trond Hovland, 1945, TNA: WO 331/18.

18. Carta do major Rawlings à Seção da PS&W, 2 jul. 1945, TNA: WO 331/18.

19. Eugene Paul Wigner, *The Collected Works*, pp. 447-8.

20. Ordem alemã de matar comandos e paraquedistas Aliados capturados, Informe FF-2127, TNA: WO 331/7.

21. Fuzilamento de soldados Aliados capturados na Noruega feito pelos alemães, 14 jan. 1944, TNA: HS 2/184; pasta nº UK-G/B. 476, United Nations War Crime Commission Against Von Behrens and Probst, TNA: WO 331/387; depoimento de Werner Siemsen, 6 jul. 1947, TNA: WO 331/387; informe sobre o interrogatório do coronel Oberst, 12 set. 1945, TNA: WO 331/387; depoimento de Cid Gunner, 29 jun. 1945, TNA: WO 331/18; depoimento de Michael Spahn, 29 jun. 1945, TNA: WO 331/18; depoimento de Rolf Greve, 14 jun. 1945, TNA: WO 331/18.

22. Jostein Berglyd, *Operation Freshman*, pp. 50-2; depoimento de Kurt Hagedorn, 31 ago. 1945, TNA: WO 331/387; depoimento de Cid Gunner, 29 jun. 1945, TNA: WO 331/18; carta do major Rawlings à Seção da PS&W, 2 jul. 1945, TNA: WO 331/18; depoimento de Tellef Tellefsen, jun. 1945, TNA: WO 331/18.

23. Tagesmeldung, 20 nov. 1942, RW 39/39, Barch-MA; BDS in Olso Berichtet, 21 nov. 1942, DIA: DJ 31; David Irving, *The German Atomic Bomb*, pp. 139-42.

24. Steinar Brauteset, *Gestapo-offiseren Fehmer*, pp. 32.

25. Arquivos pessoais de Fehlis, VBS 286/6400009794, Bundesarchiv, Berlim.

26. Interrogatório de Wilhelm Esser, 10 jul. 1945, TNA: WO 331/386.

27. Ion Drew, *Tause helter*, pp. 111-4.

28. Jostein Berglyd, *Operation Freshman*, pp. 63-79; depoimento de Ravn Tollefsen, data desconhecida, TNA: WO 331/386; depoimento de Martin Fylgjesdal, 3 ago. 1945, TNA: WO 331/386; depoimento de Sigurd Stangeland, 25 jul. 1945.

29. Depoimento de Fritz Seeling, 6 nov. 1945; depoimento de Fritz Feuerlein, 28 set. 1945, TNA: WO 331/386; depoimento de Kurt Seulen, data desconhecida, TNA: WO 331/386; depoimento de Erich Hoffmann, 12 dez. 1945. Quatro participantes nessas atrocidades foram capturados após a guerra. Como se pode imaginar, seus relatos são contraditórios, provavelmente devido à tentativa de pintar uma imagem mais favorável a seu próprio respeito.

11. O INSTRUTOR [pp.161-70]

1. Relatório de Wilson (SN), 21 nov. 1942, TNA: HS 2/184.

2. Relatório de Poulsson; mensagem da Grouse, 23 nov. 1942, NHM: SOE, caixa 22.

3. Relatório de Poulsson.

4. Jens-Anton Poulsson, *Heavy Water Raid*, pp. 109-15; Svein Sæter, *Operatøren*, p. 74.

5. Joachim Rønneberg, "Operation Gunnerside" (IFS Info, 1995); entrevista com Rønneberg, Moland; entrevista com Rønneberg, IWM: 27187; Thomas Gallagher, *Assault in Norway*, p. 40.

6. Ragnar Ulstein, entrevista com o autor.

7. Gunnar Myklebust, *Tungtvannssabotøren*, pp. 84-5.

8. 1º dez. 1942, LTD; Atas da reunião feita na Casa Norgeby, 26 nov. 1942, TNA: HS 2/185; entrevista com Joachim Rønneberg, KA.

9. Arquivo pessoal de Strømsheim, TNA: HS 9/1424/2; entrevista com Rønneberg, Moland.

10. Ibid.

11. Arquivo pessoal de Kayser, TNA: HS 9/824/2; Kjell Harald Lunde, *Sabotøren*, pp. 1-68.

12. Arquivo pessoal de Idland, TNA: HS 9/774/4; Jack Rostøl e Nils Helge Amdal, *Tungtvannssabotør* pp. 1-62.

13. Arquivo pessoal de Storhaug, TNA: HS 9/1420/7; Kjell Harald Lunde, *Sabotøren*, p. 88.

14. Ragnar Ulstein, entrevista com o autor; entrevista com Rønneberg, Moland; Gunnar Myklebust, *Tungtvannssabotøren*, pp. 108-11.

15. Jack Rostøl e Nils Helge Amdal, *Tungtvannssabotør* p. 75.

16. Gunnar Myklebust, *Tungtvannssabotøren*, pp. 107-9.

17. Berit Nøkleby, *Gestapo*, pp. 67-8; Myrtle Wright, *Norwegian Diary, 1940-1945*, pp. 110.

18. Interrogatório de Wilhelm Esser, 10 jul. 1945, TNA: WO 331/386; depoimento de Erik Dahle, 15 ago. 1945, TNA: WO 331/383; depoimento de Hans Behncke, 14 ago. 1945, TNA: WO 331/383.

19. "Bericht über Sabotageunternehmen Lysefjord-Egersund, 27 dez. 1942", RW 39/40, Barch-MA.

20. Günter Nagel, *Atomversuche in Deutschland*, pp. 45-7; Abschrift: Uran-Bomben, 8 maio 1943, DIA: DJ 29.

21. "Bericht über einer Würfelversuch mit Uranoxyd und Paraffin", G-125, Deutsches Museum Archiv; entrevista com Georg Hartwig, NB: História oral; Mark Walker, *German National Socialism*, pp. 95-7.

22. Günter Nagel, *Atomversuche in Deutschland*, p. 73.

23. Ibid.

24. Entrevista com Erich Bagge, DIA: DJ 29.

25. David Irving, *The German Atomic Bomb*, pp. 117-8; Mark Walker, *German National Socialism*, p. 84.

26. "Bericht über zwei Unfalle beim Umgang mit Uranmetall", G-135, Deutsches Museum Archiv; Per Dahl, *Heavy Water*, pp. 188-90.

27. "Bericht uber einer Würfelversuch mit Uranoxyd und Paraffin", G-125, Deutsches Museum Archiv; entrevista com Georg Hartwig, NB: História oral; Erich Bagge, Kurt Diebner e Kenneth Jay, *Von der Uranspaltung*, p. 25; Rainer Karlsch, *Hitlers Bombe*, pp. 73, 98-100; Mark Walker, *German National Socialism*, p. 97.

28. Richard Rhodes, *Making of the Atomic Bomb*, pp. 401, 438-40.

29. Eugene Paul Wigner, *The Collected Works*, pp. 447.

12. AQUELES BOÇAIS NÃO VÃO PEGAR A GENTE [pp. 171-82]

1. "Gestapo Lager Razzia og Unntagstilstand i Rjukan", NHM: FOIV, caixa D17; memórias de Sørlie.

2. Memórias de Sørlie.

3. Skinnarland, *Hva Som Hendte*, ESP.

4. 8 dez. 1942, LTD.

5. Olav Njølstad, p. 173.

6. Ragnar Ulstein, entrevista com o autor; Gunnar Myklebust, *Tungtvannssabotøren*, pp. 108-9.

7. Knut Haukelid, *Skis Against the Atom*, p. 74; entrevista com Haukelid, DIA: DJ 31.

8. *Instruks for Bonzo*, 18 dez. 1942, NHM: FOIV, caixa D17; carta de Malcolm Munthe para Gjestland, 8 ago. 1942, TNA: HS 2/172.

9. Knut Haukelid, *Skis Against the Atom*, p. 75.

10. Mensagem da Swallow, 9 dez. 1942, NHM: FOIV, caixa D17.

11. Método de liberar o tráfego, 30 out. 1942, TNA: HS 2/172.

12. Olav Skogen, *Ensom krig mot Gestapo*, pp. 12-4; informe amigo — Øystein Jahren, NHM: SOE, caixa 23B.

13. Anotações de Skinnarland, ESP; Marielle Skinnarland, entrevista com o autor; 10 dez. 1942, ESD; relatório de Gunlsik Skogen, 1º dez. 1943, TNA: HS 2/174; Asgeir Ueland, *Tungtvannsaksjonen*, pp. 117-20.

14. Entrevista com Rønneberg, Moland.

15. Ibid.

16. Ibid.; Gunnar Myklebust, *Tungtvannssabotøren*, pp. 110-7; Gunnerside — Instruções de operação, 15 dez. 1942, NHM: FOIV, caixa D17; relatório de Rønneberg.

17. Entrevista com Rønneberg, Moland.

18. Bernard O'Connor, *Churchill's School for Saboteurs*, pp. 47-8.

19. Ibid., p. 45.

20. Orientering vedr. Gunnerside. 11 dez. 1942, NHM: FOIV, caixa D17; Gunnerside — Instruções de operação, 15 dez. 1942, NHM: FOIV, caixa D17; Gunnar Myklebust, *Tungtvannssabotøren*, pp. 119-21; Jack Rostøl e Nils Helge Amdal, *Tungtvannssabotør* pp. 74-8; Kjell Harald Lunde, *Sabotøren*, pp. 88-90; entrevista com Rønneberg, Moland.

21. Entrevista com Rønneberg, Moland; Kjell Harald Lunde, *Sabotøren*, p. 89; entrevista com Haukelid, DIA: DJ 31.

22. Entrevista com Rønneberg, Moland.

23. Memórias de Sørlie; Olav Skogen, *Ensom krig mot Gestapo*, pp. 29-31; Svein Sæter, *Operatøren*, p. 74.

24. Relatório de Poulsson; Svein Sæter, *Operatøren*, pp. 74-5.

25. Thomas Gallagher, *Assault in Norway*, p. 80; Svein Sæter, *Operatøren*, p. 75.

26. Mensagem para a Swallow, 13 dez. 1942, NHM: SOE, caixa 22.

27. Relatório de Poulsson; Svein Sæter, *Operatøren*, pp. 74-5; entrevista com Helberg, iwm: 26623; Ray Mears, *The Real Heroes of Telemark*, p. 101.

28. 10-18 dez. 1942, esd.

29. Mensagem para a Swallow, 17 dez. 1942, nhm: soe, caixa 22; história da Grouse/Swallow Eureka, dez. 1943, nhm: soe, caixa 23.

30. Carta de George Rheam, 18 dez. 1942, tna: hs 2/185.

31. Anotações de instrução manuscritas, 14 dez. 1942, nhm: foiv, caixa D17; Jack Rostøl e Nils Helge Amdal, *Tungtvannssabotør*, p. 76. Há algumas versões das observações de Tronstad ao se despedir da equipe Gunnerside. Essa citação combina material em suas anotações de instrução e o relatório de Rostøl e Amdal.

32. Gunnar Myklebust, *Tungtvannssabotøren*, p. 127.

13. REGRAS DE UM CAÇADOR [pp. 183-93]

1. Jens-Anton Poulsson, *Heavy Water Raid*, pp. 19-21; relatório de Poulsson. Em muitas histórias, essa cabana é chamada de Svensbu, um nome posterior. Em mensagens codificadas na época para a Home Station, a cabana é chamada de Fetterhyatta (cabana do primo). Além disso, ainda paira alguma confusão quanto a Poulsson ter viajado para a cabana sozinho alguns dias à frente dos demais ou junto com eles.

2. Jens-Anton Poulsson, *Heavy Water Raid*, p. 90.

3. Entrevista com Poulsson, iwm: 27189; Svein Vetle Trae, entrevista com o autor.

4. Thomas Gallagher, *Assault in Norway*, p. 50.

5. Entrevista com Poulsson, iwm: 27189; Ibid., pp. 50-1.

6. Knut Haukelid, *Skis Against the Atom*, p. 77.

7. Gunnar Myklebust, *Tungtvannssabotøren*, pp. 126-8.

8. *Instruks for Bonzo*, 18 dez. 1942, nhm: foiv, caixa D17.

9. Thomas Gallagher, *Assault in Norway*, pp. 51-2.

10. "Regler og forskrifter", cortesia de Mia Poulsson.

11. Entrevista com Poulsson, iwm: 27189.

12. Helge Ingstad, *The Land of Feast and Famine*, p. 156.

13. Jens-Anton Poulsson, *Heavy Water Raid*, pp. 20-2; Thomas Gallagher, *Assault in Norway*, pp. 49-65; Svein Vetle Trae, entrevista com o autor. Para essa narrativa da caçada, o autor se valeu de *Assault in Norway* [Ataque na Noruega]. Gallagher escreveu um relato primoroso da obtenção dessa primeira presa que salvou a vida da Grouse, e Poulsson claramente o ajudou a informá-lo sobre os detalhes.

14. Svein Sæter, *Operatøren*, p. 75; Jens-Anton Poulsson, *Heavy Water Raid*, pp. 22-3.

15. Jens-Anton Poulsson, *Heavy Water Raid*, p. 24.

16. Carta a Fehlis, 14 dez. 1942, VM: A-1108/Ak, caixa 1. Esta é uma de uma série de cartas trocadas entre a Norsk Hydro e os alemães para obter a liberação de Skinnarland, Jahren e Skogen. Todas receberam uma negativa.

17. Berit Nøkleby, *Josef Terboven*, p. 242.

18. Memorando de N. Stephansen, jun. 1943, NHM: caixa 10/SISA.

19. Schöpke Report, 6 ago. 1943, NB: G-341.

20. Bemerkungen zum Schutz der We-Wi-Betriebe, 20 dez. 1942, RW 39/40, Barch-MA.

21. Memorando de "Arresterte funksjonarer og arbeidere ved våre bedrifter", 1º abr. 1942, VM: A-1108/AK, caixa 1.

22. Marielle Skinnarland, entrevista com o autor; anotações de Skinnarland, ESP; Kjell Nielssen Remembrance, NHM: caixa 10B.

23. 24 dez. 1942, ESD.

24. 27 dez. 1942, ESD; Marielle Skinnarland, entrevista com o autor.

25. Jens-Anton Poulsson, *Heavy Water Raid*, p. 116.

14. A GUERRA SOLITÁRIA, SOMBRIA [pp. 194-204]

1. E. O. Hauge, *Salt-Water Thief*, p. 122; informe sobre progresso para a Seção SN para o período de 2-9 jan. 1943, NHM: SOE, caixa 3A.

2. 6 jan. 1943, LTD.

3. 23 dez. 1942-1º jan. 1943, LTD.

4. Carta de Bassa a Tronstad, 20 dez. 1942, LTP.

5. Ibid.

6. Carta de Sidsel a Tronstad, 3 jan. 1943, LTP.

7. Carta de Tronstad a Sidsel, LTP. Das referências, na carta, deduz-se que esse bilhete foi escrito logo depois do Natal de 1942.

8. 16 dez. 1942, LTD.

9. Olav Skogen, *Ensom krig mot Gestapo*, pp. 1-74. Todas as citações e descrições das horrendas condições enfrentadas por Skogen vêm desse ótimo livro de memórias. Suas recordações da tortura nas mãos da Gestapo batem com as dos inúmeros sobreviventes da Møllergata, 19, e de Grini.

10. Berit Nøkleby, *Gestapo*, pp. 59-65. Como Nøkleby relata em seu estudo sobre a Gestapo, esse era o termo que os alemães usavam.

11. Depoimento de Oscar Hans, 11 ago. 1945, TNA: WO 331/383; Testemunho juramentado em respeito ao caso do apto marujo R. P. Evans, TNA: WO 331/383; depoimento de Alfred Zeidler, TNA: WO 331/383; testemunho juramentado de Erik Dahle, TNA: WO 331/18; crimes de guerra – Operação Freshman (Trandum), 28 nov. 1945, TNA: WO 331/17; interrogatório de Wilhelm Esser, 10 jul. 1945, TNA: WO 331/386.

12. Jens-Anton Poulsson, *Heavy Water Raid*, pp. 124-5. Essa cena de uma manhã típica foi contada por Poulsson em uma passagem do diário, usada aqui de forma adaptada. Ele não especificou a data precisa, mas foi claramente na fase lunar de janeiro que um lançamento de paraquedas pôde ser executado.

13. Jens-Anton Poulsson, *Heavy Water Raid*, p. 125.

14. Relatório de Poulsson.

15. Interrogatório do tenente Skinnarland, 27 jul. 1945, TNA: HS 9/1370/8; Helge Dahl, *Rjukan*, p. 284.

16. Mensagem para a Swallow, 16 jan. 1943, NHM: FOIV, caixa D17.

17. Relatório de Claus Helberg, 10 jul. 1943, NHM: SOE, caixa 23; entrevista com Poulsson, IWM: 26625; entrevista com Haugland, IWM: 26624; Per Lauritzen, *Claus Helberg*, p. 63; John Berg, *Soldaten som ikke ville gi seg*, pp. 120-2.

18. Per Lauritzen, *Claus Helberg*, p. 63.

19. Entrevista com Helberg, IWM: 26623.

20. Knut Haukelid, *Skis Against the Atom*, pp. 15-6.

21. Entrevista com Rønneberg, Moland; carta de Tronstad a Rønneberg, jan. 1943, TNA: HS 2/185; Jack Rostøl e Nils Helge Amdal, *Tungtvannssabotør*, p. 78.

22. Carta manuscrita de Rønneberg a Tronstad, 26 jan. 1943, NHM: FOIV, caixa D17; relatório de Operação de Transporte Aéreo, 23 jan. 1943, TNA: HS 2/131; sumário de ataque abortado de reunião com Gunnerside, 26 jan. 1943, TNA: HS 2/185; carta do tenente de voo Ventry ao capitão Adamson, 25 jan. 1943, TNA: HS 2/185; Kjell Harald Lunde, *Sabotøren*, pp. 92-3; Knut Haukelid, *Skis Against the Atom*, p. 38; entrevista com Rønneberg, Moland.

23. Gunnar Myklebust, *Tungtvannssabotøren*, p. 130.

24. Claus Helberg, "Informe sobre Einar Skinnarland", 30 jul. 1943, NHM: SOE, caixa 23; relatório de Poulsson; Jens-Anton Poulsson, *Heavy Water Raid*, pp. 120-2.

25. Mensagem para a Swallow, 28 jan. 1943, NHM: FOIV, caixa D17.

26. Relatório de Poulsson; Jens-Anton Poulsson, *Heavy Water Raid*, p. 129.

27. 28 jan.-13 fev. 1943, ESD.

28. Entrevista com Haugland, IWM: 26624.

29. Jens-Anton Poulsson, *Heavy Water Raid*, p. 127.

15. A TEMPESTADE [pp. 205-17]

1. Informe sobre "Crispie", TNA: HS 2/185; carta de Rønneberg a Tronstad, 29 dez. 1942, NHM: FOIV, caixa D17; entrevista com Rønneberg, Moland.

2. Mensagens da Grouse, 8-10 fev. 1943, NHM: FOIV, caixa D17.

3. Relatório de Rjukan, dez. 1942, TNA: HS 2/186; relatório de Poulsson.

4. Olav Njølstad, pp. 251-2; Arnold Kramish, *The Griffin*, p. 129.

5. Relatório de Rosbaud, NB: Goudsmit Papers, v.3 , B27, F42; Arnold Kramish, *The Griffin*, pp. 188-9; Per Dahl, *Heavy Water*, p. 164; F. H. Hinsley, *British Intelligence in the Second World War*, pp. 123-7.

6. "On Memorandum of February 6th 1943 submitted by N. Stephansen on the production of D20 of Norsk Hydro", NHM: caixa 10/SIS/A.

7. Obituário de Njål Hole, escrito por Jomar Brun, VM: IA4FB, caixa 13; carta de Njål Hole a Tronstad, 19 jan. 1943, NHM: caixa 10/SIS/A.

8. Relatório confidencial das operações realizadas pelo esquadrão 138 na noite de 16-17 fev. 1943, TNA: HS 2/131; Knut Haukelid, *Skis Against the Atom*, p. 81.

9. Roderick Bailey, *Forgotten Voices*, p. 140.

10. Entrevista com Haukelid, DIA: DJ 31; entrevista com Rønneberg, Moland.

11. Gunnar Myklebust, *Tungtvannssabotøren*, pp. 132-3.

12. Knut Haukelid, *Skis Against the Atom*, p. 81; Jack Rostøl e Nils Helge Amdal, *Tungtvannssabotør*, p. 45.

13. Knut Haukelid, *Skis Against the Atom*, p. 83.

14. Entrevista com Rønneberg, Moland; relatório de Rønneberg.

15. Entrevista com Rønneberg, Moland.

16. Relatório de Poulsson; entrevista com Helberg, IWM: 26623.

17. Entrevista com Rønneberg, Moland.

18. Thomas Gallagher, *Assault in Norway*, pp. 70-1.

19. Relatório de Rønneberg.

20. Thomas Gallagher, *Assault in Norway*, pp. 71-2; entrevista com Rønneberg, Moland.

21. Relatório de Rønneberg.

22. Ibid.; Thomas Gallagher, *Assault in Norway*, p. 73.

23. Entrevista com Rønneberg, Moland; Gunnar Myklebust, *Tungtvannssabotøren*, pp. 137-9; Knut Haukelid, *Skis Against the Atom*, pp. 84-5; Jack Rostøl e Nils Helge Amdal, *Tungtvannssabotør*, pp. 80-1. Todas as citações desta seção foram extraídas de uma montagem dessas fontes. Na maior parte, estavam de acordo entre si.

24. Entrevista com Rønneberg, Moland.

25. Knut Haukelid, *Skis Against the Atom*, pp. 86-7.

26. Ibid., p. 88.

27. John Drummond, *But for These Men*, p. 69.

28. Entrevista com Poulsson, IWM: 27189.

29. Knut Haukelid, *Skis Against the Atom*, p. 88.

30. Entrevista com Rønneberg, Moland; relatório de Rønneberg.

16. PLANEJAMENTO [pp. 218-27]

1. Orientering vedr. Gunnerside, 11 dez. 1942, NHM: FOIV, caixa D17; entrevista com Rønneberg, Moland; memórias de Sørlie; Knut Haukelid, *Skis Against the Atom*, pp. 97-104; Jens-Anton Poulsson, *Heavy Water Raid*, pp. 135-41; Kjell Harald Lunde, *Sabotøren*, pp. 96-8; John Berg, *Soldaten som ikke ville gi seg*, pp. 125-6; Odd Halvorsen, *Den Norske Turistforening årbok 1947*; Svein Sæter, *Operatøren*, pp. 84-6; entrevista com Poulsson, IWM: 27189; entrevista com Rønneberg, IWM: 27187; relatório de Rønneberg; entrevista com Poulsson, IWM: 26625; entrevista com Helberg, IWM: 26623; 19 fev. 1943, ESD; cartas de/para Poulsson e Rønneberg, NHM: caixa 25; cartas de/para Poulsson e Helberg, NHM: caixa 25; anotações de Poulsson, NHM: caixa 25; entrevista com Haukelid, DIA: DJ 31. As muitas fontes originais aqui fornecidas refletem uma controvérsia duradoura entre os membros da operação de sabotagem quanto a quem sugeriu o que em termos de planejamento global. Entretanto, uma coisa é clara: Tronstad sugeriu a aproximação através da garganta como a que oferecia à equipe as melhores chances de sucesso.

2. Knut Haukelid, *Skis Against the Atom*, pp. 95-6.

3. Memórias de Sørlie; Finn Sørlie, entrevista com o autor.

4. Memórias de Sørlie.

5. Relatório de Rønneberg; entrevista com Helberg, IWM: 26623.

6. Thomas Gallagher, *Assault in Norway*, pp. 85-6; anotações de Poulsson sobre o livro do coronel Wilson, nov. 2003, NHM: caixa 25.

7. Entrevista com Haukelid, DIA: DJ 31; entrevista com Poulsson, IWM: 27189; anotações de Poulsson no manuscrito de *Blood and Water*, NHM: caixa 25; Orientering vedr. Gunnerside, 11 dez. 1942, NHM: FOIV, caixa D17.

8. Bericht über einen Versuch mit Würfeln aus Uran-Metall und Schwerem Eis, G-212, NB: Goudsmit Papers, III/B25/F16; Per Dahl, *Heavy Water*, p. 210; Günter Nagel, *Atomversuche in Deutschland*, pp. 81-2.

9. Joseph Ermenc, *Atomic Bomb Scientists*, pp. 109-11; entrevista com o professor Paul Harteck, DIA: DJ 29.

10. Carta de Harteck a Rust, 26 jun. 1942, Paul Harteck Papers, Rensselaer Institute.

11. Ole Johan Sagasfos, *Progress of a Different Nature*, p. 123; carta de Rjukan Saltpeter-fabriker, 2 mar. 1942, VM: caixa 4F/D17/98; anotações no manuscrito de Irving, NHM: caixa 10B; relatório de Harteck: "Besichtigung des Elektrolysewerkes Sinigo bei Meran", 1º dez. 1942, DIA: DJ 29; Mark Walker, *German National Socialism*, p. 119.

12. Relatório de Schöpke, 3 ago. 1943, NB: G-341; Günter Nagel, *Atomversuche in Deutschland*, pp. 80-1.

13. Rainer Karlsch, *Hitlers Bombe*, pp. 45-53, 126; Günter Nagel, *Atomversuche in Deutschland*, pp. 42-4; David Irving, *The German Atomic Bomb*, pp. 77, 125-6, 153-5; Mark Walker, *German National Socialism*, p. 88. Muito já se escreveu sobre a reunião de 4 jun. 1942 com Speer soando o dobre fúnebre para o programa atômico nazista. Se a reunião tivesse tomado outro rumo, poderia ter suscitado um ímpeto imediato ao programa nos moldes do Projeto Manhattan, aumentando vastamente as chances de uma bomba alemã. Isso posto, após junho de 1942, o projeto ainda mantinha uma elevada classificação DE (*Dringlichkeitsentwicklung*), a mais elevada classificação de prioridade para material/mão de obra, e havia uma profusão de poderosos clientes a postos, caso o progresso pudesse ser mostrado.

14. Odd Halvorsen, *Den Norske Turistforening årbok 1947*; entrevista com Helberg, IWM: 26623.

15. Entrevista com Helberg, IWM: 26623.

16. Mais uma vez o autor se refere a uma variedade de fontes originais contraditórias, apontadas na nota 1 deste capítulo, para adivinhar quem sugeriu o que e apoiou quem no plano operacional da Gunnerside.

17. Gunnar Myklebust, *Tungtvannssabotøren*, pp. 150-1; Jack Rostøl e Nils Helge Amdal, *Tungtvannssabotør*, pp. 84-5.

18. 27 fev. 1943, LTD.

19. Mensagem da Swallow, 25 fev. 1943, NHM: FOIV, caixa D17.

20. Informe Carhampton, 25 jan. 1943, TNA: HS 2/130; Ian Herrington, "The Special Operations Executive in Norway 1940-45", pp. 157-8; E. O. Hauge, *Salt-Water Thief*, pp. 133-58.

21. 27 fev. 1943, LTD.

22. Berit Nøkleby, *Josef Terboven*, p. 240.

23. Knut Haukelid, *Skis Against the Atom*, pp. 104-5.

24. Entrevista com Lillean Tangstad, KA; Jack Rostøl e Nils Helge Amdal, *Tungtvanns-sabotør*, p. 85.

25. Entrevista com Lillean Tangstad, KA.

17. A ESCALADA [pp. 228-37]

1. Relatório de Rønneberg; entrevista com Rønneberg, Moland; entrevista com Poulsson, IWM: 27189; rascunho de fala na BBC do tenente Rønneberg, TNA: HS 7/181; entrevista com Haukelid, DIA: DJ 31; entrevista com Helberg, IWM: 26623; entrevista com Poulsson, IWM: 26625; Knut Haukelid, *Skis Against the Atom*, pp. 102-8; Jens-Anton Poulsson, *Heavy Water Raid*, pp. 143-6; Thomas Gallagher, *Assault in Norway*, pp. 96-110; Jack Rostøl e Nils Helge Amdal, *Tungtvannssabotør*, pp. 86-8; Kjell Harald Lunde, *Sabotøren*, pp. 99-102; John Berg, *Soldaten som ikke ville gi seg*, pp. 127-30; Gunnar Myklebust, *Tungtvannssabotøren*, pp. 150-7. Os eventos da noite da missão Gunnerside, 27-28 de fevereiro, foram narrados muitas vezes, em entrevistas, memórias e informes (para não mencionar livros). Para este capítulo, há fontes de onde o autor extraiu seu relato, na maior parte primárias — ou extraídas de recordações dos participantes. A menos que haja uma citação direta ou informação distinta que necessite de fonte, o autor não vai anotar nenhuma referência específica adicional neste capítulo.

2. Relatório de Rønneberg.

3. Ibid.; Denis Rigden, *How to Be a Spy*, pp. 252-61, 316-22.

4. Thomas Gallagher, *Assault in Norway*, p. 100.

5. Ibid., pp. 103-5.

6. 27 fev. 1943, ESD; Svein Sæter, *Operatøren*, p. 86.

7. Svein Sæter, *Operatøren*, pp. 44-5.

8. Marielle Skinnarland, entrevista com o autor.

9. Knut Haukelid, *Skis Against the Atom*, p. 108; entrevista com Haukelid, DIA: DJ 31.

10. Entrevista com Rønneberg, Moland.

11. Rascunho de fala na BBC do tenente Rønneberg, TNA: HS 7/181.

12. Entrevista com Haukelid, DIA: DJ 31.

13. Knut Haukelid, *Skis Against the Atom*, p. 108.

14. Thomas Gallagher, *Assault in Norway*, p. 109.

15. Esboço da aproximação/retirada da Gunnerside feito por Jomar Brun, VM: JBrun, caixa 6A.

16. Kjell Harald Lunde, *Sabotøren*, p. 102.

18. SABOTAGEM [pp. 238-46]

1. Relatório de Rønneberg; entrevista com Rønneberg, Moland; entrevista com Poulsson, IWM: 27189; rascunho de fala na BBC do tenente Rønneberg, TNA: HS 7/181; entrevista com

Haukelid, DIA: DJ 31; entrevista com Helberg, IWM: 26623; entrevista com Poulsson, IWM: 26625; Knut Haukelid, *Skis Against the Atom*, pp. 102-8; Jens-Anton Poulsson, *Heavy Water Raid*, pp. 143-6; Thomas Gallagher, *Assault in Norway*, pp. 96-110; Jack Rostøl e Nils Helge Amdal, *Tungtvannssabotør*, pp. 86-8; Kjell Harald Lunde, *Sabotøren*, pp. 99-102; John Berg, *Soldaten som ikke ville gi seg*, pp. 127-30; Gunnar Myklebust, *Tungtvannssabotøren*, pp. 150-7. Como no capítulo anterior, as fontes para a sabotagem da Gunnerside foram extraídas dessas referências, a menos onde atribuição específica se faz necessária.

2. Jomar Brun, *Brennpunkt Vemork*, pp. 71-2. Jomar Brun forneceu a informação sobre o túnel de cabeamento. Na verdade, ele mesmo usara o túnel certa vez para consertar um cabo.

3. Entrevista com Rønneberg, Moland; Thomas Gallagher, *Assault in Norway*, p. 110.

4. Relatório da administração, 15 nov. 1942, NHM: FOIV, caixa D17.

5. Jack Rostøl e Nils Helge Amdal, *Tungtvannssabotør*, pp. 102-3; Thomas Gallagher, *Assault in Norway*, p. 112.

6. Jack Rostøl e Nils Helge Amdal, *Tungtvannssabotør*, p. 103.

7. Gunnar Myklebust, *Tungtvannssabotøren*, p. 157.

8. Entrevista com Rønneberg, Moland; Rønneberg, "Operação Gunnerside" (IFS Info, 1995).

9. Extraído do relatório do diretor Bjarne Nilssen, VM: JBrun, caixa 6A.

10. Rønneberg, "Operação Gunnerside" (IFS Info, 1995).

11. Entrevista com Poulsson, IWM: 26625.

12. Jens-Anton Poulsson, *Heavy Water Raid*, p. 147; entrevista com Haukelid, DIA: DJ 31.

13. Knut Haukelid, *Skis Against the Atom*, p. 113.

14. Gunnar Myklebust, *Tungtvannssabotøren*, pp. 162-3.

15. Alf Larsen, Rapport over Hendelsen i Høykoncentreringsanlegget på Vemork 28. fev. 1943, VM: JBrun, caixa 17; Bjarne Nilssen, Vedr. Sabotage i tungtvannsanlegget på Vemork, 1º mar. 1943, NHM: caixa 25.

16. Ibid.

17. Bjarne Nilssen, P. M. Sabotasje Vemork, VM: JBrun, caixa 6A; Rapport vedrørende anlegg for fremstilling av Tungt vann ved Vemork Vannstoff-fabrikk, Rjukan, 14 set. 1943, NHM: FOIV, caixa D17.

19. O FEITO MAIS ESPLÊNDIDO [pp. 249-60]

1. Entrevista com Rønneberg, Moland.

2. John Drummond, *But for These Men*, p. 87.

3. Knut Haukelid, *Skis Against the Atom*, pp. 114-5; entrevista com Rønneberg, Moland; relatório de Rønneberg; Odd Halvorsen, *Den Norske Turistforening årbok 1970*.

4. Entrevista com Rønneberg, Moland.

5. Entrevista com Helberg, IWM: 26623.

6. Thomas Gallagher, *Assault in Norway*, p. 127.

7. Jens-Anton Poulsson, *Heavy Water Raid*, pp. 149-50.

8. Entrevista com Poulsson, IWM: 26625.

9. Jens-Anton Poulsson, *Heavy Water Raid*, p. 150.

10. Rapport til her politimesteren I Rjukan, 23 jun. 1945. Documentos de Bjørn Iversen.

11. Bjarne Nilssen, p.m. Sabotasje Vemork, VM: JBrun, caixa 6A; Bericht über Konsul Ing. E. Schöpkes Reise und Besprechungen, 13 mar. 1943, NB: G-341.

12. Entrevista com Larsen, DIA: DJ 31.

13. Bjarne Nilssen, P.M. Sabotasje Vemork, VM: JBrun, caixa 6A; Bjarne Nilssen, Vedr. Sabotage i tungtvannsanlegget på Vemork, 1º mar. 1943, NHM: caixa 25.

14. Til Rjukans befolkningt, 28 fev. 1943, VM: JBrun, caixa 6A.

15. Feindnachtrichtenblatt Nr. 28 — 21.2. bis 9.3.1943, RW 39/44, Barch-MA; David Irving, *The German Atomic Bomb*, p. 166.

16. Bjarne Nilssen, P.M. Sabotasje Vemork, VM: JBrun, caixa 6A; relatório, Gunnerside, 14 abr. 1943, TNA: HS 2/186. Deve-se notar que, na maioria dos relatos históricos, afirma-se que o general Wilhelm Rediess e Terboven chegaram a Rjukan em 28 de fevereiro de 1943, poucas horas após a sabotagem. O relatório de Nilssen em nenhum momento menciona a presença deles, e seu relato é exaustivo.

17. Anotação de Falkenhorst, 28 fev. 1943, RW 39/43, Barch-MA.

18. Mensagem da Swallow, 10 mar. 1943, NHM: FOIV, caixa D17.

19. Entrevista com Larsen, DIA: DJ 31; entrevista com Haukelid, DIA: DJ 31; Knut Haukelid, *Skis Against the Atom*, pp. 125-6; Thomas Gallagher, *Assault in Norway*, pp. 131-3; Bjarne Nilssen, P.M. Sabotasje Vemork, VM: JBrun, caixa 6A. A descrição dessa visita de Falkenhorst foi montada a partir dessas fontes, cada uma com uma versão ligeiramente diferente de sua conversa/interação com Glaase, mas todas com o mesmo ímpeto.

20. Registro telefônico de Heinrich Himmler, 1º mar. 1943, RG242, rolo 25, NARA. Como mencionado nas anotações manuscritas, David Irving, NHM: caixa 10B.

21. Carta de Eberling a OKHWa Forsch, 2 mar. 1943, NB: G-341.

22. Swedish Home Service, 1º mar. 1943, TNA: HS 2/185.

23. 1º mar. 1943, LTD.

24. E. O. Hauge, *Salt-Water Thief*, p. 156.

25. Relatório de Rønneberg.

26. Knut Haukelid, *Skis Against the Atom*, p. 119.

27. Thomas Gallagher, *Assault in Norway*, p. 137.

28. Entrevista com Poulsson, IWM: 27189; Jens-Anton Poulsson, *Heavy Water Raid*, pp. 156-7; Thomas Gallagher, *Assault in Norway*, pp. 138-40. Todas as citações e descrições nessa cena são dessas fontes.

29. 2-5 mar. 1943, ESD. Em seu diário, Skinnarland menciona a Gunnerside em 5 de março, mas de forma críptica (isso também é provavelmente um erro tipográfico): "Operasjonen Gunnerside iorden". Possivelmente, "Operação Gunnerside em ordem". Como sua filha, Marielle Skinnarland, escreveu em correspondência com o autor, essa passagem insinua que Skinnarland descobriu sobre a sabotagem com fazendeiros locais em Lie. Porém, contra o relato claro de Haukelid em suas memórias de que a notícia que ele partilhou com Skinnarland sobre a sabotagem de fato constituiu uma novidade, o autor seguiu a versão de Haukelid.

30. Knut Haukelid, *Skis Against the Atom*, pp. 120-1.

31. Ibid., p. 121.

32. 6-11 mar. 1943, ESD; entrevista com Haugland, IWM: 26624. Fica claro pelo diário de Skinnarland que ele recebeu a notícia nessa data; porém, a primeira mensagem para Londres só foi enviada no dia 10. Nessa data e na seguinte, Skinnarland faz breve menção de problemas com a conexão e o oscilador do rádio.

33. Knut Haukelid, *Skis Against the Atom*, p. 122.

34. Relatório de Rønneberg.

35. Entrevista com Rønneberg, Moland; Gunnar Myklebust, *Tungtvannssabotøren*, pp. 166-9; Ray Mears, *The Real Heroes of Telemark*, pp. 180-1.

36. Relatório de Rønneberg.

20. A CAÇADA [pp. 261-70]

1. Olav Skogen, *Ensom krig mot Gestapo*, pp. 96-105; relatório de Gunlsik Skogen, 1º dez. 1943, TNA: HS 2/174.

2. Olav Skogen, *Ensom krig mot Gestapo*, p. 107.

3. Mensagem da Swallow, 10 mar. 1943, NHM: FOIV, caixa D17.

4. Gerd Vold Hurum, *En Kvinne ved navn "Truls"*, p. 123.

5. Mensagem para a Swallow, 10 mar. 1943, NHM: FOIV, caixa D17.

6. SOE e a água pesada, mar. 1943, TNA: HS 2/185; atas da reunião da ANCC, 12 mar. 1943, TNA: HS 2/138; Gunnar Myklebust, *Tungtvannssabotøren*, pp. 201-2; relatório de progresso da SOE, 15 mar. 1943, TNA: HS 8/223.

7. Tronstad, anotação sobre a água pesada, 18 mar. 1943, LTP.

8. 15 mar. 1943, LTD.

9. E. O. Hauge, *Salt-Water Thief*, p. 157.

10. 3-6 mar. 1943, LTD.

11. Relatório de progresso da SOE, 15 mar. 1943, TNA: HS 8/223; Olav Njølstad, pp. 222-4.

12. Resumo de uma reunião entre o professor Goldschmidt, o professor Tronstad e o tenente-comandante Welsh, 15 mar. 1943, LTP.

13. Carta de Eric Welsh a Tronstad, 16 jan. 1943, LTP.

14. 18 mar. 1943, LTD.

15. Relatório de Rønneberg; entrevista com Rønneberg, Moland; Gunnar Myklebust, *Tungtvannssabotøren*, pp. 173-88. A marcha para a Suécia foi um dos aspectos mais notáveis da Operação Gunnerside. Rønneberg a conta em detalhes em seu informe, mas um relato melhor e maior vem de Gunnar Myklebust em sua biografia do sabotador. Essas são as três fontes primárias para a descrição de sua fuga feita aqui.

16. Jack Rostøl e Nils Helge Amdal, *Tungtvannssabotør*, pp. 97-9.

17. Relatório de Rønneberg; Ray Mears, *The Real Heroes of Telemark*, pp. 182-5. Sobre as habilidades de sobrevivência dos sabotadores, Mears oferece alguma informação.

18. Entrevista com Rønneberg, Moland.

19. Gunnar Myklebust, *Tungtvannssabotøren*, pp. 182-3.

20. Entrevista com Rønneberg, IWM: 27187; entrevista com Rønneberg, Moland; relatório de Rønneberg.

21. Knut Haukelid, *Skis Against the Atom*, p. 129; interrogatório de Knut Haukelid, 25 jul. 1945, TNA: HS 9/676/4.

22. Knut Haukelid, *Skis Against the Atom*, pp. 129-30.

23. Ibid., pp. 124-31.

24. John Berg, *Soldaten som ikke ville gi seg*, p. 137.

25. Relatório de Arne Kjelstrup, 30 out. 1943, NHM: SOE, caixa 23.

26. Relatório "Angår Aksjonen på Hardangervidda", 17 jul. 1946, NHM: caixa 10B; relatório sobre o interrogatório do major Ernst Lutter, 5 jul. 1945, NHM: caixa 16; Tätigkeitsbericht AOK/Ic, abr. 1943, RW 39/44, Barch-MA; Asgeir Ueland, *Tungtvannsaksjonen*, pp. 191-3; Helge Dahl, *Rjukan*, p. 291. Os números dos envolvidos na *razzia* de março-abril de 1943 vão de 2 mil a 12 mil homens. A confusão central provavelmente reside no fato de que houve três ações conduzidas mais ou menos ao mesmo tempo, como esboçado pelo major Lutter, que participou delas. Números exatos ainda estão por ser descobertos, mas Lutter menciona 3 mil homens no Hardangervidda, outra com um "exército ainda mais formidável" nas regiões sul e oeste do Vidda e a terceira com 2 mil homens no norte da Noruega perto de Trondheim.

27. Relatório de Haugland; Kjell Harald Lunde, *Sabotøren*, p. 109.

28. Relatório, "Vemork kraftstasjon", 24 mar. 1943, NHM: FOIV, caixa D17.

29. Relatório, "Angår aksjønen mot Hardangervidda I tiden 23/3/ til 8/4/43", NHM: caixa 10B; relatório, "Unternehmen Adler", 30 mar. 1943, NHM: caixa 10B; técnica do agente no campo europeu, TNA: HS 2/229; relatório de Arne Kjelstrup, 30 out. 1943, NHM: SOE, caixa 23; Asgueir Ueland, *Tungtvannsaksjonen*, pp. 161-3; Sverre Kjelstadli *Hjemmestyrkene*, p. 264.

30. Relatório sobre o interrogatório do major Ernst Lutter, 5 jul. 1945, NHM: caixa 16; relatório da agência de telégrafo sueca, 29 mar. 1943, NHM: FOIV, caixa D17; relatório de Fenrik Haugland, 23 set. 1943, NHM: SOE, caixa 23.

21. OS FANTASMAS DO VIDDA [pp. 271-81]

1. John Berg, *Soldaten som ikke ville gi seg*, pp. 137-8.

2. John Drummond, *But for These Men*, p. 104.

3. Knut Haukelid, *Skis Against the Atom*, pp. 130-1.

4. Ibid., p. 134.

5. Entrevista com Helberg, IWM: 26623.

6. Relatório de Poulsson; memórias de Sørlie; relatório, Claus Urbye Helberg, 19 abr. 1943, TNA: HS 2/186.

7. Entrevista com Helberg, IWM: 26623; relatório de Claus Helberg, 28 jun. 1943, NHM: SOE, caixa 23; interrogatório do Sargento Helberg, 23 jul. 1943, TNA: HS 9/689/6. A narrativa da fuga dramática de Helberg entre 25 e 30 de março deriva principalmente dessas fontes. O autor também consultou Thomas Gallagher, *Assault in Norway*, pp. 149-63; entrevista com Claus Helberg, KA; Asgueir Ueland, *Tungtvannsaksjonen*, pp. 194-201, 212-6. Quaisquer citações ou outro material escolhido serão separados nas notas.

8. Entrevista com Helberg, IWM: 26623.

9. Ibid.

10. Persiste alguma discrepância nas fontes sobre o hotel em que Helberg ficou durante o tempo em Dalen. Alguns mencionam o Bandak Tourist Hotel, outros, o Dalen Hotel. Como este último era o melhor hotel da cidade, aquele em que os alemães haviam montado seu quartel-general, o autor considerou o Dalen.

11. Carta dos Wehrmachtsbefehlshaber na Noruega, 15 maio 1943, RW 4/639, Barch-MA.

12. Berit Nøkleby, "Uforskammet opptreden mot Terboven", *Aftenposten*, 25 fev. 1983.

13. Thomas Gallagher, *Assault in Norway*, p. 159.

14. Berit Nøkleby, "Uforskammet opptreden mot Terboven", *Aftenposten*, 25 fev. 1983.

15. Relatório, "Aksjonen på Hardangervidda", 23 mar.-8 abr. 1943, NHM: caixa 10B.

16. Wochenbericht für die Woche vom 29.3-4.4.43, RW 39/45, Barch-MA.

17. 20 mar.-20 abr. 1943, ESD.

18. Relatório de Haugland.

19. Anotações de Skinnarland, ESP; 1-19 abr. 1943, ESD.

20. Skinnarland, *Hva Som Hendte*, ESP.

21. Knut Haukelid, *Skis Against the Atom*, pp. 137-9; 16-19 de abril, ESD; relatório de Haugland.

22. Relatório de Haugland; Svein Sæter, *Operatøren*, pp. 97-8.

22. UM PASSATEMPO NACIONAL [pp. 282-91]

1. Bericht über Konsul Ing. E. Schöpkes Reise und Besprechungen, 13 mar. 1943, NB: G-341; Rapport vedrörende anlegg for fremstilling av Tungtvann vad Vemork Vannstoff-fabrikk, Rjukan, 14 set. 1943, NHM: FOIV, caixa D17; Per Dahl, *Heavy Water*, pp. 211-2; Bericht von Konsul Schöpke über die Besprechungenam 17. und 18.6.1943, NB: G-341.

2. Carta de Ebeling a OKH Wa Forsch, 2 mar. 1943, NB: G-341.

3. Bjarne Nilssen, P. M. Sabotasje Vemork, VM: JBrun, caixa 6A.

4. Carta de Ebeling a OKH Wa Forsch, 2 mar. 1943, NB: G-341; Kristofer Anker Olsen, *Norsk Hydro*, p. 417.

5. Ketil Andersen, *Hydros historie 1905-1945*, pp. 400-4; relatório, Gunnerside, 15 abr. 1943, TNA: HS 2/186.

6. Bericht über Konsul Ing. E. Schöpkes Reise und Besprechungen, 13 mar. 1943, NB: G-341; Rapport vedrörende anlegg for fremstilling av Tungt vann vad Vemork Vannstoff-fabrikk, Rjukan, 14 set. 1943, NHM: FOIV, caixa D17; Per Dahl, *Heavy Water*, pp. 211-2.

7. Kristofer Anker Olsen, *Norsk Hydro*, p. 417; Bericht Schutz von We-Wi-Betrieben, 19 abr. 1943, RW 39/45, Barch-MA.

8. Niederschrift über die Besprechung am 7.5.1943 i.d. PTR, NB: G-341.

9. Rainer Karlsch, *Hitlers Bombe*, pp. 162-3.

10. Abschrift, Allgemein verständliche Grundlagen zur Kernphysik, 8 maio 1943, DIA: DJ 29.

11. Schriften der Deutschen Akademie DNR Luftfahrtforschung, NB: Goudsmit Papers, III/B27/F29.

12. Niederschrift über die Besprechung am 7.5.1943 i.d. PTR, NB: G-341.

13. Bericht über einen Versuch mit Würfeln aus Uran-Metall und Schwerem Eis. G-212, NB: Goudsmit Papers, IV/B25/F16; David Irving, *The German Atomic Bomb*, pp. 174-5.

14. Niederschrift über die Besprechung am 7.5.1943 i.d. PTR, NB: G-341.

15. Entrevista com Paul Harteck, NB: História oral; entrevista com Georg Hartwig, NB: História oral.

16. Helge Ingstad, *The Land of Feast and Famine*, p. 159.

17. K. D. Nichols, *The Road to Trinity*, p. 108.

18. Richard Rhodes, *Making of the Atomic Bomb*, pp. 451, 486, 497.

19. Leslie Groves, *Now It Can Be Told*, pp. 186-91.

20. Mensagem particular em código para o marechal de campo Dill de CAS, 7 abr. 1943, NHM: FOII, caixa 61.

21. Dan Kurzman, *Blood and Water*, p. 186.

22. Declaração preliminar relativa à possibilidade do uso de material radioativo na guerra, 1º jul. 1943, TNA: CAB 98/47.

23. Bush, memorando da conferência com o presidente, 24 jun. 1943, NA: Bush-Conant Papers; Thomas Powers, *Heisenberg's War*, pp. 210-1.

24. Carta de James Conant ao general Groves, 9 dez. 1942, NA: Bush-Conant Papers.

25. Bush, memorando da conferência com o presidente, 24 jun. 1943, NA: Bush-Conant Papers.

26. Knut Haukelid, *Skis Against the Atom*, p. 149; família Haukelid, entrevista com o autor; interrogatório de Knut Haukelid, 25 jul. 1945, TNA: HS 9/676/4; relatório de Arne Kjelstrup, 30 out. 1943, NHM: SOE, caixa 23; relatório de Bonzo, NHM: SOE, caixa 23.

27. Knut Haukelid, *Skis Against the Atom*, p. 152; John Berg, *Soldaten som ikke ville gi seg*, pp. 142-3.

28. Interrogatório do tenente Einar Skinnarland, 27 jul. 1945, TNA: HS 9/1370/8; Skinnarland, *Hva Som Hendte*, ESP.

29. 18-20 jun. 1943, ESD.

30. Carta de Einar Skinnarland a Kirvil Skinnarland, dez. 1998, ESP.

31. 28 de junho-8 jul. 1943, ESD; anotações de Skinnarland, ESP.

32. Mensagem da Swallow, 8 jul. 1943, NHM: FOIV, caixa D17.

33. Ata pessoal do primeiro-ministro, 14 abr. 1943, TNA: HS 2/190.

34. Relatório, "Lurgan", 4 jul. 1943, LTP; carta de Brun a Thomas Powers, 11 out. 1988, VM: JBrun, caixa 17.

35. 13 jul. 1943, LTD.

36. Tronstad, "Notat vedr. X", 19 jul. 1943, NHM: caixa 10/SIS B; Jomar Brun, *Brennpunkt Vemork*, pp. 73-7.

37. Carta a Tronstad de Wilson, 16 jul. 1943, DORA: correspondência 1937-45.

38. July 21, 1943, LTD; Gunnar Myklebust, *Tungtvannssabotøren*, pp. 214-5; Jens-Anton Poulsson, *Heavy Water Raid*, pp. 160-3; entrevista com Rønneberg, Moland.

39. Sverre Kjelstadli, *Hjemmestyrkene*, pp. 201-4; Kristofer Anker Olsen, *Norsk Hydro*, pp. 410-2; Ole Johan Sagasfos, *Progress of a Different Nature*, pp. 105-10.

23. LISTA DE ALVOS [pp. 292-301]

1. Relatório, "Meeting Held at Rjukan on the 4th August 1943", NHM: Box 10/SIS B; Kristofer Anker Olsen, *Norsk Hydro*, pp. 406, 418; Per Dahl, *Heavy Water*, p. 212.

2. Alf Larsen, números de produção em Vemork, DIA: DJ 31; carta de Harteck a Diebner, 16 fev. 1944, NB: G-341.

3. Relatório, "Meeting Held at Rjukan on the 4th August 1943", NHM: caixa 10/SIS B.

4. Sverre Kjelstadli, *Hjemmestyrkene*, p. 260; Ketil Andersen, *Hydros historie 1905-1945*, p. 422.

5. Mensagem da Swallow, 4 ago. 1943, NHM: SOE, caixa 22.

6. Mensagem da Swallow, 9 ago. 1943, NHM: SOE, caixa 22.

7. Mensagens da Swallow, 7-22 ago. 1943, TNA: HS 2/187.

8. Jul.-set. 1943, ESD; carta de Skinnarland a Dan Kurzman, 12 maio 1997, ESP; Marielle Skinnarland, entrevista com o autor.

9. 16 set. 1943, ESD.

10. *Bergens Tidende*, 1º fev. 2015.

11. 11-17 jul. 1943, ESD; Marielle Skinnarland, entrevista com o autor.

12. Carta de A. R. Boyle a Wilson, 9 ago. 1943, TNA: HS 2/187.

13. Mensagem para a Swallow, 10 ago. 1943, incluindo comentários manuscritos de Tronstad e Wilson, TNA: HS 2/187.

14. Tronstad, relatório com referência aos ataques em Rjukan e Vemork, TNA: HS 8/955/DISR.

15. Sverre Kjelstadli, *Hjemmestyrkene*, pp. 200-5.

16. Tronstad, "Notat vedr. X", 19 jul. 1943, NHM: caixa 10/SIS B.

17. Carta de Hole a Tronstad, 1º set. 1943, NHM: caixa 10/SIS B.

18. Stephensen Report, 21 out. 1943, TNA: HS 2/187.

19. Carta de Tronstad a Sidsel, 20 ago. 1943, LTP.

20. 20 ago. 1943, LTD.

21. Relatório de Perrin, "Norway and Production of Heavy Water", 20 ago. 1943, TNA: AIR 8/1767.

22. Knut Haukelid, *Skis Against the Atom*, p. 169; família Haukelid, entrevista com o autor.

23. Interrogatório de Knut Haukelid, 25 jul. 1945, TNA: HS 9/676/4; relatório de Bonzo, via Arne Kristoffersen (Kjelstrup), out. 1943, NHM: SOE, caixa 23.

24. John Berg, *Soldaten som ikke ville gi seg*, pp. 143-4.

25. Pedido de embalar estoques em recipientes, Swallow Two, 24 ago. 1943, TNA: HS 2/131.

26. Relatório operacional, Swallow Two, 21/22 set. 1943, TNA: HS 2/131.

27. Knut Haukelid, *Skis Against the Atom*, p. 157.

28. Ibid.; relatório, entrega por paraquedas da Swallow Two, 18 nov. 1943, TNA: HS 2/131.

29. John Berg, *Soldaten som ikke ville gi seg*, pp. 141, 144-7.

30. Knut Haukelid, *Skis Against the Atom*, pp. 158; 13 out. 1943, ESD.

31. Anotação de Skinnarland, ESP.

32. Carta do tenente-coronel Sporborg ao brigadeiro Mockler-Ferryman, 5 out. 1943, TNA: HS 2/218; reunião do Comitê Técnico do Tube Alloys, 19 set. 1943, TNA: CAB 126/46; carta de L. C. Hollis a CAS (chefe do Estado-Maior da Aeronáutica, Sir Charles Portal), 18 out. 1943, TNA: AIR 8/1767.

33. Relatório, produção de água pesada em Vemork, 16 out. 1943, TNA: HS 2/218.

34. Carta de L. C. Hollis a Sir Charles Portal, 18 out. 1943, TNA: AIR 8/1767; carta de Sir Charles Portal a L. C. Hollis, 20 out. 1943, TNA: AIR 8/1767.

35. James Parton, "*Air Force Spoken Here*", p. 155.

36. Ibid., p. 130.

37. Leslie Groves, *Now It Can Be Told*, p. 189.

38. Dan Kurzman, *Blood and Water*, p. 188; carta de Sir Charles Portal ao brigadeiro Hollis, 20 out. 1943, TNA: AIR 8/1767.

39. Relatório com referência aos ataques em Rjukan e Vemork, TNA: HS 8/955/DISR.

40. Olav Njølstad, pp. 264-5.

41. Atas da 24ª ANCC, 11 nov. 1943, TNA: HS 2/138.

24. A MISSÃO DO CAUBÓI [pp. 302-11]

1. Entrevista com Owen Roane, KA.

2. Roger A. Freeman, *The Mighty Eighth War Manual*, pp. 7-15.

3. Owen Roane, *A Year in the Life*, pp. 96.

4. Entrevista com Owen Roane, KA.

5. John Bennett, *Letters from England*, p. 15.

6. Entrevista com Owen Roane, KA; Owen Roane, *A Year in the Life*, pp. 1-14.

7. Harry Crosby, Jan Riddling e Michael P. Faley, "History of the 100th Bomb Group", United States Air Force Military Heritage Database. Disponível em: <www.8thairforce.com/legacy_100thbomb.htm>. Acesso em: 8 mar. 2017.

8. Owen Roane, *A Year in the Life*, pp. 29-80.

9. Michael Faley, "Owen Roane: The Last Cowboy", *Splasher Six* 29 (outono de 1998).

10. James Freeman, *The Mighty Eighth War Manual*, pp. 16-8, 244-5.

11. Owen Roane, *A Year in the Life*, pp. 95-101. No livro de Roane, ele incluiu transcrições de relatórios do *command pilot* Bennett e do *lead pilot* Roane, bem como do navegador, do artilheiro e do comandante aéreo da 3ª Divisão.

12. Entrevista com Owen Roane, KA.

13. Owen Roane, *A Year in the Life*, pp. 95-101.

14. Narrativa de operações do *Bomber Command*, 131ª operação, 16 nov. 1943, TNA: AIR 40/481.

15. John Bennett, *Letters from* England, pp. 16-21.

16. Ibid., p. 17.

17. Dan Kurzman, *Blood and Water*, p. 197. Das histórias sobre o ataque da 8ª Força Aérea em Vemork, Dan Kurzman foi o mais bem-sucedido em entrevistar alguns pilotos e tripulações, proporcionando um relato detalhado dos eventos de 16 de novembro.

18. Ibid., pp. 19-20.

19. Narrativa de operações do *Bomber Command*, 131ª operação, 16 nov. 1943, TNA: AIR 40/481.

20. Knut Haukelid, *Skis Against the Atom*, p. 177; 16 nov. 1943, ESD.

21. Nielsen, Kjell, "Notat angående omtalen av fergeaksjonen på Rjukan i Februar 1944", NHM: caixa 10B.

22. Rapport fra luftvernlederen ingeniør Fredriksen over flyangrepet på Vemork Kraftstasjon og Vemork Fabrikkompleks, 16 nov. 1943, VM: A-1108/AK, caixa 1.

23. Relato de testemunha desconhecida, KA.

24. Ray Mears, *The Real Heroes of Telemark*, pp. 95-101; narrativa de operações do *Bomber Command*, 131ª operação, 16 nov. 1943, TNA: AIR 40/481; "Quotes on Tuesday's 8th AAF Heavy Bomber Operations", 16 nov. 1943, TNA: AIR 2/8002.

25. Narrativa de operações do *Bomber Command*, 131ª operação, 16 nov. 1943, TNA: AIR 40/481; relatório, "Norway: Result of USAAF raid on Rjukan, Vemork", 28 dez. 1943, TNA: AIR 40/481.

26. Ataque contra fábrica de fertilizante em Rjukan pela USAAF, 9 dez. 1943, TNA: AIR 2/8002; 8th Air Force Command Provisional Report, 18 nov. 1943, TNA: AIR 40/481.

27. Dan Kurzman, *Blood and Water*, p. 202.

28. Ibid., pp. 202-4; Nielsen, Kjell, "Notat angående omtalen av fergeaksjonen på Rjukan i Februar 1944", NHM: caixa 10B.

29. Ømkomme under bombingen, 16 nov. 1943, VM: A-1108/AK, caixa 1; Kristofer Anker Olsen, *Norsk Hydro*, p. 419.

30. Carta de Muggenthaler ao Befehlshaber der SS und des SD, 17 nov. 1943, R70/32, Bundesarchiv, Berlim.

31. Fernschreiben an dan Chef der Sicherheitspolizei und des SD, Kaltenbrunner, 18 nov. 1943, R70/32, Bundesarchiv, Berlim.

25. NADA VEM SEM SACRIFÍCIO [pp. 315-23]

1. Olav Njølstad, pp. 274-5.

2. 16 nov. 1943, LTD.

3. Notat vedrörende angrenpene på Rjukan og Vemork, 16 nov. 1943, NHM: caixa 10/SIS B.

4. Carta de Hagen (Brun) a Perrin, nov. 1943, VM: JBrun, caixa 2.

5. Aide-Memoire, "The bombing of industrial targets in Norway", TNA: AIR 2/8002; Notat vedrörende angrenpene på Rjukan og Vemork, 16 nov. 1943, NHM: caixa 10/SIS B; carta de Trygve Lie, 29 jan. 1943, TNA: AIR 2/8002; carta de A. W. Street, 22 dez. 1943, TNA: AIR 2/8002. Há uma série de cartas elucidativas nessa pasta (Ataques aéreos contra alvos na Noruega, TNA: AIR 2/8002), um ponto de partida que vale a pena para qualquer um interessado no imbróglio de lado a lado entre oficiais britânicos, americanos e noruegueses.

6. Carta de Hole a Tronstad, 16 dez. 1943, LTP.

7. 5 nov. 1943, LTD.

8. Cabograma de S. D. Felkin, 22 dez. 1943, TNA: HS 2/187.

9. Notat vedrörende angrenpene på Rjukan og Vemork, 16 nov. 1943, NHM: caixa 10/SIS B.

10. Olav Njølstad, pp. 270-1.

11. Carta de Tronstad a Bassa, 23 ago. 1943, LTP.

12. Ibid., 8 dez. 1943, LTP.

13. 30 abr. 1943, LTD. Essa reflexão combina perfeitamente com a que foi expressa por Malcolm Munthe, seu colega britânico, que em 3 maio 1943 mandou uma carta para Tronstad dizendo: "Como você talvez já saiba, faz algum tempo que sinto — muito agudamente, ao enviar para o campo alguns de meus amigos noruegueses — a necessidade de mais uma vez tentar pessoalmente dar minha contribuição ao lado ativo da guerra". Carta de Munthe a Tronstad, 3 maio 1943, DORA: correspondência 1937-45.

14. Mark Walker, *German National Socialism*, pp. 100-2.

15. Bericht über die Neutronenvermehrung einer Anordnung von Uranwürfeln und Schwerem Wasser (GIII), Deutsches Museum Archiv; Günter Nagel, *Atomversuche in Deutschland*, pp. 90-2; David Irving, *The German Atomic Bomb*, pp. 190-2.

16. Bericht über die Neutronenvermehrung einer Anordnung von Uranwürfeln und Schwerem Wasser (GIII), Deutsches Museum Archiv.

17. Erich Bagge, Kurt Diebner e Kenneth Jay, *Von der Uranspaltung*, p. 35.

18. Carta de Göring a Esau, 2 dez. 1943, NB: Goudsmit Papers, III/B27/F30; Per Dahl, *Heavy Water*, p. 219.

19. David Irving, *The German Atomic Bomb*, p. 200; Per Dahl, *Heavy Water*, pp. 220-1.

20. Rainer Karlsch, *Hitlers Bombe*, pp. 104-5.

21. Günter Nagel, *Atomversuche in Deutschland*, p. 94.

22. Rainer Karlsch, *Hitlers Bombe*, p. 106; Mark Walker, *German National Socialism*, pp. 130-1.

23. Protokoll über die in Norsk Hydro Buro, Oslo, 11 dez. 1943, NB: G-341.

24. Ibid.

25. Mark Walker e Rainer Karlsch, "New Light on Hitler's Bomb" (*Physics World*, 1º jun. 2005); Günter Nagel, *Atomversuche in Deutschland*, pp. 92-3; David Irving, *The German Atomic Bomb*, pp. 213-7. Existe pouca dúvida de que Diebner estava trabalhando nesse esforço. A maior controvérsia gira em torno de seu sucesso ou fracasso. Irving se esquiva da resposta, mas Karlsch argumenta em seu livro que Diebner e a equipe testaram com êxito essas armas. Se o fizeram ou não, o autor concorda com o artigo de Karlsch/Walker que diz: "O que é importante é a revelação de que um pequeno grupo de cientistas trabalhando nos últimos meses desesperados da guerra estivesse *tentando* fazer isso".

26. Mensagens de/para a Swallow, 19 dez. 1943-1º jan. 1943, NHM: SOE, caixa 22.

27. Knut Haukelid, *Skis Against the Atom*, pp. 171-2; 25 dez. 1943-1º jan. 1944, ESD.

28. Arne Ording, *Våre falne, 1939-1945, Annen Bok*, p. 255; Knut Haukelid, *Skis Against the Atom*, p. 159.

29. Marielle Skinnarland, entrevista com o autor.

30. Knut Haukelid, *Skis Against the Atom*, pp. 166-7.

31. Ibid.; Marielle Skinnarland, entrevista com o autor.

32. Olav Njølstad, pp. 288-9; mensagem de Londres, 29 jan. 1943, TNA: HS 2/188.

33.: Relatório sobre Rjukan, 1º jan. 1944, TNA: HS 2/188.

34. Tradução de trecho de jornal sueco, "Feito brilhante contra arma secreta de Hitler", 23 nov. 1943, TNA: HS 2/188.

35. Memórias de Sørlie.

36. Ibid.; 30 jan. 1943, ESD.

37. Memórias de Sørlie.

26. CINCO QUILOS DE PEIXE [pp. 324-34]

1. Rolf Sørlie, relatório sobre a Milorg em Rjukan, 12 maio 1944, NHM: SOE, caixa 23; memórias de Sørlie; Roar Løken, "Militær motstand i Milorgs D. 16, 1940-1945", p. 102; John Drummond, *But for These Men*, p. 152; relatório de Sheriff Foss, jan. 1944, NHM: SOE, caixa 23.

2. Interrogatório de Gunnar Syverstad, 5 abr. 1944, TNA: HS 2/188.

3. Memórias de Sørlie.

4. Mensagem da Swallow, 2 fev. 1943, NHM: caixa 10/SIS B.

5. Memórias de Sørlie.

6. Mensagem da Swallow, 3 fev. 1943, TNA: HS 2/174.

7. Knut Haukelid, *Skis Against the Atom*, p. 178.

8. Rolf Sørlie, relatório sobre a Milorg em Rjukan, 12 maio 1944, NHM: SOE, caixa 23; mensagem da Swallow, 5 fev. 1944, TNA: HS 2/174.

9. Ibid., 6 fev. 1943, NHM: SOE, caixa 23.

10. Knut Haukelid, *Skis Against the Atom*, p. 181.

11. 6 fev. 1944, LTD.

12. Olav Njølstad, pp. 298-9; Mensagens para/da Swallow, 1º-7 fev. 1943, NHM: SOE, caixa 23.

13. Carta de Tronstad a Wilson, 7 fev. 1944, TNA: HS 2/188; 7 fev. 1942, LTD; carta de Welsh a Tronstad, 8 fev. 1944, LTP.

14. Mensagem para a Swallow, 8 fev. 1944, TNA: HS 2/188.

15. 7 fev. 1943, LTD.

16. John Drummond, *But for These Men*, p. 156.

17. Knut Haukelid, *Skis Against the Atom*, pp. 182-3; relato fornecido pelo engenheiro Larsen da transação durante o ataque à balsa no Tinnsjø, 20 fev. 1944, NHM: SOE, caixa 23.

18. Haukelid, relatório sobre o afundamento da balsa *Hydro*, 20 fev. 1944, NHM: SOE, caixa 23; relato fornecido pelo engenheiro Larsen da transação durante o ataque à balsa no Tinnsjø, 20 fev. 1944, NHM: SOE, caixa 23. Esses dois relatos são a melhor destilação do pensamento por trás das várias opções. A mesma análise pode ser encontrada em uma série de outras fontes, incluindo as memórias de Haukelid.

19. Mensagem da Swallow, 9 fev. 1943, NHM: SOE, caixa 23; Marielle Skinnarland, entrevista com o autor; anotações de Skinnarland, ESP.

20. Mensagem para a Swallow, 10 fev. 1943, NHM: SOE, caixa 23.

21. Memórias de Sørlie.

22. Família Haukelid, entrevista com o autor; Knut Haukelid, *Skis Against the Atom*, p. 182; memórias de Sørlie; mensagem da Swallow, 12 fev. 1943, NHM: SOE, caixa 23; carta à SNA, 17 fev. 1944, NHM: SOE, caixa 23B.

23. 13 fev. 1944, ESD; memórias de Sørlie.

24. Haukelid, relatório sobre o afundamento da balsa *Hydro*, 20 fev. 1944, NHM: SOE, caixa 23; memórias de Sørlie.

25. Kjell Nielsen, "Notat angående omtalen av fergeaksjonen på Rjukan i Februar 1944", NHM: caixa 10B; interrogatório de Gunnar Syverstad, 5 abr. 1944, TNA: HS 2/188; Haukelid, relatório sobre o afundamento da balsa *Hydro*, 20 fev. 1944, NHM: SOE, caixa 23.

26. Mensagem da Swallow, 16 fev. 1944, NHM: SOE, caixa 23.

27. Haukelid, relatório sobre o afundamento da balsa *Hydro*, 20 fev. 1944, NHM: SOE, caixa 23; memórias de Sørlie.

28. Memórias de Sørlie.

29. 16 fev. 1943, ESD.

30. Mensagem para a Swallow, 16 fev. 1943, NHM: SOE, caixa 23.

31. Marielle Skinnarland, entrevista com o autor; anotações de Skinnarland, ESP; Knut Haukelid, *Skis Against the Atom*, pp. 185-6.

27. O HOMEM DO VIOLINO [pp. 335-43]

1. Entrevista com Alf Larsen, DIA: DJ 31; entrevista com Knut Haukelid, DIA: DJ 31.

2. John Drummond, *But for These Men*, p. 160.

3. Knut Haukelid, *Skis Against the Atom*, p. 187.

4. Haukelid, relatório sobre o afundamento da balsa *Hydro*, 20 fev. 1944, NHM: SOE, caixa 23.

5. Ibid.

6. Kjell Nielsen, "Notat angående omtalen av fergeaksjonen på Rjukan i Februar 1944", NHM: caixa 10B; interrogatório de Gunnar Syverstad, 5 abr. 1944; relato fornecido pelo engenheiro Larsen da transação durante o ataque à balsa no Tinnsjø, 20 fev. 1944, NHM: SOE, caixa 23; memórias de Sørlie.

7. Diseth, relato de amigos, NHM: SOE, caixa 23B; Haukelid, relatório sobre o afundamento da balsa *Hydro*, 20 fev. 1944, NHM: SOE, caixa 23; Thomas Gallagher, *Assault in Norway*, pp. 175-6.

8. Entrevista com Haukelid, DIA: DJ 31.

9. Payton e Lepperød; interrogatório de Gunnar Syverstad, 5 abr. 1944, TNA: HS 2/188; David Irving, *The German Atomic Bomb*, p. 203.

10. Haukelid, relatório sobre o afundamento da balsa *Hydro*, 20 fev. 1944, NHM: SOE, caixa 23; Knut Haukelid, *Skis Against the Atom*, pp. 187-8; entrevista com Haukelid, DIA: DJ 31; entrevista com Haukelid, IWM: História oral.

11. Entrevista com Knut Lier-Hansen, KA; relatório de Gunlsik Skogen, 1º dez. 1943, TNA: HS 2/174; Knut Lier-Hansen, relato de amigos, NHM: SOE, caixa 23B.

12. Knut Haukelid, *Skis Against the Atom*, p. 189. Não fica muito claro quando Lier-Hansen se juntou à equipe. Em sua entrevista, Lier-Hansen se põe no centro das ações já em 10 de fevereiro, mas isso vai contra a maioria dos demais relatos, que o mencionam entrando para a operação apenas nos dias finais (e relatam a preocupação de ainda estarem com um homem de menos). Sørlie e Haukelid contam ambos essa versão. Considerando os depoimentos colhidos, 18 de fevereiro parece o cenário mais provável. Haukelid afirma explicitamente em seu relatório após a ação que eles se reuniram nesse dia e Lier-Hansen não é mencionado em nenhum dos encontros de que Larsen, Syverstad ou Nielsen participaram antes dessa data.

13. Stein Larsen, *Meldungen aus Norwegen, 1940-1945*, pp. 1242-9.

14. Ibid., pp. 1249-50.

15. David Irving, *The German Atomic Bomb*, pp. 205-6.

16. 18 fev. 1944, LTD.

17. Carta a Michael Perrin, 15 fev. 1944, TNA: HS 8/955/DISR.

18. 10 fev. 1944, LTD.

19. Jomar Brun, *Brennpunkt Vemork*, pp. 85-6.

20. John Wilson, "On Resistance in Norway", NHM: caixa 50A; entrevista com Michael Perrin, DIA: DJ 31.

21. 18 fev. 1944, LTD.

22. Knut Haukelid, *Skis Against the Atom*, p. 188.

23. John Drummond, *But for These Men*, p. 162.

24. Haukelid, relatório sobre o afundamento da balsa *Hydro*, 20 fev. 1944, NHM: SOE, caixa 23; Thomas Gallagher, *Assault in Norway*, p. 176; entrevista com Haukelid, DIA: DJ 31.

25. Carta a Welsh, 20 mar. 1944, TNA: HS 2/188.

26. Relato fornecido pelo engenheiro Larsen da transação durante o ataque à balsa do Tinnsjø, 20 fev. 1944, NHM: SOE, caixa 23.

28. DESPERTADOR PARA AS 10H45 [pp. 344-55]

1. Knut Haukelid, *Skis Against the Atom*, p. 191; mensagem da Swallow, 30 mar. 1944, NHM: caixa 10.

2. Entrevista com Haukelid, DIA: DJ 31; entrevista com Larsen, DIA: DJ 31.

3. John Drummond, *But for These Men*, p. 165.

4. Dan Kurzman, *Blood and Water*, p. 224.

5. Thomas Gallagher, *Assault in Norway*, p. 179.

6. Haukelid, relatório sobre o afundamento da balsa *Hydro*, 20 fev. 1944, NHM: SOE, caixa 23; entrevista com Haukelid, DIA: DJ 31; entrevista com Knut Lier-Hansen, KA; Knut Haukelid, *Skis Against the Atom*, pp. 191-3; John Drummond, *But for These Men*, pp. 167-70; Thomas Gallagher, *Assault in Norway*, pp. 179-82; relato fornecido pelo engenheiro Larsen da transação durante o ataque à balsa do Tinnsjø, 20 fev. 1944, NHM: SOE, caixa 23; memórias de Sørlie. Com exceção das citações especificamente anotadas, a narrativa da colocação dos explosivos a bordo da *Hydro* é extraída dessas fontes coletivamente.

7. Thomas Gallagher, *Assault in Norway*, p. 181; Haukelid, relatório sobre o afundamento da balsa *Hydro*, 20 fev. 1944, NHM: SOE, caixa 23; Sikkerhetspoliti Rapport av John Berg, 21 fev. 1944, NHM: caixa 10B.

8. John Drummond, *But for These Men*, p. 171.

9. Vedr. D/F *Hydro* forlis, 20 fev. 1944, VM: IA4FB, caixa 13; David Irving, *The German Atomic Bomb*, p. 209.

10. Lillian Gabrielson, entrevista com o autor.

11. Knut Haukelid, *Skis Against the Atom*, p. 195.

12. Entrevista com Lier-Hansen, KA.

13. Relatório de Sørensen, 21 fev. 1944, VM: IA4FB, caixa 13; Thomas Gallagher, *Assault in Norway*, p. 184.

14. Relatório de Sørensen, 21 fev. 1944, VM: IA4FB, caixa 13; *Aftenposten*, 23 fev. 1944, TNA: HS 2/188; *Fritt Folk*, 23 fev. 1944, TNA: HS 2/188; *Rjukan Dagblad*, 22 fev. 1944, TNA: HS 2/188; entrevista com Eva Gulbrandsen, KA; Omkomne D/F *Hydro*, 20 fev. 1944, VM: IA4FB, caixa 13.

15. Relatório de Sørensen, 21 fev. 1944, VM: IA4FB, caixa 13.

16. Entrevista com Eva Gulbrandsen, KA.

17. Ibid.

18. Knut Haukelid, *Skis Against the Atom*, p. 197; Omkomne D/F *Hydro*, 20 fev. 1944, VM: IA4FB, caixa 13. O número exato de pessoas na balsa nesse dia é até certo ponto um dado

difícil, haja vista que o funcionário das passagens — e seus registros — se perdeu no naufrágio. A contagem final vem de um relatório de inteligência encontrado por Knut Haukelid após a guerra nos registros do comandante militar da Noruega.

19. Memórias de Sørlie.

20. Ibid.

21. 21 fev. 1944, ESD.

22. Mensagem da Swallow, 22 fev. 1944, NHM: caixa 10/SIS B.

23. Interrogatório de Gunnar Syverstad, 25 mar. 1944, NHM: caixa 10.

24. Sikkerhetspoliti Rapport av John Berg, 21 fev. 1944, NHM: caixa 10B; Gudbrandsen, Rapport til Lederen av Statspolitiet, 23 fev. 1944, NHM: caixa 10B.

25. Knut Haukelid, Skis Against the Atom, pp. 195-202; família Haukelid, entrevista com o autor.

26. 26 fev.-7 mar. 1944, LTD.

27. 13 abr. 1944, LTD.

29. VITÓRIA [pp. 356-65]

1. David Irving, The German Atomic Bomb, pp. 217-9.

2. Bericht uber die Arbeiten auf Kernphysikalischen Gebiet, NB: Goudsmit, IV/B25/F13.

3. Rainer Karlsch, Hitlers Bombe, pp. 166-7.

4. 12 maio 1944, LTD.

5. David Irving, The German Atomic Bomb, pp. 246-7, 258-60; Também relatório da missão, DIA: DJ 31.

6. Samuel A.Goudsmit, Alsos, p. 71.

7. Entrevista com Georg Hartwig, NB: História oral; Günter Nagel, Atomversuche in Deutschland, pp. 129-30; David Cassidy, Uncertainty, p. 496.

8. 10 jun. 1944, LTD.

9. Olav Njølstad, pp. 331-5.

10. Relatório final, STS 17, DORA: correspondência 1937-45.

11. Relatório da Operação Sunshine, TNA: HS 2/171.

12. Apêndice A, Planos de ação da Sunshine, NHM: caixa 10C.

13. Carta de Tronstad a Bassa, 27 ago. 1944, LTP.

14. Discurso de Gerd Hurum Truls, 10 out. 1987, LTP.

15. 27 ago. 1944, LTD.

16. Olav Njølstad, p. 358.

17. Relatório da Operação Sunshine, TNA: HS 2/171.

18. Relatório de Skinnarland sobre as mortes do major Tronstad e do sargento Syverstad, 16 mar. 1945, TNA: HS 2/171; Olav Njølstad, pp. 410-24.

19. Relatório da Operação Sunshine, TNA: HS 2/171; Ian Herrington, "The Special Operations Executive in Norway 1940-45", pp. 283-5; Military Homefront Survey, 1º dez. 1944, NHM: SOE, caixa 4.

20. Berit Nøkleby, *Josef Terboven*, pp. 291-3.

21. Klykken, Frits, "Saken Fehlis", Porsgunn Folkebibliotek.

22. Coronel Wilson, diário de uma excursão escandinava, TNA: HS 9/1605/3.

23. *Chicago Tribune*, 8 jun. 1945.

24. Skinnarland, *Hva Som Hendte*, ESP; Freds Og Midtsommerskal, 23 jun. 1945, ESP.

25. Coronel Wilson, diário de uma excursão escandinava, TNA: HS 9/1605/3.

26. Olav Njølstad, pp. 426-9.

27. Carta de Tronstad a Bassa, 27 ago. 1944, LTP.

28. Thomas Powers, *Heisenberg's War*, pp. 434-5; Erich Bagge, Kurt Diebner e Kenneth Jay, *Von der Uranspaltung*, pp. 51-5.

29. Charles Frank, *Operation Epsilon*, p. 70.

30. Jeremy Bernstein e David Cassidy, *Hitler's Uranium Club*, Apêndice C.

31. Ibid., pp. 115-8.

EPÍLOGO [pp. 367-70]

1. R. V. Jones, "Thicker Than Heavy Water", *Chemistry and Industry*, 26 ago. 1967.

2. Erich Bagge, Kurt Diebner e Kenneth Jay, *Von der Uranspaltung*, p. 35.

3. Ion Drew, *Tause helter*, p. 205.

4. Ibid., p. 222.

5. Essa conclusão é extraída pelo autor das memórias, entrevistas e diários desses indivíduos. Alguns, como Poulsson e Rønneberg, afirmam isso explicitamente.

6. Marielle Skinnarland, entrevista com o autor.

7. Entrevista com Rønneberg, IWM: 27187.

8. Família Haugland, entrevista com o autor.

9. Família Haukelid, entrevista com o autor.

10. Marielle Skinnarland, entrevista com o autor.

11. "Se Hitler tivesse a bomba", transcrição do documentário em Norsk Industriarbeidermuseum, Vemork.

Referências bibliográficas

À primeira vista, uma bibliografia em geral parece uma mera enumeração de fontes, algumas primárias, outras secundárias. A lista abaixo não faz justiça à empolgação que senti ao pesquisar para *A fortaleza de inverno*: encontrar os diários de Leif Tronstad e Einar Skinnarland, os arquivos confidenciais da SOE, entrevistas com as famílias dos sabotadores, os manuscritos não publicados do coronel John Wilson, Rolf Sørlie e a família Skinnarland durante a guerra. No decorrer de minha pesquisa, li centenas de livros, alguns em inglês, outros em norueguês e alemão, muitos listados aqui. Mas a principal parte dessa narrativa foi construída com reminiscências, entrevistas e memórias dos principais indivíduos, bem como correspondência, relatórios da ação, diários e outros documentos de arquivo escritos na época em que esses eventos tiveram lugar.

ARQUIVOS

Estados Unidos

    Howard Gotlieb Archival Research Center, Universidade de Boston (Boston, MA)

    National Archives (College Park, MD)

    Niels Bohr Library and Archives (College Park, MD)

    Rensselaer Polytechnic Institute, Archives and Special Collections (Troy, NY)

Noruega

    Norges Hjemmefrontmuseum (Oslo)

    Norges Teknisk-Naturvitenskapelige Universitet Arkiv (Trondheim)

    Norsk Industriarbeidermuseum (Vemork)

Alemanha
Bundesarchiv (Berlim)
Bundesarchiv (Freiburg)
Deutsches Museum Archiv (Munique)

Reino Unido
British Online Archives (Wakefield)
Imperial War Museum (Londres)
National Archives (Kew)

França
Archives Nationale (Paris)

PAPÉIS PESSOAIS

Leif Tronstad (cortesia de Leif Tronstad Jr.)
Knut Haugland (cortesia de Trond, Torfinn e Torill Haugland)
Einar Skinnarland (cortesia de Marielle e Kirvil Skinnarland)
Jens-Anton Poulsson (cortesia de Mia e Unni Poulsson)
Knut Haukelid (cortesia de Bjørgulf, Kirvil e Knut Haukelid)
David Irving (cortesia de British Online Archives)
Rolf Sørlie (cortesia de Finn Sørlie)
Bjørn Iversen

ENTREVISTAS

Família Tronstad (Oslo)
Família Haugland (Oslo, Rjukan)
Família Haukelid (Oslo)
Família Poulsson (Oslo)
Família Skinnarland (Oslo, Rjukan, Estados Unidos)
Finn Sørlie (Oslo)
Ragnar Ulstein (Estados Unidos)
Svein Vetle Trae (Oslo)
Lillian Gabrielson (Oslo)

LIVROS E ARTIGOS EM NORUEGUÊS E ALEMÃO

ANDERSEN, Ketil. *Hydros historie 1905-1945.* Bind 1, *Flaggskip i fremmed eie: Hydro 1905-1945.* Oslo: Pax Forlag, 2005.

BAGGE, Erich; DIEBNER, Kurt ; JAY, Kenneth. *Von der Uranspaltung bis Calder Hall.* Hamburgo: Rowohlt, 1957.

BERG, John. *Soldaten som ikke ville gi seg: Lingekaren Arne Kjelstrup, 1940-45.* Oslo: Metope, 1986.

BERGFALD, Odd. *Hellmuth Reinhard: Soldat eller morder?* Oslo: Schibsted, 1967.

BØHN, Per. *IMI: Norsk innsats i kampen om atomkraften.* Trondheim: F. Bruns Bokhandels Forlag, 1946.

BRAUTESET, Steinar. *Gestapo-offiseren Fehmer: Milorgs farligste fiende.* Oslo: Cappelen, 1986.

BRUN, Jomar. *Brennpunkt Vemork, 1940-1945.* Oslo: Universitetsforlaget, 1985.

DAHL, Helge. *Rjukan.* Bind 2, *Fra 1920 til 1980.* Rjukan: Tinn kommune, 1983.

DREW, Ion et al. *Tause helter: Operasjon Freshman og andre falne.* Stavanger, Rogaland, Norway: Hertervig Akademisk, 2011.

FJELDBU, Sigmund. *Et lite sted på verdenskartet – Rjukan 1940-1950.* Oslo: Tiden, 1980.

GESTAPO I NORGE: *Mennene, midlene og metodene.* Oslo: Norsk kunstforlag, 1946.

HALVORSEN, Odd. *Den Norske Turistforening årbok 1947.* Oslo: Den Norske Turistforening, 1947.

_____. *Den Norske Turistforening årbok 1970.* Oslo: Den Norske Turistforening, 1970.

HURUM, Gerd Vold. *En Kvinne ved navn "Truls": Fra motstandskamp til Kon-Tiki.* Oslo: Wings, 2006.

JENSEN, Erling. *Kompani Linge.* Bind 1. Oslo: Gyldendal, 1949.

KARLSCH, Rainer. *Hitlers Bombe: Die geheime Geschichte der deutschen Kernwaffenversuche.* Munique: Deutsche Verlags-Anstalt, 2005.

KJELSTADLI, Sverre. *Hjemmestyrkene.* Oslo: Bokstav & Bilde, 1959.

LARSEN, Stein; SANDBERG, Beatrice; DAHM, Volker (Orgs.). *Meldungen aus Norwegen, 1940-1945: Die geheimen Lageberichte des Befehishabers der Sicherheitspolizei und des SD in Norwegen.* Munique: R. Oldenbourg Verlag, 2008.

LAURITZEN, Per. *Claus Helberg: Veiviser i krig og fred.* Oslo: Den Norske Turistforening, 1999.

LØKEN, Roar. "Militær motstand i Milorgs D. 16, 1940-1945." Tese de doutorado. Universitet i Oslo, 1976.

LUNDE, Kjell Harald. *Sabotøren: Et portrett av mennesket og krigshelten Fredrik Kayser.* Bergen, Noruega: Alma Mater, 1997.

MYKLEBUST, Gunnar. *Tungtvannssabotøren: Joachim H. Rønneberg, Linge-kar og fjellmann.* Oslo: Aschehoug, 2011.

NAGEL, Günter. *Atomversuche in Deutschland: Geheime Uranarbeiten in Gottow, Oranien-burg, und Stadtilm.* Zella-Mehlis, Alemanha: Heinrich-Jung-Verlagsgesellschaft, 2002.

NJØLSTAD, Olav. *Professor Tronstads krig.* Oslo: Aschehoug, 2012.

NØKLEBY, Berit. *Gestapo: Tysk politi i Norge, 1940-45.* Oslo: Aschehoug, 2003.

_____. *Josef Terboven: Hitlers mann i Norge.* Oslo: Gyldendal, 1992.

_____. "Uforskammet opptreden mot Terboven." *Aftenposten,* 25 fev. 1983.

OLSEN, Kristofer Anker. *Norsk Hydro gjennom 50 år.* Oslo: Norsk Hydro-Elektrisk Kvælstofaktieselskab, 1955.

ORDING, Arne; GUDRUN, Johnson; GARDER, Johan. *Våre falne, 1939-1945, Annen Bok.* Oslo: Grøndahl, 1950.

PAYTON, Gary; LEPPERØD, Trond. *Rjukanbanen: På sporet av et industrieventyr.* Rjukan: Maana Forlag, 1995.

PIEKALKIEWICZ, Janusz. *Spione, Agenten, Soldaten: Geheime Kommandos im Zweiten Weltkrieg.* Munique: Schweizer Volks-Buchgemeinde, 1969.

ROSTØL, Jack; AMDAL, Nils Helge. *Tungtvannssabotør: Kasper Idland, fra krig til kamp.* Sandnes, Rogaland, Noruega: Commentum, 2011.

SÆTER, Svein. *Operatøren: Knut Haugland's egen beretning, Tungtvann, Gestapo, Kon-Tiki.* Oslo: Cappelen Damm, 2008.

SCHAAF, Michael. "Der Physikochemiker Paul Harteck." Tese de doutorado. Historisches Institut der Universität Stuttgart, 1999.

SCHRAMM, Percy. *Hitler als militärischer Führer: Erkenntnisse und Erfahrungen aus dem Kriegstagebuch des Oberkommandoes der Wehrmacht.* Frankfurt: Athenäum Verlag, 1965.

SKOGEN, Olav. *Ensom krig mot Gestapo.* Oslo: Aschehoug Pocket, 2009.

TRANØY, Joar. *Oppvekst i samhold og konflikt.* Oslo: Maana Forlag, 2007.

UELAND, Asgeir. *Tungtvannsaksjonen: Historien om den største sabotasjeoperasjonen på norskjord.* Oslo: Gyldendal, 2013.

VEUM, Erik. *Nådeløse nordmenn: Statspolitiet, 1941-1945.* Oslo: Kagge Forlag, 2012.

LIVROS, ARTIGOS E TRANSCRIÇÕES DE DOCUMENTÁRIOS EM INGLÊS

ADAMSON, Hans Christian; KLEM, Per. *Blood on the Midnight Sun.* Nova York: Norton, 1964.

BADEN-POWELL, Dorothy. *Operation Jupiter: SOE's Secret War in Norway*. Londres: Hale, 1982.

BAILEY, Roderick. *Forgotten Voices of the Secret War: An Inside History of Special Operations During the Second World War*. Londres: Ebury, 2008.

BENNETT, John. *Letters from England*. San Antonio, TX: Hertzog, 1945.

BERGLYD, Jostein. *Operation Freshman: The Hunt for Hitler's Heavy Water*. Estocolmo: Leandoer & Ekholm, 2006.

BERNSTEIN, Jeremy; CASSIDY, David. *Hitler's Uranium Club: The Secret Recordings at Farm Hall*. Nova York: Springer Science & Business Media, 2013.

BEYERCHEN, Alan. *Scientists Under Hitler: Politics and the Physics Community in the Third Reich*. New Haven, CT: Yale University Press, 1977.

CASIMIR, Hendrik. *Haphazard Reality: Half a Century of Science*. Nova York: Harper & Row, 1984.

CASSIDY, David C. *Uncertainty: The Life and Science of Werner Heisenberg*. Nova York: W. H. Freeman, 1992.

CHURCHILL, Winston. *The Churchill War Papers: The Ever-Widening War, 1941*. Org. de Martin Gilbert. Nova York: Norton, 2001.

_____. *The Hinge of Fate*. v. 4 de *The Second World War*. Boston: Houghton Mifflin, 1950.

_____. *Their Finest Hour*. v. 2 de *The Second World War*. Nova York: Mariner Books, 1978.

CLARK, Ronald. *The Birth of the Bomb*. Londres: Phoenix House, 1961.

_____. *Tizard*. Cambridge, MA: MIT Press, 1965.

COMPTON, Arthur Holly. *Atomic Quest: A Personal Narrative*. Oxford, Reino Unido: Oxford University Press, 1956.

COOKRIDGE, E. H. *Set Europe Ablaze: The Inside Story of Special Operations Executive*. Nova York: Thomas Crowell, 1967.

COOPER, D. F. "Operation Freshman." *The Royal Engineers Journal*, mar. 1946.

CRUICKSHANK, Charles. *SOE in Scandinavia*. Oxford, Reino Unido: Oxford University Press, 1986.

DAHL, Per F. *Heavy Water and the Wartime Race for Nuclear Energy*. Bristol, Reino Unido: Institute of Physics Publishing, 1999.

DALTON, Hugh. *The Fateful Years: Memoirs 1931-45*. Londres: Frederick Muller, 1957.

DANK, Milton. *The Glider Gang: An Eyewitness History of World War II Glider Combat*. Filadélfia: J. B. Lippincott, 1977.

DIPPLE, John. *Two Against Hitler: Stealing the Nazis' Best-Kept Secrets.* Nova York: Praeger, 1992.

DORRIL, Stephen. *MI6: Inside the Covert World of Her Majesty's Secret Intelligence Service.* Nova York: Free Press, 2002.

DRUMMOND, John D. *But for These Men.* Nova York: Award Books, 1962.

ERMENC, Joseph (Org.). *Atomic Bomb Scientists: Memoirs, 1939-45.* Meckler, 1989.

FEN, Åke. *Nazis in Norway.* Londres: Penguin Books, 1942.

FINE, Lenore; REMINGTON, Jesse A. *The Corps of Engineers: Construction in the United States.* Washington, DC: Office of the Chief of Military History, 1972.

FOOT, M. R. D. *SOE: An Outline History of the Special Operations Executive, 1940-46.* Londres: Pimlico, 1999.

FRANK, Charles. *Operation Epsilon: The Farm Hall Transcripts.* Oakland: University of California Press, 1993.

FREEMAN, Roger A. *The Mighty Eighth War Manual.* Londres: Jane's, 1985.

GALLAGHER, Thomas. *Assault in Norway: Sabotaging the Nazi Nuclear Program.* Guildford, CT: Lyons Press, 1975.

GJELSVIK, Tore. *Norwegian Resistance, 1940-1945.* Trad. de Thomas Kingston Derry. Londres: C. Hurst, 1979.

GOEBBELS, Josef. *The Goebbels Diaries.* Londres: H. Hamilton, 1948.

GOLDSMITH, Maurice. *Frédéric Joliot-Curie: A Biography.* Londres: Lawrence and Wisehart, 1976.

GOUDSMIT, Samuel A. *Alsos.* Woodbury, NY: AIP Press, 1996.

GOWING, Margaret. *Britain and Atomic Energy, 1939-1945.* Londres: Macmillan, 1982.

GROVES, Leslie. *Now It Can Be Told: The Story of the Manhattan Project.* Nova York: Da Capo Press, 1983.

HAARR, Geirr H. *The German Invasion of Norway: April 1940.* Annapolis, MD: Naval Institute Press, 2009.

HARGREAVES, Richard. *Blitzkrieg Unleashed: The German Invasion of Poland.* Mechanicsburg, PA: Stackpole Books, 2008.

HAUGE, E. O. *Salt-Water Thief.* Londres: Duckworth, 1958.

HAUKELID, Knut. *Skis Against the Atom.* Minot, ND: North American Heritage Press, 1989.

HEISENBERG, Werner. *Physics and Beyond: Encounters and Conversations.* Trad. de Arnold J. Pomerans. Nova York: Harper & Row, 1971.

HENNIKER, Mark. *An Image of War.* Londres: L. Cooper, 1987.

————. *Memoirs of a Junior Officer.* Edimburgo: Blackwood & Sons, 1951.

HENTSCHEL, Klaus (Org.). *Physics and National Socialism: An Anthology of Primary Sources*. Basileia: Birkhäuser Verlag, 1996.

HERRINGTON, Ian. "The Special Operations Executive in Norway 1940-45". Tese de doutorado. De Montfort University, 2004.

HEWINS, Ralph. *Quisling: Prophet Without Honor*. Londres: W. H. Allen, 1965.

HINSLEY, F. H. *British Intelligence in the Second World War*. v. 2. Cambridge, Reino Unido: Cambridge University Press, 1981.

HITLER'S SUNKEN SECRET. Transcrição de documentário da PBS, 8 nov. 2005.

HUMBLE, Richard. *Hitler's Generals*. Londres: Barker, 1973.

INGSTAD, Helge. *The Land of Feast and Famine*. Trad. de Eugene Gay-Tifft. Montreal: Mc-Gill-Queen's University Press, 1992.

INTERNATIONAL MILITARY TRIBUNAL. *Trial of Major War Criminals*. v. 27. Nuremberg: IMT, 1947.

IRVING, David. *The German Atomic Bomb: The History of Nuclear Research in Nazi Germany*. Nova York: Perseus Books, 1983.

JABLONSKI, Edward. *Double Strike: The Epic Air Raids on Regensburg-Schweinfurt, August 17, 1943*. Garden City, NY: Doubleday, 1974.

JEFFERY, Keith. *The Secret History of MI6*. Londres: Penguin Press, 2010.

JOHNSON, Amanda. *Norway: Her Invasion and Occupation*. Decatur, GA: Bowen Press, 1948.

JONES, R. V. "Thicker Than Heavy Water," *Chemistry and Industry*, August 26, 1967.

JONES, Reginald. *The Wizard War: British Scientific Intelligence, 1939-1945*. Nova York: Coward, McCann & Geoghegan, 1978.

JUNGK, Robert. *Brighter Than a Thousand Suns: A Personal History of the Atomic Scientists*. Trad. James Cleugh. Nova York: Harcourt Brace, 1958.

KNUDSEN, H. Franklin. *I Was Quisling's Secretary*. Londres: Britons, 1967.

KRAMISH, Arnold. *The Griffin*. Londres: Macmillan, 1986.

KURZMAN, Dan. *Blood and Water: Sabotaging Hitler's Bomb*. Nova York: Henry Holt, 1997.

LANGWORTH, Richard M. (Org.). *Churchill by Himself: The Definitive Collection of Quotations*. Nova York: Public Affairs, 2008.

LEE, Sabine (Org.). *Sir Rudolf Peierls: Selected Private and Scientific Correspondence*. v. 1. Cingapura: World Scientific, 2009.

LYNCH, Tim. *Silent Skies: Gliders at War 1939-1945*. Barnsley, Reino Unido: Pen & Sword, 2008.

MACRAKIS, Kristie. *Surviving the Swastika: Scientific Research in Nazi Germany*. Nova York: Oxford University Press, 1993.

MANN, Matthew. "British Policy and Strategy Towards Norway, 1941-44." Tese de douto-rado. Universidade de Londres, 1998.

MARKS, Leo. *Between Silk and Cyanide: A Codemaker's War*. Nova York: Free Press, 1998.

MEACHAM, Jon. *Franklin and Winston: An Intimate Portrait of an Epic Friendship*. Nova York: Random House, 2004.

MEARS, Ray. *The Real Heroes of Telemark: The True Story of the Secret Mission to Stop Hitler's Atomic Bomb*. Londres: Coronet, 2003.

MOORE, Ruth. *Niels Bohr: The Man, His Science, and the World They Changed*. Nova York: Knopf, 1966.

MORAN, Charles McMoran Wilson. *Winston Churchill: The Struggle for Survival, 1940--1965; Taken from the Diaries of Lord Moran*. Londres: Constable, 1966.

NICHOLS, K. D. *The Road to Trinity*. Nova York: William Morrow, 1987.

NJØLSTAD, Olav et al. *The Race for Norwegian Heavy Water, 1940-1945*. Oslo: Institutt for Forsvarsstudier, 1995.

O'CONNOR, Bernard. *Churchill's School for Saboteurs: Station 17*. Gloucestershire, Reino Unido: Amberley, 2013.

PALMSTRØM, Finn; TORGERSEN, Rolf. *Preliminary Report on Germany's Crimes Against Norway*. Oslo: Grøndal & Son, 1945.

PARTON, James. *"Air Force Spoken Here": General Ira Eaker and the Command of the Air*. Bethesda, MD: Adler & Adler, 1986.

PEIERLS, Rudolf. *Bird of Passage: Recollections of a Physicist*. Princeton, NJ: Princeton University Press, 2014.

PERQUIN, Jean-Louise. *The Clandestine Radio Operators: SOE, BCRA, OSS*. Paris: His-toire et Collections, 2011.

PERSICO, Joseph E. *Roosevelt's Secret War: FDR and World War II Espionage*. Nova York: Random House, 2002.

PETROW, Richard. *The Bitter Years: The Invasion and Occupation of Denmark and Norway, April 1940-May 1945*. Nova York: William Morrow, 1974.

POULSSON, Jens-Anton. *The Heavy Water Raid: The Race for the Atom Bomb 1942-44*. Oslo: Orion Forlag AS, 2009.

POWERS, Thomas. *Heisenberg's War: The Secret History of the German Bomb*. Nova York: Da Capo Press, 1993.

RHODES, Richard. *The Making of the Atomic Bomb*. Nova York: Simon & Schuster, 1996.

RIGDEN, Denis. *How to Be a Spy: World War II SOE Training Manual*. Toronto: Dundurn, 2004.

RISTE, Olav; NØKLEBY, Berit. *Norway 1940-45: The Resistance Movement*. Oslo: Johan Grundt Tanum Forlag, 1970.

ROANE, Owen. *A Year in the Life of a Cowboy with the Bloody 100th*. The Woodlands, TX: Mackenzie Curtis Publishing, 1995.

ROSE, Paul Lawrence. *Heisenberg and the Nazi Atomic Bomb Project, 1939-1945*. Berkeley: University of California Press, 2002.

SAGASFOS, Ole Johan. *Progress of a Different Nature*. Oslo: Pax Forlag, 2006.

SANDYS, Celia. *Chasing Churchill: Travels with Winston Churchill*. Londres: Harper Collins, 2004.

SEAMAN, Mark (Org.). *Special Operations Executive: A New Instrument of War*. Londres: Routledge, 2006.

SHIRER, William. *Berlin Diary: The Journal of a Foreign Correspondent, 1934-1941*. Baltimore, MD: Johns Hopkins University Press, 2002.

_____. *The Rise and Fall of the Third Reich*. Nova York: Simon & Schuster, 1990.

SMYTH, H. D. *Atomic Energy for Military Purposes*. York, PA: Maple Press, 1945.

SPEER, Albert. *Inside the Third Reich*. Nova York: Macmillan, 1981.

STAFFORD, David. *Secret Agent: The True Story of the Covert War Against Hitler*. Nova York: Overlook Press, 2001.

SUESS, Hans. "Virus House: Comments and Reminiscences." *Bulletin of Atomic Scientists* 24 (jun. 1968), pp. 36-9.

WALKER, Mark; KARLSCH, Rainer. "New Light on Hitler's Bomb." *Physics World* 18 (jun. 2005), pp. 15-8.

WALKER, Mark. *German National Socialism and the Quest for Nuclear Power*. Cambridge, Reino Unido: Cambridge University Press, 1989.

_____. *Nazi Science: Myth, Truth, and the German Atomic Bomb*. Nova York: Plenum Press, 1995.

WARBEY, William. *Look to Norway*. Londres: Secker & Warburg, 1945.

WERNER-HAGEN, Knut. "Mission 'Moonlight' — Norway 1944." Website das Forças Armadas austríacas. Disponível em: <www.bundesheer.at/truppendienst/ausgaben/artikel. php?id=886>. Acesso em: 03 abr. 2017.

WIGGAN, Richard. *Operation Freshman: The Rjukan Heavy Water Raid, 1942*. Londres: William Kimber, 1986.

WIGNER, Eugene Paul. *The Collected Works*. Nova York: Springer Science and Business Media, 2001.

WILLIAMS, Robert Chadwell. *Klaus Fuchs, Atom Spy*. Cambridge, MA: Harvard University Press, 1987.

WILSON, John Skinnar. *Memoirs of a Varied Life*. Londres: Imperial War Museum, John Skinner Wilson Collection, inédito.

WORM-MÜLLER, Jacob. *Norway Revolts Against the Nazis*. Londres: Lindsay Drummond, 1941.

WRIGHT, Myrtle. *Norwegian Diary, 1940-1945*. Londres: Friends Peace and International Relations Committee, 1974.

Índice remissivo

água pesada: como moderador na fissão, 36-7, 46, 85; descoberta, na natureza, 28; produzindo, 28-9; quantidades necessárias (bomba atômica), 85; transporte para a França, 38-9; *ver também* indivíduos específicos; locais específicos

água pesada, Noruega: usina de energia de Notodden, 90, 135, 223, 282, 291, 294; usina de energia de Såheim, 90, 135, 223, 282, 291, 293-4; *ver também* indivíduos específicos; fábrica de água pesada de Vemork

Akers, Wallace, 52, 82, 85

Albrecht, dr., 293

Alemanha nazista: Áustria, Tchecoslováquia e, 33; Grã-Bretanha e França declaram guerra, 33; invasão da Polônia, 33, 41; judeus e, 90, 111; situação de guerra (mai. 1943), 283; Tratado de Versalhes e, 45; *ver também* bomba atômica / programa, Alemanha; Noruega, invasão, ocupação pelos nazistas; ações específicas; grupos específicos; indivíduos específicos

Allen, Alexander, 143, 150, 153

Allier, Jacques: água pesada, bomba atômica e, 25-7, 37-9, 84; história pessoal, descrição, 25

Anderson, Sir John: programa atômico alemão e, 126, 263, 300-1; sabotando a D/F *Hydro* e, 289, 327

Aubert, Axel, 27, 38, 89, 319

Bagge, Erich, 318

Batismo de fogo (filme), 42

Bennett, John, 305-6

Berg, John, 347-8, 353

Binyon, Laurence, 368

Birkeland, Kristian, 70

Blackburn, James, 167

Bohr, Niels: história pessoal, física atômica, 30-1, 264, 290; informações sobre o programa atômico da Alemanha, 84, 86, 290 bomba atômica / programa: descrição da explosão, 83; fissão e, 31-2, 34; historiadores sobre, 367; moderadores e, 31, 35, 85; *ver também* componentes específicos; indivíduos específicos; organizações específicas

bomba atômica / programa, Alemanha: bombardeio aliado às instalações alemãs, 356-7; Clube do Urânio reuniões, atividades e, 33-7, 92, 222, 283-5, 356-8; Clube do Urânio, cientistas após a derrota da Alemanha, 363, 365, 367; conferências sobre, 91-3, 402; Conselho de Pesquisa do Reich e, 93, 95, 169, 223; Equipamentos Militares e, 33-4, 37, 51, 90, 93, 95, 135, 191, 282, 319-20, 367; escolha de moderador e, 36, 92, 385; "inteligência" inicial dos aliados e, 83-4; investigação, métodos, 33-7, 92, 222-3, 284-5, 318, 320; Kummersdorf, instalação de testes, 168-9; líderes se vangloriando da, 82, 226, 316, 357; mudança de pessoal, 318; produção de água pesada (mai. 1943), 284-5; rumores e, 83-4, 283, 322; situação (1944-5), 356-8; situação (mai. 1943), 283-5; *ver também* componentes específicos; grupos específicos; indivíduos específicos; fábrica de água pesada de Vemork

bomba atômica / programa, EUA: água pesada, Canadá e, 285; bombardeando o Japão, 364; informações sobre o programa da Alemanha e, 286; início, 96-7; primeiro reator autossustentável, 169; Roosevelt e, 96, 287; *ver também* Projeto Manhattan

Bonner, Frank, 167

Bothe, Walther, 92, 385

Boyle, A. R., 295

Bräuer, Curt, 42-3

Bray, Bill: enterro, lápide, 368; execução de, 154; história pessoal, descrição, 123, 143; Operação Freshman e, 123, 142-3, 154; *ver também* Operação Freshman

britânicos: blitz de Londres, 50; MI (inteligência militar), unidade de, 65; objetivos na Noruega, 67; Operações Combinadas, 106, 113, 123-4, 126, 135, 141, 144, 152; *ver também* indivíduos específicos; operações específicas; organizações específicas

Brun, Jomar: alemães, água pesada e, 46-7, 86, 89-90; Berg, Gran (membros da resistência) e, 121-2; espionando nazistas, fábrica de Vemork, 86, 91, 121-2, 126, 136, 290; franceses, água pesada e, 38; fuga com a esposa, em Londres, 121-2, 135, 246, 316, 358; linhas de comunicação do SIS e da SOE, 86; Norsk Hydro, água pesada e, 28, 30, 38, 46-7; reação ao bombardeio aliado de Vemork (nov. 1943), 316; retardando a produção de água pesada, 89-90, 368; reuniões em Berlim, 90; sabotando a D/F Hydro e, 341; Tomy (esposa) e, 121-2, 135; Tronstad e, 28, 46, 86, 121, 341, 358; Welsh e, 51

Bush, Vannevar, 96, 286

Cairncross, James, 156-7

Carlos, príncipe da Dinamarca, 56; *ver também* Haakon VII, rei

Cherwell, Lord, 83

Churchill, Winston: ataques contra Vemork e, 126, 141, 153, 263, 289; bomba atômica, reunião com Roosevelt (1942), 95-6; bomba atômica e, 83, 95-6, 364; declaração de vitória sobre a Alemanha, 361; história pessoal, descrição, 33, 65, 96; Segunda Guerra Mundial e, 33, 65, 83, 95-6, 354, 361

Clusius, Klaus, 284

comandos: comparações de atividades, 65; comprimidos de cianeto e, 21, 182, 228, 277; descrição, 55; elogios, homenagens e, 289, 291, 354, 368-9; formação (Escócia, início da década de 1940), 63-5; formação, rotina diária (Inglaterra, início da década de 1940), 54-6; nomes de operação, visão geral, 136; realizações mais orgulhosas, 368-9; *timing* de lançamento de paraquedas, luz e, 104; *ver também* indivíduos específicos; operações específicas

Comissão Maud (Aplicação Militar da Detonação do Urânio), 51, 83; *ver também* Tube Alloys, comitê

Cooper, Tom, e Freshman, 124, 140-1, 143, 147-9

Curie, Pierre e Marie, 30

D/F *Hydro*, naufrágio da balsa *ver* operação de sabotagem da D/F *Hydro*

Dalton, Hugh, 65

Dautry, Raoul, 25, 26

Diebner, Kurt: "Clube do Urânio" reuniões, atividades e, 33-7, 92-3, 285; depois

da guerra, 363, 365; história pessoal, descrição, 33, 90; programa atômico e, 33-7, 91-4, 135, 168-9, 222-3, 284-5, 317-9, 356-7, 368; relação com Heisenberg, 35, 91, 94, 284-5; *ver também* bomba atômica / programa, Alemanha

Dill, John, 286

Diseth, Ditlev: comemorações em homenagem a, 362; história pessoal, descrição, 172; resistência, prisão, 172, 180, 332; sabotando a D/F *Hydro* e, 332, 336-7, 342

Döpel, Robert, 92, 168

Eaker, Ira, 301

Einstein, Albert, 30, 35, 96

Eisenhower, Dwight, 296, 392

Eriksen, Bjarne: Allier e, 26, 293; argumentos contra recomeçar fábrica, prisão e, 292-3, 319; cargos na Norsk Hydro, estratégias, 26, 89, 191, 282; patriotismo na Noruega e, 89, 293; pedidos a Fehlis para liberação dos trabalhadores, 191-2

Esau, Abraham: história pessoal, descrição, 93, 319; programa atômico da Alemanha e, 93, 222-3, 282, 284-5, 318

Esser, Wilhelm, 167

Eyde, Sam, 70

fábrica de água pesada de Vemork: aumento da produção, ordens e, 46-7, 51, 89, 90, 135; aumento de segurança, defesa e, 109-10, 121-2, 126, 174, 191, 206, 254, 283;

como alvo, 52, 78, 85, 97, 106, 295, 300-1, 303; demanda inicial e, 30; descrição da localização, 37, 218; descrição de água, rio e, 27, 70; interesse alemão inicial, 26, 37, 78; opiniões de Tronstad sobre, 52, 137, 290-1, 294-7, 301; ordens da IG Farben, 37; planos após o desastre da Freshman, 152; potencial ação (britânica) para impedir produção, 106; produção, usos, 26, 28-9; reconstrução após ataques Gunnerside / Swallow, 282-3, 290; resistência, sabotagem e, 88-90, 174, 193, 289, 293, 307, 322, 324-5, 330-1, 368; *ver também* indivíduos específicos; operações específicas

fábrica de Vemork, missão de bombardeio aliado e resultados (nov. de 1943): descrição, 302-11; produção de água pesada depois, 315; reação de Brun, 316; reação de Tronstad, 315-7

Falkenhorst, Nikolaus von: após a vitória da Noruega, 362; história pessoal, descrição, 109; invasão nazista da Noruega e, 109; investigando ataques a Vemork, caçada humana e, 253-4, 262, 270; na Noruega, 60, 109, 111, 156; segurança em Vemork e, 109-10, 191, 344

família Hamaren, fazenda, 192, 294, 323-6, 351, 362

família Hovden, fazenda, 294, 362

família Skindalen, 192, 294, 325

Farrell, Paul, 156

Fasting, Andreas, 73-4, 76

Fehlis, Heinrich: após a vitória da Noruega, 361; atividades, Noruega, 62, 191-2, 276,

339, 340; caçada humana após o ataque dos sabotadores em Vemork e, 254, 269-70, 279; Freshman, sobreviventes e, 155-7, 167, 192, 198; história pessoal, descrição, 155; pedido de Eriksen e, 191-2; posto na Noruega, 60, 110, 156, 293

Fehmer, Siegfried, 61, 77, 155, 362

Fehn, Karl, 332

Fermi, Enrico, 30, 32, 169

fertilizantes, produção de, 28, 70

fissão: descoberta, descrição, 31, 207; espiões alemães e, 34; propósitos e, 31-2; *ver também* urânio

Five, Trond, 287

Fladmoe, Arvid, 337, 348, 350

Fox, sargento, 81

Fredriksen, engenheiro-chefe, Vemork, 307

Frisch, Otto, 82-4

Galtesund, navio, sequestro, 73-4, 76

George VI, rei, 291

Gerlach, Walther, 318-9, 356-7, 363

Glaase, sargento-mor, 252-4

Goebbels, Joseph, 87, 93, 226

Goldschmidt, Victor, 264

Göring, Hermann, 223, 318, 356

Goudsmit, Samuel, 357

Grieg, Edvard, 51

Griffin/Grifo (Rosbaud, Paul), 51, 84, 206

Grini, campo de concentração, 166, 172, 192

Groves, Leslie: descrição, 285; fábrica de Vemork e, 300; programa atômico americano e, 285-6, 300-1

Gubbins, Colin, 67, 152

guerra aérea, missões de bombardeio: aliados bombardeiam instalações de pesquisa atômica alemã, 356-7; blitz, 33, 50, 354; bomba atômica, Japão, 364; exemplos de nomes de avião, 305, 309; fábrica de alumínio Herøya, fábrica de fertilizantes (ago. 1943), 291; fábrica de nitrato, Rjukan, resultados (nov. 1943), 309-10, 315; "Lucky Bastards Club", 303, 305, 309; Peenemünde (ago. 1943), 297; temperaturas em alta altitude, oxigênio e, 302, 304; Vemork, resultados (nov. 1943), 302-11, 315

Gulbrandsen, Eva, 350

Gurie, Sigrid, 57; *ver também* Haukelid, Sigrid (mãe de Knut)

Haakon VII, rei: descrição, 42; história pessoal, estabelecimento como rei, 27, 57; invasão alemã, guerra e, 42-3, 59, 293, 298; Tronstad e, 44; volta à Noruega, vitória da Noruega e, 362

Hahn, Otto: bomba atômica, depois da guerra e, 363, 365; pesquisa em física atômica e, 31-2, 34, 51, 93, 206

Hamaren, Birgit, 275

Hamaren, Jon, 275, 280, 325-6, 334

Hampton, C. S., 163

Hansteen, Wilhelm, 77, 153, 296, 316, 327, 358

Harteck, Paul: água pesada, produção e, 48, 89, 135, 223, 284; "Clube do Urânio", atividades e, 34, 356; depois da guerra, 363-4; história pessoal, 34

Hassel, Aase, 276-8

Haugland, Knut: caçada nazista e, 280-1; depois da guerra, 369; expedição do *Kon-Tiki* e, 369; Grouse, comunicações de rádio, 104-5, 112-4, 117, 127, 129-32, 162; história pessoal, descrição, 104-5, 113, 129-30; importância das comunicações de rádio, 368; invasão da Noruega pelos nazistas e, 130; pai, irmão Ottar e, 113; resistência após a Gunnerside e, 268, 281; Skinnarland, treinamento e, 268, 280-1; Swallow, Gunnerside e comunicação de rádio, 180, 182, 184, 190, 199-200, 203-5, 210, 218, 220, 233, 258; *ver também* Operação Grouse / Swallow

Haukelid, Bjørgulf: carreira, 57; esposa, família, 57; nos Estados Unidos e Noruega, 57; prisão, tortura, 321, 331; trabalho de resistência de Knut e, 287, 321, 369

Haukelid, Bodil (esposa de Knut): carta para Knut, divórcio e, 331, 333, 353; casando com Knut, 61; história pessoal, 58; interrogatório nazista, 62; Knut e, 58-9, 61, 287, 331, 333, 353, 370; reconciliação com Knut, 370; resistência e, 287; Suécia e, 287

Haukelid, Knut: descrições, 41, 54-6, 166, 321; honrar pai, 369; "Kirvil" como nome para filha e, 289, 370; nascimento e infância, 57, 267; primeiros movimentos, trabalho e educação, 58; Skinnarland e, 288; ursinho de pelúcia e, 57; *ver também* Haukelid, Bodil

Haukelid, Knut, luta contra o nazismo: apelido, 67; após sabotagem da balsa,

348-9, 353; Bamse (*cão elkhound*) e, 288, 300, 320; base de resistência, 288; chegada a Londres, Welsh e, 62; combates, espionagem antes de treinamento em operações de comando, 59, 61, 166, 240-1; comemorações em homenagem a, 362; feriados (1943-1944), 321; fuga de Vemork, perseguição nazista, 243-4, 258-9, 268, 271, 281; Grouse, acidente e, 105, 108, 139, 387; Gunnerside, ataque a Vemork e, 228, 234-5, 240, 243-4; Gunnerside, como segundo em comando, 163, 166, 172; Gunnerside e, 163, 166, 172-3, 179, 201-2, 207-8, 213, 215-6, 218, 222, 226-7; invasão nazista da Noruega e, 41, 58; relacionamento com Skinnarland, 307, 320-1, 328, 331; resistência, atividades após Gunnerside e, 173, 185, 219, 262, 267, 281, 287-8, 298-300, 307, 320-1, 326; resumo de sacrifícios, 287, 331; sabotagem da D/F *Hydro* e, 326, 329-48, 354; Sunshine e, 359-60; treinamento de comando, relatórios sobre (Escócia), 63-4, 66-8; treinamento de comando, relatórios sobre (Inglaterra), 54-6; treinamento de comando para Sørlie, 330; Tronstad e, 172-3; verificação da balsa (D/F *Hydro*), 337-8; *ver também* Haukelid, Bodil; Operação Gunnerside; operação de sabotagem da D/F *Hydro*
Haukelid, Sigrid (irmã de Knut): nascimento, infância, 57; Paris, Hollywood, 54, 57-8

Haukelid, Sigrid (mãe de Knut): casamento, filhos e, 57, 59; história pessoal, 57; interrogatório nazista, promessa e, 56, 62
Heisenberg, Werner: "Clube do Urânio", atividades, 35-7, 84, 285; depois da guerra, 363, 365; descrição, 94; história pessoal, posições, 35, 37, 51, 93; programa atômico da Alemanha e, 35-7, 84, 91-2, 94, 168, 223, 285, 356, 358; relacionamento com Diebner, 35, 91, 94, 284-5; *ver também* bomba atômica / programa, Alemanha
Helberg, Claus: acidente de esqui, ferimento, 275; comemorações em homenagem a, 362; família e, 180; fuga de Vemork, perseguição nazista, 244-5, 249-50, 273-6; fuga dos nazistas, ônibus para Grini, 278; Grouse e, 105, 117, 129, 131-2, 138, 144, 146-7, 162; Gunnerside, ataque a Vemork e, 228, 230-1, 235-6, 244; história pessoal, descrição, 103, 105; hotel em Oslo, nazistas e, 276-8; inteligência sobre segurança, aproximação em Vemork, 219-20, 222-3, 225, 229; perseguição de soldado nazista, 273-4, 281; Poulsson e, 103, 105, 273; reconhecimento, prêmio, 291; relatórios falsos de morte e, 281, 287; Sunshine e, 358; Swallow e, 175, 180-1, 190, 199-200, 203, 215, 219-23, 225, 227; *ver também* Operação Gunnerside; Operação Gunnerside / Swallow; Operação Sunshine
Henniker, Mark: descrição, 122; Freshman e, 122-3, 126, 137, 140-4, 150-1; *ver também* Operação Freshman

Himmler, Heinrich, 155, 340

Hitler, Adolf: ataques de comandos antinazistas e, 111, 154; círculo íntimo, 206; como Führer da Alemanha, 34; invasão, ocupação da Noruega e, 109; morte, 361; nazismo, cartazes e, 45; Segunda Guerra Mundial e, 82, 92; vangloriando-se de bomba atômica, 82, 316, 357; *ver também* Alemanha nazista

Hole, Njål, 206, 296, 316

Hovden, Jon, 289, 334

Hovland, Trond e Theodor, 150, 153

Hurum, Gerd Vold, 134, 359, 363

Idland, Kasper: fuga para a Suécia e, 265, 267, 281; Gunnerside, ataque a Vemork e, 228, 232, 236, 238-9, 241, 243; Gunnerside e, 165, 214, 218, 225; história pessoal, descrição, 165, 225; reconhecimento, prêmio, 291; *ver também* Operação Gunnerside

IG Farben, 37, 223, 318, 356

Ingebretsen, Olav, 242, 246, 252

Inglaterra *ver* britânicos; indivíduos específicos; operações específicas

Ingstad, Helge, 184

Jackson, Wallis: cartas para a mãe, 123, 143; Freshman e, 123, 142-3, 198; história pessoal, descrição, 123; interrogatório, execução de, 167, 198; *ver também* Operação Freshman

Jahren, Øystein: detenção, prisão, 175, 181, 191-2; Einar Skinnarland e, 174, 193; resistência e, 174, 192-3, 196

Johansen, Gustav, 239-40, 242, 252

Joliot-Curie, Frédéric: água pesada e, 26, 38, 84; história pessoal, pesquisa e, 25, 92; sobre o programa atômico alemão, 357

Joliot-Curie, Irène, 25

Jones, R. V., 367

Kaiser Wilhelm, Instituto, 37, 45, 84, 90-2, 94, 319, 356

Kayser, Fredrik: após Vemork, 281; descrição, habilidades, 165; Gunnerside, ataque a Vemork e, 165, 218, 228, 236-40, 242-3; história pessoal, 165; reconhecimento, prêmio, 291; *ver também* Operação Gunnerside

Kidd, John "Jack", 302-3

Kjelstrup, Arne: base de resistência, 288; comemorações em homenagem a, 362; fuga de Vemork, perseguição nazista, 258-9, 268, 271-2, 281; Grouse e, 104, 117, 128-9, 131-2, 138, 144, 146-7, 162; Gunnerside, ataque a Vemork e, 228, 230, 235; história pessoal, descrição, 104; problemas de saúde, regresso à Grã-Bretanha, 299; resistência, atividades após a Gunnerside, 268, 281, 287-8, 298; Sunshine e, 358-9; Swallow e, 175, 180-1, 185, 190, 199-200, 203, 215, 217; *ver também* Operação Grouse / Swallow; Operação Gunnerside; Operação Sunshine

Knall-Demars, Jehan, 39

Kompani Linge: celebração após a vitória, dissolução, 362; resumo de guerra, 362;

439

reuniões, 369; significado do nome, 68; *ver também* indivíduos específicos

Kon-Tiki, expedição da, 369

Kreyberg, Leiv, 177

Kristiansen, Kristian: falando sobre sabotadores, interrogatório e, 269; sabotadores, refém e, 213-4, 216

Landsverk, Jon, 360

Larsen, Alf: depois da sabotagem, 349, 352-3; sabotando a D/F *Hydro* e, 329-30, 335-6, 342, 344-5; Vemork posição, trabalho, 246, 252-3; *ver também* operação de sabotagem da D/F *Hydro*

Larsen, Hans, 44

Leeb, Emil, 91

Lier-Hansen, Knut: depois de sabotagem da balsa, 349, 353; história pessoal, descrição, 339; sabotagem da D/F *Hydro* e, 339, 344-7, 349; *ver também* operação de sabotagem da D/F *Hydro*

Linge, Martin: comandos e, 63, 73, 114, 163, 166; história pessoal, descrição, 62; morte, serviço fúnebre, 66, 68

Lofoten, fiasco, 66

Longnvik, Johans, 360

Longnvik, Torgeir, 360

Manus, Max, 60

Mardonius, missão, 264

Marshall, George, 95, 286, 301

Marstrander, Ernst, 194, 226

Masters, Trevor, 156

medos de ataque radioativo, 286

Mehtven, David, 143

Meitner, Lise, 206, 296

Midtskau, Sverre, 59, 61

Milch, Erhard, 91

Milorg: descrição, 52, 264; objetivos britânicos e, 67; *ver também* indivíduos específicos

Ministério da Guerra Nada Cavalheiresca, 65

Mix, Tom (apelido), 55

Mosse, Fernand, 39

Mountbatten, Louis: Freshman e, 126, 152; mirando Vemork como alvo e, 106, 126, 152-3; Operações Combinadas e, 106

Muggenthaler, segundo-tenente da SS: ataque de sabotadores a Vemork, consequências e, 251-3; bombardeio a Vemork e, 310; depois de sabotagem da balsa, 352; segurança de Vemork e, 283; transporte da produção de água pesada e, 340, 349

Neset, Aslak, 332

Nestler, capitão, 254

Neville, Robert, 106

Nielsen, Kjell: álibi para sabotagem, 344, 353; comemorações em homenagem a, 362; resistência e, 307; sabotagem da D/F *Hydro* e, 325, 332, 335-6

Nilssen, Bjarne, 246, 252-3, 342, 352

Norsk Hydro: disparidade de equipe em locais de moradia, 102; formação, 70; *ver também* fábrica de água pesada de Vemork

Noruega: comemorações de resistência, membros da operação, 362; filial norueguesa do SIS, 51; liberdade, vitória sobre a Alemanha, 361; rompimento com a Suécia, criação de governo, 56; status neutro e, 37, 41; *ver também* indivíduos específicos; locais específicos; fábrica de água pesada de Vemork

Noruega invasão, ocupação pelos nazistas: caçada humana após a Freshman, 167, 171-3, 180-1; caçada humana após a Gunnerside, 264, 268-76, 278-9, 281; descrição da invasão, 40-4, 117; greve dos professores, campo de concentração e, 108; investigações após a Gunnerside, ataques a Vemork, 252-4; mobilização dos noruegueses para lutar, resistência e, 324-6; nazistas após derrota, 362; prisões, execuções, 108, 111, 167, 172, 180; privação, lei marcial e, 61, 77; resistência e, 43, 47, 49, 108, 111, 130, 172, 174, 180-1, 270, 307; seleção de alvos pelos aliados e, 295-6, 298, 315-6; Telavåg, atrocidade, 86; tomada de hotel em Oslo, hóspedes e, 276-7; tortura e, 48, 77, 111, 157, 192, 195, 197, 199, 261-2, 295, 321, 331; *ver também* indivíduos específicos; operações específicas

Norwegian Independent Company *ver* Kompani Linge

Notodden, usina de energia e água pesada, 90, 135, 223, 282, 291, 294

Nygaardsvold, Johan, 43

Nyhus, Georg, 91

Operação Bittern, 136

Operação Carhampton, desastres: descrição, 136, 194-5, 226, 255, 263;

Tromøsund, afundamento e, 194, 255, 263

Operação Clairvoyant, 52, 78, 101, 105-6

operação de sabotagem da D/F *Hydro*: afundamento da balsa, pessoas a bordo e, 350-1; afundar a balsa, planejamento de opções, 335-7; coleta de informações sobre, 323, 326-7; colocação de explosivos na balsa, 344-8; "conselho de guerra", opções de plano, 329, 333; decisão de afundar a balsa, 329-30, 335; decisão nazista sobre transporte, 319, 323; descrição da balsa, 337-8; início, 327; interrogatórios nazistas após naufrágio da balsa, 352; membros, experiência e, 330, 332, 336, 339; Olav (motorista) e, 344-5, 348; plano, atividades após a operação, 336, 348-9, 352-3; plano, rota nazista, 326, 329, 349; planos de explosão, sincronismo, 338, 342; planos de segurança, 341; segurança, defesa nazista e, 333, 340, 343, 346, 348, 350; vigia noturno da balsa e, 347; *ver também* indivíduos específicos

Operação Fieldfare, 114, 116, 163, 368

Operação Freshman: acidentes, 146-9; boletins meteorológicos e, 141-2; busca por sobreviventes, 151; caçada humana após, 167, 171-3, 180-1; homenageando membros, 368; inteligência sobre Vemork e, 126; mapas, rotas de fuga falsas e, 143; membros da equipe, 123; Operação Grouse / Swallow e, 126-7, 132, 137, 141, 144, 146-7; Operações

Combinadas (britânicos) e, 123, 125-6, 144, 152; planadores rebocados por avião e, 123-5, 140, 143, 146-7; planejamento, plano para, 122-7, 137; preparação para o voo, 143; rendição de sobreviventes e, 150, 153; sapadores britânicos e, 125; sobreviventes interrogados, resultados, 157, 167, 192, 197-8; sobreviventes mortos, executados, 153, 155-7, 394; teste, 139-40; treinamento, condicionamento da equipe, 123, 142-3; voando para o alvo, 143-4, 146-7; *ver também* indivíduos específicos

Operação Granard, 264

Operação Grouse / Swallow (Grouse): após desastre da Operação Freshman e, 152, 161-3; atrasos antes do início, 104, 108-9; buscando, recolhendo equipamento, 117-8; comunicações de rádio, 132, 134, 137, 139, 141; descidas de paraquedas, aterrissagens, 116-7; dificuldades de esquiar para local planejado da descida de paraquedas, 127-32; dificuldades de rádio, 129, 131-2; fuga para o Vidda, dificuldades e, 161-3; guisado de cabeça de ovelha, incidente, 138; instruções operacionais, 105; invasão nazista, caçada humana e, 180-1; membros da equipe, 104; missão original, 101, 173; mudança de missão, sigilo e, 112-4, 118; Operação Freshman e, 126-7, 132, 137, 141, 144, 146-7; Operações Combinadas e, 135; plano, atividades, 125, 127, 132, 135; planos de descer de paraquedas, 106, 113; suprimentos, erros, 105, 118; tempo antes

do início da Operação Freshman, 137-9; *ver também* indivíduos específicos

Operação Grouse / Swallow (Swallow): base, atividades e dificuldades, 183-90, 193, 198-9, 201, 203-4, 209-10; codinome Swallow e, 173; comunicações de rádio, 173-4; fome, desnutrição e, 179, 181-2, 184, 200-1, 268; Operação Gunnerside, missão de ataque a Vemork e, 175, 179, 181, 184, 190, 203, 205, 210; renas, comida e, 188-90; *ver também* Operação Gunnerside / Swallow

Operação Gunnerside: armas, instrução e, 176, 179; atrasos com missão, 185, 201; caçador e, 213-6; fuga para a Suécia, dificuldades e, 259, 265-6, 268, 281; fuga para a Suécia, história de acobertamento, 267; local de salto com paraquedas, 181; membros da equipe, 163-6; missão em Vemork, 20-1, 164, 173, 195; pausa na Escócia, 205; plano de fuga, 164, 177; problemas no local de salto com paraquedas, tempestade, 207-12; rações, sacos de dormir, 177; se preparando para sair para a missão, 182; treinamento, preparação, 20-1, 195, 202, 205; treinamento, preparação, 175-9; voo para o local do salto com paraquedas, fogo antiaéreo, 201-2; *ver também* indivíduos específicos

Operação Gunnerside / Swallow: ataque a Vemork, danos feitos, 238-43, 246, 254, 262-3; caçada humana após os ataques a Vemork, 264, 268-76, 278-9, 281, 408; elogios, reconhecimento, 289, 291;

encontro, comemoração com membros da Swallow, 216-7; equipe de cobertura, 202, 218, 229-30, 234, 236, 238, 241; equipes de demolição, 201, 218, 229, 236, 240-1, 244; finalizando aproximação, inteligência sobre segurança em Vemork, 218-24; finalizando plano de fuga, 224; fuga de Vemork, perseguição nazista, 244, 249-51; incidente da pá de neve e, 227; viagens, dificuldades em chegar à fábrica de Vemork, 19-21, 228-32, 234-7

Operação Sunshine: atividades, 358-9, 361; equipe, recrutas, 358-9; missão, 358; Tronstad e, 358-60

Operação Swallow *ver* Operação Grouse / Swallow

operadores de rádio: baixas, execuções e, 233; *ver também* indivíduos específicos

Oppenheimer, J. Robert, 32

Parkinson, Arthur, 143, 149

partículas atômicas, pesquisa inicial, 30; *ver também* cientistas específicos

Pash, Boris, 357

Paus, Finn, 180

Payne, Joseph "Bubbles", 307

Peel, Robert, 308

Peierls, Rudolf, 82-4

Perrin, Michael, 286, 297, 327

Petersen, Otto, 154, 157

Petterssen, Sverre, 141, 392

Physical Review, 84

Planck, Max, 30

plutônio: descoberta, 84; fissão, explosões e, 85, 92

Portal, Sir Charles, 301

Poulsson, Jens-Anton: história pessoal, descrição, 67, 101-3; infância, 103; pai, antepassados, 102; regras de caça do avô e, 186; viagens pelo mundo, 67, 101, 103

Poulsson, Jens-Anton, luta contra nazistas: comemorações em homenagem a, 362; fuga de Vemork, perseguição nazista, 243-4, 249, 251, 255-7; Grouse e, 104, 108, 112-4, 116-8, 128-9, 131-2, 138, 144, 146-7, 161-3, 180; Gunnerside, ataque a Vemork e, 228, 236, 243-4; Helberg e, 103, 105, 273; na pousada após ataques a Vemork, 256-7; na Suécia (após Vemork), 281; planos para bombardear Vemork e, 78; reconhecimento, prêmio, 291; renas, comida e, 186-90; Sunshine e, 358-9, 361, 368; Swallow e, 181, 183-4, 193, 198, 200, 203-4, 210, 216-7, 221, 227, 332; treinamento em espionagem, relatório sobre, 101-2; *ver também* Operação Grouse / Swallow; Operação Gunnerside; Operação Sunshine

Probst, coronel, 153

Projeto Manhattan: descrição, 285-6, 367; início, 96; *ver também* bomba atômica / programa, EUA

Quisling, Vidkun, 43, 60, 256, 324, 362

Rheam, George: passado na sabotagem industrial, 127, 178; treinamento de comando, 127, 176, 178, 182, 240, 358

RMS *Titanic*, 57

Roane, Owen: apelido, 303; infância, história pessoal, 303; missão de bombardeio em Vemork, resultados, 303-6, 308-9; Mo (burro adotado), 304

Rønneberg, Joachim, 7; antepassados, família, 114; após a guerra, 370; história pessoal, descrição, 115, 163-4, 166; sobre liberdade, 370

Rønneberg, Joachim, luta contra o nazismo: comemorações em homenagem a, 362; especialidade, 116; Fieldfare e, 114, 116, 163, 368; fuga de Vemork, perseguição nazista, 244-5, 250; fuga para a Suécia, dificuldades e, 259, 264-6, 281; Gunnerside, ataque a Vemork e, 228, 230, 234-43; Gunnerside e, 163-4, 176-7, 182, 195, 201, 207-16, 218-9, 222, 224-5, 227; juntando-se à companhia norueguesa, treinamento e, 115-6, 163 (*ver também* Operação Gunnerside); reconhecimento, prêmio, 291; seleção para membro da Gunnerside, 163-5

Roosevelt, Franklin D.: programa da bomba atômica e, 96, 287; reuniões com Churchill (1942) e, 95-6

Rosbaud, Paul (Griffin), 51, 84, 206

Rutherford, Ernest, 30, 32, 45-6

sabotadores *ver* comandos; indivíduos específicos; operações específicas

Såheim, usina de energia e água pesada, 90, 135, 223, 282, 291, 293-4

Schöpke, Erhard, 89

Schrottberger, Walther, 153

Schumann, Erich, 92

Seeling, Fritz, 156-7

Selås, Harald, 220

Selborne, Lord, 291

Serviço Secreto Britânico (sis): métodos de mensagens de espionagem, 91; resistência da Noruega e, 47; soe *versus* linhas de comunicação do sis, 86; Tronstad e, 50-1

Shetland Bus, 67

sis *ver* Serviço de Inteligência Secreto britânico (sis)

Skindalen, Olav, 325, 332

Skinnarland, Einar: antepassados, terra, 70; depois da guerra, 369; descrição, 69, 321, 325; esqui e, 71; Gudveig e, 72, 88, 295; Haukelid e, 288; "Kirvil" como o nome para a filha e, 289, 369; morte da sobrinha, 288; nascimento, infância, 71; pais, irmãos e, 71; problemas dentários e, 288

Skinnarland, Einar, luta contra o nazismo: atividades de resistência, 72-3, 268, 382; atividades de resistência após ataques a Vemork, 281, 294-5, 299-300, 307, 321, 323-4; caçada humana dos nazistas (após ataques a Vemork), 280-1; comemorações em homenagem a, 362; durante o ataque a Vemork, 233; escondendo-se dos nazistas, 192-3; fábrica de Vemork e, 78, 85, 88-9, 91, 120, 126, 193, 289, 291, 321, 323, 382-3; família, morte do pai e, 295; fazendeiros de montanha e, 294; feriados (1943-1944), 320; ferimento, cirurgia e, 69-70, 73; Grouse / Swallow e, 105, 120-2, 132, 134, 138, 181-2, 193; invasão alemã da Noruega e, 72; Kompani Linge e, 79; linhas de comunicação do SIS e da SOE, 86; nazistas procurando, fuga, 174-5, 181; posição na Norsk Hydro e, 72, 78; relacionamento com Haukelid e, 300, 307, 320-1, 328, 331; riscos de espionagem, 120, 152, 172, 174, 216; sabotagem da D/F *Hydro* e, 326-7, 329-31, 333, 336, 341, 352-4; sequestro do vapor para a Inglaterra, 73-5; Sunshine e, 358, 360; Swallow, equipe e missão, 181-2, 193, 200, 203-4, 210, 216, 218, 258; treinado por Haugland, 268, 281; treinamento e salto de paraquedas, 79-81, 88; *ver também* operações específicas

Skinnarland, Elen e Hans, 71, 172, 175

Skinnarland, hotel, 71-2, 280, 362

Skinnarland, Olav: combates, exército norueguês e, 72; detenção, prisão, 280, 295; Ingeleiv (esposa) e, 280; morte da filha e, 288; solto da prisão, 320

Skinnarland, Torstein: combates, exército norueguês e, 72; detenção, prisão, 172, 174, 191, 233, 295, 320; Grouse / Swallow e, 131-2; habilidades de esqui, 71, 105; irmão (Einar) e, 88, 362; resistência e, 132, 191

Skogen, Olav: Dachau e, 362; detenção, prisão, tortura, 192-3, 195-7, 199, 233, 261-2, 295, 362; história pessoal, descrição, 72, 88, 172; resistência, Milorg e, 72, 88, 161, 172, 174, 180, 192, 195, 362

Skylark A (resistência norueguesa, Oslo), 60

Skylark B (resistência norueguesa, Trondheim), 47, 51-2, 60-1

Smith, Eric, 156

SOE *ver* Special Operations Executive (SOE)

Sørensen, Erling, 349-50

Sørlie, Rolf: Alemanha mobilizando noruegueses como soldados e, 324-5; comemorações em homenagem a, 362; depois de sabotagem, 351-2; descrição, deficiência física, 171, 323; Helberg e, 180, 273, 322; inteligência sobre Vemork, 220-1, 229, 322, 324-5; resistência e, 180, 220-1, 229, 322, 324-5, 330; sabotando a D/F *Hydro* e, 329-36, 342-8; treinamento em comando e, 330; *ver também* operação de sabotagem da D/F *Hydro*

Special Operations Executive (SOE): descrição, diretiva, 65, 76; indústrias norueguesas fornecendo para nazistas e, 76; linhas de comunicação do SIS versus SOE, 86; métodos de mensagem da espionagem, 91; Ministério da Economia de Guerra e, 76; *ver também* indivíduos, agentes específicos; operações específicas

Speer, Albert: posição nazista, 91; programa atômico e, 91, 94, 168, 206, 318, 365, 367, 402

Starheim, Odd: Carhampton, morte e, 194, 226, 255, 263; história pessoal, 73; planos de operação, 136; resistência e, 73, 77; sequestro do vapor para a Inglaterra, 73-5

Stephansen, Nicolai, 206

Storhaug, Hans "Frango": Gunnerside e, 165, 208, 228, 266; história pessoal, descrição, 165; reconhecimento, prêmio, 291; Suécia (após Vemork) e, 281; *ver também* Operação Gunnerside

Strassman, Fritz, 31

Strømsheim, Birger: e Fieldfare, 114, 116, 368; esposa e, 164; Gunnerside, ataque a Vemork e, 164, 218, 228, 236, 238-9, 241, 242; história pessoal, descrição, 164; reconhecimento, prêmio, 291; Suécia (após Vemork) e, 281; *ver também* Operação Gunnerside

Suess, Hans, 135

Sykes, Eric, 179

Syverstad, Gunnar: álibi para a sabotagem, 348; depois de sabotagem da balsa, 352, 358; morte, restos mortais, 360; resistência, 87, 174, 289, 294; sabotagem da D/F *Hydro* e, 329-30, 332, 335-6, 344; Sunshine e, 358, 360; Vemork, sabotagem e, 87, 174, 289, 324-5, 330; *ver também* operação de sabotagem da D/F *Hydro*; Operação Sunshine

Syverstad, Lillian: comemorações em homenagem a, 362; descrição, 87; trabalho de inteligência, 87, 289, 294

Tangstad, Kåre, 227

Terboven, Josef: administração, atrocidades dos nazistas na Noruega e, 60-1, 87, 108, 110-1, 191, 270, 276-7, 293; após a vitória da Noruega, 361; história pessoal, descrição, 60

Tizard, Sir Henry, 82-3

TNT, produção de, 66

Torp, Oscar, 67-8, 77

Tronstad, Bassa: carta de adeus do marido a, 359, 363; depois da guerra, 362; interrogatório, intimidação dos nazistas, 77, 107; marido, durante a guerra e, 49; oficiais alemães e, 44; privações nazistas e, 77; *ver também* Tronstad, Leif e Bassa

Tronstad, Josefine e Hans Larsen, 44

Tronstad, Leif: ciência, academia e, 28, 41, 44-5, 225-6; descrição, status, 41; pais, história pessoal, 44

Tronstad, Leif e Bassa: Berlim, trabalho, 45; casamento, 45; como namorados de infância, 45; correspondência, 136, 194, 317; nazistas, mudanças familiares, 42, 48

Tronstad, Leif, Jr.: carta de despedida do pai e, 363; descrição, 136; durante a invasão, ocupação, 42, 49, 136, 194, 297; 317; nascimento, 46

Tronstad, Leif, luta contra o nazismo: alvos aliados na Noruega e, 295-7; Brun e, 28, 46, 86, 121, 341, 358; Carhampton e, 194, 226, 255, 263; carta de despedida a Bassa, 359, 363; cognome, 86; correspondência com Sidsel, 194-5, 297; desastre da Freshman, planos de novo ataque a Vemork, 152, 161; esperanças, planos do pós-guerra, 354; Freshman e, 124, 126, 137, 142; Grouse / Swallow e, 21, 105, 127, 161, 173-4, 200, 203, 205; Gunnerside e, 21, 172-3, 178, 182, 201, 203, 205-7, 219, 235, 238, 240, 254, 262-3, 289; história de acobertamento para sumiço, 49-50; início de atividades, reuniões em Londres, 50, 52-3; membros da Gunnerside / Swallow, reconhecimento e, 291; militares, invasão alemã e, 41-3; morte, restos mortais, 360, 362; Norsk Hydro, água pesada e, 28-9, 45-6, 50, 85-6; Operação Sunshine e, 358-60; outro trabalho de inteligência e, 50-1, 76-8, 86, 105-7, 110, 121, 126, 134-7, 286, 368; outros ataques a interesses nazistas e, 263-4; papel da Norwegian Independent Company e, 68; pedido de Haukelid e, 173, 185, 262; pontos de vista sobre fábrica de água pesada de Vemork, 106, 137, 290-1, 294-7, 301; preparação, pedido de missões no solo pátrio e, 107-8; reação ao bombardeio aliado a Vemork (nov. 1943), 315-7; recebendo treinamento de comando, 358; reconhecimento para equipe de sabotagem da balsa e, 354; resistência e, 47-8, 50-1, 263, 326; sabotagem da D/F Hydro e, 326-8, 330, 341, 354; SIS e, 50-1, 86; volta para a Noruega, 358-9

Tronstad, Sidsel: carta de despedida do pai e, 363; descrição, 136; durante a invasão, ocupação, 42, 49, 136, 194-5, 297, 317; nascimento, 45

Tube Alloys, comitê (britânicos): água pesada, Vemork e, 84, 136, 297, 316; descrição, 96, 106; formação, propósito, 51, 83; pessoas envolvidas com, 51-2, 126, 286; reunião (1942), 82-5

Urânio: fissão e, 31, 82, 84; propriedades, 30; quantidade de U-235 e, 36; tipo U-235 *versus* U-238, 35-6

Urey, Harold: descoberta de água pesada, 28, 52; programa atômico americano e, 52

Viten, Thor, 322-4

Wagner, Richard, 42

Walsh, John, 167

Wells, H. G., 76

Welsh, Eric: esposa, 51; Haukelid e, 62; história pessoal, contatos, 51; inteligência e, 51, 62, 84, 86, 135, 206, 263-4, 301, 327; posição, descrição, 51; Tronstad e, 51-2

Wergeland, Harald, 86, 206

White, William, 167

Wilkinson, líder de esquadra na Freshman, 140, 143-4, 147-8

Wilson, John: após a vitória da Noruega, 362; desastre da Freshman, novos planos, 152; descrição, 67; Freshman e, 124, 137; Grouse / Swallow e, 105, 112-4, 135, 173-4; seção norueguesa da SOE, trabalho de inteligência e, 67, 76, 78, 101, 105, 185, 205, 226, 262, 289, 295, 300, 325, 327, 341, 358

Wirtz, tenente, 283

Witzell, Karl, 91

Woolrych, major, 102

World Set Free, The (Wells), 76

ESTA OBRA FOI COMPOSTA PELA ABREU'S SYSTEM EM INES LIGHT
E IMPRESSA EM OFSETE PELA LIS GRÁFICA SOBRE PAPEL PÓLEN SOFT DA SUZANO
PAPEL E CELULOSE PARA A EDITORA SCHWARCZ EM MAIO DE 2017

A marca FSC® é a garantia de que a madeira utilizada na fabricação do papel deste livro provém de florestas que foram gerenciadas de maneira ambientalmente correta, socialmente justa e economicamente viável, além de outras fontes de origem controlada.